ÇA
2

STEPHEN KING

STEPHEN KING

ÇA₂

TRADUIT DE L'ANGLAIS
PAR WILLIAM DESMOND

ÉDITIONS J'AI LU

C'est avec gratitude que je dédie ce livre à mes enfants. Ma mère et ma femme m'ont appris à être un homme; mes enfants m'ont appris à être libre.

Naomi Rachel King, quatorze ans,
Joseph Hillstrom King, douze ans,
Owen Philip King, sept ans.

Enfants, la fiction n'est que la vérité que cache le mensonge, et la vérité cachée dans ce récit est suffisamment simple : *La magie existe.*

Titre original :

IT

CHAPITRE 9

Nettoyage
(suite)

2

était sortie du siphon, comme un murmure.

« Aide-moi... »

Beverly sursauta et laissa tomber le gant sur le sol. Elle secoua un peu la tête, comme pour s'éclaircir les idées, puis se pencha de nouveau sur le lavabo en observant le trou d'évacuation. La salle de bains se trouvait à l'arrière de l'appartement de quatre pièces qu'ils occupaient. Un western, dont le son lui parvenait faiblement, passait à la télé.

Le papier peint, hideux, s'ornait de grenouilles posées sur des nénuphars et n'arrivait pas à cacher les irrégularités du plâtre en dessous. Taché par endroits, il pelait littéralement à d'autres. La baignoire rouillait, le siège des toilettes était craquelé. Une ampoule nue de quarante watts saillait de son socle de porcelaine au-dessus du lavabo. Le sol était recouvert d'un lino dont les motifs avaient disparu, sauf en dessous du lavabo.

Une pièce peu avenante, mais que Beverly avait toujours connue ainsi ou presque, et qu'elle ne voyait plus.

Le lavabo lui-même présentait des marques d'usure ;

l'évacuation se réduisait à un cercle barré d'une croix d'environ cinq centimètres de diamètre. Le chrome qui la protégeait à l'origine avait disparu depuis longtemps. Un bouchon de caoutchouc, attaché à une chaîne, pendait nonchalamment du robinet marqué C. Le trou d'évacuation était d'un noir d'encre et elle remarqua pour la première fois, en se penchant dessus, qu'il en émanait une odeur faible mais désagréable — une odeur de poisson. Elle fronça le nez de dégoût.

« Aide-moi... »

Elle eut un hoquet. C'était bien une voix. Elle avait cru à quelque bruit dans le tuyau transformé par son imagination... par le souvenir des films...

« Aide-moi, Beverly... »

Des bouffées alternativement brûlantes et glaciales la traversèrent. Elle avait enlevé le ruban qui maintenait ses cheveux ; elle sentit leur racine essayer de se redresser.

Sans réellement se rendre compte qu'elle allait parler, elle se pencha sur le lavabo et murmura : « Hé, y a quelqu'un là-dedans ? » On aurait dit la voix d'un très jeune enfant qui venait juste d'apprendre à parler, songea-t-elle. En dépit de la chair de poule de ses bras, son esprit cherchait une explication rationnelle. Les Marsh habitaient l'un des appartements du rez-de-chaussée ; peut-être un des gosses de l'immeuble s'amusait-il à appeler dans l'évacuation. Et par quelque caprice de la transmission des sons...

« Y a-t-il quelqu'un ici ? » redemanda-t-elle, cette fois plus fort. Elle se dit que si jamais son père arrivait inopinément, il la croirait folle.

La vidange ne répondit pas, mais l'odeur désagréable parut soudain plus forte. Elle lui fit penser au coin des bambous, dans les Friches, et à la décharge qui se trouvait juste derrière. Images de fumées lentes et âcres, de boues noires qui retiennent les chaussures.

Néanmoins, il n'y avait aucun enfant en bas âge dans

l'immeuble, là résidait le mystère. En dehors d'elle, le plus jeune était le fils Bolton, au deuxième face, qui avait quatorze ans.

« *Nous avons tous envie de te connaître, Beverly...* »

Elle porta les mains à la bouche et ses yeux s'agrandirent d'horreur. Pendant un instant... un bref instant... elle avait cru voir quelque chose bouger là-dedans. Elle prit brusquement conscience que ses cheveux pendaient en deux mèches épaisses, par-dessus ses épaules, et que leur extrémité était proche, très proche, du trou d'évacuation. D'instinct elle se redressa rapidement et éloigna ses cheveux.

Elle regarda autour d'elle. La porte de la salle de bains était bien fermée. Elle entendait toujours le bruit lointain de la télé et elle était seule. Mis à part, bien sûr, cette voix.

« Qui êtes-vous ? demanda-t-elle à voix basse.

— Matthew Clement, susurra la voix. Le clown m'a emporté là en bas dans les tuyaux, et je suis mort, et bientôt il va revenir et te prendre, toi, et Ben Hanscom, et Bill Denbrough et Eddie... »

Elle se prit le visage à deux mains et serra très fort. Ses yeux s'agrandirent démesurément et elle sentit son corps se glacer. La voix paraissait maintenant étouffée, vieillie... mais restait toujours empreinte d'une joie malsaine.

« *Tu flotteras en bas avec tes amis, Beverly, tous nous flottons ici, dis à Bill qu'il a le bonjour de Georgie, dis-lui qu'il lui manque mais qu'ils vont bientôt se revoir, dis-lui que Georgie sera un soir dans le placard avec un morceau de corde de piano qu'il lui enfoncera dans l'œil, dis-lui...* »

La voix fut alors prise d'une série de hoquets nauséeux et soudain, une bulle rouge brillante remonta du siphon et projeta des gouttelettes de sang sur la porcelaine jaunie.

La voix étouffée parlait maintenant à toute vitesse,

se transformant au fur et à mesure : il y eut la voix du jeune enfant du début, puis celle d'une adolescente, enfin celle, épouvantable, d'une fille que Beverly avait connue... Veronica Grogan. Mais Veronica était morte, on avait retrouvé son cadavre dans une bouche d'égout.

« *Moi c'est Matthew... moi c'est Betty... moi c'est Veronica... nous sommes là en bas... en bas avec le clown... et la créature... et la momie... et le loup-garou... et toi, Beverly, nous sommes là en bas avec toi, et nous flottons, nous changeons...* »

Le siphon régurgita brutalement un caillot de sang, éclaboussant non seulement le lavabo mais le miroir et le papier mural avec ses grenouilles et ses nénuphars. Beverly ne put retenir un hurlement suraigu. Bondissant en arrière, elle alla heurter la porte, rebondit, l'ouvrit en l'empoignant avec violence, et courut jusqu'au séjour où son père était en train de se lever.

« Qu'est-ce qui t'arrive encore, nom d'un chien ? » lui demanda-t-il, les sourcils froncés. Ils étaient tous les deux seuls, ce soir-là ; la mère de Bev travaillait de quinze à onze heures au Green's Farm, le meilleur restaurant de Derry.

« La salle de bains, Papa ! cria-t-elle, hystérique. La salle de bains, dans la salle de bains...

— Quelqu'un qui te reluquait, Bev ? Hein, c'est ça ? » Il la prit sèchement par le bras et l'étreignit, les doigts s'enfonçant dans sa chair. Il y avait de l'inquiétude sur son visage, mais c'était celle d'un prédateur, et elle était plus effrayante que réconfortante.

« Non... le lavabo... dans le lavabo... le... le... », elle éclata en sanglots hystériques avant de pouvoir en dire davantage. Le cœur lui battait si fort dans la poitrine qu'elle avait l'impression qu'il allait éclater.

Al Marsh la repoussa brutalement de côté et fonça vers la salle de bains, une expression « qu'est-ce que

8

c'est encore que cette connerie » sur le visage. Il y resta si longtemps que Beverly prit peur de nouveau.

Puis il vociféra : « Bev ! Viens ici tout de suite ! »

Pas question de ne pas répondre à cette injonction. S'ils s'étaient trouvés ensemble sur le bord d'une falaise et qu'il lui eût donné l'ordre de sauter, son obéissance instinctive lui aurait probablement fait faire le pas fatal avant que son esprit rationnel eût le temps d'intervenir.

La porte de la salle de bains était ouverte ; son père se tenait dans l'encadrement, grand, imposant. Il commençait à perdre les cheveux auburn qu'il avait passés à sa fille ; il portait encore sa salopette grise et sa chemise de même couleur (il était concierge à l'hôpital de Derry) et regardait Bev, le visage dur. Il ne buvait pas, il ne fumait pas, il ne courait pas les femmes. *Celles que j'ai à la maison me suffisent*, disait-il à l'occasion, avec un sourire plein de sous-entendus particuliers, qui, loin d'éclairer son visage, l'assombrissait plutôt, comme l'ombre d'un nuage sur un champ rocheux. *Elles s'occupent de moi et quand elles en ont besoin, je m'occupe d'elles.*

« Vas-tu m'expliquer, nom d'un chien, à quoi rime tout ça ? » lui demanda-t-il.

Bev sentit sa gorge se pétrifier, tandis que son cœur battait la chamade dans sa poitrine. Elle crut qu'elle allait vomir. Du sang dégoulinait du miroir en longs filets. Il y avait du sang jusque sur l'ampoule, au-dessus du lavabo : elle sentait l'odeur de grillé, sous l'effet de la chaleur des quarante watts. Du sang débordait aussi du lavabo et tombait en gouttes épaisses sur le lino.

« Papa... », commença-t-elle d'une voix étranglée.

Il se tourna, écœuré par sa fille (comme il l'était souvent) et se mit tranquillement à se laver les mains dans le lavabo plein de sang. « Ne fais pas la sotte, Bev. Dis ce que tu as à dire. Tu m'as fichu une frousse terrible ! Pour l'amour du ciel, explique-toi ! »

Elle pouvait voir sa salopette se couvrir de sang à l'endroit où elle frottait le lavabo ; et si jamais son front effleurait le miroir (il était très près), il en aurait sur la peau. Elle eut un spasme dans la gorge.

Il arrêta l'eau, prit une serviette qu'avaient aspergée deux jets de sang, et se sécha les mains. Elle le regardait, le cœur au bord des lèvres, tandis qu'il barbouillait de sang ses fortes articulations et la paume de ses mains. Le sang s'insinuait jusqu'en dessous de ses ongles, comme des marques de culpabilité.

« Eh bien ? J'attends ! » fit-il en jetant la serviette sur son support.

Il y avait du sang... du sang partout... *et son père ne le voyait pas !*

« Papa... » Elle n'avait aucune idée de ce qu'elle allait dire ensuite, mais il l'interrompit.

« Je me fais beaucoup de souci, dit Al Marsh. J'ai l'impression que tu ne vas jamais grandir, Beverly. Tu passes ton temps à courir dehors, c'est la croix et la bannière pour te faire faire le ménage, tu ne sais pas cuisiner, tu ne sais pas coudre. Tu passes la moitié de ton temps sur un petit nuage, le nez plongé dans un livre, et l'autre à avoir des vapeurs ou des migraines. Je me fais du souci. »

Soudain, une main partit et vint atterrir douloureusement sur ses fesses. Elle poussa un cri, sans le quitter des yeux. Il y avait une ligne pointillée de sang dans l'un de ses sourcils broussailleux. *Si je continue à regarder ça assez longtemps, je vais tout simplement devenir folle et plus rien n'aura d'importance*, pensa-t-elle confusément.

« Vraiment beaucoup de souci », insista-t-il en la frappant de nouveau, plus violemment, au bras. Un beau bleu en perspective pour demain.

« Vraiment beaucoup », dit-il avec un coup à l'estomac, porté brusquement, si bien que Bev en eut le souffle coupé. Elle se plia en deux, hoquetant, les larmes aux yeux. Son père la regardait, impassible. Il enfourna ses mains pleines de sang dans les poches de sa salopette.

« Il faut que tu arrêtes de faire l'enfant, Bev, dit-il d'un ton de voix adouci et indulgent. N'est-ce pas ? »

Elle acquiesça. Le sang battait dans ses tempes. Elle pleurait, mais en silence, sans quoi son père l'aurait accusée de « chialer comme un bébé » et la correction aurait tourné à la raclée. Al Marsh avait passé toute sa vie à Derry et disait à qui voulait l'entendre (voire même aux autres) qu'il avait bien l'intention d'y être enterré, à l'âge, espérait-il, de cent dix ans. « Aucune raison pour que je ne les atteigne pas, confiait-il parfois à Roger Aurlette, qui lui coupait les cheveux une fois par mois. Je n'ai aucun vice. »

« Maintenant, explique-toi, et vite, reprit-il.

— Il y avait... (elle déglutit, ce qui lui fit mal car elle avait la gorge complètement desséchée), il y avait une araignée. Une énorme araignée toute noire. Elle... elle est sortie du trou du lavabo... et je crois qu'elle y est retournée.

— Oh ! (Il eut un début de sourire, comme si l'explication le satisfaisait.) Ce n'était que ça ? Bon sang ! Si tu me l'avais dit, Beverly, je ne t'aurais pas frappée. Toutes les filles ont peur des araignées. Mais bon Dieu, pourquoi n'as-tu rien dit ? »

Il se pencha sur le lavabo et elle dut se mordre la lèvre pour ne pas lui crier de faire attention... tandis qu'une autre voix s'élevait au fond d'elle-même, une voix qui ne pouvait pas faire partie d'elle-même, qui ne pouvait être que celle du démon lui-même : *Qu'il le chope, s'il veut. Qu'il l'emporte là en bas. Bon débarras.*

Elle chassa cette voix, horrifiée. Envisager une telle possibilité, ne serait-ce qu'un instant, et elle était bonne pour l'enfer.

Il scruta l'intérieur du trou d'évacuation, les mains barbotant dans le sang répandu sur les bords du lavabo. Beverly dut réprimer un haut-le-cœur. Elle avait l'estomac douloureux, là où son père l'avait frappée.

« Je ne vois rien, Bev. Tous ces bâtiments sont anciens, vois-tu. Les tuyaux sont grands comme des autoroutes. Quand j'étais concierge à l'ancien lycée, il nous arrivait de temps en temps de retrouver un rat noyé dans les toilettes. Les filles étaient folles. (L'idée de ces vapeurs féminines le fit rire de bon cœur.) En particulier quand la Kenduskeag était haute. Il y a moins de bestioles dans les égouts depuis la mise en place du nouveau système, cependant. »

Il passa un bras autour d'elle et l'embrassa.

« Bon. Va te coucher et n'y pense plus, d'accord ? »

Elle sentit combien elle l'aimait. *Je ne te frappe jamais si tu ne le mérites pas, Beverly*, lui avait-il dit un jour qu'elle protestait contre une punition qu'elle jugeait injuste. Et ce devait être vrai, forcément, car il était capable d'amour. Il lui consacrait parfois toute une journée, soit à lui montrer comment faire des choses, soit à simplement lui parler en se promenant en ville ; et, devant ces manifestations de gentillesse, elle sentait son cœur gonfler comme s'il allait éclater. Elle l'aimait, et essayait de comprendre qu'il devait souvent la corriger car c'était (selon lui) la mission que Dieu lui avait donnée. D'après lui les filles avaient davantage besoin de corrections que les fils ; mais il n'avait pas de fils, et elle avait vaguement l'impression que c'était aussi en partie sa faute.

« D'accord, P'pa, je n'y penserai plus. »

Elle regarda par-dessus son épaule quand ils sortirent de la salle de bains, et elle vit le sang partout : dans le lavabo, sur la glace, sur les murs, sur le sol. La serviette ensanglantée dont son père s'était servi pendait normalement sur son support. Elle pensa : *Jamais je ne vais pouvoir revenir ici pour me laver ! Mon Dieu, je t'en prie, mon Dieu, je me repens d'avoir eu des mauvaises pensées sur mon père, et tu peux me punir pour ça si tu veux, me faire tomber et me faire mal ou me donner la grippe comme l'hiver dernier quand je toussais tellement qu'un jour j'ai vomi mais je t'en supplie mon Dieu, fais qu'il n'y ait plus de sang demain matin, je t'en supplie, d'accord, Dieu, d'accord ?*

Son père l'accompagna dans sa petite chambre, et la borda dans son lit comme il faisait toujours, avant de l'embrasser sur le front. Puis il resta là quelques instants, dans une attitude qu'elle considérait comme sa manière personnelle de se tenir, peut-être même sa manière d'être : légèrement incliné en avant, les mains profondément enfoncées (au-dessus du poignet) dans les poches, la regardant de ses yeux bleus brillants, une expression mélancolique de basset sur le visage. Bien plus tard, alors qu'elle avait depuis longtemps arrêté de penser à Derry, il lui arrivait d'être frappée par l'attitude d'un homme assis dans un bus, ou debout dans un coin, sa boîte à lunch à la main... oh, l'attitude des hommes, au crépuscule, comme en plein midi ou par une claire et venteuse journée d'automne, l'attitude des hommes, la loi des hommes, le désir des hommes... et Tom, si semblable à son père quand il enlevait sa chemise et se tenait légèrement incliné face à la glace de la salle de bains pour se raser. Silhouettes d'hommes.

« Il y a des moments où je me fais du souci pour toi, Bev », dit-il, mais sa voix ne trahissait ni inquiétude ni colère, maintenant. Il caressa doucement ses cheveux, dégageant le front.

La salle de bains est pleine de sang ! fut-elle sur le point de lui crier. *Comment, tu ne l'as pas vu ? Il y en avait partout ! Jusque sur l'ampoule, en train de cuire ! Tu ne l'as pas VU ?*

Mais elle garda le silence tandis qu'il sortait et

fermait la porte derrière lui, plongeant la pièce dans l'obscurité. Elle était toujours éveillée, les yeux grands ouverts dans le noir, quand sa mère arriva à onze heures et demie et que la télé s'éteignit. Elle entendit ses parents se rendre dans leur chambre, puis le craquement régulier du sommier tandis qu'ils faisaient leur truc de sexe. Beverly avait une fois surpris Greta Bowie disant à Sally Mueller que l'acte sexuel était terriblement douloureux et que jamais une fille bien ne pourrait avoir envie de le faire. (« À la fin l'homme te pisse dessus », sur quoi Sally s'était exclamée : « Oh, beurk ! Jamais je ne laisserai un homme me faire ça ! ») Si ça faisait si mal que cela, sa mère le gardait pour elle ; Bev l'avait entendue gémir une ou deux fois, à voix basse, mais on n'aurait pas dit un gémissement de douleur.

Le craquement des ressorts du sommier s'accéléra, atteignit un rythme presque frénétique, et s'interrompit. Il y eut un moment de silence, puis quelques échanges à voix basse ; Bev entendit ensuite les pas de sa mère qui se rendait dans la salle de bains. Beverly retint sa respiration, se demandant si sa mère allait ou non crier.

Elle ne cria pas. Il n'y eut que le bruit de l'eau coulant dans le lavabo, suivi d'éclaboussements légers. Puis ce fut le gargouillis familier de l'évacuation. Quelques instants plus tard le matelas grinça de nouveau, quand sa mère se remit au lit.

Cinq minutes après, son père se mettait à ronfler.

Une terreur noire s'empara de son cœur et se referma sur sa gorge. Elle se retrouva incapable de se placer sur le côté droit — celui qu'elle préférait pour s'endormir —, de peur de voir quelque chose la regarder par la fenêtre. Elle resta donc allongée sur le dos, raide comme un piquet, les yeux fixés au plafond. Quelques minutes ou quelques heures plus tard, elle n'aurait su dire, elle sombra dans un sommeil fragile et agité.

Beverly se réveillait toujours quand le réveil sonnait dans la chambre de ses parents. Elle s'habilla rapidement pendant que son père était dans la salle de bains. Elle s'arrêta un bref instant devant la glace pour contempler ses seins, pour voir s'ils n'avaient pas grossi pendant la nuit. Ils avaient commencé à se former à la fin de l'année précédente, avec de petites douleurs au début. Ils étaient encore tout petits, mais indiscutablement là. Oui, elle allait devenir adulte ; elle allait devenir une femme.

Elle sourit à son reflet et plaça une main derrière la tête, relevant ses cheveux et faisant ressortir sa poitrine. Elle partit d'un rire de fillette... et soudain se souvint du sang régurgité par le trou d'évacuation, la veille au soir. Le rire s'arrêta instantanément.

Elle examina son bras et vit le bleu qui s'était formé dans la nuit — une tache affreuse où l'on distinguait la marque des doigts.

Bruyante, la chasse d'eau coula.

Avec célérité, car elle ne voulait pas le mettre en colère ce matin (pas même qu'il s'aperçût de sa présence), Beverly enfila un jean et son sweat-shirt aux couleurs du lycée de Derry. Puis, comme elle ne pouvait s'attarder davantage, elle quitta sa chambre pour la salle de bains, croisant son père qui regagnait la sienne pour s'habiller, son pyjama bleu flottant autour de lui. Il grommela quelque chose qu'elle ne comprit pas.

« D'accord, P'pa », répondit-elle à tout hasard.

Elle resta quelques instants devant la porte fermée de la salle de bains, essayant de se cuirasser contre ce qu'elle risquait de voir de l'autre côté. *Au moins il fait jour*, pensa-t-elle, ce qui la réconforta un peu. Elle saisit le bouton de porte, tourna, et entra.

4

Beverly ne chôma pas, ce matin-là. Elle apporta son petit déjeuner à Al Marsh — jus d'orange, œufs brouillés, et ses rôties spéciales : le pain chaud, mais pas grillé. Assis à la table, barricadé derrière le journal, il avala le tout.

« Et le bacon ?

— On l'a fini hier, Papa. Y en a plus.

— Prépare-moi un hamburger.

— Il n'en reste pas beaucoup non plus, et... »

Le journal s'agita et retomba. Son œil bleu tomba de tout son poids sur elle.

« Qu'as-tu dit ? demanda-t-il doucement.

— J'ai dit tout de suite, Papa. »

Il la regarda quelques instants de plus. Puis le journal remonta et Beverly se dépêcha de retirer la viande du réfrigérateur.

Elle récupéra jusqu'aux plus petits morceaux de viande hachée congelée au fond de la boîte pour faire paraître plus gros le hamburger qu'elle lui prépara. Il le mangea en consultant la page des sports. Beverly s'occupa ensuite de son propre petit déjeuner : deux sandwichs au beurre de cacahuète et à la gelée, et un gros morceau du gâteau que sa mère avait ramené du Green's Farm la nuit dernière, avec une Thermos de café brûlant et trop sucré.

« Tu diras à ta mère de faire un peu le ménage aujourd'hui, dit-il en prenant sa boîte à lunch. On se croirait dans une porcherie ici. Bon Dieu ! Je passe la journée à nettoyer la merde, partout dans l'hôpital, et je n'ai pas envie de revenir dans une porcherie. J'espère que je me suis bien fait comprendre, Beverly.

— Oui, Papa, je lui dirai. »

Il l'embrassa sur la joue, la serra sans tendresse contre lui et partit. Comme elle le faisait toujours,

Beverly alla jusqu'à la fenêtre de sa chambre et le regarda qui s'éloignait dans la rue. Et comme toujours, elle éprouva un secret sentiment de soulagement quand il disparut au coin..., se détestant de le ressentir.

Elle fit la vaisselle puis alla lire un moment sur les marches de derrière, attendant le réveil de sa mère. Quand celle-ci l'appela, elles changèrent les draps des deux lits, lavèrent les sols et cirèrent le lino de la cuisine. Sa mère se chargea de la salle de bains, ce dont Beverly lui fut profondément reconnaissante. Elfrida était une petite femme aux cheveux grisonnants à l'air triste. Les rides de son visage proclamaient à la face du monde qu'elle n'était pas née d'aujourd'hui et qu'elle avait l'intention de s'accrocher encore un bout de temps... elles disaient aussi que ça n'avait pas été tous les jours facile, et qu'elle n'attendait guère une amélioration de l'état des choses.

« Pourras-tu faire les vitres du séjour, Bevvie ? » demanda-t-elle en revenant de la cuisine. Elle avait mis son uniforme de serveuse. « Il faut que j'aille voir Cheryl à Saint-Joseph, à Bangor ; elle s'est cassé la jambe hier soir.

— Ouais, d'accord. Comment c'est arrivé ? » Cheryl était une collègue de travail de Mrs. Marsh.

« Elle a eu un accident de voiture avec son bon à rien de mari, fit Elfrida d'un ton sinistre. Il avait bu. Tu peux remercier le ciel tous les soirs d'avoir un père aussi sobre, Bev.

— Je le fais, M'man. » C'était vrai.

« Elle va perdre son travail, et lui est incapable d'en garder un. (Le ton d'Elfrida se fit encore plus sinistre : horrifié.) Ils devront quitter le pays, je suppose. »

C'était la pire des choses, aux yeux d'Elfrida. Perdre un enfant ou découvrir que l'on avait le cancer n'était rien à côté. On pouvait être pauvre, et passer sa vie à

« gratter », comme elle disait. Mais pis que tout, il y avait la perspective de devoir quitter le pays, celle que devait maintenant envisager son amie Cheryl.

« Quand tu auras fini les fenêtres et sorti les poubelles, tu pourras aller jouer un moment, si tu veux. Ce soir, ton père va au bowling, et tu n'auras donc pas besoin de lui préparer son dîner, mais je veux que tu rentres avant la nuit ; tu sais pourquoi.

— D'accord, M'man.

— Mon Dieu, comme tu grandis vite », dit Elfrida, qui regarda quelques instants les embryons de seins qui pointaient sous le sweat-shirt de Beverly. Un regard où il y avait de l'amour, mais pas de pitié. « Je me demande ce que je vais bien pouvoir faire une fois que tu seras mariée et chez toi.

— Je serai toujours là, Maman », répondit Beverly avec un sourire.

Sa mère l'étreignit brièvement et l'embrassa sur le coin de la bouche de ses lèvres chaudes et sèches. « Je sais bien comment ça se passe, Bev. Mais je t'aime.

— Moi aussi, je t'aime, Maman.

— Fais bien attention à ce qu'il ne reste aucune trace sur ces fenêtres, ajouta Elfrida en prenant son sac. Sans quoi ton père va te tomber dessus.

— Je ferai attention. » Et comme sa mère ouvrait la porte, elle ajouta, d'un ton qu'elle s'efforça de faire paraître naturel : « Tu n'as rien vu de drôle dans la salle de bains, M'man ?

— De drôle ? fit Elfrida en se retournant, sourcils légèrement froncés.

— Eh bien..., j'ai vu une araignée dans le lavabo, hier au soir. Papa ne t'a pas dit ?

— Est-ce que tu as mis ton père en colère, Bevvie ?

— Non-non. Je lui ai dit qu'une araignée était sortie du trou et m'avait fait peur. Il m'a expliqué qu'autrefois il trouvait des rats noyés dans les toilettes, dans l'ancienne école. A cause des égouts. Il ne t'a pas parlé de l'araignée que j'ai vue ?

— Non.

— Ça n'a pas d'importance. Je me demandais si tu ne l'avais pas vue toi aussi. »

Sa mère resta tournée à l'observer, les lèvres tellement serrées qu'elles en disparaissaient presque. « Es-tu bien sûre que ton père ne s'est pas mis en colère contre toi, hier au soir ?

— Mais non !

— Bevvie, est-ce qu'il lui est arrivé de... te toucher ?

— Quoi ? » fit Bev, perplexe. Seigneur, son père la touchait tous les jours ! « Je ne comprends pas ce que...

— Ça n'a pas d'importance, la coupa Elfrida. N'oublie pas les ordures. Et s'il reste des traces sur ces vitres, tu n'auras pas besoin de ton père pour avoir la frousse...

— Je

(Est-ce qu'il lui est arrivé de... te toucher ?)

— n'oublierai pas.

— Et sois rentrée avant la nuit.

— Entendu. »

(Est-ce qu'il)

(Je me fais beaucoup de souci pour toi)

Elfrida partit. Beverly passa une fois de plus dans sa chambre et la regarda disparaître au coin de la rue, comme elle avait fait pour son père. Puis, une fois qu'elle fut sûre que sa mère était bien en route pour l'arrêt du car, elle alla chercher le seau, le Windex, et des chiffons sous l'évier. Ensuite elle se rendit dans le séjour et commença les vitres. L'appartement lui paraissait trop tranquille. Elle sursautait à chaque fois que le plancher craquait ou qu'une porte claquait. Elle poussa un soupir qui était presque un cri lorsque se déclencha la chasse d'eau des Bolton, au-dessus.

Et elle ne cessait de jeter des coups d'œil à la porte, fermée, de la salle de bains.

Elle finit par aller l'ouvrir. Sa mère avait nettoyé la pièce à fond, le matin même, et presque tout le sang qui s'était accumulé sous le lavabo avait disparu, comme sur les rebords. Mais il y avait toujours des traînées marron à l'intérieur, et des taches et des éclaboussures sur la glace et sur le papier mural.

Beverly regarda son reflet, tout pâle, et se rendit soudain compte, prise de terreur superstitieuse, que le sang sur le miroir donnait l'impression que sa tête saignait. De nouveau elle se dit : *Qu'est-ce que je vais faire, maintenant ? Est-ce que je deviens folle ? Est-ce que je l'imagine ?*

Tout d'un coup, le siphon émit un rot clapoteux.

Beverly poussa un hurlement et claqua violemment la porte ; cinq minutes plus tard, elle tremblait encore tellement qu'elle faillit lâcher la bouteille de Windex.

2

Il était environ trois heures de l'après-midi lorsque Beverly Marsh, après avoir fermé l'appartement et mis la clef au fond de la poche de son jean, s'engagea dans Richard's Alley, un passage étroit qui reliait Main Street et Center Street ; là, elle tomba sur Ben Hanscom, Eddie Kapsbrak et un garçon du nom de Bradley Donovan qui jouaient à lancer des pièces d'un cent.

« Salut, Bev ! lui lança Eddie. Pas de cauchemars, après ces films ?

— Pas un poil, répondit Beverly en s'accroupissant pour observer le jeu. Comment es-tu au courant ?

— Par Meule de Foin », fit Eddie en tendant un pouce vers Ben, qui rougissait violemment et, aux yeux de Bev, sans motif apparent.

« Quels films ? » intervint Bradley en zézayant. Beverly le reconnut ; c'était le garçon qui avait accompagné Bill Denbrough dans les Friches. Ils allaient

chez la même orthophoniste à Bangor. Elle arrêta
aussitôt de penser à lui. Si on lui avait demandé, elle
aurait sans doute répondu qu'il était moins important
que Ben ou Eddie, moins présent.

« Des histoires de monstres, répondit-elle en s'avançant, à croupetons, pour se placer entre Ben et Eddie.
Vous lancez ?

— Oui, dit Ben, lui jetant un coup d'œil et détournant rapidement le regard.

— Qui gagne ?

— Eddie. Il est vraiment très fort. »

Elle regarda Eddie, qui se mit à se polir les ongles
sur sa chemise en prenant un air suffisant, puis éclata
de rire.

« Est-ce que je peux jouer ?

— Moi, je suis d'accord, dit Eddie. As-tu des sous ? »

Elle se tâta la poche et en extirpa trois cents.

« Bon Dieu ! Comment oses-tu sortir de chez toi avec
un portefeuille aussi gonflé ? demanda Eddie. À ta
place, j'aurais la frousse ! »

Ben et Bradley éclatèrent de rire.

« Les filles aussi peuvent être courageuses », répondit Bev — et tous rirent en chœur.

Bradley lança le premier, puis Ben, puis Beverly.
Comme il gagnait, Eddie jouait en dernier. Ils expé-
diaient les piécettes contre le mur arrière de la pharmacie de Center Street. Parfois elles atterrissaient trop
court, parfois elles rebondissaient sur le mur ; à la fin
de chaque lancer, celui qui était arrivé le plus près du
mur ramassait les mises des autres. Cinq minutes plus
tard, Bev possédait vingt-quatre cents ; elle n'avait
perdu qu'un seul lancer.

« Les filles trissent ! » s'exclama Bradley, dégoûté,
en se levant pour partir. Sa bonne humeur avait
disparu, et il regardait Bev avec une expression de
colère et d'humiliation mêlées. « Les filles ne vraient
pas être zautorizées à... »

Ben sauta sur ses pieds ; le spectacle de Ben bondissant était quelque chose d'impressionnant. « Retire ce que tu viens de dire ! »

Bradley regarda Ben, bouche bée. « Quoi ?

— Retire-le ! Elle n'a pas triché ! »

Le regard de Bradley passa de Ben à Eddie et Beverly, toujours agenouillés, puis revint sur Ben. « Tu veux que ze te f-fasse le nez comme un patate pour aller avec le rezte, trouduc ?

— Essaye donc ! » répondit Ben, le visage soudain traversé d'un sourire. Quelque chose dans ce sourire fit que Bradley recula maladroitement d'un pas, surpris. Peut-être cela tenait-il à ce qu'après s'être par deux fois colleté avec Henry Bowers (et s'en être par deux fois honorablement sorti), Ben Hanscom n'allait pas se laisser terroriser par ce grand échalas de Donovan (qui, en plus d'être affligé de ce zézaiement cataclysmique, avait des verrues plein les mains).

« C'est za, siffla-t-il, et vous-z-allez touz vous mettre contre moi ! » dit Bradley en faisant un autre pas en arrière.

Sa voix trahissait de l'incertitude, et il avait les larmes aux yeux. « Toute une bande de trisseurs !

— Retire simplement ce que tu as dit d'elle, fit Ben.

— Laisse tomber, Ben, intervint Beverly en tendant une poignée de piécettes de cuivre à Bradley. Prends tes sous. Je jouais juste pour m'amuser. »

Des larmes d'humiliation débordèrent des paupières de Bradley. Il donna sur la main tendue de Bev un coup qui éparpilla la monnaie, et fonça en courant vers Center Street. Les autres le regardèrent se défiler, stupéfaits. Une fois à bonne distance, Bradley se retourna et cria : « T'es zuste une ezpèce de salope, z-z'est tout ! Trisseuse ! Trisseuse ! Ta mère n'est qu'une pute ! »

Beverly suffoqua. Ben remonta à son tour l'allée en courant, mais ne réussit qu'à se prendre les pieds dans une caisse vide et à s'étaler par terre. Bradley avait disparu et Ben ne se faisait aucune illusion sur ses capacités de le rattraper. Au lieu de cela, il se tourna vers Beverly pour voir comment elle allait. L'insulte l'avait autant atteint qu'elle.

Elle vit l'inquiétude sur le visage du gros garçon. Elle ouvrit la bouche pour lui dire de ne pas s'en faire, que tout allait bien, qu'une insulte faisait moins mal qu'un coup, lorsque cette étrange question posée par sa mère lui revint à l'esprit.

(Est-ce qu'il lui est arrivé de... te toucher ?)

Une étrange question, oui. Simple, et pourtant incompréhensible, pleine de sous-entendus menaçants, bourbeuse comme du vieux marc de café. Au lieu de dire qu'elle se moquait bien des insultes, elle éclata en sanglots.

Eddie la regardait, mal à l'aise ; il prit son inhalateur et s'injecta une dose. Puis il se courba et commença à ramasser les piécettes éparpillées. Il avait ce faisant une expression concentrée et méticuleuse sur le visage.

Ben s'approcha instinctivement de Bev, pris de l'envie de la saisir dans ses bras et de la consoler, mais s'arrêta dans son élan. Elle était trop jolie. Devant tant de beauté, il se sentait impuissant.

« T'en fais pas, c'est rien », dit-il, sachant qu'il devait avoir l'air idiot, mais incapable de trouver quelque chose de plus intelligent. Il posa deux mains légères sur ses épaules (elle-même se cachait les yeux et les joues dans les siennes) puis les retira comme si son contact le brûlait. Il avait le visage cramoisi, apoplectique. « T'en fais pas, Beverly. »

Elle baissa les mains et s'écria, d'une voix aiguë, furieuse : « Ma mère n'est pas une pute ! C'est... c'est une serveuse ! »

Sa protestation fut accueillie par un silence absolu. Ben la regardait, bouche bée. Eddie, la main pleine de pièces, leva les yeux sur elle. Et tout d'un coup, ils se mirent tous les trois à rire hystériquement.

« Une serveuse ! » caqueta Eddie. Il n'avait que la plus vague idée de ce qu'était une pute, mais quelque chose dans la comparaison lui paraissait néanmoins délicieusement comique. « C'est donc ça qu'elle est ! Une serveuse !

— Oui, c'est ça, c'est ça ! » hoqueta Bev, le rire encore mêlé de larmes.

Ben riait tellement fort qu'il fut incapable de rester debout. Il s'assit lourdement sur une poubelle, mais son poids défonça le couvercle et il s'écroula sur un côté. Eddie, un doigt pointé sur lui, hurlait de rire. Beverly l'aida à se remettre sur pied.

Une fenêtre s'ouvrit au-dessus d'eux et une femme leur cria : « Fichez-moi le camp d'ici, les gosses ! Y a des gens qui sont de quart de nuit, figurez-vous ! Disparaissez ! »

Sans y penser, les trois enfants se prirent par la main, Beverly au milieu, et coururent jusqu'à Center Street. Ils riaient toujours.

6

Ils mirent leurs ressources en commun et s'aperçurent qu'ils disposaient de quarante cents, assez pour deux bonnes boissons glacées. Comme Mr. Keene était un vieux ronchon qui refusait de laisser les moins de douze ans consommer à côté de la fontaine à soda (à cause de la présence des billards électriques, source de corruption, prétendait-il), les trois enfants se rendirent jusqu'à Bassey Park. Ben avait du café et Eddie de la fraise ; assise entre les deux garçons, Bev prélevait tour à tour chez l'un et chez l'autre à l'aide d'une paille, comme butine une abeille. Elle se sentait vraiment bien pour la première fois depuis que le siphon avait éructé son caillot de sang, la veille — vidée, certes, et épuisée émotionnellement, mais en paix avec elle-même. Pour le moment, en tout cas.

« Je me demande ce qui est arrivé à Bradley, remarqua finalement Eddie, sur un ton un peu maladroit d'excuse. Il ne se comporte jamais comme ça d'habitude.

— Tu m'as défendue, dit Beverly, qui se tourna vers Ben et l'embrassa sur la joue. Merci ! »

Ben se trouva de nouveau écarlate. « Tu ne trichais pas », bredouilla-t-il — sur quoi il engloutit la moitié de son café glacé en trois gorgées monstrueuses, qui furent suivies d'un rot aussi violent qu'un coup de feu.

« T'es toujours armé, papounet ? » demanda Eddie, ce qui eut le don de faire rire Beverly au point de se tenir le ventre.

« Arrêtez ! pouffa-t-elle. Arrêtez, ça me fait mal à l'estomac ! »

Ben souriait. Cette nuit, avant de s'endormir, il rejouerait la scène du baiser mille fois avant de s'endormir.

« Est-ce que ça va vraiment bien, maintenant ? » demanda-t-il.

Elle acquiesça. « Ce n'était pas à cause de Bradley. Ce n'était même pas à cause de ce qu'il a dit de ma mère. Mais à cause de quelque chose qui est arrivé hier au soir (elle hésita, regardant Ben et Eddie tour à tour). Je... Il faut que je le dise à quelqu'un. Ou que je le montre à quelqu'un. Il faut que je fasse quelque chose. Je crois que j'ai pleuré parce que j'avais peur de devenir cinglée.

— Qu'est-ce que tu racontes, " devenir cinglée " ? » fit une nouvelle voix.

C'était Stanley Uris, comme toujours menu, mince et surnaturellement impeccable — bien trop impeccable pour un gamin d'à peine onze ans. Avec sa chemise immaculée prise sans un faux pli dans des jeans tout aussi immaculés, ses cheveux bien peignés et ses chaussures de basket aussi nettes que celles des vitrines, il avait plutôt l'air du plus petit adulte au monde. Puis il sourit, et l'illusion disparut.

Elle ne va rien dire maintenant, songea à part lui Eddie, *parce qu'il n'était pas là quand Bradley a insulté sa mère.*

Mais après un instant d'hésitation, Beverly parla. Car Stanley était différent de Bradley; sa présence avait davantage de réalité.

Stanley est des nôtres, pensa Beverly, se demandant ce qui soudain lui donnait la chair de poule. *Ce n'est pas un cadeau que je leur fais en parlant. Ni à eux ni à moi.*

Mais c'était trop tard. Elle avait commencé. Stan s'assit avec eux, le visage calme et grave. Eddie lui offrit ce qui lui restait de sa boisson glacée à la fraise, mais Stan se contenta de secouer la tête, sans quitter Beverly des yeux. Aucun des garçons ne l'interrompit.

Elle leur parla des voix. Comment elle avait reconnu celle de Ronnie Grogan. Elle savait que Ronnie était morte; mais c'était tout de même sa voix. Elle leur parla du sang, comment son père ne l'avait ni vu ni senti, comment sa mère ne l'avait pas vu non plus ce matin.

Quand elle eut terminé, elle les regarda les uns après les autres, craignant de lire de l'incrédulité sur les visages. Il n'y en avait pas. De l'effroi, oui, mais pas de l'incrédulité.

« Allons-y voir », dit finalement Ben.

7

Ils passèrent par la porte de derrière, non point parce que c'était celle dont Bev avait la clef, mais parce que, leur dit-elle, son père la tuerait si jamais il apprenait par Mrs. Bolton, la voisine, qu'elle était entrée dans l'appartement en compagnie de trois garçons pendant que ses parents n'étaient pas là.

« Pourquoi ? demanda Eddie.

— Tu ne comprendrais pas, triple buse, dit Stan. Tais-toi donc. »

Eddie était sur le point de répondre, mais en voyant le visage blanc et tendu de Stan, il referma la bouche.

La porte ouvrait sur la cuisine, silencieuse et envahie par le soleil de l'après-midi finissant. La vaisselle du petit déjeuner scintillait sur l'évier. Les quatre enfants restèrent regroupés autour de la table, et ils sursautèrent tous avec des rires nerveux lorsqu'une porte claqua dans l'immeuble.

« Où c'est ? » demanda Ben dans un murmure.

Le sang battant à ses tempes, Bev les conduisit jusque dans le petit couloir ; d'un côté se trouvait la chambre de ses parents et au fond la salle de bains, fermée. Elle l'ouvrit, entra d'un pas décidé à l'intérieur et plaça le bouchon sur le trou d'évacuation. Puis elle revint se placer entre Ben et Eddie. Le sang s'était desséché, laissant des traces et des traînées marron sur la glace, le lavabo et le papier mural. Elle trouvait soudain plus facile de regarder le sang que de regarder ses camarades.

D'une toute petite voix qu'elle ne se connaissait pas, elle demanda : « Est-ce que vous le voyez ? L'un de vous le voit-il ? Il est bien là, non ? »

Ben avança d'un pas, et elle fut une fois de plus frappée par l'aisance avec laquelle se déplaçait le gros garçon. Il toucha l'une des traces de sang ; puis une autre ; puis une longue traînée sur le miroir. « Ici. Ici. Ici, dit-il d'un ton froid et autoritaire.

— Sapristi ! On dirait qu'on a égorgé un cochon là-dedans, fit Stan doucement, stupéfait.

— Et tout est sorti du siphon ? » demanda Eddie,

que la vue de tout ce sang rendait malade. Sa respiration se faisait plus courte ; il étreignit son inhalateur.

Beverly dut lutter pour éviter d'éclater de nouveau en larmes ; elle s'y refusait, redoutant d'être considérée avec mépris comme une fille comme les autres. Elle dut cependant s'accrocher au bouton de porte, tandis qu'une onde de soulagement, d'une puissance effrayante, la parcourait. Elle ne s'était pas rendu compte, jusqu'à cet instant, à quel point elle était convaincue de devenir folle, d'avoir des hallucinations.

« Et ton père et ta mère n'ont rien vu », s'émerveilla Ben. Il toucha une tache de sang qui avait séché sur le bord du lavabo, puis retira sa main, qu'il essuya sur un pan de sa chemise. « Nom de Dieu de nom de Dieu !

— Je me demande comment je vais faire pour entrer encore ici, dit Bev. Pour faire ma toilette et me laver les dents, vous comprenez ?

— Pourquoi ne pas tout nettoyer ? demanda soudain Stan.

— Tout nettoyer ? fit Beverly.

— Bien sûr. On n'arrivera peut-être pas à tout enlever sur le papier, qui n'est pas, euh, en très bon état, mais on pourra enlever le reste. Tu n'as pas de chiffons ?

— Si, sous l'évier de la cuisine. Mais ma mère va se demander où ils sont passés.

— J'ai cinquante cents, dit calmement Stanley, sans quitter des yeux la zone aspergée de sang. Nous nettoierons le mieux possible ; après nous irons à la laverie automatique laver les chiffons, et nous les remettrons ensuite à leur place sous l'évier, avant le retour de tes vieux.

— Ma mère dit que c'est impossible d'enlever du sang sur un vêtement, objecta Eddie. Il paraît que ça s'incruste, un truc comme ça. »

Ben ne put retenir un éclat de rire hystérique. « Qu'est-ce que ça peut faire si les chiffons ont encore du sang dessus ? Ils ne peuvent pas le voir. »

Personne n'eut besoin de lui demander qui étaient ces « ils ».

« Très bien, dit Bev. Essayons. »

8

Pendant la demi-heure suivante, tous quatre s'activèrent comme des elfes sévères, et Beverly se sentait le cœur de plus en plus léger au fur et à mesure que le sang disparaissait des murs, de la glace et du lavabo à la porcelaine jaunie. Ben et Eddie s'occupèrent du miroir et du lavabo pendant que Beverly s'attaquait au lino ; quant à Stan, il prenait le plus grand soin du papier mural, qu'il nettoyait avec un chiffon à peu près sec. À la fin, ils en étaient presque complètement venus à bout. Ben termina le travail en remplaçant l'ampoule par une autre de réserve.

Ils se servirent du seau d'Elfrida, de son Ajax et de quantité d'eau chaude : ils en changeaient souvent, aucun d'eux n'aimant voir leurs mains devenir roses.

Stanley fit quelques pas en arrière, examinant la salle de bains avec l'œil critique d'un garçon chez qui propreté et ordre n'étaient pas seulement inculqués, mais innés. « Je crois qu'on ne peut faire mieux », dit-il.

Il y avait encore de légères marques sur le papier peint, à la gauche du lavabo, là où il était tellement usé et abîmé que Stan n'avait fait que le frotter le plus doucement possible. Cependant, même ici les taches avaient perdu leur ancien pouvoir menaçant, et se réduisaient à des traces pastel sans signification.

« Merci », leur dit Beverly, s'adressant à tous. Jamais elle n'avait autant éprouvé de gratitude de sa vie. « Merci beaucoup, tous.

— Pas de problème, bredouilla Ben, qui, bien entendu, rougit une fois de plus.

— Pas de problème, confirma Eddie.

— Allons nettoyer ces chiffons », dit Stan. Son visage était calme, presque sévère. Plus tard, Beverly pensa que Stan fut peut-être le seul, ce jour-là, à comprendre qu'ils venaient de faire un pas de plus vers quelque confrontation inouïe.

9

Mis à part une femme en blouse blanche d'infirmière attendant la fin du séchage de son linge, il n'y avait personne dans la laverie. La femme jeta un coup d'œil méfiant aux quatre gosses et replongea dans son édition de poche de *Peyton Place*.

« Eau froide, dit Ben à voix basse. Ma mère dit qu'il faut laver le sang à l'eau froide. »

Ils chargèrent la machine, mirent la poudre à laver qu'ils avaient emportée, et Stan glissa les pièces dans la fente. Beverly avait dépensé presque toutes ses pièces d'un cent pour les boissons glacées, mais elle retrouva quatre survivantes au fond de sa poche gauche et les offrit à Stan, qui prit un air peiné. « Seigneur, dit-il, je file un rancart à une fille à la laverie, et voilà qu'elle prend la mouche ! »

Beverly eut un petit rire. « Tu es bien sûr ?

— Tout à fait sûr, dit Stan d'un ton sec. En réalité, ça me fend le cœur d'abandonner ces quatre cents, Beverly, mais je suis sûr de moi. »

Ils allèrent s'asseoir sur les chaises disposées dans un coin de la boutique, gardant le silence. La machine haletait et clapotait, rejetant des giclées mousseuses contre le hublot épais. Au début, la mousse fut rougeâtre, et Bev avait un peu mal au cœur en la voyant — sans pour autant pouvoir en détacher son regard. La mousse sanglante exerçait sur elle une sorte d'épouvantable fascination. La femme en uniforme d'infirmière leur jetait des coups d'œil de plus en plus fréquents par-dessus son livre. Elle s'était sans doute attendue à du chahut, si bien que leur silence l'énervait. Dès que son linge fut sec, elle l'emballa et fila, en leur lançant un dernier regard intrigué sur le pas de la porte.

Dès qu'elle eut tourné les talons, Ben jeta abruptement, presque rudement : « Nous ne sommes pas seuls.

— Quoi ? demanda Beverly.

— Nous ne sommes pas seuls, répéta Ben. Voistu... »

Il s'arrêta et regarda Eddie, qui acquiesça. Puis il regarda Stan, lequel avait un air malheureux, mais qui haussa les épaules et acquiesça à son tour.

« Mais de quoi parlez-vous donc, à la fin ? » s'écria Beverly. Elle en avait assez des gens qui tenaient des propos inexplicables, aujourd'hui. Elle saisit Ben à l'avant-bras. « Si tu sais quelque chose là-dessus, il faut me le dire !

— Tu ne veux pas le faire ? » demanda Ben à Eddie.

Eddie secoua la tête, sortit son inhalateur et en tira une monstrueuse bouffée.

Parlant lentement, choisissant ses mots, Ben raconta à Beverly comment il avait rencontré Bill Denbrough et Eddie Kaspbrak dans les Friches le premier jour des vacances — une semaine à peine, aussi incroyable que cela parût. Il lui dit comment ils avaient construit le barrage le lendemain ; il lui rapporta l'histoire de la photo de l'album de George, et ce qui lui était arrivé avec la momie, près du canal, la momie qui marchait sur la glace et dont les ballons flottaient contre le vent. Beverly l'écoutait avec un sentiment croissant d'horreur. Ses yeux s'agrandissaient tandis que ses extrémités devenaient glacées.

Ben s'arrêta et regarda Eddie. Eddie prit une nouvelle bouffée de son inhalateur, et répéta l'histoire du lépreux de Neibolt Street, parlant aussi vite que Ben avait parlé lentement, les mots se bousculant sur ses lèvres tant il avait envie d'en finir. Il termina sur un demi-sanglot reniflé, mais cette fois ne pleura pas.

« Et toi ? demanda Bev en se tournant vers Stan.

— Je... »

Il y eut un soudain silence qui les fit tous sursauter, tout autant que l'aurait fait une détonation.

« La lessive est finie », dit Stan.

Ils le regardèrent se lever — petit, efficace, gracieux — et ouvrir la machine. Il sortit le paquet de chiffons et les examina.

« Il reste quelques taches, mais ce n'est pas trop mal, on dirait du jus d'airelles. »

Il leur montra, et tous approuvèrent gravement, comme s'il s'agissait de documents importants. Beverly sentit de nouveau l'impression de soulagement qui l'avait envahie dans la salle de bains une fois propre. Elle pourrait supporter les taches pastel sur le papier peint, comme elle pourrait supporter les taches légèrement rougeâtres sur les chiffons de sa mère. Ils avaient fait quelque chose, et c'était ce qui paraissait important. Ce n'était pas parfait, mais toutefois suffisant pour lui donner la paix du cœur.

Stan jeta les chiffons dans l'un des séchoirs cylindriques et introduisit ses deux dernières pièces de cinq cents. L'appareil se mit à tourner, et Stan revint prendre sa place entre Ben et Eddie.

Pendant un moment ils restèrent tous les quatre assis en silence, regardant les chiffons tourner et retomber. Le ronronnement du séchoir à gaz avait quelque chose de calmant, presque de soporifique. Une femme passa avec son chariot de commissions archiplein devant la porte grande ouverte de la laverie, leur jeta un coup d'œil et poursuivit son chemin .

« J'ai bien vu quelque chose, commença soudain

Stan. Je n'avais pas envie d'en parler, parce que je voulais me persuader que c'était un rêve, ou peut-être même une crise de quelque chose comme le petit Stavier. Vous le connaissez ? »

Ben et Bev secouèrent la tête. « Celui qui a des crises d'épilepsie ? demanda Eddie.

— Oui, c'est ça. Tu vois le genre. Je crois bien que j'aurais préféré que ce soit un truc comme ça que de me dire que j'ai vu quelque chose... de réellement réel.

— Qu'est-ce que c'était ? » demanda Bev, sans être pourtant bien sûre de vouloir le savoir. Ce n'était pas comme écouter des histoires de fantômes autour d'un feu de camp tout en dégustant des saucisses grillées et des guimauves à demi fondues, que les flammes ont rendues noires et craquantes. Ils étaient assis dans la laverie, un vrai sauna, avec d'énormes moutons de poussière sous les machines (des colombins de fantôme, disait son père), des moucherons dansant dans les rayons de soleil qui perçaient la crasse des vitres, et de vieux magazines à la couverture arrachée. Rien que des choses normales. De chouettes choses normales et barbantes. Mais elle avait peur. Affreusement peur. Parce que, se rendait-elle compte, aucune de ces histoires n'était inventée, aucun de ces monstres n'était en carton : la momie de Ben, le lépreux d'Eddie... L'un ou l'autre, ou les deux, pourraient surgir à la tombée de la nuit. Elle imaginait aussi le frère de Bill Denbrough, manchot implacable, patrouillant les égouts, sous la ville, avec deux pièces d'argent à la place des yeux.

Cependant, comme Stan ne répondait pas tout de suite, elle répéta sa question.

Parlant avec précaution, Stan se décida : « Je me trouvais dans ce petit parc, là où il y a le château d'eau...

— Oh, Seigneur ! Voilà bien un coin que je n'aime pas, dit Eddie, lugubre. S'il y a un bâtiment hanté dans Derry, c'est celui-là !

— Quoi ? s'exclama Stan. Qu'est-ce que tu racontes ?

— Tu n'en as jamais entendu parler ? s'étonna Eddie. Ma mère ne me laissait pas m'en approcher, alors que les... les meurtres d'enfants n'avaient pas encore commencé. Elle... elle fait très attention à moi. (Il leur adressa un sourire gêné et étreignit son inhalateur.) Des enfants ont été noyés là-dedans. Trois ou quatre. Ils... Stan ? Stan, ça va bien ? »

Le visage de Stan avait pris la couleur du plomb. Sa bouche s'ouvrait, mais pas un son n'en sortait. Ses yeux se mirent à rouler jusqu'à disparaître presque complètement sous la paupière supérieure. L'une de ses mains tenta de se raccrocher au vide et retomba contre sa cuisse.

Eddie fit la première chose qui lui vint à l'esprit. Il passa un bras autour des épaules de Stan, en train de s'effondrer, lui enfonça l'inhalateur dans la bouche et lui envoya une énorme bouffée.

Stan toussa, s'étouffa, s'étrangla. Il se redressa, les yeux de nouveau en face des trous. Il éternua dans ses mains et se laissa retomber contre son siège.

« Qu'est-ce que c'était ? demanda-t-il.

— Mon médicament pour l'asthme, répondit Eddie sur un ton d'excuse.

— Bon sang, on dirait de la vieille crotte de chien ! »

Tout le monde rit à cette repartie, mais d'un rire nerveux, tout en continuant d'observer Stan. Les couleurs lui revenaient peu à peu aux joues.

« C'est assez dégueulasse, admit Eddie, non sans quelque fierté.

— Oui, mais est-ce que c'est cascher ? » répliqua Stan, ce qui eut le don de les faire une fois de plus éclater de rire même si tous (Stan compris) ignoraient ce qu'était exactement un produit cascher.

Stan s'arrêta de rire le premier et regarda attentivement Eddie. « Dis-moi ce que tu sais sur le château d'eau. »

C'est Eddie qui commença, mais Ben et Bev complétèrent son récit. Le château d'eau de Derry s'élevait sur Kansas Street à environ deux kilomètres à l'ouest du centre-ville, non loin de la limite sud des Friches. Vers la fin du siècle dernier, il suffisait aux besoins en eau de Derry, contenant environ cinq millions de litres. Comme la galerie non fermée située juste en dessous du toit du réservoir offrait une vue spectaculaire sur la ville et la campagne environnante, elle était restée un but de promenade très apprécié jusque vers les années 30. Les familles se rendaient au minuscule Memorial Park, le samedi ou le dimanche matin, par beau temps, et grimpaient les cent soixante marches qui menaient à la galerie par l'intérieur du château d'eau, afin de jouir de cette vue. Il arrivait même souvent que l'on pique-nique là-haut par la même occasion.

L'escalier était placé entre la paroi du château d'eau (d'un blanc éblouissant à l'extérieur) et le manchon intérieur, un grand cylindre en acier inoxydable de trente-cinq mètres de haut; cet escalier s'élevait en une spirale serrée.

Juste en dessous de la galerie, une lourde porte de bois donnait sur une plate-forme qui surplombait l'eau elle-même, petit lac noir, tout rond, aux faibles ondulations, qu'éclairaient des ampoules au magnésium fixées à des réflecteurs de tôle. Il y avait exactement dix mètres d'eau lorsque le réservoir était à son maximum.

« Mais d'où venait cette eau ? » demanda Ben.

Tous se regardèrent ; aucun ne le savait.

« Et les enfants qui se sont noyés ? »

Ils étaient un peu moins ignorants là-dessus. Il semblait qu'à cette époque, on ne verrouillait jamais la porte donnant sur la plate-forme. Un soir, deux enfants (ou un seul, ou trois) auraient trouvé ouverte l'entrée au niveau du sol. Ils seraient montés par défi, auraient abouti par erreur non sur la galerie mais sur la plate-forme et seraient tombés dans le réservoir avant même de se rendre compte de ce qui leur arrivait.

« C'est Vic Crumly qui me l'a raconté, et il le tenait de son père, dit Beverly. Je ne vois pas pourquoi il aurait menti. Le père de Vic aurait dit aussi qu'une fois tombés dans l'eau, ils étaient fichus, parce qu'il n'y avait rien à quoi se raccrocher. La plate-forme était hors de portée. Ils ont sans doute barboté toute la nuit en appelant à l'aide. Mais personne ne les a entendus, ils ont été de plus en plus fatigués, et... »

Elle n'acheva pas sa phrase, ressentant toute l'horreur de cette fin. Elle imaginait ces enfants, réels ou inventés, en train de se débattre, comme des chiots que l'on noie, coulant et remontant à la surface, nageant de moins en moins au fur et à mesure que la panique les gagnait. Les tennis pleines d'eau s'alourdissant, les doigts grattant inutilement les parois d'acier lisses à la recherche d'une prise. Elle sentait le goût de toute l'eau qu'ils avaient dû avaler, elle entendait se répercuter l'écho de leurs cris. Combien de temps ? Un quart d'heure, une demi-heure ? Combien de temps avant que ne cessent leurs cris, et qu'ils flottent sur le ventre, épouvantable pêche en perspective pour le gardien, le lendemain matin ?

« Seigneur, dit Stan sans emphase.

— J'ai aussi entendu dire qu'une femme y avait perdu son bébé, dit soudain Eddie. C'est après cela qu'on a fermé l'endroit pour de bon. En tout cas, c'est ce que j'ai compris. On laissait les gens monter, ça je le savais. Puis un jour, il y a eu cette femme et son bébé. Je ne sais pas quel âge avait le bébé. Mais il paraît que cette plate-forme dépasse au-dessus de l'eau. La femme s'est avancée jusqu'au garde-fou ; elle tenait son bébé et elle l'a lâché, ou il a gigoté dans ses bras, quelque chose comme ça. J'ai aussi entendu dire qu'un type a essayé de le sauver, de jouer les héros. Il a plongé, mais le bébé avait disparu. Il était peut-être habillé de quelque chose de lourd ; on dit qu'avec des vêtements mouillés, on est tiré vers le fond. »

Soudain, Eddie mit la main à la poche et en retira un petit flacon brun. Il l'ouvrit, et prit deux cachets blancs qu'il avala tout sec.

« Qu'est-ce que c'était ? demanda Bev.

— De l'aspirine. J'ai mal à la tête. » Il la regarda, sur la défensive, mais Beverly n'insista pas.

Ben prit le relais. Après l'affaire du bébé (qui d'après lui aurait en réalité été une fillette de trois ans), le conseil municipal aurait décidé la fermeture complète au public du château d'eau, mettant fin aux pique-niques sous la galerie. Depuis, il était toujours resté fermé. Certes, le gardien continuait d'effectuer ses rondes, les services d'entretien passaient régulièrement, et des visites guidées avaient lieu de temps en temps. Mais la porte donnant sur le réservoir restait hermétiquement close.

« Est-ce qu'il y a toujours de l'eau ? demanda Stan.

— Je suppose, dit Ben. J'ai vu les pompiers venir remplir leurs citernes pendant les incendies de broussailles, l'été dernier. Ils se branchaient sur une prise, au pied du château d'eau. »

Stanley avait de nouveau les yeux perdus sur le séchoir, où le paquet de chiffons s'était défait, certains retombant comme des parachutes.

« Qu'est-ce que tu y as vu ? » demanda doucement Bev.

On put croire un instant qu'il n'allait pas répondre. Puis il prit une profonde inspiration dans laquelle passa un frisson, et commença par parler de quelque chose qui semblait n'avoir qu'un rapport lointain avec l'affaire. « On l'a appelé Memorial Park en souvenir du régiment de Derry, le 23e du Maine. Il y avait une statue, à l'origine, mais elle a été détruite par une tempête au cours des années 40. Comme la municipalité n'avait pas assez d'argent pour la réparer, on a installé à la place un bain pour les oiseaux. Un gros bassin de pierre. »

Tous le regardaient. Stan déglutit ; on entendit distinctement un *clic !* au fond de sa gorge.

« J'observe les oiseaux, vous comprenez. J'ai un album, une paire de jumelles, tout ce qu'il faut. (Il regarda Eddie.) Est-ce qu'il te reste de l'aspirine ? »

Eddie lui tendit son flacon. Stan prit deux cachets, hésita, en prit un troisième. Il rendit la bouteille et les avala l'un après l'autre, en faisant la grimace. Puis il reprit son histoire.

10

La rencontre avait eu lieu lors d'une soirée d'avril pluvieuse, deux mois auparavant. Stan avait mis son ciré, placé son guide des oiseaux et ses jumelles dans un sac imperméable et pris le chemin de Memorial Park. En général il accompagnait son père, mais ce dernier avait un travail supplémentaire à terminer, ce soir-là, et avait appelé chez lui à l'heure du dîner pour parler spécialement à Stan.

L'un des clients de son agence, également amateur d'oiseaux, avait repéré ce qu'il croyait être un cardinal mâle — *fringillidae richmondena* — buvant au bain pour oiseaux de Memorial Park ; le cardinal est un oiseau qui aime manger, boire et se baigner au crépuscule. Il était très rare de repérer un tel oiseau si loin du Massachusetts. Stan ne pourrait-il pas tenter une observation ? Il savait que le temps était bien mauvais, mais...

Stan avait accepté. Sa mère lui avait fait promettre de garder le capuchon de son ciré sur la tête, ce qu'il aurait fait de toute manière. C'était un garçon méticuleux. Il n'y avait jamais besoin de se bagarrer pour lui faire mettre ses caoutchoucs ou ses pantalons matelassés, l'hiver.

Il parcourut les deux kilomètres qui le séparaient de Memorial Park sous une pluie qui n'était qu'un crachin, un brouillard qui se déposait. Si les sons étaient ouatés, il y avait néanmoins une certaine excitation dans l'air, qui, en dépit des derniers tas de neige en train de fondre sous les buissons et les bosquets (comme des piles de taies d'oreillers crasseuses, aux yeux de Stan), était chargé d'un parfum de sève. Les branches des ormes, des chênes et des érables lui paraissaient s'épaissir, silhouettées contre le ciel couleur de plomb. Les bourgeons allaient éclater dans une semaine ou deux, et dérouler leurs feuilles d'un vert délicat, presque transparent.

L'air sent la verdure, ce soir, pensa-t-il, souriant légèrement.

Il marchait rapidement, parce qu'il n'aurait guère plus d'une heure de jour. Il était aussi méticuleux dans ses observations que dans ses vêtements et ses habitudes de travail, et si jamais la lumière lui faisait défaut pour être sûr à cent pour cent, il ne consignerait pas le passage du cardinal, même si, au fond de lui-même, il était persuadé de l'avoir bien vu.

Il coupa Memorial Park en diagonale. Le château d'eau élevait sa masse blanche à sa gauche ; à peine lui jeta-t-il un coup d'œil.

Le parc formait un rectangle approximatif et en pente. L'herbe (pour l'instant grise et morte) était régulièrement tondue pendant l'été, et des massifs de fleurs décoraient les pelouses. On ne trouvait cependant ni terrain de jeux, ni installations sportives ; on considérait ce parc comme réservé aux adultes.

À l'autre extrémité, la pente s'atténuait avant de plonger brusquement vers Kansas Street et les Friches, au-delà. Le bassin des oiseaux se trouvait dans cette zone plus plate. C'était une pierre circulaire et peu profonde, montée sur un lourd piédestal en maçonnerie, bien trop grand pour les fonctions qu'il avait à remplir. Le père de Stan lui avait raconté qu'on avait tout d'abord envisagé de relever la statue du soldat.

« J'aime mieux le bain pour oiseaux, Papa, avait dit Stan.

— Moi aussi, fiston, avait répondu Mr. Uris en ébouriffant les cheveux de Stan. Plus de bains, moins de balles, telle est ma devise. »

Une autre devise figurait en haut du piédestal, gravée dans la pierre. Stanley la lut sans la comprendre ; le seul latin qu'il connaissait était celui de la classification des oiseaux dans son livre. On lisait cette inscription :

Apparebat eidolon senex.
                    Pline

Stan s'installa sur un banc, prit son guide des oiseaux et examina une dernière fois l'image du cardinal, se familiarisant avec les points d'identification. Il serait difficile de confondre un mâle avec une autre espèce — il était aussi rouge qu'une voiture de pompier, quoique nettement moins imposant — mais Stan était un être d'habitudes et de conventions ; celles-ci le rassuraient et renforçaient ses sentiments d'appartenance à un endroit et au monde. Il consacra donc trois bonnes minutes à l'image avant de refermer l'ouvrage, dont les feuilles se cornaient sous l'effet de l'humidité, et de le ranger. Puis il sortit les jumelles de leur étui et les porta aux yeux, bien qu'il n'y eût nul besoin de les régler : la dernière fois qu'il les avait utilisées, c'était exactement au même endroit.

Méticuleux — et patient. Il ne tambourinait pas des doigts. Il ne se levait pas pour faire quelques pas. Il ne tournait pas les jumelles dans toutes les directions, au cas où il y aurait autre chose à voir. Il restait tranquillement assis, les oculaires ne déviant pas d'un pouce du bain pour oiseaux, tandis que la brume se rassemblait en grosses gouttes sur son ciré.

Il ne s'ennuyait pas. Il observait l'équivalent aviaire d'un congrès. Quatre moineaux bruns vinrent s'ébrouer quelque temps, plongeant le bec dans l'eau et s'aspergeant de gouttelettes ; puis arriva un geai bleu, comme un flic débusquant un complot de pilleurs. Le geai était grand comme une maison dans les jumelles de Stan, et ses cris, en comparaison, paraissaient absurdement faibles. (Au bout d'un moment, on oubliait la distance à laquelle on se trouvait réellement.) Les moineaux vidèrent les lieux. Le geai, seul maître à bord, pataugea, s'ébroua, en eut assez et s'envola à son tour. Les moineaux rappliquèrent, mais battirent de nouveau en retraite à l'arrivée de deux rouges-gorges qui naviguèrent dans le bassin en discutant (pourquoi pas ?) d'affaires importantes aux yeux de la société des os-creux. Mr. Uris avait ri quand Stan avait émis en hésitant l'hypothèse que les oiseaux parlaient. Stan ne doutait pas que son père eût raison lorsqu'il évoquait leur cerveau réduit, mais bon sang, ils avaient vraiment l'air de se parler !

Un autre oiseau se joignit aux rouges-gorges. Il était rouge. Stan joua un instant avec le réglage de ses jumelles. Était-ce ?... Non. Il s'agissait d'un tangara rouge, un bel oiseau, mais pas le cardinal qu'il attendait. Puis arriva un colapte doré, visiteur assidu du bain pour oiseaux de Memorial Park, que Stan reconnut à son aile droite abîmée. Comme toujours, il se demanda de quel accident il avait pu être victime — une rencontre avec un chat sauvage semblait l'explication la plus probable. D'autres oiseaux vinrent et repartirent. Stan observa un mainate, aussi maladroit et moche qu'un fourgon, un rouge-gorge bleu, un autre colapte doré. Il fut finalement récompensé par un nouvel oiseau — non pas le cardinal mais un carouge, énorme et l'air idiot — dans les jumelles. Il laissa retomber ces dernières et chercha hâtivement son guide, avec l'espoir que l'oiseau resterait assez longtemps pour confirmer l'observation. Au moins aurait-il quelque chose à ramener à son père. De plus, il était temps de partir ; l'obscurité grandissait, et le froid humide le pénétrait. Il consulta le livre, et reprit les jumelles ; l'oiseau était toujours là, immobile sur le bord du bain, l'air idiot. C'était un carouge, il en était à peu près certain. Sans marques distinctives repérables à cette distance et du fait de la lumière déclinante, il était difficile d'être sûr à cent pour cent. Il examina de nouveau l'image du livre, sourcils froncés, mais à peine portait-il les jumelles à ses yeux qu'un grand bruit creux et prolongé effraya le carouge qui s'envola. Stan essaya de le suivre, sachant que ses chances étaient minces. Il le perdit et émit un sifflement de dépit entre ses dents. Étant venu une fois, il viendrait peut-être une deuxième. Et ce n'était qu'un carouge

(probablement qu'un carouge)

après tout, et non un aigle doré ou un pingouin.

Stan rangea les jumelles et le guide puis se leva, regardant autour de lui pour voir ce qui avait pu être responsable de ce tapage soudain. Il ne s'agissait ni d'une détonation ni d'une pétarade de moteur ; plutôt d'une lourde porte se refermant, comme dans les films de château hanté... y compris avec un écho se démultipliant.

Il ne vit rien.

Il partit en direction de Kansas Street. Le château d'eau s'élevait maintenant à sa droite, cylindre de craie fantomatique dans la brume et le crépuscule grandissant. On aurait presque dit qu'il... flottait.

C'était une idée bizarre. Elle était forcément de lui, se dit-il, mais elle avait quelque chose d'étranger.

Il étudia plus attentivement le château d'eau et obliqua dans sa direction sans même y penser. À intervalles réguliers, des fenêtres s'ouvraient dans le bâtiment, leur succession dessinant une spirale, trous noirs faisant penser à des yeux, sous le gonflement d'un sourcil de bardeaux blancs. *Me demande comment ils ont fait ça*, pensa Stan (Ben Hanscom aurait été beaucoup plus intrigué); c'est à ce moment-là qu'il remarqua une tache d'ombre nettement plus grande à la base de l'édifice circulaire. Une porte.

Le bruit que j'ai entendu... c'était la porte.

Il regarda autour de lui, dans ce crépuscule précoce et triste. Le ciel plombé prenait des nuances violettes, et la brume s'épaississait pour donner la pluie qui tomberait pendant toute la nuit. Le crépuscule, la brume, et pas le moindre vent.

Il fallait donc que quelqu'un l'ait ouverte. Mais qui donc? Et pourquoi? En plus, cette porte avait l'air bien trop lourde pour pouvoir être lancée violemment et produire un bruit aussi puissant. Quelqu'un de particulièrement fort... peut-être...

Sa curiosité piquée, Stan alla voir de plus près.

La porte était encore plus imposante que ce qu'il avait tout d'abord cru, notamment par son épaisseur; les planches étaient reliées entre elles par des bandes de laiton. Stan la fit pivoter en position entrouverte; elle se déplaça en douceur et facilement en dépit de ses proportions — et sans un seul grincement. Il ne vit aucune trace des dommages qu'elle aurait pu causer en s'ouvrant aussi brutalement. Mystère-Ville, comme aurait dit Richie.

Eh bien, ce n'est pas la porte que j'ai entendue, c'est tout. Peut-être un avion à réaction de la base de Loring qui est passé au-dessus de Derry. La porte devait déjà être grande ouverte et...

Son pied heurta quelque chose. Stan baissa les yeux et vit une serrure... ou plutôt, ce qu'il en restait. On aurait dit que quelqu'un avait versé de la poudre dans le trou de la clef et mit le feu. Une fleur de métal, aux arêtes comme des rasoirs, s'ouvrait, pétrifiée, au centre de la serrure. L'épais moraillon ne tenait plus que par un boulon aux trois quarts arraché, les quatre autres gisant, dispersés, sur l'herbe mouillée. Ils étaient tordus comme des bretzels.

Sourcils froncés, Stan rouvrit la porte et regarda à l'intérieur. Un escalier étroit montait en colimaçon, se perdant dans la pénombre.

« Est-ce qu'il y a quelqu'un ? » demanda Stan.

Pas de réponse.

Il hésita, puis avança de manière à mieux voir l'étroite cage d'escalier. Rien. C'était Trouille-Ville, ici, comme aurait aussi dit Richie. Il se tourna pour partir... et entendit de la musique.

Un son lointain, mais immédiatement reconnaissable.

De la musique d'orgue de Barbarie.

Il redressa la tête, l'oreille tendue tandis que se dissipait son froncement de sourcils. De l'orgue de Barbarie, la musique des carnavals et des fêtes foraines. Elle évoquait des souvenirs aussi délicieux qu'éphémères : pop-corn, barbe à papa, beignets grésillant dans l'huile bouillante, cliquetis des manèges entraînés par des chaînes.

Son visage esquissait un sourire, maintenant. Il mit un pied sur la première marche, l'autre sur la deuxième, la tête toujours tournée vers le haut. Puis il s'arrêta. On aurait dit que penser à la fête suffisait à en créer une bien réelle ; il sentait vraiment le pop-corn, la barbe à papa, les beignets... mais aussi le piment, le chili-dogs, le tabac et la sciure. Et l'odeur piquante du vinaigre blanc, comme celui qu'on verse sur les frites par le petit trou de la bouteille, celle de la moutarde, d'un jaune éclatant et irritant le nez, que l'on étend sur les hot-dogs avec une spatule de bois.

C'était stupéfiant... incroyable... irrésistible.

Il monta une nouvelle marche, et c'est alors qu'il

entendit le bruit de frottement de pas descendant l'escalier au-dessus de lui d'une allure précipitée. L'orgue de Barbarie jouait maintenant plus fort, comme pour dissimuler les bruits de pas ; il reconnut même l'air : c'était *Camptown Races*.

Des bruits de pas, oui, mais qui ne produisaient pas exactement un frottement ; on aurait dit plutôt qu'ils faisaient gicler un liquide, comme si ceux qui descendaient marchaient dans des caoutchoucs pleins d'eau.

Stan vit alors des ombres s'agiter sur le mur, au-dessus de lui. Une terreur soudaine le saisit à la gorge — comme s'il venait d'avaler quelque chose d'horrible et de brûlant à la fois, un remède qui vous secouait comme une décharge électrique. Tel fut l'effet de ces ombres.

Il ne les aperçut qu'un instant ; un très bref instant, pendant lequel il vit qu'elles étaient deux, bossues, et avaient quelque chose d'anormal ; un très bref instant car les ténèbres gagnaient, gagnaient beaucoup trop vite, et, quand il se retourna, la lourde porte du château d'eau se referma pesamment.

Stanley bondit dans l'escalier (il avait monté une douzaine de marches, alors qu'il ne se souvenait que des deux ou trois premières), saisi d'effroi maintenant. Il faisait trop noir, impossible de distinguer quoi que ce fût. Il entendait sa propre respiration, il entendait l'orgue qui moulinait sa musique au-dessus de lui

(qu'est-ce qu'un orgue de Barbarie peut bien fabriquer là-haut dans le noir ? Et qui en joue ?)

il entendait les bruits de pas mouillés, qui, à présent, se rapprochaient de lui.

Il heurta la porte de ses deux mains tendues, assez violemment pour qu'un picotement douloureux lui remontât les deux bras jusqu'au coude. Elle avait pivoté si facilement auparavant... et voici qu'elle ne voulait plus bouger.

Non... c'était inexact. Elle avait tout d'abord bougé

un peu, suffisamment pour lui permettre d'apercevoir, dérisoire, une ligne de lumière grise courant verticalement sur le côté gauche.

Haletant, terrifié, Stan pesa sur la porte de toute sa force ; les bandes de laiton lui pénétraient dans les mains. Rien.

Il fit demi-tour, et s'adossa à la porte, bras écartés. Une sueur épaisse et chaude lui coulait du front. La musique de l'orgue de Barbarie se faisait encore plus tonitruante, et se répercutait en écho dans l'escalier en spirale. Mais elle n'avait plus rien de joyeux ; elle s'était transformée en un chant funèbre, elle gémissait comme les eaux et le vent, et Stan imagina alors une foire à la fin de l'automne, où les rafales chargées de pluie balayent une esplanade désertée, tandis que claquent les oriflammes et que les toiles de tentes se gonflent et retombent, battant comme des ailes de chauve-souris. Il vit des manèges vides, échafaudages tendus vers le ciel aux angles étranges desquels la bise gémissait et hululait. Il comprit soudain que la mort hantait cet endroit, qu'elle venait vers lui des ténèbres et qu'il ne pouvait pas s'enfuir.

De l'eau se mit tout d'un coup à cascader sur les marches. Ce n'était plus l'odeur du pop-corn, des beignets et de la barbe à papa qui parvenait à ses narines maintenant, mais la puanteur de la putréfaction, l'infection d'une viande pourrie sur laquelle grouillent les vers dans un coin loin du soleil.

« *Qui est là ?* » lança-t-il d'une voix aiguë et tremblante.

Lui répondit une voix sans force, dont les balbutiements évoquaient une bouche emplie de boue et d'eau croupie.

« Les morts, Stanley. Nous sommes les morts. Nous avons coulé, mais maintenant nous flottons... et tu vas flotter, toi aussi. »

Il sentait l'eau monter à ses pieds. Il se recroquevilla

contre la porte, fou de terreur. Ils étaient maintenant très près de lui : il éprouvait physiquement leur proximité. Leur odeur le submergeait. Quelque chose s'accrocha à sa hanche, tandis qu'il heurtait la porte à coups redoublés, dans un effort absurde et inutile pour s'enfuir.

« Nous sommes morts, mais parfois nous nous amusons à faire les clowns, Stanley. Parfois nous... »

Son guide des oiseaux.

Sans réfléchir, Stan le saisit. Il était glissé dans la poche imperméable et ne voulait pas en sortir. L'un d'*eux* était en bas ; on entendait son pas traînant sur la dalle qui précédait l'escalier. Il allait le rejoindre dans un instant, et il sentirait sa chair glacée.

Il tira violemment, et le livre se retrouva dans ses mains. Il le tint devant lui comme un bouclier dérisoire, sans penser à ce qu'il faisait, soudain pris de la certitude qu'il avait raison.

« Rouges-gorges ! » cria-t-il dans l'obscurité, et pendant un instant, la chose qui approchait (et qui était maintenant à moins de cinq pas de lui, certainement) hésita — il en fut pratiquement sûr. N'avait-il pas aussi senti la porte commencer à céder légèrement sous son poids ?

Mais il n'était plus recroquevillé contre elle ; il se tenait debout, droit dans les ténèbres. Qu'est-ce qui s'était passé ? Pas le temps de s'y attarder. Stan passa la langue sur ses lèvres sèches et commença à réciter : « Rouges-gorges ! Aigrettes grises ! Grèbes huppés ! Tangaras rouges ! Mainates ! Piverts ! Piverts à tête rouge ! Mésanges ! Troglodytes ! Péli... »

La porte s'ouvrit avec un grincement de protestation, et d'une enjambée géante, Stan se retrouva dans l'air embrumé. Il s'étala dans l'herbe mouillée, le guide à moitié plié à côté de lui. Plus tard dans la soirée, il découvrirait la marque de ses doigts, profondément imprimée dans la couverture, comme si elle avait été en pâte à modeler et non en carton rigide.

Il n'essaya pas de se relever tout de suite, mais partit à reculons en poussant des talons dans l'herbe, où ses fesses laissèrent un sillon. Un rictus lui tendait les lèvres et découvrait ses dents. Dans l'encadrement sombre de la porte, il devinait deux paires de jambes vêtues de jeans en lambeaux, pourris et violacés. Des fils orange pendaient des coutures et de l'eau en coulait, formant des flaques autour de chaussures tellement trouées et déchirées que l'on voyait des orteils gonflés et mauves à l'intérieur.

Les mains tombaient mollement, trop longues, d'un blanc trop cireux ; à chaque doigt se trouvait fixé un pompon orange.

Tenant son guide des oiseaux devant lui, le visage barbouillé de crachin, de larmes et de sueur, Stan reprit sa mélopée enrouée : « Gros-becs... oiseaux-mouches... albatros... kiwis... »

L'une de ces mains se retourna, exhibant une paume où l'eau avait fini par gommer toutes les lignes, la laissant aussi bêtement lisse que celle d'un mannequin dans une vitrine. Un doigt se déplia et se replia. Le pompon dansait au bout de ce doigt.

Il lui faisait signe.

Stan Uris qui allait mourir vingt-sept ans plus tard dans sa baignoire, les poignets entaillés en croix, se mit sur les genoux puis sur ses pieds et courut. Il traversa Kansas Street sans même faire attention à la circulation et ne s'arrêta que de l'autre côté, haletant, pour regarder derrière lui.

D'où il était, il ne pouvait voir la porte à la base du château d'eau ; seulement l'édifice lui-même, lourd et cependant gracieux, se dressant dans le brouillard.

« Ils étaient morts », murmura Stan pour lui-même, encore sous le choc.

Puis il se détourna et partit vers la maison en courant.

11

Le séchoir s'était arrêté. Stan aussi.

Les trois autres continuèrent à le regarder pendant un long moment. Sa peau était presque aussi grise que le ciel de cette soirée d'avril dont il venait de leur parler.

« Bon Dieu, finit par lâcher Ben avec une expiration hachée et sifflante.

— C'est vrai, dit Stan. Je jure sur les Évangiles que c'est la vérité.

— Je te crois, intervint Beverly. Après ce qui s'est passé chez moi, je suis prête à croire n'importe quoi. »

Elle se leva soudain, manquant renverser sa chaise, et alla jusqu'au séchoir, où elle entreprit de sortir le linge sec. Elle leur tournait le dos, mais Ben la soupçonnait de pleurer. Il aurait voulu la rejoindre, mais manqua de courage.

« Il faut parler de tout ça à Bill, dit Eddie. Lui saura ce qu'il faut faire.

— Ce qu'il faut faire ? souligna Stan en le regardant. Qu'est-ce que tu veux dire, " faire ? " »

Eddie le regarda, mal à l'aise. « Eh bien...

— Moi je ne veux rien faire, reprit Stan, avec un regard d'une telle violence, d'une telle férocité, qu'Eddie se tortilla sur sa chaise. Ce que je veux, c'est oublier tout ça. Voilà ce que j'ai envie de faire.

— Pas si facile », remarqua Beverly d'un ton calme. Elle se retourna ; Ben ne s'était pas trompé. La lumière oblique qui tombait des vitres sales faisait briller les traces laissées par les larmes sur ses joues. « Il ne s'agit pas que de nous, continua-t-elle. J'ai reconnu Ronnie Grogan. Pour le petit garçon que j'ai entendu en premier..., je crois que c'était peut-être le fils Clement. Celui qui a disparu de son tricycle.

— Et alors ? lança Stan sur un ton de défi.

— Et alors, s'il en attrape d'autres ? renvoya-t-elle. D'autres gosses ? »

Les yeux bleus de Beverly restèrent fixés sur les yeux bruns de Stan, qui répondaient en silence à la question.

Mais Beverly ne détourna pas son regard, et c'est Stan qui finit par baisser le sien... peut-être seulement parce qu'elle pleurait encore, mais peut-être aussi parce que le souci qu'elle manifestait la rendait plus forte.

« Eddie a raison, dit-elle. Nous devrions parler à Bill. Ensuite au chef de la police, peut-être.

— Exactement », la coupa Stan, s'efforçant de prendre un ton méprisant sans y arriver vraiment. Sa voix n'était que fatiguée. « Les gosses morts dans le château d'eau. Du sang que seuls les gosses peuvent voir, pas les adultes. Des clowns qui se promènent sur le canal gelé. Des ballons qui avancent contre le vent. Des momies. Un lépreux sous un porche. Borton va crever de rire... après quoi il nous fera enfermer chez les cinglés.

— Si nous allions le voir tous ensemble ? suggéra Ben.

— Encore mieux, dit Stan. Continue, Meule de Foin. Écris-moi donc un livre ! » Il se leva et alla jusqu'à une fenêtre, mains dans les poches, l'air à la fois en colère, bouleversé et terrorisé. Il regarda dehors un moment, les épaules raides et accusatrices sous sa chemise impeccable. Sans se retourner, il reprit : « Écris-moi donc un foutu bouquin !

— Non, dit Ben, c'est Bill qui écrira des livres. »

Stan se retourna, surpris, et les autres le regardèrent. Ben avait une expression de totale surprise sur le visage, comme s'il venait de se donner lui-même une gifle sans y penser.

Bev rangea les derniers chiffons.

« Les oiseaux, dit Eddie.

— Quoi ? » firent ensemble Beverly et Ben.

Eddie regardait Stan. « Tu t'en es sorti en leur criant des noms d'oiseaux, non ?

— Peut-être, admit Stan comme à regret. Ou peut-être la porte était-elle simplement coincée et a fini par céder.

— Sans que tu t'appuies dessus ? » demanda Bev.

Stan haussa les épaules. Ce n'était pas de la bouderie ; il traduisait seulement son ignorance.

« Moi, je crois que ce sont les noms de ces oiseaux que tu leur as criés, insista Eddie. Mais pourquoi les oiseaux ? Dans les films, on brandit une croix...

— Ou on dit le *Notre Père*, ajouta Ben.

— Ou le vingt-troisième psaume, fit Beverly.

— Je connais le vingt-troisième psaume, dit Stan d'un ton de colère, mais je ne m'en sortirais pas aussi bien avec la croix. Je suis juif, je vous le rappelle. »

Gênés, ils détournèrent leurs regards.

« Les oiseaux, reprit Eddie, tenace. Seigneur Jésus ! » Il jeta un coup d'œil coupable à Stan, mais celui-ci regardait de nouveau dans la rue, la mine sombre, l'immeuble de Bangor Hydro.

« Bill saura quoi faire, dit soudain Ben comme s'il tombait finalement d'accord avec Beverly et Eddie. Je vous parie ce que vous voulez.

— Écoutez, dit Stanley, les regardant tous, l'air grave. Je veux bien. Nous pouvons en parler à Bill, si vous le voulez. Pour moi, les choses s'arrêteront là. Appelez-moi poule mouillée ou lâcheur, je m'en fous. Je ne suis pas une poule mouillée. Je ne crois pas. C'est simplement que ces choses, dans le château d'eau...

— Si tu n'avais pas peur d'un truc comme ça, c'est que tu serais cinglé, Stan, fit Beverly doucement.

— Ouais, j'ai eu très peur, mais ce n'est pas le problème, objecta Stan en s'animant. Ce n'est même pas de ce dont je parle qu'il est question. Est-ce que vous ne comprenez pas... »

Ils le regardaient, attendant ce qu'il allait dire, espoir et crainte se mêlant dans leur expression, mais Stan se rendit compte qu'il était incapable d'expliquer ce qu'il ressentait. C'était comme une brique compacte de sentiments en lui, l'étouffant presque, qu'il ne pouvait faire passer par sa gorge. Aussi impeccable et sûr de lui qu'il fût, ce n'était qu'un gamin de onze ans avec une année de retard scolaire.

Il voulait leur dire qu'il y avait pis que d'être effrayé. On pouvait avoir peur de se faire écraser par une voiture à bicyclette, ou peur d'attraper la polio avant le vaccin de Salk ; on pouvait avoir peur de ce cinglé de Kroutchev, ou de se noyer si l'on perdait pied. De tout cela, on pouvait avoir peur et cependant continuer à fonctionner.

Mais ces choses dans le château d'eau...

Il voulait leur dire que ces enfants morts qui s'étaient traînés dans les escaliers en colimaçon avaient fait quelque chose de pire que l'effrayer : ils l'avaient offensé.

Oui, offensé. C'était le seul mot qui lui venait à l'esprit, et ils allaient rire s'il s'en servait. Ils l'aimaient bien, il n'en doutait pas ; ils l'avaient accepté parmi eux, mais ils riraient tout de même. Il n'empêche qu'il existait des choses qui n'auraient pas dû exister. Elles offensaient le sens de l'ordre de toute personne saine d'esprit, elles offensaient cette idée fondamentale que Dieu avait donné une chiquenaude sur l'axe terrestre afin que le crépuscule dure douze minutes à l'équateur et plus d'une heure ou davantage là où les Eskimos construisent leurs igloos. Il avait fait cela et Il avait dit, en effet : « Très bien, si vous pouvez imaginer l'inclinaison de l'axe terrestre, vous pouvez vous représenter n'importe quoi. Parce que même la lumière possède un poids, parce que, lorsque le sifflet d'un train baisse soudainement d'un ton, on a affaire à un effet Doppler, et parce que, quand un avion franchit le mur du son, ce ne sont pas les anges qui applaudissent ou les démons qui pètent, mais qu'il se produit un effondrement brutal de l'air. J'ai donné la chiquenaude et j'ai été un peu plus loin pour assister au spectacle. Je n'ai rien d'autre à déclarer, sinon que deux et deux font quatre, que les lumières dans le ciel sont des étoiles, que s'il y a du sang, les adultes doivent le voir aussi bien que les enfants, et que si des enfants sont morts, ils le restent. »

On peut vivre avec la peur, aurait dit Stan, s'il l'avait pu. Peut-être pas toujours, mais en tout cas longtemps, très longtemps. Mais c'est ce scandale offensant avec lequel on ne peut vivre, parce qu'il ouvre une brèche dans votre rationalité; si l'on se penche dessus, on s'aperçoit qu'il existe là au fond des créatures vivantes dont les yeux jaunes ne cillent jamais, qu'il en monte une puanteur innommable et on finit par se dire que c'est tout un univers qui se tapit au cœur de ces ténèbres, avec une lune carrée dans le ciel, des étoiles au rire glacial, des triangles à quatre côtés, sinon cinq, voire encore cinq à la puissance cinq. Tout conduit à tout, aurait-il dit, s'il l'avait pu. Allez donc dans vos églises écouter l'histoire de Jésus marchant sur les eaux; moi, si je vois un type faire ça, je vais hurler, hurler! Car pour moi, il ne s'agira pas d'un miracle, mais d'un scandale qui m'offensera.

Mais comme il ne pouvait dire tout cela, il ne fit que répéter : « Avoir peur, ce n'est pas le problème. Je ne veux pas me retrouver dans une histoire qui se terminera chez les mabouls.

— Viendras-tu lui parler avec nous ? demanda Bev. Pour voir ce qu'il va dire ?

— Bien sûr, fit Stan, qui éclata de rire. Je devrais même amener mon guide des oiseaux ! »

Tous rirent avec lui, et l'atmosphère se détendit un peu.

Beverly rentra seule chez elle rapporter les chiffons propres. L'appartement était toujours vide.

Elle se refusa tout d'abord à retourner dans la salle de bains, et s'installa devant la télé. Mais au bout d'un moment elle revint dans la cuisine, et ouvrit le placard au-dessus de l'évier, là où son père gardait ses outils. Parmi eux se trouvait un mètre à ruban ; elle le prit et se dirigea vers la salle de bains.

Elle était impeccable, silencieuse. Quelque part, très loin aurait-on dit, elle entendait Mrs. Doyon qui interpellait son fils pour qu'il ne reste pas dans la rue.

Elle s'avança jusqu'au lavabo et plongea son regard dans le trou d'évacuation.

Elle resta ainsi un certain temps, les jambes aussi froides que du marbre dans ses jeans, la pointe des seins si dure et tendue qu'elle aurait pu couper du papier, les lèvres complètement desséchées. Elle attendit les voix.

Rien ne vint.

Elle laissa échapper un petit soupir chevrotant, et commença à introduire le ruban d'acier dans l'évacuation. Il descendit sans peine — comme l'épée dans la gorge d'un phénomène de foire. Vingt centimètres, vingt-cinq, trente. Il s'arrêta, sans doute bloqué par le coude du siphon, pensa Beverly. Elle l'agita tout en l'enfonçant doucement, et finalement le ruban franchit l'étranglement. Cinquante centimètres, soixante, quatre-vingt-dix.

Elle regardait le ruban jaune sortir de son boîtier d'acier, usé sur les bords par les grosses mains de son père. Elle l'imaginait se couvrant de débris bourbeux, faisant sauter des écailles de rouille ; là-dedans, là où le soleil ne brillait jamais et où la nuit était éternelle, pensa-t-elle.

Elle imagina le petit butoir d'acier, pas plus gros qu'un ongle, s'ouvrant un chemin dans les ténèbres, et quelque chose en elle s'écria : *Qu'est-ce que tu fais donc ?* Elle ne pouvait ignorer cette voix, mais elle ne pouvait pas davantage en tenir compte. Elle voyait maintenant le début du ruban descendre tout droit, dans la cave ; elle le voyait atteindre le collecteur... et à cet instant-là, il se bloqua de nouveau.

De nouveau, elle l'agita, et le ruban, mince et souple, rendit un son léger, étrange, lui rappelant un peu celui d'une scie égoïne que l'on plie entre ses jambes.

Elle se le représentait se tortillant contre le fond de ce tuyau plus large, avec sa surface en céramique... elle le voyait plier... puis elle réussit à le pousser plus loin.

Elle arriva à deux mètres. Deux mètres cinquante. Trois.

Tout d'un coup, le ruban se mit à se dérouler de lui-même, comme si on le tirait à l'autre bout — comme si on courait en le tirant ! Elle contemplait les barres des centimètres qui défilaient à toute vitesse, bouche bée de peur — de peur, oui, pas de surprise. N'avait-elle pas eu l'intuition que quelque chose comme ça allait se produire ?

Le ruban arriva au bout de son rouleau. Six mètres.

Un petit rire léger monta du trou d'évacuation, suivi d'un murmure bas, où il y avait une nuance de reproche. « *Beverly, Beverly, Beverly... tu ne peux pas lutter contre nous... tu mourras si tu essayes... mourras si tu essayes... mourras si tu essayes... Beverly... Beverly... Beverly... ly-ly-ly...* »

Il y eut un cliquetis dans le boîtier métallique, et soudain le ruban d'acier se mit à se réenrouler rapidement, chiffres et tirets brouillés par la vitesse. Près de la fin — sur les deux derniers mètres —, le jaune se changea tout d'un coup en un rouge sombre et dégoulinant ; elle poussa un hurlement et laissa le ruban tomber sur le sol, comme s'il s'était transformé en un serpent vivant.

Du sang frais coulait des bords de porcelaine et retournait dans l'œil grand ouvert de l'évacuation. Elle se courba, secouée de sanglots, sa peur comme un poids glacé au creux de l'estomac, et récupéra le ruban. Elle le saisit entre l'index et le pouce de la main droite, délicatement, et, le tenant devant elle, l'emporta dans la cuisine. Tout en marchant, des gouttes de sang tombaient sur le lino décoloré du couloir et de la cuisine.

Elle réussit à se raffermir en pensant à ce que son père lui dirait — ou plutôt lui ferait — s'il s'apercevait qu'elle avait couvert de sang son mètre à ruban. Évidemment, c'était un sang qu'il ne verrait pas, mais ce stratagème l'aidait.

Elle prit l'un des chiffons propres — qui avait conservé une chaleur de pain fraîchement défourné de son passage au séchoir — et retourna dans la salle de bains. Avant de commencer le nettoyage, elle mit le dur bouchon de caoutchouc sur le trou d'évacuation, condamnant cet œil trop grand. Le sang était frais, et se nettoyait facilement. Elle suivit sa trace sur le lino, essuya toutes les taches, rinça le chiffon, l'essora et le mit de côté.

Avec un autre chiffon, elle nettoya le ruban de son père. Là, le sang était épais, visqueux, avec quelques grumeaux noirs et spongieux.

Le ruban n'avait beau être ensanglanté que sur moins de deux mètres, elle le nettoya sur toute sa longueur pour enlever toutes traces de la gadoue des égouts. Cela fait, elle le remit en place dans le placard, au-dessus de l'évier, et emporta les deux chiffons tachés à l'arrière de l'appartement. Mrs. Doyon poursuivait encore son fils de ses cris. Sa voix était claire et résonnait comme du bronze dans la chaleur de la fin de l'après-midi.

Au fond de la cour de derrière, où régnaient surtout la terre nue, les mauvaises herbes et les cordes à linge, se trouvait un vieil incinérateur rouillé. Beverly y jeta les chiffons puis s'assit sur les marches du petit perron. Les larmes jaillirent brusquement avec une violence surprenante, mais, cette fois-ci, elle ne fit aucun effort pour les retenir.

Elle passa les bras autour des genoux, enfouissant sa tête contre eux, et pleura tout son soûl tandis que Mrs. Doyon demandait à son fils quand il allait obéir à la fin ; tenait-il tant que ça à se faire écraser par une voiture ?

DERRY

DEUXIÈME INTERMÈDE

Quaeque ipsa miserrima vidi,
Et quorum pars magna fui.

Virgile

On ne fait pas le con avec l'infini.

Mean Streets

Deux autres disparitions la semaine dernière —
encore des enfants. Juste au moment où je commençais
à me sentir mieux. Un adolescent de seize ans, Dennis
Torrio, et une fillette qui venait d'avoir cinq ans, qui
faisait de la luge dans ces espèces de soucoupes
volantes. On n'a retrouvé que l'engin de plastique. Il y
avait eu une averse de neige la nuit précédente, une
dizaine de centimètres. Aucune autre trace en dehors
des siennes, m'a dit Rademacher, le chef de la police,
quand je lui ai téléphoné. Je crois que je commence à
lui taper sur les nerfs.

Je lui ai demandé si je pouvais voir les photos de la
police. Il a refusé.

Je lui ai demandé si les traces ne conduisaient pas
jusqu'à une grille d'égout. Il resta un long moment
sans répondre. Puis il m'a dit : « Je commence à penser
que vous seriez peut-être bien inspiré de voir un médecin, Hanlon, du genre psy-quelque chose. La petite a
été enlevée par son père. Vous ne lisez pas les journaux ?

— Le fils Torrio a-t-il été enlevé par son père ? »

Autre long silence.

« Foutez-nous la paix, Hanlon. Foutez-moi la paix. »

Il raccrocha.

Je lis d'autant plus les journaux que c'est moi qui les

dispose dans la salle de lecture de la bibliothèque municipale, tous les matins. À la suite d'un divorce difficile, l'ex-Mrs. Winterbarger avait obtenu la garde de sa fille Laurie, au printemps 1982. La police part de l'hypothèse que son ex-mari, Horst Winterbarger, qui, paraît-il, travaille comme mécanicien en Floride, serait venu en voiture dans le Maine pour enlever sa petite fille. On suppose qu'il a garé son véhicule à proximité de la maison et qu'il a appelé sa fille, ce qui expliquerait l'absence de traces autres que celles de l'enfant. Ils sont moins bavards sur le fait que celle-ci n'avait pas vu son père depuis trois ans. Une des raisons qui avaient rendu particulièrement pénible le divorce avait été l'accusation, portée par la mère, d'agression sexuelle du père sur la fillette ; la mère avait demandé que lui fût refusé le droit de visite, ce que le tribunal lui avait accordé, en dépit des furieuses dénégations de Horst. Cette décision, raisonnait Rademacher, qui avait eu pour effet de couper complètement Winterbarger de son enfant, l'aurait poussé à l'enlever. Pourquoi pas, en effet ? Mais imagine-t-on une fillette de cinq ans qui reconnaît son père dès qu'il l'appelle, alors qu'elle ne l'a pas vu depuis près de trois ans ? Oui, prétend Rademacher. Je ne le crois pas. D'autant plus que la mère de la petite Laurie disait lui avoir bien expliqué de ne suivre aucun étranger et de ne pas même leur parler — leçon que se font rabâcher très tôt tous les enfants de Derry. Rademacher dit avoir chargé la police de Floride d'enquêter sur Winterbarger et que ses responsabilités s'arrêtent là.

« Les questions de garde d'enfant regardent davantage les avocats que la police », aurait déclaré cet imbécile obèse et prétentieux, d'après le *Derry News*.

Le cas du fils Torrio, en revanche, est plus difficile à escamoter. Vie familiale exemplaire. Jouait au football dans l'équipe des Derry Tigers. Étudiant très bien noté.

Avait passé avec brio des épreuves de survie en milieu naturel au cours de l'été 1984. Ne touchait pas à la drogue. Avait une petite amie dont apparemment il était fou. Toutes les raisons d'être heureux et de ne pas quitter Derry, au moins pour les deux ans à venir.

Et malgré tout ça, il disparaît.

Que lui est-il arrivé ? Pris d'un violent et soudain désir de voir du pays ? Écrasé par un ivrogne au volant, qui aurait fait disparaître le corps ? À moins qu'il ne soit toujours à Derry, côté ténèbres, en compagnie de Betty Ripsom, Patrick Hockstetter, Eddie Corcoran et tous les autres. Est-ce...

(Plus tard)

Ça recommence. Je tourne en rond, toujours sur les mêmes questions, sans rien accomplir de constructif, ne faisant que me tendre moi-même jusqu'à l'insupportable. Je sursaute au moindre craquement de l'escalier de fer menant à la réserve. Je sursaute au passage d'une ombre. Je me surprends à me demander comment je réagirais si je me trouvais là-haut, en train de ranger des bouquins sur les étagères, poussant devant moi le petit chariot à roues de caoutchouc, et qu'une main crochue se tendît vers moi, entre deux piles de livres...

Éprouvé cet après-midi un besoin quasi insurmontable de les appeler. J'ai même commencé à faire le 404, le code d'Atlanta, avec le numéro de Stanley Uris devant moi. J'ai gardé l'écouteur à l'oreille, et suis resté à me demander si je l'appelais parce que j'étais sûr, sûr à cent pour cent, ou bien si c'était parce que je me sentais tellement hanté que je ne pouvais plus supporter d'être seul ; qu'il me fallait parler à quelqu'un capable de comprendre...

Mais le fait est que je ne suis pas sûr à cent pour cent.

Si on découvre un autre corps, j'appellerai... mais jusque-là, je dois supposer que même un âne bâté comme Rademacher peut avoir raison. Elle se souvenait peut-être de son père, après tout ; elle avait peut-être une photo de lui. Et je me dis qu'un adulte, s'il sait se montrer persuasif, peut convaincre un enfant de monter dans sa voiture, en dépit des avertissements donnés.

Une autre angoisse me hante. Rademacher a l'air de penser que je deviens cinglé. Je ne le pense pas, mais si j'appelle maintenant, ce sont eux qui risquent de me croire cinglé. Pis que ça : et s'ils m'avaient complètement oublié ? *Mike Hanlon ? Qui ça, Mike Hanlon ? Je ne me souviens absolument pas de vous. Quelle promesse ?*

J'ai l'impression que viendra le moment opportun de les appeler... et qu'alors je le saurai. Leurs propres circuits seront ouverts à ce moment-là. Comme si deux grandes roues convergeaient lentement, de toute leur puissance, l'une vers l'autre : moi-même et Derry d'un côté, et tous mes amis d'enfance de l'autre.

Quand le moment viendra, ils entendront la voix de la Tortue.

Je vais donc attendre, et tôt ou tard, je saurai. La question n'est plus de les appeler ou non.

La question est quand.

Le 20 février 1985

L'incendie du Black Spot.

« Un parfait exemple de ce que la chambre de commerce peut tenter pour réécrire l'histoire, Mike », m'aurait sans doute dit en caquetant le vieil Albert Carson. « Ils essayent et parfois réussissent presque... mais les vieux se souviennent de la façon dont les choses se sont passées. Toujours. Et parfois ils acceptent de parler, si on leur demande gentiment. »

Il y a des gens qui vivent à Derry depuis vingt ans et qui n'ont jamais entendu parler du baraquement « spécial » réservé aux sous-offs, dans l'ancien camp de l'armée de l'air de Derry ; un baraquement qui se trouvait à un bon kilomètre du reste de la base ; et en plein mois de février, quand le thermomètre flirtait avec les moins vingt degrés et que le vent soufflait sur les pistes dégagées, abaissant encore le taux de refroidissement, ce kilomètre supplémentaire pouvait vous valoir engelures, voire gel des extrémités, sinon vous tuer.

Les sept autres baraquements disposaient du chauffage au mazout, de doubles vitrages et de parois isolantes. Ils étaient agréables et accueillants. Le baraquement « spécial », qui abritait les vingt-sept homme de la section E, était chauffé par un vieux poêle à bois rétif. Quant au bois, c'était le système D pour se le procurer. Les rameaux de pins et de sapins que les hommes disposaient tout autour constituaient la seule isolation. L'un des hommes réussit à récupérer un jeu complet de doubles vitrages, un jour où comme par hasard les vingt-sept hommes de la section E furent envoyés un peu plus tard en mission spéciale à Bangor ; quand ils revinrent, recrus de fatigue et glacés, tous ces doubles vitrages avaient été cassés. Tous.

Cela se passait en 1930, quand la moitié des forces aériennes américaines était composée de biplans. À Washington, Billy Mitchell était passé en cour martiale et se trouvait réduit à piloter un bureau, son insistance de mouche du coche pour bâtir des forces aériennes modernes ayant fini par irriter ses supérieurs.

Les avions étaient donc rares sur la base de Derry, en dépit de ses trois pistes (dont une seule en dur, il est vrai). Les activités militaires qui s'y déroulaient étaient du même ordre : on occupait les hommes.

L'un des soldats de la section E venu s'établir à Derry à la fin de son service militaire, en 1937, était mon père. Voici l'histoire qu'il m'a racontée :

Un jour de printemps, en 1930, environ six mois avant l'incendie du Black Spot, je revenais d'une permission de trois jours que j'avais passée à Boston avec quatre copains.

Après avoir franchi le portail, nous sommes tombés sur une espèce de grand balèze, à côté du poste de contrôle, appuyé à une pelle, en train de se faire dorer la pilule. Un sergent du Sud. Cheveux carotte ; dents de travers ; boutonneux. À peine mieux qu'un gorille mal rasé, si tu vois ce que je veux dire. Ils étaient nombreux dans son genre, à l'armée, durant la Crise.

Et nous on se ramène, cinq permissionnaires rigolards, et on voyait bien à son regard qu'il ne demandait qu'à nous coincer. On l'a donc salué comme s'il était le général Pershing lui-même. Je crois qu'on aurait pu s'en tirer, si ça n'avait pas été un superbe après-midi d'avril ensoleillé, et si j'avais tenu ma langue. « Bien le bonjour, sergent Wilson », je lui dis. Il m'a sauté dessus à pieds joints.

« Est-ce que je vous ai donné la permission de m'adresser la parole, soldat ? qu'il fait.

— Non, Sergent. »

Il regarde les autres et leur balance : « Y a ce nègre avec qui j'ai un compte à régler. Si vous autres, bandes d'abrutis, vous ne voulez pas lui donner un coup de main à creuser un fossé puant pour le reste de la journée, v's avez intérêt à filer pour vot' baraquement, à ranger vos affaires et à vous présenter dare-dare au rapport. Pigé ? »

Ils n'ont pas demandé leur reste et Wilson a beuglé : « Et au pas de gymnastique, branleurs ! Que j' vois la semelle de vos pompes de merde ! »

Wilson m'a donné la pelle et m'a conduit dans un

grand terrain, là où se trouve aujourd'hui le terminal Airbus de North-East Airlines. Alors il me regarde, avec un espèce de sourire à la noix, il me montre le sol et dit : « Tu vois ce trou, là, le nègre ? »

Il n'y avait pas de trou, alors j'ai cru bien faire et j'ai répondu que oui, que je le voyais. Il m'a balancé son poing dans la figure ; je suis tombé par terre et je me suis mis à saigner du nez sur la dernière chemise propre que j'avais.

« Non tu ne vois rien, crétin, parce qu'il a été rempli par un plus crétin encore ! » qu'il me crie. Il avait deux taches rouges aux joues, mais il souriait et on voyait qu'il s'amusait bien. C'est alors que ça a commencé. Il m'a fait faire un trou qui faisait presque ma taille, puis il m'a dit qu'il ne voulait pas d'un trou creusé par un nègre. Je l'ai rebouché. La nuit tombait quand il m'a demandé ce que je voyais.

« Un trou plein de terre », j'ai dit. Sur quoi il m'a encore frappé. Seigneur, Mikey, j'ai vu le moment où j'allais lui sauter dessus à coups de pelle. Mais si j'avais fait ça, je n'aurais jamais revu le ciel, sinon à travers des barreaux.

« C'est mon trou, et il est plein de terre ! il a hurlé. Vide-moi ça, soldat ! »

Alors j'ai recommencé : je l'ai vidé, je l'ai rempli. J'étais bon pour repartir pour un tour lorsqu'un de ses copains est arrivé avec une lanterne pour lui dire qu'il venait de manquer une inspection surprise. Il était furieux, il a été obligé de me laisser partir.

J'ai attendu de voir apparaître son nom sur la liste des punis, les jours suivants, mais il avait dû trouver comme excuse qu'il était occupé à mater une grande gueule de nègre le jour de l'inspection, et on avait dû lui donner une médaille au lieu de lui faire peler les patates. Ça te donne une idée de l'ambiance à la section E ici, à Derry.

C'est vers 1958 que mon père m'a raconté cette histoire ; il avait la cinquantaine bien sonnée, et ma mère seulement quarante et quelques. Je lui demandai pourquoi il était revenu à Derry, dans ces conditions.

« Je n'avais que seize ans quand je me suis engagé, Mike. J'avais menti sur mon âge, mais comme j'étais grand, on m'a cru. D'ailleurs, c'est ma mère qui m'a poussé. Vois-tu, chez nous, en Caroline du Nord, on ne voyait de viande à table qu'après la récolte du tabac, ou parfois l'hiver, si mon père attrapait un raton laveur ou un opossum. Un ragoût d'opossum, c'est à peu près mon seul bon souvenir de Burgaw.

« Quand mon père est mort dans un accident avec une machine agricole, ma mère a dit qu'elle allait amener Philly Loubird à Corinth, chez des parents. Philly était le bébé de la famille.

— Tu veux dire l'oncle Phil ? » dis-je, souriant à l'idée que l'on puisse l'appeler Philly Loubird. Il était avocat à Tucson et siégeait au conseil municipal depuis six ans. Quand j'étais gosse, je le croyais riche ; je suppose que pour un Noir, en 1958, c'était être riche que de gagner vingt mille dollars par an.

« C'est bien ça, me répondit mon père. Mais à cette époque, c'était un môme de douze ans avec une salopette rapiécée et pas de chaussures aux pieds. Il était le plus jeune, et je venais juste avant. Parmi les aînés, il y en avait deux de morts, deux de mariés et un en prison. Howard. Toujours été un bon à rien, celui-là.

« "Tu vas t'engager dans l'armée, m'a dit ta grand-mère. Je ne sais pas si on te paye tout de suite ou non, mais dès qu'on le fera, tu m'enverras une pension tous les mois. Ça me fait horreur de te voir partir, fils, mais je ne sais pas ce qui va nous arriver si tu ne t'occupes pas de Philly et de moi." Elle m'a donné mon certificat de naissance pour le montrer au service de recrutement, et j'ai vu qu'elle avait trafiqué la date.

« J'ai donc été au service de recrutement de l'armée

et j'ai demandé à m'engager. L'officier m'a montré les papiers et la ligne où je devais faire une croix. " Je peux écrire mon nom ", je lui dis, ce qui l'a fait éclater de rire.

« — Eh bien, écris-le, jeune Noir.

« — Attendez une minute, je réponds, j'ai une ou deux questions à vous poser.

« — Ouvre le feu, mon gars, je peux répondre à tout.

« — Est-ce qu'on a de la viande deux fois par semaine, à l'armée ? C'est ce que dit ma mère, mais elle tient beaucoup à ce que je m'engage.

« — Non, répond l'officier, pas deux fois par semaine.

« —"C'est bien ce que je craignais ", je dis, en pensant que ce type avait beau avoir l'air d'un vrai croquemitaine, au moins était-il un croquemitaine honnête.

« Alors il a ajouté : " À l'armée tu en mangeras tous les soirs ", et je me suis demandé comme j'avais pu le croire honnête.

« — Vous devez me prendre pour un vrai demeuré, je dis.

« — On ne peut rien te cacher, le nègre.

« — Si je m'engage, je dois faire quelque chose pour ma mère et pour Philly Loubird. Ma mère dit que c'est une pension.

« — C'est ce truc-là, il répond en me montrant le formulaire. Quelque chose d'autre encore ?

« — Oui. Comment fait-on pour suivre la formation d'officier ? "

« Il a tellement rigolé quand je lui ai dit ça que j'ai cru qu'il allait s'étouffer. Puis il a dit : " Fiston, il y aura des officiers noirs dans cette armée le jour où l'on verra notre Seigneur Jésus-Christ danser le charleston. Bon, maintenant, tu signes ou tu disparais. Ma patience est épuisée. Et ça commence à sentir mauvais ici. "

« Alors j'ai signé, il a agrafé le formulaire pour la pension de ma mère à mon engagement, il m'a fait prêter serment, et je me suis retrouvé soldat. Je pensais qu'on m'enverrait dans le New Jersey, où l'armée construisait des ponts, puisqu'il n'y avait pas de guerre. Au lieu de cela, je me suis retrouvé à Derry, dans le Maine, section E. »

À l'époque de ce récit, nous avions l'une des fermes les plus importantes de Derry, et probablement le point de vente en bordure de route le mieux fourni au sud de Bangor. Nous travaillions très dur tous les trois, et mon père engageait un journalier pendant les moissons ; mais nous nous en sortions.

Voici ce qu'il a ensuite ajouté : « Je suis revenu, parce que j'avais vu le Sud et j'avais vu le Nord. C'était la même haine partout. Ce n'est pas le sergent Wilson qui m'en a convaincu. Ce n'était rien d'autre qu'un crétin de Géorgie, qui emportait le Sud avec lui partout où il allait. Il n'avait pas besoin d'être en dessous de la ligne Mason-Dixon pour haïr les Noirs. Non, c'est l'incendie du Black Spot qui m'a convaincu. Vois-tu, Mikey, d'une certaine manière... (il jeta un coup d'œil à ma mère, en train de tricoter. Elle n'avait pas levé les yeux, mais je savais qu'elle écoutait avec attention, et je pense que mon père s'en était aussi rendu compte), d'une certaine manière, c'est le jour de cet incendie que je suis devenu un homme. Il a fait soixante morts, dont dix-huit de la section E. Il ne restait rien de la section une fois le feu éteint. Henry Whitsun... Stork Anson... Alan Snopes... Everett McCaslin... Horton Sartoris..., tous mes amis sont morts dans cet incendie. Incendie allumé par le vieux sergent Wilson et ses copains à la mie de pain de maïs. Allumé par la Légion de la Décence blanche, branche du Maine. Dis-toi bien que parmi tes copains d'école, fiston, il y en a dont les pères ont craqué les allumettes qui ont mis le feu au Black Spot. Et je ne parle pas des plus pauvres, non plus.

— Mais pourquoi, Papa ? Pourquoi ont-ils fait ça ?

— Il y a quelque chose qui tient à Derry, directement, dit-il avec un froncement de sourcils. Pourquoi ici ? Je l'ignore et je ne sais pas l'expliquer ; et pourtant ça ne me surprend pas.

« La Légion de la Décence blanche était la version nordique du Ku Klux Klan, vois-tu. Mêmes tuniques blanches, mêmes croix de feu, mêmes lettres de menace aux Noirs qui, à leur avis, s'élevaient au-dessus de leur condition ou prenaient des postes dévolus normalement à des Blancs. Dans les églises où les prédicateurs parlaient d'égalité des Noirs, il leur arrivait d'employer la dynamite. On parle beaucoup plus du KKK que de la Légion dans la plupart des livres d'histoire ; des tas de gens ne savent même pas que la Légion de la Décence blanche existait. À mon avis, c'est parce que l'histoire est surtout écrite par les gens du Nord, et qu'ils ont honte.

« La Légion recrutait surtout dans les grandes villes et dans les zones industrielles. New York, Detroit, Baltimore, Boston — toutes ces villes avaient leur chapitre. Elle a essayé de s'implanter dans le Maine, mais il n'y a qu'à Derry qu'elle a vraiment réussi. C'est l'incendie du Black Spot qui lui a donné un coup d'arrêt ; le contrôle des événements lui échappait. Comme ça arrive de temps en temps dans cette ville, on dirait. »

Il se tut un moment, tirant sur sa bouffarde.

« Comme si la Légion de la Décence blanche n'avait été qu'une graine, Mikey, qui aurait trouvé un sol favorable pour pousser à Derry. C'était un club d'hommes riches. Après l'incendie, ils se sont contentés de replier leurs tuniques, de se mentir les uns aux autres et de faire circuler une version des faits qui les arrangeait. (Il avait pris un ton de mépris cynique, et ma mère leva les yeux, sourcils froncés.) Après tout, qui avait-on tué ? Dix-huit nègres de l'armée, quatorze ou quinze nègres civils, les quatre membres nègres d'un orchestre de jazz... et une bande de tordus qui aimaient les nègres. Qu'est-ce que ça pouvait faire ?

— Will, dit doucement ma mère, ça suffit.

— Non, protestai-je, je veux tout savoir !

— Il est temps d'aller au lit, Mikey, louvoya mon père en ébouriffant mes cheveux de sa grosse main calleuse. Je veux juste te dire encore quelque chose. Je ne crois pas que tu le comprendras, parce que je ne suis pas sûr de le comprendre moi-même. Ce qui est arrivé ce soir-là au Black Spot — pourtant c'était épouvantable ! —, eh bien, ce n'était pas parce que nous étions noirs, à mon avis. Ni même parce qu'on se trouvait à proximité de West Broadway, où vivaient les Blancs riches de Derry, et où ils vivent encore. Et si la Légion prospérait ici, je ne crois pas que c'était parce qu'on détestait les Noirs et les clochards davantage à Derry qu'ailleurs dans le Maine. C'est à cause du sol. On dirait que ce qu'il y a de plus mauvais et de plus affreux, dans cette ville, vient directement de son sol. J'y ai souvent pensé au cours des années. Je ne sais pas pourquoi il en est ainsi... cependant le fait est là.

« Mais on trouve aussi des braves gens, ici ; et à l'époque il y en avait aussi. Des milliers de gens sont venus aux funérailles, aussi bien pour les Noirs que pour les Blancs. Les entreprises sont restées fermées pendant presque une semaine ; on a soigné gratuitement les blessés à l'hôpital. Les gestes généreux n'ont pas manqué. C'est à cette époque que j'ai rencontré mon ami Dewey Conroy, et il a beau être aussi blanc que de la crème à la vanille, il est comme mon frère. Je risquerais ma vie pour lui s'il me le demandait, et même si on ne connaît jamais vraiment le cœur d'un autre homme, je crois qu'il en ferait autant.

« Bref, l'armée a dispersé les survivants de l'incendie, et c'est comme ça que je me suis retrouvé à Fort Hood, où j'ai rencontré ta mère. Je l'ai épousée chez ses parents, à Galveston. Mais je n'avais jamais oublié Derry. Nous y sommes venus après la guerre. Et puis tu es né. Et nous voilà, pas même à cinq kilomètres de l'endroit où se trouvait le Black Spot en 1930. Et je crois que c'est l'heure d'aller au lit, mon bonhomme !

— Je veux que tu me racontes l'incendie ! m'exclamai-je. Raconte-moi, Papa ! »

Il me regarda alors avec ce froncement de sourcils qui me faisait toujours taire... peut-être parce qu'il ne s'en servait pas souvent. C'était un homme plutôt souriant. « Ce n'est pas une histoire pour les enfants. Une autre fois, Mikey. Dans quelques années. »

Il me fallut finalement attendre quatre années de plus pour savoir ce qui était arrivé au Black Spot, et mon père était alors au bout de celles qui lui restaient à vivre. Il me le raconta sur son lit d'hôpital, bourré de tranquillisants, entre deux assoupissements, tandis que le cancer rongeait ses intestins.

Le 26 février 1985

Je viens de relire ce qui précède et à mon propre étonnement, cette évocation de mon père m'a fait éclater en larmes, alors qu'il est mort depuis vingt-trois ans maintenant. Je me souviens de mon chagrin, qui a duré deux bonnes années. Puis, le jour où j'ai réussi mon examen, à la sortie du lycée, ma mère m'a dit : « Comme ton père aurait été fier de toi ! » — et nous avons pleuré dans les bras l'un de l'autre. Je croyais avoir terminé mon deuil ce jour-là. Mais qui sait ce que peut durer un chagrin ? N'est-il pas possible qu'il se réveille, vingt, trente ou quarante ans après la perte d'un être cher, à l'idée de ce vide définitif, de ce sentiment que rien ne viendra le combler, peut-être même pas la mort ?

Il quitta l'armée en 1937 avec une pension d'invalidité ; une jeune recrue, morte de frousse, avait dégoupillé et laissé tomber une grenade au lieu de la jeter : elle avait roulé jusqu'au pied de mon père et explosé. Il avait alors rang de sergent.

Grâce à sa prime d'invalidité, il put épouser ma mère un an avant ce qu'il avait prévu ; ils partirent alors pour Houston, où ils travaillèrent pour l'effort de guerre jusqu'en 1945, mon père, comme contremaître dans une usine fabriquant des corps d'obus, ma mère comme riveteuse. Mais, comme il me l'avait dit, le souvenir de Derry ne l'avait jamais quitté. Et maintenant, je me demande si cette chose aveugle n'était pas alors déjà entrée en action, l'attirant dans cette région pour que je puisse tenir ma place dans le cercle, au cœur des Friches, un certain soir d'août. Peut-être est-il vrai que dans l'univers, le bien équilibre toujours le mal ; mais le bien peut aussi avoir quelque chose de terrible.

Mon père était abonné au *Derry News*. Il surveillait les annonces d'exploitations à vendre ; mes parents avaient mis pas mal d'argent de côté. Ils trouvèrent finalement une ferme qui, sur le papier du moins, paraissait une bonne affaire. Ils vinrent du Texas en autocar, la visitèrent et l'achetèrent le jour même, en faisant un emprunt sur dix ans. Et ils s'installèrent.

« On a eu quelques problèmes au début, m'avait confié mon père lors d'une autre occasion. Il y en avait qui refusaient d'avoir des nègres comme voisins. On savait que ce serait comme ça ; je n'avais pas oublié le Black Spot. On s'est fait tout petits et on a attendu. Des gosses nous lançaient des cailloux ou des boîtes de bière. J'ai bien dû remplacer vingt carreaux la première année. Il n'y avait pas que les gosses. Un jour, en me réveillant, j'ai trouvé une croix gammée barbouillée sur le poulailler et toutes les poules mortes. On avait empoisonné leur nourriture. C'est la dernière fois que j'ai élevé des poulets.

74

« Mais le shérif du comté — à l'époque il n'y avait même pas de chef de la police à Derry — s'est intéressé à l'affaire, et sérieusement. C'est pourquoi je dis qu'il y a aussi du bon ici, Mikey. Pour lui, que j'aie la peau noire et les cheveux crépus ne faisait aucune différence. Il est venu une demi-douzaine de fois, il a parlé aux gens, et finalement il a trouvé le coupable. Et devine un peu de qui il s'agissait ? Je te le donne en mille !

— Je ne sais pas », dis-je.

Mon père éclata de rire au point d'en avoir les larmes aux yeux. « Eh bien, Butch Bowers, pardi ! Le père de ce garnement qui brutalise tout le monde à l'école, si je t'ai bien compris. Le père est une ordure et le fils un déchet d'ordure.

— À l'école, j'ai des copains qui disent que le père de Henry est cinglé. » Je devais être en neuvième ou huitième, à l'époque, et j'avais eu le droit de me faire botter les fesses par Henry Bowers à plusieurs reprises... et au fait, c'est dans la bouche de ce voyou que j'ai entendu la plupart des épithètes péjoratives pour « Noir » ou « nègre » qui m'aient jamais été lancées.

« Il y a peut-être du vrai là-dedans, fiston ; on dit qu'il n'était plus le même quand il est revenu du Pacifique. Il a servi dans les marines, là-bas. Toujours est-il que le shérif l'a mis au trou et que Butch gueulait qu'il était victime d'un coup monté. Il allait tous nous poursuivre en justice, à l'en croire, à commencer par moi, le shérif Sullivan, la ville de Derry et Dieu seul sait qui encore.

« Quant à ce qui s'est passé exactement ensuite..., je ne peux pas jurer que ce soit vrai, mais je le tiens de Dewey Conroy. D'après lui, le shérif serait allé voir Butch en prison, à Bangor. Il lui aurait dit : " C'est le moment de fermer ta gueule et d'écouter un peu ce que j'ai à te dire, Butch. Ce Noir, il ne tient pas à faire des poursuites et à t'envoyer à Shawshank ; tout ce qu'il veut, c'est le prix de ses poulets. Il estime qu'avec deux cents dollars, il serait dédommagé. "

« Butch a répondu au shérif qu'il pouvait se mettre les deux cents dollars là où le soleil ne brille pas. Alors Sullivan lui a dit : " Ils ont un atelier de citronnade à Shank, Butch, et il paraît qu'au bout de trois ans, on y a la langue aussi verte qu'une menthe à l'eau. Alors tu choisis : trois ans à peler des citrons ou deux cents dollars. Qu'est-ce que tu en penses ?

« — Il n'y a pas un jury dans le Maine qui me mettra en taule pour avoir tué les quatre poulets d'un nègre.

« — Je le sais.

« — Alors pourquoi m'emmerder avec ça ?

« — Réveille-toi un peu, Butch. C'est pas pour les poulets qu'ils te mettront au trou, mais pour la croix gammée peinte sur le poulailler après les avoir tués. "

« D'après Dewey, Butch serait resté bouche bée, tandis que Sullivan s'en allait pour le laisser réfléchir. Au bout de trois jours, Butch a dit à son frère (celui qui est mort de froid il y a environ deux ans en allant chasser, complètement saoul) de vendre sa nouvelle Mercury, qu'il avait achetée avec son pécule de soldat. C'est comme ça que j'ai eu mes deux cents dollars, et que Butch a commencé à aller raconter partout qu'il foutrait le feu chez moi. Alors, un après-midi, je l'ai coincé. Il avait acheté une vieille Ford d'avant-guerre pour remplacer la Mercury, et j'avais ma camionnette. Je lui ai coupé la route sur Witcham, pas loin du dépôt des chemins de fer, et je suis descendu avec la Winchester.

« " Une allumette en flammes jetée dans ma cour, et tu te fais canarder par un méchant Noir, vieille carne.

« — T'as pas le droit de me parler comme ça, négro ", il me dit ; il ne savait pas s'il devait se mettre en colère ou s'il avait la frousse. " C'est pas un bougnoule comme toi qui peut dire ça à un Blanc. "

« J'en avais par-dessus la tête, de cette affaire, Mikey. Et je savais que si je ne lui fichais pas vraiment la trouille, jamais je n'aurais la paix. Il n'y avait personne autour. J'ai passé une main par la portière, et je l'ai empoigné par la crinière, la crosse de la Winchester appuyée à ma ceinture, le canon enfoncé sous son menton. Et j'ai dit : " Appelle-moi encore une seule fois négro ou bougnoule, et ta cervelle va couler du plafonnier, Butch. Alors surtout, n'oublie pas : une seule allumette, et je décroche la Winch. Pour toi, ou pour ta femme, ou pour ton morpion de fils, ou pour ton nullard de frangin. J'en ai plein les bottes. "

« Alors il s'est mis à pleurer, et c'est le spectacle le plus moche que j'aie vu de toute ma vie. " Et dire qu'on en est rendus là, pleurnicha-t-il, un nég- un bou- un type peut menacer un travailleur en pleine lumière du jour au bord d'une route !

« — Ouais, c'est peut-être le monde qui s'écroule quand un truc pareil arrive. Mais pour l'instant, c'est sans importance. Tout ce qui compte, c'est que nous soyons bien d'accord tous les deux, à moins que tu ne préfères respirer par un trou dans le crâne. "

« Il a reconnu que nous étions parfaitement d'accord, et je n'ai plus eu le moindre ennui avec Butch Bowers, sauf peut-être quand Mister Chips, ton chien, est mort. Mais je n'ai pas de preuve que c'était lui. Chippy a pu tout aussi bien manger un appât empoisonné.

« Depuis ce jour on nous a laissés tranquilles, et quand je réfléchis à tout ça, je n'ai aucun regret. Nous avons mené une existence agréable ici, et s'il m'arrive certaines nuits de rêver encore à cet incendie, je me dis que personne n'a passé toute une vie sans faire quelques cauchemars. »

Cela fait des jours que je me promets d'écrire l'histoire de l'incendie telle que mon père me l'a racontée sans m'y résoudre. C'est dans *Le Seigneur des anneaux*, je crois, qu'un personnage parle de chemins menant à des chemins, qu'il suffit d'un pas dans une direction pour aboutir... n'importe où. Il en va de même avec les histoires. Une histoire mène à une autre, puis à une autre ; elles vont peut-être dans la direction souhaitée, peut-être pas. Qui sait, en fin de compte, si la voix qui raconte les histoires n'est pas plus importante que les histoires elles-mêmes ?

C'est de la voix de mon père dont je me souviens ; sa voix grave et lente, ses petits gloussements comme ses grands éclats de rire. Les silences pendant lesquels il allumait sa pipe ou se mouchait. Cette voix, qui est pour moi toutes les voix, la voix des années, la voix qui incarne ces lieux et qui n'est nulle part, même pas sur un de mes enregistrements.

La voix de mon père.

Il est dix heures, la bibliothèque est fermée depuis une heure ; à l'extérieur, un vieux tacot s'efforce de démarrer. J'entends les minuscules particules de glace qui crépitent contre le vitrage du corridor qui relie les deux bâtiments. J'entends aussi d'autres bruits, craquements mystérieux au-delà du cercle de lumière dans lequel je suis assis, en train d'écrire sur les pages jaunes lignées d'un bloc administratif. Simplement les bruits d'un ancien bâtiment. C'est ce que je me dis. Mais je me demande... comme je me demande si l'on ne risque pas de rencontrer, cette nuit, un clown vendant des ballons dans la tempête.

Peu importe. Je crois que j'ai enfin trouvé le moyen de raconter la dernière histoire de mon père. Celle qu'il m'a confiée sur son lit d'hôpital six semaines avant sa mort.

J'allais le voir chaque après-midi avec ma mère, après l'école, et j'y retournais seul tous les soirs. Ma mère devait rester à la maison pour ses différentes corvées, mais elle tenait à ce que j'y aille, à bicyclette. Pas question de me laisser faire du stop, quatre ans encore après la fin des meurtres.

Ce furent six semaines épouvantables pour l'adolescent de quinze ans que j'étais alors. J'adorais mon père, mais je ne tardais pas à détester ces visites nocturnes — le voir se rapetisser, s'amenuiser, les rides de souffrance creusant de plus en plus son visage. En dépit de ses efforts pour se retenir, il lui arrivait parfois de pleurer. Il faisait nuit quand je rentrais à la maison, et je ne pouvais m'empêcher de penser à l'été 58 ; j'avais peur de regarder derrière moi et d'apercevoir le clown... ou le loup-garou... ou la momie de Ben... ou mon oiseau. Mais avant tout, j'avais peur que quelle que soit la forme que prenne la chose, elle exhibe le visage ravagé par le cancer de mon père. Je pédalais aussi vite que je pouvais, sans me soucier de mon cœur battant à toute vitesse ni d'arriver tout rouge, hors d'haleine, trempé de sueur. « Pourquoi rouler aussi vite, Mikey ? Tu vas te rendre malade. » Et moi je répondais : « Je voulais revenir assez tôt pour te donner un coup de main. » Sur quoi elle m'embrassait et me disait que j'étais un bon garçon.

De plus, au bout de quelque temps, je ne savais plus de quoi lui parler. Je me creusais la tête pendant la traversée de la ville, redoutant le moment où j'allais manquer de sujets de conversation. Sa mort me terrifiait, m'enrageait, mais elle me gênait aussi ; il me semblait alors (et il me semble toujours) que la mort devrait être une chose rapide ; le cancer faisait davantage que le tuer, il le dégradait, l'avilissait.

Jamais nous ne parlions du cancer et je me disais que nous l'aurions dû, quand se prolongeaient ces silences, mais cette seule idée me rendait presque fou, tandis que je cherchais désespérément quelque chose à dire pour éviter d'avoir à reconnaître la chose qui détruisait maintenant mon père, l'homme qui avait un jour saisi Butch Bowers par les cheveux et lui avait mis son fusil sous le menton, pour exiger d'avoir la paix. Si nous étions venus à en parler, j'aurais pleuré, et à quinze ans, la seule idée de pleurer devant mon père me terrorisait et me rendait malheureux plus que n'importe quoi.

C'est pendant l'un de ces interminables silences que je lui posai la question de l'incendie du Black Spot. Il était bourré de calmants, ce soir-là, tant il souffrait, et s'il parlait par moments clairement, il passait par des épisodes léthargiques durant lesquels il s'exprimait dans un langage exotique, rebut de ses rêves. Il s'adressait parfois à moi, mais parfois aussi me confondait avec son frère Phil. Je ne sais trop comment l'incendie du Black Spot m'est venu à l'esprit, mais je sautai sur ce thème.

Son regard se fit plus vif, et il eut un léger sourire. « Tu n'as jamais oublié ça, hein, Mikey ? Eh bien, je vais te raconter l'histoire. À quinze ans, tu es assez grand, après tout. Et ta mère n'est pas là pour m'arrêter. De plus, tu dois savoir la vérité. J'ai par moments l'impression que ça ne pouvait arriver qu'à Derry, et c'est aussi quelque chose que tu dois savoir. Afin d'être sur tes gardes. Les conditions pour qu'une telle chose se produise semblent bien dépendre de cette ville. Tu fais attention, n'est-ce pas, Mikey ?

— Oui, P'pa.

— Bien. Très bien. » Sa tête retomba sur l'oreiller, et je crus qu'il allait de nouveau sombrer dans la somnolence, mais au lieu de cela il commença à parler.

« Quand j'étais à la base aérienne, en 29 et 30, il y avait un club pour les sous-offs qui n'était qu'une baraque en tôle, mais que les gars avaient gentiment aménagée à l'intérieur : moquette par terre, box le long des murs, juke-box. On pouvait aller y boire des boissons non alcoolisées en fin de semaine... à condition d'être blanc, évidemment. Des orchestres venaient le samedi soir, et j'ai entendu dire qu'on pouvait se procurer des boissons un peu plus corsées... à condition d'avoir une petite étoile verte sur sa carte militaire. Et d'être blanc.

« Les gars de la section E n'avaient même pas le droit d'en approcher, bien sûr. Pour leurs soirées libres, ils allaient en ville. Le commerce du bois était encore actif à Derry, à cette époque, et on y trouvait une dizaine de bars, à peu près tous dans le même quartier — le Demi-Arpent de l'Enfer. Rien de la classe des " speakeasy " des grandes villes ; on appelait ça des " cochons aveugles ". Bien vu : la plupart des clients se comportaient comme des cochons et ils ne voyaient plus très clair quand ils en sortaient. Le shérif et les flics étaient au courant, et je suppose qu'on avait dû graisser quelques pattes, mais peut-être pas autant qu'on pourrait croire ; à Derry, les gens ont l'art de regarder dans l'autre direction. En plus de la bière, on y trouvait des boissons fortes, et de qualité, encore. C'était cher, et on pouvait se rabattre sur la production des alambics du coin ; elle tuait rarement, et quand on devenait aveugle, c'était temporaire. On pouvait aussi lever des femmes dans ces cochons, sans trop de peine. Mais à l'idée de s'offrir une pute — une pute blanche —, on n'était pas très tranquilles, mes copains et moi. »

Comme je l'ai dit, mon père était bourré de calmants, ce soir-là ; sans quoi, je crois qu'il ne m'aurait jamais raconté tout ça ; je n'avais que quinze ans.

« Mais ça ne pouvait pas durer. Un membre du conseil municipal a demandé une entrevue avec le major Fuller. Pour parler, selon lui, de " problèmes entre les citoyens et les soldats ", et des " inquiétudes des électeurs ". Mais ce qu'il voulait était clair comme de l'eau de roche : pas de négros de l'armée dans les troquets, harcelant les femmes blanches et buvant de la gnôle illégale à un bar où seuls les hommes blancs avaient le droit de boire de la gnôle illégale.

« Une vraie farce. Cette fine fleur de la féminité pour laquelle il s'inquiétait tant n'était qu'un troupeau de poivrotes, et pour ce qui était d'aller avec les hommes ! Quant aux types qui fréquentaient ces bouis-bouis, ce n'étaient pas les bourgeois du coin, mais les draveurs et les bûcherons dans leurs épaisses vestes à carreaux noirs et blancs, les mains couturées de cicatrices quand il ne leur manquait pas un doigt ou un œil, ayant tous perdu une bonne partie de leurs dents, dégageant tous une odeur de sciure et de résine. Ils portaient des pantalons de flanelle verte fourrés dans des bottes en caoutchouc vert, laissaient des traînées de neige sale sur le plancher qui en devenait noir. Ils sentaient fort, Mikey, ils marchaient en force, ils parlaient fort — ils étaient forts. Un soir, au Wally's Spa, j'ai vu un type déchirer sa chemise pendant une partie de bras de fer. Ou plutôt la faire exploser autour de son bras ! Tout le monde a applaudi.

« Tout ça pour te faire comprendre que ces gaillards qui fréquentaient les cochons aveugles le samedi soir, en sortant des bois, pour boire du whisky et baiser des femmes au lieu de trous dans les planches graissés au lard, s'ils n'avaient pas voulu de nous, ils nous auraient virés sans difficulté. Mais manifestement, ils n'en avaient rien à foutre.

« L'un d'eux m'a pris à part un soir — il mesurait bien un mètre quatre-vingt-cinq, ce qui était bougrement grand pour l'époque, et empestait l'alcool à plein nez. Il m'a regardé et m'a dit : " Mon gars, j' vais te demander quelque chose. Est-ce que t'es un nègre ?

« — Oui, bien sûr.

« — *Comment ça va ?* il me dit dans ce français de la vallée de Saint-Jean qui ressemble à celui de la Louisiane, avec un grand sourire qui exhibait les quatre dents qui lui restaient. Hé ! J'en étais sûr ! J'en ai vu un une fois dans un livre. Il avait les mêmes — il n'arrivait pas à trouver comment exprimer son idée, alors de la main il vint me toucher la bouche.

« — Grosses lèvres ?

« — Ouais, ouais ! il s'exclame, riant comme un gosse. Grosses lèvres ! *Lèvres épaisses !* Je vais te payer une bière, moi. "

« Je ne voulais pas le contrarier alors j'ai accepté, et sais-tu ce qu'il m'a dit ? " T'es sûr que t'es un nègre ? À part les lèvres épaisses, t'as vraiment l'air d'un Blanc qu'aurait la peau brune. " »

Ce souvenir fit rire mon père, et je me joignis à lui. Il s'esclaffa tellement fort que son ventre commença à lui faire mal et il dut se le tenir, grimaçant, les yeux au plafond, se mordant la lèvre.

« Veux-tu que j'appelle l'infirmière, Papa ?

— Non... non, ça va aller. Le pire, avec cette saloperie, c'est que tu ne peux même pas rire quand tu en as envie, Mikey. C'est pourtant pas souvent... C'était la première fois qu'un Blanc me payait une bière. »

Il resta quelques instants silencieux, et je me rendis compte que, pour la première fois, on avait presque failli parler de ce qui le tuait. Peut-être aurions-nous dû aller plus loin, ce jour-là, aussi bien pour lui que pour moi.

Il prit une gorgée d'eau et continua son récit.

« Bref, ce n'étaient ni les femmes ni les bûcherons qui fréquentaient les cochons aveugles que nous avions contre nous. C'étaient les cinq vieux chnoques du conseil municipal et la vieille garde de Derry, une douzaine de types, qui voulaient nous flanquer à la porte. Jamais un seul d'entre eux n'avait franchi la porte du Paradise ou du Wally's Spa : ils s'imbibaient dans leur country club, qui se trouvait alors sur les hauteurs de Derry. Mais ils voulaient être sûrs que même les poivrotes et les bûcherons ne soient pas pollués par les Noirs de la section E.

« Le major Fuller leur a répondu que lui-même n'avait jamais voulu de Noirs sur la base, que c'était une erreur, et qu'il s'arrangerait pour les faire renvoyer vers le Sud.

« " Ce n'est pas mon problème ", a répondu ce pet foireux. Mueller, je crois qu'il s'appelait Mueller.

— Le père de Sally Mueller ? » demandai-je, surpris. Sally Mueller était dans la même classe que moi.

Mon père eut un petit sourire tordu, amer. « Non, mais son oncle, sans doute. L'autre devait encore être au collège quelque part. Et au cas où tu te demanderais comment je sais tout ça, j'ajouterais que je le tiens de Trevor Dawson, qui faisait les parquets ce jour-là dans les bureaux du major et a tout entendu.

« " Où vous enverrez ces garçons, c'est votre problème, pas le mien, a dit Mueller à Fuller. Mon problème, c'est que vous les laissez descendre en ville les vendredis et samedis soir, et qu'il risque d'y avoir du grabuge. " »

« Fuller a réglé le problème. La base aérienne de Derry occupait un sacré morceau de terrain, à l'époque, même s'il n'y avait pas grand-chose dessus. Plus de cent arpents, limités au nord par une simple ceinture verte qui la séparait de West Broadway ; le Black Spot se trouvait à l'emplacement actuel de Memorial Park.

« Ce n'était qu'une vieille grange, réquisitionnée au début des années 30 ; le major Fuller a réuni toute la section E et nous a annoncé qu'elle serait " notre " club. Tout juste s'il ne se prenait pas pour le Père Noël.

Après quoi il a ajouté en douce que les cochons aveugles nous étaient dorénavant interdits. Nous étions furieux de cette décision, mais que pouvions-nous faire ? Nous n'étions qu'un groupe de simples soldats sans aucun pouvoir. C'est l'un de nous, un certain Dick Hallorann, qui a eu la bonne idée : arranger notre grange le mieux possible.

« C'est ce que nous avons fait, et on ne s'en est pas si mal sortis que ça, tout bien considéré. La première fois que nous nous y sommes pointés, quelle déprime ! Il y faisait noir, ça sentait mauvais, c'était plein de vieux outils et de cartons bourrés de papier bouffé par l'humidité. Il n'y avait que deux petites fenêtres et pas d'électricité. Le sol était en terre battue.

« Mais on s'y est tout de même mis, Hallorann, Carl Roone et moi, puis ensuite Trev Dawson, qui était un excellent charpentier, et bientôt tout le monde est venu donner un coup de main. Trev a ouvert d'autres fenêtres, et Alan Snopes s'est ramené un jour avec des vitrages. " Réquisitions de minuit ", disait-il, quand on lui demandait d'où ils venaient. On a monté une cloison dans le fond, et installé une cuisine derrière ; on a posé un bar sur un côté, mais il n'y avait pas une goutte d'alcool. On avait compris la leçon.

« Le sol était toujours en terre, mais on l'entretenait bien. Puis Trev et Snopes ont réussi à amener l'électricité (sans doute d'autres réquisitions de minuit !). En juillet, on pouvait déjà venir n'importe quel samedi soir et manger un hamburger en buvant un Coke. C'était chouette. Il n'a jamais été achevé ; on travaillait encore dessus quand il a brûlé ; c'était comme notre passe-temps... ou une manière de faire un bras d'honneur au conseil municipal et à Fuller. Nous avons senti que c'était bien à nous quand nous avons posé notre enseigne, Ev McCaslin et moi : THE BLACK SPOT, et dessous : " Section E et ses invités. " Comme si nous n'admettions pas n'importe qui !

« C'était si chouette que les autres ont commencé à râler et se sont mis à arranger le mess des sous-offs. Ils ont ajouté un nouveau salon et une cafétéria. Comme s'ils faisaient un concours avec nous. Mais nous, on n'en avait aucune envie. »

De son lit d'hôpital, mon père me sourit.

« On était tous jeunes, sauf Snopesy, mais on n'était pas idiots. On savait bien que dans une course avec les Blancs, il faut toujours rester un peu derrière. Sans quoi y en a toujours un pour te casser les jambes, histoire de te ralentir. Nous, nous avions ce que nous voulions, et ça nous suffisait... mais voilà, on s'est aperçus de quelque chose. » Il se tut et fronça les sourcils.

« Et de quoi donc, Papa ?

— On s'est aperçus que nous avions de quoi faire un orchestre de jazz parmi nous, répondit-il lentement. Martin Devereaux, qui était caporal, jouait de la batterie. Ace Stevenson du cornet à pistons. Pop Snopes se défendait joliment au piano pour plaquer des accords. On avait un autre type qui jouait du saxo, George Brannock, et même un clarinettiste. D'autres venaient de temps en temps avec leur guitare, leur harmonica ou leur guimbarde, ou encore prenaient un peigne et du papier ciré.

« Ça ne s'est pas fait d'un seul coup, comprends-tu, mais à la fin août, il y avait tous les vendredis et les samedis soir un bon petit orchestre Dixieland qui jouait au Black Spot. Et qui jouait de mieux en mieux alors que l'automne arrivait. Non pas qu'on pût les comparer à des professionnels, évidemment, mais ils avaient une manière de jouer plus... plus... » Il agita ses mains décharnées au-dessus des draps.

« Plus culottée ? suggérai-je avec un sourire.

— C'est ça ! s'exclama-t-il en me rendant mon sourire. Ils jouaient du Dixieland culotté ! Sur quoi les gens de la ville ont commencé à venir dans notre club, figure-toi. Et même aussi des soldats blancs de la base. Au point qu'il y avait foule chaque week-end. Ça non plus, ce n'est pas arrivé tout de suite. Au début, ces têtes de Blancs avaient l'air de grains de sel dans une poivrière, mais il en est venu de plus en plus.

« C'est la venue de tous ces Blancs qui nous a fait oublier d'être prudents, Mikey. Ils amenaient leur propre gnôle dans des sacs en papier kraft, et la plupart du temps, c'était de la bonne. À côté, ce qu'on servait dans les cochons n'était que du pipi de chat. Non, c'était de la gnôle de riches : Chivas, Glendiffich, ou du champagne comme on en sert sur les paquebots. On aurait dû s'arranger pour ne pas laisser faire, mais que veux-tu, c'étaient des gens de la ville ! Des Blancs !

« Nous étions jeunes, et fiers de ce que nous avions fait. Pas une seconde on a imaginé que les choses pourraient tourner aussi mal. On se doutait bien que Mueller et ses amis devaient avoir entendu parler de ce qui se passait, mais nous n'avions pas la moindre idée qu'il en était fou furieux — je dis bien fou furieux. Ils s'emmerdaient dans leurs grandes baraques victoriennes de West Broadway, à même pas cinq cents mètres de chez nous, tandis qu'on écoutait *Aunt Hagar's Blues* ou *Digging my Potatoes*. Ça, c'était pas possible. Surtout que leur belle jeunesse était aussi avec nous, joue contre joue. Parce que ce n'étaient pas les poivrots et les bûcherons qui se pointaient, tandis qu'arrivait le mois d'octobre : le Black Spot était devenu l'endroit à la mode en ville. Les jeunes venaient boire et danser sur la musique de cet orchestre sans nom jusqu'à une heure du matin. Il en venait aussi de Bangor, de Newport, de Haven et de tous les patelins des alentours. En principe, c'était un club réservé aux soldats et à leurs invités. Mais en fait, on ouvrait la porte à sept heures et on la refermait à une heure du matin. À la mi-octobre, on était serrés comme des sardines sur la piste de danse — il n'y avait plus de place pour danser, et on faisait du surplace en se tortillant. Jamais je n'ai entendu quelqu'un faire de remarques sans être remis à sa place. »

Il se tut, prit une autre gorgée d'eau et continua ; son regard brillait, maintenant.

« Oui, oui... Fuller aurait certainement fini par y mettre un terme, tôt ou tard. Moins de gens seraient morts, s'il s'y était pris plus tôt. Il n'avait qu'à envoyer la police militaire et faire confisquer les bouteilles de gnôle que les gens emmenaient avec eux. Il y aurait eu la cour martiale et le bataillon disciplinaire pour deux ou trois d'entre nous, et on aurait dispersé les autres dans des unités différentes. Mais Fuller était lent. Si bien que comme il hésitait, c'est la Légion de la Décence blanche qui s'en est occupée. Ils sont venus dans leurs draps blancs, début novembre, et se sont fait un barbecue. »

Il se tut de nouveau, mais sans prendre d'eau cette fois-ci, le regard mélancoliquement perdu vers un coin de la chambre, tandis qu'au loin tintait une cloche et qu'une infirmière passait devant l'entrée ouverte, ses semelles émettant un crissement caoutchouteux sur le lino. On entendait faiblement une télé, ainsi qu'une radio venant d'ailleurs. Je me souviens du vent qui soufflait à l'extérieur, reniflant l'angle du bâtiment ; on avait beau être en août, ces gémissements me refroidissaient.

« Certains d'entre eux sont arrivés par la ceinture de verdure qui nous séparait de West Broadway, reprit-il enfin. Ils avaient dû se retrouver chez quelqu'un qui habitait par là, pour enfiler leurs draps et préparer les torches.

« J'ai entendu dire que d'autres seraient arrivés jusqu'au Black Spot par la route principale qui conduisait alors à la base ; qu'ils se seraient pointés dans une Packard flambant neuve, déjà habillés en blanc, le capuchon sur les genoux, les torches au fond de la voiture. Il y avait bien un poste de garde, mais l'officier de service les a laissés entrer sans problème.

« C'était un samedi soir, et la boîte était bourrée à craquer ; deux cents personnes au moins s'y entassaient, sinon trois cents. Et voilà qu'approchent ces hommes, des Blancs, six ou huit dans leur Packard vert bouteille, tandis que d'autres s'avancent entre les arbres qui nous cachaient les maisons luxueuses de West Broadway. Ils n'étaient plus tout jeunes, dans l'ensemble, et je me demande parfois combien de cas d'angine de poitrine et d'ulcères il y a eu le lendemain matin. Beaucoup, j'espère. Ces espèces de fumiers d'assassins.

« La Packard s'est arrêtée sur la colline et a fait deux appels de phares. Quatre hommes en sont sortis et ont rejoint les autres. Certains avaient de ces bonbonnes de dix litres que l'on pouvait acheter dans les stations-service, à cette époque. Tous tenaient des torches. L'un d'eux est resté au volant de la Packard. Au fait, Mueller avait une Packard. Verte.

« Ils se sont retrouvés à l'arrière du Black Spot et ont arrosé leurs torches d'essence. Peut-être voulaient-ils simplement nous ficher la frousse. C'est ce qu'ont dit certains. J'aime autant cette version, car même aujourd'hui, je n'ai pas envie de croire la pire.

« De l'essence a pu couler sur la poignée des torches au moment où ils les ont allumées et dans leur panique, ceux qui les tenaient les ont jetées n'importe où. Toujours est-il que soudain la nuit de novembre s'est trouvée illuminée de torches brandies ; certains les agitaient, et il en tombait des morceaux de toile enflammée ; d'autres riaient. Mais il y en a qui les ont jetées par la fenêtre du fond, celle qui donnait dans notre cuisine. En moins d'une minute et demie, il y faisait un feu d'enfer.

« Tous les hommes, dehors, avaient enfilé leur capuchon pointu. Quelques-uns nous criaient : " Sortez, négros, sortez, négros ! Sortez, négros ! " Peut-être certains voulaient-ils nous faire peur, mais il me plaît de me dire que d'autres voulaient nous avertir — comme j'aime à croire que les torches sont arrivées par accident dans la cuisine.

« De toute façon, c'était sans importance. L'orchestre jouait plus fort qu'une sirène d'usine. Tout le monde s'en donnait à cœur joie et s'amusait. Personne ne s'est aperçu de rien, jusqu'au moment où Gerry McCrew, qui faisait office d'aide-cuisinier ce soir-là, ouvre la porte de la cuisine. Tout juste s'il n'a pas été transformé sur-le-champ en torche humaine. Des flammes de trois mètres ont jailli ; elles ont brûlé sa veste et presque tous ses cheveux.

« J'étais assis le long du mur est avec Trev Dawson et Dick Hallorann quand c'est arrivé, et j'ai tout d'abord cru que la bonbonne de gaz de la cuisinière avait explosé. Le temps de me mettre debout, j'étais renversé par des gens qui se précipitaient vers la porte. Il m'en est bien passé deux douzaines sur le dos, et je crois que c'est le seul moment où j'ai vraiment eu très peur. J'entendais les gens qui hurlaient et qui se disaient les uns aux autres de sortir, que la baraque flambait. Mais chaque fois que j'essayais de me relever, quelqu'un me renversait de nouveau ; un pied m'a même atterri sur la tête et j'en ai vu trente-six chandelles. J'avais le nez écrasé contre la terre huilée ; j'en avais plein les narines et me suis mis à éternuer et tousser en même temps. Quelqu'un d'autre m'a marché sur le bas du dos. J'ai senti le talon-aiguille d'une femme s'enfoncer entre mes fesses et je te le dis, fiston, jamais je n'ai eu d'hémorroïdes de la taille de cet œdème. Si le fond de mon treillis n'avait pas tenu, j'aurais saigné comme un veau.

« Ça semble presque comique, maintenant, mais j'ai bien failli mourir pendant cette débandade. J'avais pris tellement de coups que j'étais incapable de marcher le lendemain. Je hurlais, mais personne ne semblait faire attention à moi.

« C'est Trev qui m'a tiré de là. J'ai vu sa grande main brune en face de moi, et je l'ai attrapée comme une bouée de sauvetage. Il m'a tiré et je me suis relevé. J'ai pris à cet instant-là un coup de pied au cou, ici (il se massa le dessous de l'oreille) et ça m'a tellement fait mal que je crois bien être tombé dans les pommes pendant une minute. Mais je n'ai pas lâché la main de Trev une seconde, et lui n'a pas lâché la mienne. J'ai réussi à me relever complètement, en fin de compte, juste au moment où la cloison qui séparait la cuisine du reste de la salle s'est effondrée, avec le même bruit qu'une flaque d'essence à laquelle on met le feu. Elle est tombée avec une nuée d'étincelles, et j'ai vu des gens courir pour y échapper ; certains ont réussi ; d'autres non. L'un de nos copains — Hort Sartoris, je crois — est resté enseveli dessous, et pendant une seconde, j'ai vu sa main dépasser de cet énorme tas de braises en s'ouvrant et se refermant. Il y avait une fille, une Blanche, qui ne devait pas avoir plus de vingt ans, et dont la robe a pris feu dans le dos. Elle était avec un autre jeune qu'elle a appelé, qu'elle a imploré ; il a donné deux coups sur les flammes puis il s'est enfui avec les autres, tandis que toute sa robe s'embrasait.

« L'emplacement de la cuisine était comme la gueule de l'enfer ; avec des flammes tellement brillantes qu'elles étaient impossibles à regarder. Il faisait une chaleur de four à céramique, Mikey, tu sentais ta peau commencer à griller, les poils de ton nez qui cramaient.

« " Faut sortir d'ici n'importe comment ! a crié Trev en commençant à me tirer le long du mur. Amènetoi ! " »

« Dick Hallorann l'a pris alors par l'épaule. Il n'avait pas plus de dix-neuf ans, avec des yeux écarquillés, on aurait dit deux boules de billard, mais il a gardé pourtant la tête plus froide que nous. Il nous a sauvé la vie. " Pas par la porte ! il a hurlé, par là ! " et il nous a montré la direction de l'estrade de l'orchestre... autrement dit celle du feu.

« " T'es cinglé ! " a hurlé Trev à son tour. Il avait une voix qui était un vrai mugissement de taureau, et pourtant c'est à peine si nous l'entendions entre le grondement de l'incendie et les hurlements des gens. " Crève si tu veux, Will et moi, on se tire ! "

« Il me tirait toujours par la main et m'a tiré de nouveau vers la porte, mais les gens s'y empilaient au point qu'on ne la voyait même pas. Moi, je l'aurais suivi ; j'étais tellement sonné que j'aurais fait n'importe quoi. Tout ce que je savais, c'est que je ne voulais pas terminer comme une dinde un soir de réveillon.

« Dick a empoigné Trev par les cheveux aussi brutalement qu'il a pu et lui a envoyé une grande gifle quand il s'est tourné. Je me souviens de la tête de Trev allant heurter la paroi. J'ai cru que Dick était devenu fou. Alors il lui a crié : " Tu vas vers la porte et tu crèves, négro ! Ils sont tous coincés devant !

« — Qu'est-ce que t'en sais ? " a hurlé Trev à son tour. Il y a eu alors un *BANG !* assourdissant — pas la fin du feu d'artifice, mais la grosse caisse de Marty Devereaux que la chaleur faisait exploser. Le feu commençait à courir le long des poutres au-dessus de nos têtes et à prendre dans l'huile de vidange répandue sur le sol.

« " J'en suis sûr, s'est égosillé Dick, j'en suis sûr ! "

« Il m'a pris par l'autre main, et pendant un instant, je me suis senti comme la corde du jeu basque. Trev a regardé vers la porte et a finalement suivi Dick qui nous a amenés jusqu'à une fenêtre. Il s'est emparé d'une chaise pour la démolir, mais le feu l'a précédé et l'a fait exploser à cet instant-là. Il a pris alors Trev Dawson par le fond du pantalon et l'a soulevé.

« Grimpe, espèce d'enfoiré ! » il a hurlé, et Trev a grimpé, disparaissant la tête la première par-dessus le rebord.

« Dick m'a empoigné tout de suite après ; j'ai saisi le rebord à deux mains ; le bois commençait à se carboniser, et le lendemain, je me suis retrouvé avec des ampoules aux doigts et aux paumes. J'ai débarqué tête la première, et je crois que je me serais rompu le cou si Trev ne m'avait pas rattrapé.

« Nous nous sommes retournés ; une vision comme dans le pire des cauchemars, Mikey. La fenêtre n'était plus qu'un rectangle de lumière aveuglante. Les flammes sortaient d'entre les tôles du toit en une dizaine d'endroits, et à l'intérieur, les gens hurlaient toujours.

« J'ai vu deux mains brunes s'agiter sur le fond de flammes, les mains de Dick. Trev Dawson m'a fait la courte échelle, je suis arrivé à la hauteur de la fenêtre et j'ai pris les mains de Dick. Son poids m'a fait m'appuyer de l'abdomen contre la paroi, et j'ai eu l'impression de me frotter à un poêle qui commence à bien chauffer. Le visage de Dick est apparu au-dessus du rebord, et pendant quelques instants, j'ai bien cru que nous n'y arriverions pas. Il avait avalé son content de fumée, et il était sur le point de s'évanouir ; il avait les lèvres toutes fendillées, le dos de sa chemise commençait à fumer.

« Et j'ai bien failli le lâcher, à cause de l'odeur des gens qui brûlaient à l'intérieur. J'ai entendu dire que c'est la même odeur que lorsqu'on fait griller des côtes de porc au barbecue, mais c'est faux. C'est plutôt comme quand on castre les chevaux, dans certains coins. Ils font un grand feu et balancent toute cette saloperie dedans ; au bout d'un moment, les couilles de cheval explosent comme des châtaignes ; c'est comme ça que sentent les gens quand ils commencent à brûler dans leurs vêtements. J'ai compris que je ne le supporterais pas bien longtemps, alors j'ai tiré un grand coup, de toutes mes forces, et j'ai entraîné Dick. Il avait perdu une chaussure.

« Je suis tombé des mains de Trev, et Dick s'est effondré sur moi, et je peux te dire que le négro avait la tête dure ! J'en ai eu le souffle coupé, et je suis resté là, à me rouler par terre en me tenant le ventre.

« Puis j'ai pu me mettre sur les genoux, et sur les pieds. C'est alors que j'ai vu ces silhouettes qui couraient vers la ceinture verte. J'ai tout d'abord cru que c'étaient des fantômes, et puis j'ai vu des chaussures. L'incendie avait pris de telles proportions qu'on y voyait comme en plein jour autour du Black Spot. J'ai vu les chaussures, et j'ai compris que c'étaient des hommes qui se cachaient sous les draps. L'un d'eux était un peu en arrière des autres, et j'ai vu... »

Il laissa mourir sa voix, et se passa la langue sur les lèvres.

« Qu'est-ce que tu as vu, Papa ?

— T'occupe pas, Mikey. Donne-moi mon eau. »

Je lui tendis son verre ; il le vida presque et se mit à tousser. Une infirmière qui passait mit la tête à la porte et demanda : « Vous n'avez besoin de rien, Mr. Hanlon ?

— Si. Un nouveau jeu de boyaux, répondit mon père. Z'avez quelque chose sous la main, Rhoda ? »

Elle lui adressa un sourire contraint et poursuivit son chemin. Mon père me rendit le verre, que je mis sur la table. « C'est plus long à raconter que pour s'en souvenir. Tu n'oublieras pas de me remplir ce verre avant de partir ?

— Bien sûr que non, Papa.

— Tu crois pas que cette histoire va te donner des cauchemars, Mikey ? »

Sur le point de répondre un mensonge, je me repris. Je crois d'ailleurs qu'il en serait resté là si je lui avais menti. Il en avait pourtant déjà dit beaucoup, mais il n'avait pas tout dit.

« C'est bien possible, avouai-je.

— Ce n'est peut-être pas si mal. Nous pouvons penser le pire, dans les cauchemars. À mon idée, c'est à ça qu'ils servent. »

Il me tendit la main, et je la pris entre les miennes pour la fin de son récit.

« J'ai regardé autour de moi juste à temps pour voir Trev et Dick qui fonçaient vers l'avant du bâtiment et j'ai couru sur leurs talons tout en essayant de reprendre haleine. Il y avait peut-être une cinquantaine de personnes par là, qui pleuraient, dégueulaient ou hurlaient, certaines faisant les trois en même temps, aurait-on dit. D'autres étaient étendues sur l'herbe, évanouies à cause de la fumée. La porte était fermée, et on entendait les cris des gens de l'autre côté, implorant qu'on les laisse sortir, pour l'amour de Dieu, qu'ils étaient en train de brûler.

« En dehors de la porte arrière qui donnait sur la cuisine, cette porte était la seule du bâtiment ; mais elle ouvrait vers l'intérieur et non vers l'extérieur.

« Certains avaient réussi à sortir, mais sous la poussée des autres, le battant s'était refermé ; et comme ceux qui étaient derrière poussaient de plus belle pour s'éloigner des flammes, tout le monde était coincé dans la cohue ; les personnes au premier rang s'écrasaient contre le panneau, dans l'incapacité de faire le moindre mouvement pour l'ouvrir. Ils étaient là, pris comme des rats, tandis que le feu gagnait derrière eux.

« C'est grâce à Trev Dawson qu'il n'y a eu que quatre-vingts morts et non pas cent ou deux cents, et ce n'est pas une médaille qu'il a eue pour sa peine, mais deux ans de bataillon disciplinaire. Parce que, figure-toi qu'à ce moment-là, on a vu arriver un gros camion de l'armée avec devine qui derrière le volant ? Mon vieil ami le sergent Wilson, l'homme qui possédait tous les trous dans les bases, les creusés et les pas creusés.

« Il est descendu de son bahut et s'est mis à gueuler des ordres idiots que de toute façon personne n'entendait. Trev m'a pris par le bras, et nous avons couru vers lui. J'avais perdu Dick Hallorann de vue, et je ne l'ai revu que le lendemain.

« " Sergent, il me faut votre camion, lui a crié Trev en plein visage.

« — Pousse-toi de mon chemin, négro ! " a répondu Wilson en lui flanquant une bourrade, pour se remettre à gueuler ses inepties. Personne n'y faisait attention, mais il n'a pas eu le temps de se fâcher parce que Trevor Dawson a bondi sur ses pieds comme un diable à ressort et l'a descendu.

« Trev pouvait faire très mal, et n'importe qui serait resté au tapis, mais ce salopard avait la tête dure. Il s'est relevé, saignant du nez et de la bouche, et il a dit : " Pour ça, je vais te tuer, négro. " Trev n'a pas attendu et l'a aligné au ventre de toutes ses forces ; Wilson s'est plié en deux, et j'en ai profité pour le cogner à la nuque en y mettant tout ce que je pouvais. Pas très courageux, mais à situation désespérée, action désespérée. Et je te mentirais, Mikey, si je te disais que de cogner ce pauvre salopard ne m'avait pas fait plaisir en passant.

« Il s'est allongé pour le compte. Trev a couru au camion, l'a fait partir et l'a manœuvré de façon à faire face au Black Spot, mais sur le côté gauche de la porte. Il est passé en première, a embrayé et a lancé ce tas de ferraille !

« " *Attention devant ! Gaffe au camion !* " j'ai hurlé à la foule alentour.

« Ils se sont dispersés comme des cailles et par miracle Trev n'en a renversé aucun. Il est rentré dans le côté du bâtiment à quelque chose comme quarante à l'heure, au moins, et sa tête est allée porter violemment contre le volant. J'ai vu le sang lui voler des narines quand il a secoué la tête pour retrouver ses idées. Il est passé en marche arrière, a reculé d'une cinquantaine de mètres et a foncé de nouveau. *Bam !* Le Black Spot n'était rien d'autre que de la tôle ondulée et le second coup a été le bon. Tout le côté s'est effondré, et les flammes sont montées en grondant. Comment il pouvait y avoir encore des gens en vie là-dedans, c'est un mystère ; mais le fait est là. Les gens ont la peau plus dure qu'on ne le croit, Mikey, et si tu es sceptique, tu n'as qu'à me regarder, accroché à la vie par le bout des ongles. On se serait crus à côté d'un haut fourneau, c'était un enfer de flammes et de fumée, mais les gens en sortaient, un vrai torrent. Il y en avait tellement que Trev n'a même pas osé faire marche arrière de peur d'en écraser. Il est donc descendu et a couru lui aussi, laissant le camion là où il était.

« On restait là, à regarder la suite. Tout ça n'avait pas duré cinq minutes, alors qu'on aurait cru que ça faisait des heures. Les derniers qui sont sortis du Black Spot, une douzaine, étaient en feu. Des gens les attrapaient et les roulaient sur le sol, pour éteindre les flammes ; à l'intérieur, on voyait s'agiter encore d'autres silhouettes, mais nous savions déjà qu'ils n'arriveraient jamais à s'en tirer.

« Trev m'a pris la main et je l'ai serré aussi fort qu'il me serrait. On est restés comme ça à se tenir la main comme nous faisons toi et moi en ce moment, lui le nez ruisselant de sang, les yeux qui commençaient à gonfler, et nous regardions ces malheureux. Ce sont de véritables fantômes que nous avons vus cette nuit-là, des spectres tremblotants à forme humaine qui se dirigeaient vers l'ouverture pratiquée par Trev. Certains avaient les bras tendus, comme s'ils espéraient que quelqu'un allait les saisir. Les autres marchaient, au hasard on aurait dit. Sans doute étaient-ils déjà aveugles. Leurs vêtements flambaient, leur visage coulait comme de la cire. Ils se sont effondrés les uns après les autres et n'ont plus bougé, invisibles dans les décombres.

« La dernière à tomber a été une femme. Sa robe avait complètement brûlé, et il ne lui restait plus que son slip. Elle brûlait comme une chandelle. J'ai eu l'impression qu'elle me regardait, et je me suis rendu compte que ses paupières étaient en feu. Elle s'est affaissée, et tout a été terminé. La grange n'était plus qu'une colonne de feu. Le temps qu'arrivent les pompiers de la base et ceux de Derry, le feu avait déjà diminué. Voilà ce qu'a été l'incendie du Black Spot, Mikey. »

Il vida le fond de son verre et me le tendit pour que j'aille le remplir au distributeur du hall. « Je crois que je vais pisser au lit cette nuit, Mikey. »

Je l'embrassai sur la joue et allai chercher son eau. Quand je revins, il somnolait de nouveau, le regard vitreux et contemplatif. Il murmura un merci à peine audible lorsque je posai le verre sur la table de nuit, à côté du réveil, qui indiquait huit heures. Il était temps pour moi de rentrer à la maison.

Je me penchai sur lui pour l'embrasser, mais au lieu de lui dire : « Au revoir », je m'entendis murmurer : « Qu'est-ce que tu as vu ? »

Ses yeux, qui étaient sur le point de se fermer, se tournèrent vers moi, presque imperceptiblement. Peut-être savait-il que c'était moi, peut-être croyait-il avoir imaginé ma voix. « Hein ?

— La chose que tu as vue... », murmurai-je. Je ne voulais pas le savoir, mais il fallait pourtant que je le sache. J'avais à la fois froid et chaud, mes yeux me brûlaient et j'avais les mains glacées. Mais il fallait que je sache. Comme, je suppose, la femme de Loth avait besoin de savoir lorsqu'elle s'est retournée pour regarder la destruction de Sodome.

« C'était un oiseau, dit-il. Juste au-dessus des derniers en train de courir. Un faucon, peut-être ; un genre de crécerelle. Mais gros. Jamais dit à personne. On m'aurait enfermé. Il devait bien faire vingt mètres d'envergure. La taille d'un Zéro japonais. Mais j'ai vu... j'ai vu ses yeux... et je crois... qu'il m'a vu... »

Sa tête glissa de côté, vers la fenêtre, vers la nuit qui tombait.

Mon père s'endormit.

Le 1er mars 1985

C'est revenu. C'est une certitude, maintenant. Je vais attendre encore, mais au fond de mon cœur, j'en suis sûr. Je ne sais pas si je vais pouvoir le supporter. Gosse, j'y arrivais, mais c'est différent quand on est enfant. Fondamentalement différent.

J'ai écrit ce qui précède la nuit dernière dans une sorte de frénésie. Je n'aurais pas pu rentrer chez moi, de toute façon. Derry est pris dans une épaisse couche de glace, et rien ne bouge, en dépit de l'apparition du soleil.

J'ai écrit jusqu'à trois heures passées ce matin, gribouillant de plus en plus vite, essayant de ne rien omettre. J'avais oublié l'histoire de l'oiseau géant, celui de mes onze ans. C'est celle de mon père qui me l'a rappelée... et depuis, elle m'est restée dans la mémoire. Je n'en ai rien oublié. D'une certaine manière, ce fut son dernier cadeau. Un cadeau terrible, et pourtant merveilleux, néanmoins — à sa façon.

J'ai dormi là où je me trouvais, la tête dans les bras, à côté de mon carnet et de mon stylo. Je me suis réveillé ce matin les fesses engourdies et le dos douloureux, mais avec un sentiment d'être libéré... comme purgé de cette vieille histoire.

C'est alors que j'ai vu que j'avais eu de la compagnie, cette nuit.

Les empreintes, traces légères de boue, allaient de la

porte de devant de la bibliothèque (que je ferme toujours) jusqu'au bureau où j'ai dormi.

Aucune n'en repartait.

Ce qui est venu dans la nuit, quoi que ce fût, m'a laissé son talisman et a tout simplement disparu.

Accroché à ma lampe de lecture, se trouvait un unique ballon. Rempli d'hélium, il flottait dans les rayons obliques du soleil matinal qui tombaient des hautes fenêtres.

Dessus, on voyait mon portrait, sans yeux, du sang coulant des orbites déchiquetées, la bouche tordue par un cri sur la fine enveloppe de caoutchouc.

Je poussai un hurlement en le voyant. Son écho se répercuta dans la bibliothèque, faisant vibrer l'escalier de fer conduisant à la réserve.

Le ballon explosa.

TROISIÈME PARTIE

ADULTES

La descente
        faite de désespoirs
                où rien ne s'accomplit
provoque un nouveau réveil :
                qui est l'envers
du désespoir.
        Pour ce que nous ne pouvons accomplir, ce qui
est refusé à l'amour,
        ce que nous avons perdu par anticipation —
        Une descente s'ensuit,
interminable et indestructible.

> **William Carlos Williams**, *Paterson*
> (Tr. J. Saunier-Ollier, Aubier-Montaigne, 1981)

T'as pas envie de rentrer chez toi, maintenant ?
T'as pas envie de rentrer chez toi ?
Tous les enfants de Dieu se fatiguent d'errer,
T'as pas envie de rentrer chez toi ?
T'as pas envie de rentrer chez toi ?

> Joe South

CHAPITRE 10

La Réunion

1

Bill Denbrough prend un taxi

Le téléphone sonnait, le tirant par à-coups d'un sommeil trop profond pour les rêves. Il le chercha à tâtons, sans ouvrir les yeux, sans se réveiller complètement. Aurait-il arrêté de sonner à ce moment-là, il se serait à nouveau glissé dans le sommeil sans la moindre difficulté, aussi simplement qu'il descendait autrefois en luge les pentes enneigées des collines du McCarron Park.

Ses doigts touchèrent le cadran, glissèrent, remontèrent. Il avait le vague pressentiment qu'il devait s'agir de Mike Hanlon, Mike Hanlon qui l'appelait de Derry pour lui dire de revenir, de se souvenir qu'il avait fait un serment, Stan Uris leur avait entaillé les paumes avec un éclat de verre et ils avaient fait une promesse...

Sauf que tout cela s'était déjà produit.

Il était arrivé la veille en fin d'après-midi, un peu avant six heures, en fait. S'il avait été le dernier sur la liste des coups de fil donnés par Mike, tous les autres, se disait-il, devaient être arrivés avant lui, et certains avaient peut-être même passé une bonne partie de la journée sur place. Il n'avait pour sa part vu personne, il n'avait éprouvé le besoin de voir personne. Il était simplement monté dans sa chambre, avait commandé un repas qu'il avait été incapable de manger, puis s'était effondré sur le lit où il avait dormi d'un sommeil sans rêves jusqu'à la sonnerie du téléphone.

Bill entrouvrit un œil, et porta la main au combiné qu'il fit tomber sur la table de nuit. Il s'en empara maladroitement, ouvrant son autre œil. Il se sentait la tête complètement vide, totalement débranchée, comme fonctionnant sur piles.

Il réussit à saisir le combiné et à le porter à l'oreille, accoudé dans le lit. « Allô ?

— Bill ? » C'était bien la voix de Mike Hanlon ; sur ce point au moins, il avait raison. La semaine dernière, il n'avait aucun souvenir de lui, et maintenant, une seule syllabe suffisait à l'identifier. Plutôt merveilleux... mais d'une manière inquiétante.

« Ouais, Mike.

— Je t'ai réveillé, hein ?

— Ouais, en effet. Ça va. » Sur le mur, au-dessus de la télé, était accrochée une croûte sans nom où l'on voyait des pêcheurs en ciré jaune relever des casiers à homards. À la contempler, Bill se souvint de l'endroit où il se trouvait : au Derry Town House, sur la partie chic de Main Street. À moins d'un kilomètre de Bassey Park, du pont des Baisers... et du canal. « Quelle heure est-il, Mike ?

— Dix heures et quart.

— Quel jour ?

— Le 30. » Il y avait une pointe d'amusement dans la voix de Mike.

« Ouais, bon.

— J'ai prévu une petite réunion, reprit Mike d'un ton différent.

— Ah bon ? fit Bill en s'asseyant sur le bord du lit. Tout le monde est arrivé ?

— Tout le monde, sauf Stan Uris, dit Mike avec maintenant dans la voix quelque chose d'indéchiffrable. Bev est arrivée la dernière, hier au soir tard.

— Pourquoi dis-tu " la dernière ", Mike ? Stan peut aussi bien arriver aujourd'hui, non ?

— Stan est mort, Bill.

— Quoi ? Comment ? Est-ce que son avion...

— Pas du tout. Écoute, si ça ne t'ennuie pas, je préférerais attendre que nous soyons tous réunis. Ce serait mieux si je pouvais vous le dire à tous en même temps.

— Y a-t-il un rapport ?

— Oui, je crois. » Mike se tut un instant. « J'en suis sûr. »

Bill sentit le poids familier de la terreur venir de nouveau se poser sur son cœur — était-ce donc quelque chose à quoi il était possible de s'habituer tout de suite ? Ou bien avait-il toujours porté ce poids, sans y penser, sans le sentir, comme on porte avec soi la connaissance de sa mort inévitable ?

Il prit une cigarette, l'alluma et souffla l'allumette en rejetant la première bouffée.

« Personne ne s'est encore vu, depuis hier ?

— Non, je ne crois pas.

— Et tu n'as encore vu personne ?

— Non. Tout s'est fait par téléphone.

— Bien. Où a lieu la réunion ?

— Tu te souviens où se trouvait l'ancienne aciérie ?

— Bien sûr : Pasture Road.

— Tu retardes, mon vieux. Aujourd'hui, ça s'appelle Mall Road. Nous nous enorgueillissons du troisième plus grand centre commercial de tout l'État, à Derry. Quarante-huit commerçants différents réunis sous un même toit pour mieux vous servir !

— Voilà qui fait très a-a-américain.

— Bill ?

— Quoi ?

— Tu vas bien ?

— Oui. » Mais son cœur battait trop vite, et le bout de sa cigarette tressautait légèrement. Il avait bégayé ; Mike l'avait entendu.

Il y eut un instant de silence, puis Mike reprit : « Juste après le centre commercial se trouve un restaurant, le Jade of the Orient. Il dispose de salons privés pour les groupes. J'en ai réservé un hier. Nous pourrons l'avoir pour tout l'après-midi, si nous voulons.

— Tu penses que ça pourrait durer aussi longtemps ?

— Aucune idée.

— Un taxi saura bien m'amener jusque-là ?

— Bien sûr.

— Très bien », dit Bill. Il écrivit le nom du restaurant sur le bloc. « Pourquoi là plutôt qu'ailleurs ?

— Parce qu'il est nouveau, je crois, répondit Mike avec lenteur. C'est un peu comme... je ne sais pas...

— Comme un terrain neutre ? proposa Bill.

— Oui, il me semble.

— On y mange bien ?

— Je l'ignore. As-tu de l'appétit ? »

Bill exhala de la fumée et eut un petit rire entrecoupé de toux. « Je l'ai un peu perdu, vieille branche.

— Ouais, je vois ce que tu veux dire.

— Alors, à midi ?

— Plutôt vers une heure. Je préférerais laisser Beverly récupérer un peu. »

Bill écrasa sa cigarette. « Est-elle mariée ? »

De nouveau, Mike eut une hésitation. « On se racontera tout tout à l'heure, dit-il.

— Exactement comme lorsqu'on va à une réunion d'anciens élèves dix ans après, hein ? Ceux qui sont devenus gros, ceux qui sont devenus chauves, ceux qui ont des g-g-gosses.

— Si seulement c'était ça !

— Ouais, comme tu dis, Mike. »

Il raccrocha, resta longtemps sous la douche et commanda un petit déjeuner dont il n'avait pas réellement envie et qu'il ne fit que picorer. Vraiment, son appétit n'était plus ce qu'il était.

Bill fit le numéro de la compagnie de taxi Yellow Cab et demanda qu'on vienne le prendre à une heure moins le quart, estimant que quinze minutes suffiraient largement pour gagner Pasture Road (il n'arrivait pas à se l'imaginer sous son nouveau nom, même quand il vit le centre commercial), mais il avait largement sous-estimé les embouteillages de midi... ainsi que la croissance de Derry.

En 1958, Derry n'était rien de plus qu'un gros bourg, comptant quelque trente mille habitants dans les limites de la ville et environ sept mille dans la campagne environnante.

C'était maintenant une ville véritable, certes minuscule comparée à New York ou Londres, mais non aux autres villes du Maine où Portland, la plus importante, ne comptait que trois cent mille habitants.

Tandis que le taxi avançait au pas sur Main Street (*Nous sommes maintenant au-dessus du canal ; on ne peut pas le voir, mais il court là en dessous, dans le noir*, pensa Bill) puis tournait sur Center, il se fit cette réflexion banale que la ville avait bien changé. Réflexion toutefois accompagnée d'un profond sentiment d'effroi auquel il ne se serait jamais attendu. Il se souvenait de son enfance comme d'une époque de frayeur, de nervosité... pas seulement à cause de l'été 58, pendant lequel ils avaient tous les sept tenu tête à la terreur, mais aussi à cause de la mort de George, à cause de l'espèce de rêve sans fond dans lequel ses parents avaient plongé après sa disparition, à cause des rages dans lesquelles le mettait son bégaiement, à cause de Bowers, Huggins et Criss ne cessant de les harceler après la bataille à coups de cailloux dans les Friches

(*Bowers, Huggins, Criss, oh, Seigneur ! Bowers, Huggins, Criss !*)

et il sentait la froideur de Derry, que Derry était dur, que Derry n'en avait rien à foutre que l'on vive ou que l'on meure, que l'on triomphe ou non de Grippe-Sou le Clown. Les citoyens de Derry vivaient depuis longtemps en compagnie de Grippe-Sou sous toutes ses formes... et peut-être, de quelque manière insensée, avaient-ils fini par le comprendre. Par l'aimer, par avoir besoin de lui. L'aimer ? Pourquoi pas, au fond ?

Alors, pour quelle raison, cette épouvante consternée ?

Peut-être du fait de tout ce qu'avait de sinistre ce changement. Ou peut-être parce que Derry lui semblait avoir perdu son visage authentique.

Le cinéma le Bijou n'existait plus, remplacé par un parking (VÉHICULES AUTORISÉS SEULEMENT. LES CONTREVENANTS SERONT REMORQUÉS, lisait-on à l'entrée). Le Shoeboat et le Bailley's Lunch, qui se trouvaient tout à côté, avaient également disparu et laissé la place à une succursale de banque. Un cadran numérique en dépassait et donnait l'heure et la température, celle-ci exprimée en degrés Fahrenheit et en degrés Celsius. La pharmacie de Center Street, le repaire de Mr. Keene, où Bill était allé chercher le médicament d'Eddie, disparue aussi.

Le taxi fit un bond en avant. « Ça va prendre un bout de temps, grogna le chauffeur. Si seulement ces foutues banques ne fermaient pas toutes à la même heure, nom de Dieu ! — Excusez mon français, si vous êtes croyant.

— Pas de problème », répondit Bill. Le ciel était couvert, et quelques gouttes commençaient à tomber sur le pare-brise. La radio grommela quelque chose à propos d'un aliéné mental évadé de quelque part et qu'on disait très dangereux, puis parla des Red Sox, une équipe qui ne l'était guère. Averses, puis éclaircies. Quand Barry Manilow se mit à bêler sur les malheurs de Mandy, qui donnait sans jamais prendre, le chauffeur coupa l'émission. « Quand se sont-elles installées ? reprit Bill.

— Quoi donc, les banques ?

— Oui.

— Oh, vers la fin des années 60, début des années 70 », répondit le chauffeur, un homme corpulent au cou épais. Il portait une veste de chasse à carreaux rouges et noirs. Une casquette orange fluo tachée d'huile de moteur lui descendait jusqu'aux sourcils. « La ville a reçu des fonds pour sa modernisation, le partage des revenus, qu'ils appellent. Pour partager, on fout tout par terre. Alors les banques sont arrivées. Il n'y avait qu'elles qu'avaient les moyens. Renouvellement de l'urbanisme, qu'ils disent. De la merde en bâton, que j' dis. Excusez mon français, si vous êtes croyant. Des discussions pour savoir comment animer le centre-ville, ça, y en a eu. Et pour animer, ils ont animé. Z'ont foutu tous les vieux magasins en l'air pour mettre des banques et des parkings. Ça n'empêche pas que vous trouvez pas une putain de place pour vous garer. Il faudrait pendre par la queue tous ces mecs du conseil municipal, sauf la Polock. Elle, c'est par les nénés qu'il faudrait la pendre. À la réflexion, c'est pas une bonne idée, m'a l'air aussi plate qu'une planche à repasser, la conne. Excusez mon français, si vous êtes croyant.

— Je le suis, fit Bill avec un sourire.

— Alors, descendez de mon taxi et allez faire vos prières ! fit l'homme avec un gros rire communicatif.

— Longtemps que vous habitez ici ? demanda Bill.

— Depuis toujours. J' suis né au Derry Home, notre bon vieil hosto, et on m'enterrera au cimetière de Mount Hope.

— Bonne affaire.

— Tout juste », admit le chauffeur. Il se racla la gorge, baissa la vitre et propulsa un énorme glaviot vert-jaune dans l'air pluvieux. Son attitude, contradictoire — une sorte de sinistre bonne humeur —, était attirante, piquante presque. « Celui qui va le choper n'aura pas besoin de chewing-gum pendant une semaine, commenta-t-il. Excusez mon français...

— Tout n'a pas changé », dit Bill. Après la déprimante balade entre les banques et les parkings, ils venaient d'attaquer la côte de Center Street. Arrivés en haut, et une fois passée la First National Bank, ils prirent un peu de vitesse. « L'Aladdin est toujours debout.

— Ouais, mais faut voir comme il tient. Ces branleurs ont aussi essayé de l'avoir.

— Pour faire encore une banque ? » demanda Bill, moitié amusé, moitié stupéfait à cette idée. Il n'arrivait pas à imaginer que quelqu'un de bon sens ait pu envisager la destruction de ce dôme majestueux avec son grand lustre de verre, son escalier à double révolution conduisant au balcon, et son rideau de scène titanesque, qui, au lieu de s'ouvrir en deux au début du spectacle, s'élevait en plis magiques allant s'empilant, tandis que des projecteurs le paraient d'en dessous de toutes les couleurs et que les poulies, dans les coulisses, cliquetaient et grinçaient. *Non, pas l'Aladdin !* protesta-t-il en lui-même. *Comment pouvait-on envisager une seconde de détruire l'Aladdin pour construire une* BANQUE *à la place ?*

« Tout juste, une banque. Z'avez vingt sur vingt, bordel. Excusez mon français, puisque vous êtes croyant. L'idée, c'était de faire " un centre bancaire intégré ", qu'ils disaient. Ils avaient tous les papelards du conseil municipal, les autorisations, tout. Mais une bande de types a formé un comité — des gens qui vivaient à Derry depuis longtemps — pour préparer des pétitions, organiser des marches et faire un tel raffut, qu'il a fallu organiser une séance publique du conseil ; c'est Hanlon qui a eu la peau de ces branleurs, conclut le chauffeur d'un ton très satisfait.

— Hanlon ? demanda Bill, estomaqué, Mike Hanlon ?

— Et oui, pardi ! » fit l'homme en se retournant un instant pour jeter un coup d'œil à Bill, exhibant un visage rond à grosses joues et des lunettes en corne avec de vieilles taches de peinture sur les branches. « Le bibliothécaire. Un Noir. Vous le connaissez ?

— Je l'ai connu », répondit Bill, évoquant ce jour de juillet 1958 où il l'avait rencontré. Une fois de plus, Bowers, Huggins et Bowers étaient dans le coup... Évidemment. Bowers, Huggins et Criss

(oh, Seigneur !)

à chaque tournant, jouant leur rôle, étau inconscient resserrant à chaque fois davantage leur groupe, le soudant. « Nous jouions ensemble quand nous étions gamins. Et puis on a déménagé.

— Ouais, et vous voilà. Le monde est vraiment foutrement petit. Excusez...

— Mon français si vous êtes croyant, finit Bill à sa place.

— Vous voilà de retour », continua le chauffeur sans se démonter. Ils roulèrent en silence pendant un moment, et il reprit : « Derry a beaucoup changé, c'est un fait, mais pas mal de choses sont restées, tout de même. Le Town House, où je vous ai pris. Le château d'eau de Memorial Park. Vous vous souvenez de ce coin, m'sieur ? On croyait qu'il était hanté, quand on était gosses.

— Oui, je m'en souviens.

— Tenez, regardez : l'hôpital. Vous le reconnaissez ? »

Ils passaient devant le Derry Home Hospital, derrière lequel coulait la Penobscot, avant d'aller se jeter dans la Kenduskeag. Sous le ciel pluvieux du printemps, les eaux avaient la couleur de l'étain. L'hôpital dont Bill se souvenait — une construction en bois toute blanche, avec deux ailes et deux étages — se trouvait toujours là, mais entouré par tout un ensemble de bâtiments, douze au moins. Il estima à cinq cents le nombre des véhicules garés dans l'immense parking voisin.

« Mon Dieu, ce n'est plus un hôpital, mais un foutu campus universitaire ! » s'écria-t-il.

Le chauffeur s'esclaffa : « N'étant pas croyant, j'excuserai votre français. Ouais, vous avez raison. Ils ont des salles de rayons X, un centre de thérapie et six cents chambres, sans parler de leur propre laverie et Dieu sait quoi encore. C'est l'administration qui occupe l'ancien bâtiment. »

Bill éprouva une curieuse sensation de dédoublement, comme la première fois où il avait regardé un film en relief. Son esprit essayait de superposer deux images qui ne coïncidaient pas ; on arrivait bien à mystifier ses yeux et son esprit, se souvenait-il, mais au prix d'un sacré mal de tête... et il sentait monter la migraine. Très bien, le nouveau Derry ; mais l'ancien se trouvait toujours là, comme les bâtiments en bois du Derry Home. L'ancien Derry était enfoui sous les nouvelles constructions... mais on ne pouvait s'empêcher de chercher des yeux les anciennes...

« Je suppose que la gare et le triage ont dû disparaître, non ? » demanda Bill.

L'homme s'esclaffa de nouveau : « Pour quelqu'un parti d'ici encore tout gosse, vous avez une sacrée mémoire, m'sieur ! (*Si tu m'avais rencontré seulement la semaine dernière, mon ami francophone !* se dit Bill.) Toujours là, mais plus rien que des baraques en ruine et des rails qui rouillent. Même les trains de marchandises ne s'arrêtent plus. Y a un type qui voulait tout racheter pour installer un parc d'attractions — tirs, mini-golf, karts, baraques de jeux vidéo, et j' sais pas quoi encore — mais il paraît que c'est la grosse embrouille sur qui possède quoi, là-dedans. Il finira bien par y arriver, c'est un entêté, notre homme. Pour l'instant, c'est devant les tribunaux.

— Et le canal, murmura Bill tandis qu'ils s'engageaient sur Pasture Road (qui s'appelait bien Mall Road, maintenant, comme en faisait foi un panneau vert), le canal est toujours là ?

— Eh oui ! Il y sera toujours, je crois. »

Le centre commercial s'étendait sur la gauche de Bill, qui éprouva de nouveau cette même sensation de dédoublement. Il n'y avait là autrefois qu'un champ immense plein d'herbes exubérantes et de gigantesques tournesols, frontière nord-est des Friches. Vers l'ouest, se trouvaient les HLM d'Old Cape. Il se souvenait avoir exploré ce champ, en prenant bien soin de ne pas tomber dans le sous-sol défoncé des ruines de l'aciérie Kitchener — celle qui avait explosé le jour de Pâques, en 1906. Ils en avaient déterré les reliques avec autant de sérieux que des archéologues désensablant un temple égyptien, exhumant des briques, des cuillères de fondeur, des morceaux de métal où s'accrochaient encore des boulons rouillés, des fragments de vitre et des bouteilles pleines d'une bourbe innommable qui empestait comme le pire des poisons. Quelque chose de sinistre s'était également passé tout près, dans la gravière proche de la décharge, mais il ne se rappelait plus quoi. Seul un nom lui revenait à l'esprit, Patrick Humboldt, et il avait quelque chose à voir avec un réfrigérateur. Il y avait aussi cet oiseau qui avait poursuivi Mike Hanlon. Que... ?

Il secoua la tête. Bribes. Fétus de paille dans le vent. Rien de plus.

Le champ avait disparu, et avec lui les restes de l'usine. Bill se souvint tout d'un coup de la grande cheminée de l'aciérie, carrelée sur sa face externe, noire de suie sur ses trois derniers mètres, allongée dans l'herbe comme un tuyau gigantesque. Ils avaient grimpé dessus et marché comme des danseurs de corde, bras écartés, en riant...

De nouveau il secoua la tête, comme pour chasser le mirage du centre commercial, une abominable enfilade de bâtiments surmontés de panneaux annonçant : SEARS, ou J. C. PENNEY, ou WOOLWORTH'S, ou CVS, ou YORK'S STEAK HOUSE, et des douzaines d'autres. Un entrelacs de routes conduisait dans les parkings. Les aciéries Kitchener avaient disparu, ainsi que les herbes folles qui avaient poussé autour de leurs ruines. La réalité, ce n'étaient pas les souvenirs, mais le centre commercial.

D'une certaine manière, il n'arrivait pas à y croire.

« Vous voilà arrivé, m'sieur », dit le conducteur du taxi en pénétrant dans un parking ; l'édifice qu'il desservait était une pagode en plastique géante. « Avec un peu de retard, mais mieux vaut tard que jamais, n'est-ce pas ?

— Comme vous dites, répondit Bill en lui tendant un billet de cinq dollars. Gardez la monnaie.

— Magnifique, bordel ! s'exclama l'homme. Si vous avez besoin d'un taxi, appelez Yellow Cab et demandez Dave.

— Je demanderai simplement le croyant, le type qui a son petit carré sur Mount Hope.

— Bien envoyé, fit le chauffeur en riant. Passez une bonne journée.

— Vous aussi, Dave. »

Il resta quelques instants sous la pluie, à regarder le taxi s'éloigner. Il s'aperçut qu'il avait eu l'intention de poser une autre question, mais qu'il ne l'avait pas fait — sans doute volontairement.

Il avait pensé demander à Dave s'il aimait vivre à Derry.

Bill Denbrough fit brusquement demi-tour et pénétra dans le Jade of the Orient. Mike Hanlon se trouvait dans le hall, mais sur une chaise d'osier au dossier surélevé. Il se leva, et Bill fut envahi d'une puissante sensation d'irréalité — envahi jusqu'au tréfonds de lui-même. L'impression de dédoublement se manifesta de nouveau, mais en bien pis.

Il se souvenait d'un garçon d'un mètre cinquante et quelques, soigné et agile. Devant lui se tenait un homme d'un mètre soixante-dix et quelques, décharné, dans des vêtements qui avaient l'air de pendre sur lui. Les rides de son visage lui donnaient l'air d'avoir quarante ans largement dépassés et non seulement trente-huit.

Sans doute le choc éprouvé par Bill dut-il se lire sur son visage, car Mike lui dit calmement : « Je sais la tête que j'ai. »

Bill rougit. « Elle n'est pas si mal, Mike. C'est simplement que je me souvenais d'un gamin. C'est tout.

— Crois-tu ?

— Tu as l'air un peu fatigué, c'est vrai.

— Je suis très fatigué, mais je tiendrai le coup. J'espère. » Il sourit alors, et ce sourire illumina son visage. Bill vit alors le garçon qu'il avait connu vingt-sept ans plus tôt. De même que le vieil hôpital de bois disparaissait presque, envahi par le verre et le béton, de même les inévitables accessoires de l'âge adulte avaient-ils envahi le visage de l'enfant. Des rides plissaient son front, deux sillons s'étaient creusés de part et d'autre de sa bouche, descendant presque jusqu'au menton, et ses cheveux grisonnaient aux tempes. Mais de même que le vieil hôpital restait visible, en dépit de l'invasion, de même était encore visible le garçon que Bill avait connu.

Mike tendit la main et dit : « Bienvenue à Derry, Grand Bill. »

Bill délaissa la main et prit Mike dans ses bras.

Celui-ci l'étreignit à son tour avec force, et Bill sentit ses cheveux frisottés contre son cou.

« Quoi qu'il se passe, Mike, on va s'en occuper », déclara Bill. Il se moquait des sanglots qui lui montaient dans la gorge. « On l'a vaincu une fois, on le vaincra en-en-encore. »

Mike se détacha de lui, et le tint à longueur de bras ; il souriait toujours, mais ses yeux brillaient un peu trop. Il prit son mouchoir et se les essuya. « Bien sûr, Bill, tu parles !

— Ces messieurs veulent-ils bien me suivre », fit alors une voix, celle de leur hôtesse, une Orientale souriante habillée d'un délicat kimono rose. Ses cheveux aile de corbeau s'élevaient sur sa tête en un haut chignon retenu par des aiguilles d'ivoire.

« Je connais le chemin, Rose, dit Mike.

— Très bien, Mr. Hanlon, fit-elle en leur souriant à tous deux. Vous êtes très liés, à ce que je vois.

— J'en ai bien l'impression, répondit Mike. Par ici, Bill. »

Il le conduisit par un corridor peu éclairé sur lequel donnait la salle principale, et ils arrivèrent à une porte fermée d'un rideau de perles.

« Les autres..., commença Bill.

— Sont tous ici, maintenant. Tous ceux qui ont pu venir. »

Bill hésita un instant devant le rideau de perles, soudain pris de frayeur. Ce n'était ni l'inconnu ni le surnaturel qui lui faisait peur, tout d'un coup, mais l'idée qu'il mesurait quarante centimètres de plus qu'en 1958 et qu'il avait perdu la plupart de ses cheveux. Il se sentait soudainement mal à l'aise, presque terrifié, à l'idée de revoir tous ces visages dans lesquels s'étaient dissous les traits de l'enfance, comme l'hôpital de bois était englouti sous le béton et le verre. Avec dans la tête des images de banques et non plus de palais enchantés.

116

Nous avons grandi, pensa-t-il. *Nous ne pensions pas que cela nous arriverait, pas à nous. Mais si je rentre dans cette pièce, la réalité me rattrapera définitivement : nous sommes tous des adultes, maintenant.*

Il se tourna vers Mike, égaré, intimidé. « De quoi ont-ils l'air, Mike ? s'entendit-il dire d'une voix hésitante. De quoi ont-ils l'air, Mike ?

— Entre, et tu le sauras », répondit Mike gentiment en le poussant dans le petit salon privé.

2

Ce que vit Bill Denbrough

L'illusion tint peut-être au faible éclairage de la pièce ; elle ne dura qu'un très bref instant, mais Bill se demanda plus tard s'il n'y avait pas eu là une sorte de message destiné à lui seul : à savoir que le destin pouvait aussi se montrer bienveillant.

Pendant ce bref instant, il eut l'impression qu'aucun d'eux n'avait grandi, que ses amis, comme Peter Pan, étaient restés des enfants.

Richie Tozier, en équilibre sur les deux pieds de derrière de sa chaise, s'appuyait contre le mur et disait quelque chose à Beverly Marsh, qui, se cachant la bouche de la main, retenait un fou rire ; Richie avait sur le visage son sourire familier de petit malin. Eddie Kaspbrak était assis à la gauche de Beverly, et devant lui, sur la table, à côté d'un verre rempli d'eau, se trouvait un inhalateur de plastique avec une détente d'arme à feu. Les détails en étaient plus perfectionnés, mais il remplissait toujours la même fonction. Assis au bout de la table, contemplant les trois autres avec une expression où se mêlaient anxiété, amusement et concentration, il y avait Ben Hanscom.

Bill se surprit à porter la main à son crâne et se

rendit compte avec un amusement un peu triste qu'il avait presque cru, un instant, que ses cheveux avaient magiquement repoussé — ces cheveux roux et fins qu'il avait commencé à perdre dès l'âge de dix-huit ans.

Son entrée arrêta la conversation. Richie ne portait pas de lunettes, et Bill pensa : *Il s'est probablement converti aux verres de contact ; oui, très probablement. Il détestait ses lunettes.* Les éternels T-shirts et pantalons de velours côtelé d'autrefois avaient laissé la place à un costume qui venait de chez le bon faiseur, et que Bill estima à neuf cents dollars au moins.

Beverly Marsh (si son nom était toujours Marsh) s'était transformée en une femme éblouissante. Au lieu de la banale queue de cheval d'autrefois, elle coiffait ses cheveux en les laissant librement tomber en cascade sur ses épaules où ils prenaient toutes les nuances de roux sur son chemisier d'un blanc éclatant. On aurait dit, dans la demi-pénombre de la pièce, qu'il s'y cachait des morceaux d'ambre. À la lumière du jour (même d'une journée comme celle-ci), Bill se dit qu'ils devaient flamboyer. Et il se prit à imaginer ce qu'il éprouverait s'il plongeait les mains dans cette crinière. *La plus vieille histoire du monde*, songea-t-il ironiquement. *J'aime ma femme, mais fichtre...*

Eddie avait beaucoup grandi et avait pris, assez bizarrement, un faux air à la Anthony Perkins. Son visage prématurément ridé (alors qu'il y avait quelque chose de plus jeune dans ses mouvements que chez Richie ou Ben) paraissait encore plus âgé du fait des lunettes non cerclées qu'il portait — tout à fait celles d'un avocat anglais s'apprêtant à plaider ou feuilleter un dossier. Il portait les cheveux courts, coupés dans un style qui avait été à la mode dans les années 50-60. Son gros manteau à carreaux avait l'air de venir d'un décrochez-moi-ça... mais la montre, à son poignet, était une Patek Philippe, et un rubis lançait ses feux au petit doigt de sa main droite. La pierre était trop grossièrement vulgaire et ostentatoire pour être autre chose.

Ben était de loin celui qui avait le plus changé, et une nouvelle sensation d'irréalité déferla sur Bill quand il le regarda mieux. Son visage était le même, et ses cheveux, bien que grisonnants et plus longs, étaient peignés comme autrefois, la raie sur le côté. Mais Ben était devenu mince. Il portait un blouson de cuir sans ornements, ouvert sur une chemise de travail en grosse toile bleue, un Levi's étroit et des bottes de cow-boy ; une boucle en argent battu retenait sa large ceinture de cuir. Ces vêtements tombaient bien sur ce corps mince aux hanches étroites. Il avait au poignet droit un bracelet fait de lourds anneaux de cuivre et non d'or. *Il est devenu maigre, l'ombre de ce qu'il était autrefois... Ce bon vieux Ben est devenu maigre. C'est un miracle.*

Le silence qui régna quelques instants, alors qu'ils se trouvaient tous les six réunis, fut au-delà de toute description. Il resta pour Bill Denbrough comme l'un des moments les plus étranges de toute sa vie. Stan était absent, remplacé néanmoins par une septième présence. Là, dans le salon privé de ce restaurant, Bill l'éprouva si intensément qu'elle en fut presque incarnée — non sous la forme d'un vieillard en robe blanche, la faux sur l'épaule, mais sous celle d'un grand vide sur la carte entre 1958 et 1985, une zone qu'un explorateur aurait pu appeler *Terra Incognita*. Bill se demandait ce qui pouvait s'y trouver. Beverly Marsh en minijupe qui découvrait très haut ses longues cuisses nerveuses, une Beverly Marsh en bottes fantaisie, la chevelure partagée par le milieu, la permanente impeccable ? Richie Tozier, avec un écusson ARRÊTEZ LA GUERRE d'un côté, et un second VIREZ LA PMS DU CAMPUS de l'autre ? Ben Hanscom en casque jaune de chantier, un drapeau en décalcomanie sur le devant, aux commandes d'un bulldozer, protégé du soleil par une bâche, torse nu, l'estomac de moins en moins proéminent ? Cette septième créature était-elle noire ? Sans aucun rapport avec H. Rap Brown ou Grandmaster Flash, ce type portait des chemises blanches et des pantalons de confection, hantait la bibliothèque de l'université du Maine et écrivait des articles sur l'origine des notes de bas de page ou sur les avantages de la classification ISBN des ouvrages, tandis que des manifestants défilaient à l'extérieur, que Phil Ochs chantait : « Trouve-toi une autre patrie, Richard Nixon ! » et que des hommes mouraient le ventre ouvert, pour des villages dont ils ne savaient même pas prononcer le nom ; il le voyait assis (Bill le voyait réellement), studieusement penché sur son travail qu'éclairait un froid rayon de lumière hivernale, le visage calme, l'expression absorbée, sachant que devenir bibliothécaire était approcher, pour un être humain, d'aussi près que possible le siège suprême du moteur de l'éternité. Était-il le septième ? Ou bien était-ce encore ce jeune homme debout devant une glace, contemplant la poignée de cheveux roux restée entre les dents du peigne et voyant se refléter une pile de carnets de notes qui contenaient la première ébauche achevée et raturée d'un roman intitulé *Joanna*, lequel serait publié un an plus tard ?

L'un, l'autre ou tous, aucun.

En fait, cela n'avait pas d'importance. Le septième était là et en ces quelques instants, chacun éprouva sa présence..., comprenant peut-être mieux que jamais la puissance terrifiante de la chose qui les avait fait revenir. *Elle vit*, pensa Bill. *Œil de salamandre, queue de dragon, Main de Gloire... quoi que ce soit, c'est là de nouveau, à Derry. Ça.*

Et il sentit brusquement que c'était *Ça* le septième ; que *Ça* et le temps étaient en quelque sorte interchangeables, que *Ça* empruntait leur visage à tous, aussi bien que les milliers d'autres de ceux qu'il avait terrifiés et massacrés. Et l'idée qu'*eux* pussent devenir *Ça* était ce qu'il y avait de plus épouvantable là-dedans. *Combien de nous-mêmes avons-nous laissés ici, derrière nous ?* songea-t-il soudain avec un sentiment croissant de terreur. *Combien de nous-mêmes avons-nous laissés dans les conduits et les égouts où Ça vit et où Ça se nourrit ? Est-ce pour cela que nous avons oublié ? Parce que, en chacun de nous, une part de nous-mêmes n'a jamais eu d'avenir, n'a jamais grandi, n'a jamais quitté Derry ? Est-ce pour cela ?*

Aucune réponse sur les visages tournés vers lui..., seulement ses propres interrogations qui lui étaient renvoyées.

Les pensées se constituent et passent — c'est une question de secondes ou de centièmes de seconde ; elles créent leur propre cadre temporel, et tout ceci ne prit pas plus de cinq secondes dans l'esprit de Bill Denbrough.

Puis Richie Tozier, le dossier de sa chaise toujours appuyé contre le mur, sourit à nouveau et lança : « Ah ben ça alors ! Bill Denbrough a adopté la coupe en boule de billard ! Je parie que tu te le passes au Miror, Grand Bill ! »

Et Bill, sans même savoir ce qu'il allait dire, ouvrit la bouche et s'entendit répondre : « Va te faire foutre, toi et le bourrin sur lequel tu es arrivé, Grande Gueule ! »

Il y eut un bref instant de silence, et la salle explosa de rires. Bill se dirigea vers eux et se mit à serrer des mains ; et alors qu'il y avait quelque chose d'horrible dans ce qu'il éprouvait maintenant, il y avait aussi autre chose de réconfortant : le sentiment d'être rentré pour de bon à la maison.

3

Ben Hanscom perd du poids

Mike Hanlon commanda des apéritifs, et tout le monde se mit à parler en même temps, comme si chacun voulait combler le silence qui avait précédé. Beverly Marsh s'appelait maintenant Beverly Rogan. Elle dit être mariée à un homme merveilleux de Chicago qui avait bouleversé sa vie et transformé son talent pour la couture en une entreprise rentable dans le vêtement. Eddie Kaspbrak possédait une entreprise de véhicules de grande remise à New York. « Pour autant que je sache, ma femme pourrait fort bien se trouver dans le même lit qu'Al Pacino en ce moment », dit-il avec un léger sourire, faisant éclater les autres de rire.

Tous savaient ce que Bill et Ben faisaient, mais Bill eut l'étrange intuition que c'était en réalité très récent. Beverly sortit deux exemplaires de ses œuvres en livre de poche, *Joanna* et *Les Rapides des ténèbres*, et lui demanda une dédicace. Bill s'exécuta, non sans remarquer que les deux bouquins étaient flambant neufs, comme si elle les avait achetés à la librairie de l'aéroport en descendant de l'avion.

De même, Richie dit à Ben combien il avait admiré, à Londres, son Centre de communication pour la BBC... mais il restait une sorte d'expression intriguée dans son regard, comme s'il n'arrivait pas à associer l'image de ce bâtiment et l'idée que Ben en était l'architecte... ou avec le souvenir du gros garçon sérieux qui leur avait montré comment inonder la moitié des Friches avec des planches barbotées et une portière de voiture rouillée.

Richie était disc-jockey en Californie. Il leur dit être connu comme l'Homme aux mille voix, et Bill grommela : « Bon Dieu, Richie, tes voix ont toujours été nulles !

— Vos compliments ne serviront à rien, cher maîîîî-tre ! » répliqua hautainement Richie.

« La bibliothèque est-elle restée la même ? » demanda Ben à Mike Hanlon.

Mike sortit de son portefeuille un cliché aérien de l'édifice, avec la même fierté que quelqu'un qui montre des photos de ses enfants quand on lui demande s'il a de la famille. « Elle a été prise par un type depuis un petit avion, dit-il, tandis qu'elle passait de main en main. J'ai essayé de convaincre le conseil municipal et quelques éventuels riches donateurs d'en faire faire un agrandissement pour la bibliothèque des enfants, mais sans succès, jusqu'ici. C'est une bonne photo, non ? »

Tous dirent que oui. Ce fut Ben qui la garda le plus longtemps, comme s'il ne pouvait en détacher les yeux. Finalement, il tapota de l'ongle le passage vitré qui reliait les deux bâtiments. « Est-ce que ça ne te dit pas quelque chose, Mike ? »

Ce dernier sourit. « C'est ton Centre de communication », répondit-il, et tout le monde éclata de rire.

Les boissons arrivèrent. Ils s'assirent.

De nouveau le silence se fit — gêne et perplexité. Ils se regardaient les uns les autres.

« Eh bien, demanda Beverly de sa voix douce et légèrement voilée, à quoi buvons-nous ?

— À nous », répondit brusquement Richie. Il ne souriait plus. Ses yeux croisèrent ceux de Bill et, avec une puissance bien près de le submerger, un souvenir envahit Bill : Richie et lui à genoux dans Neibolt Street, après que la chose qui aurait pu être un clown ou un loup-garou avait disparu, se serrant dans les bras l'un de l'autre, étouffés de sanglots. Il prit son verre d'une main tremblante, renversant quelques gouttes sur la nappe.

Richie se mit lentement debout et tous l'imitèrent

les uns après les autres ; Bill tout d'abord, puis Ben et Eddie, Beverly, et enfin Mike Hanlon. « À nous, dit Richie dont la voix tremblait à l'instar de la main de Bill. Au Club des Ratés de 1958.

— Aux Ratés, reprit Beverly, avec une pointe d'amusement.

— Aux Ratés », dit Eddie. Il avait un visage pâle et vieilli derrière ses verres sans monture.

« Aux Ratés, fit à son tour Ben, le fantôme d'un sourire douloureux venant relever le coin de ses lèvres.

— Aux Ratés, murmura Mike Hanlon.

— Aux Ratés », conclut Bill.

Les verres se touchèrent, et ils burent.

Le silence se fit de nouveau, mais cette fois, Richie ne le brisa pas ; ce silence-là paraissait nécessaire.

Ils se rassirent, et Bill dit alors : « Allez, vide ton sac, Mike. Raconte-nous ce qui se passe ici, et ce que nous pouvons faire.

— Mangeons d'abord, répondit Mike. Nous parlerons ensuite. »

Ils mangèrent donc... longtemps et bien. Comme dans la vieille plaisanterie du condamné à mort, pensa Bill ; mais jamais il n'avait eu si bon appétit, cependant. Jamais depuis son enfance, avait-il presque envie de dire. Sans être extraordinaire, la nourriture était de bonne qualité et abondante. Ils se mirent à échanger des morceaux, et Richie ne trouva rien de mieux que de s'amuser à griller tout ce qui passait par son assiette sur le feu de table qu'il partageait avec Beverly, y compris un aspic d'œuf et quelques gros haricots rouges. « J'adore les plats flambés sur la table, dit-il à Ben. Je boufferais de la merde en bâton pourvu qu'elle soit flambée à ma table.

— Cela t'est certainement arrivé, ne t'inquiète pas », commenta Bill. Beverly fut prise d'un tel fou rire qu'elle dut recracher dans une serviette ce qu'elle avait dans la bouche.

« Seigneur, je crois que je vais gerber! » fit Richie, imitant à s'y tromper la voix de Don Pardo, ce qui ne fit qu'amplifier la crise de fou rire de Beverly; elle était rouge comme une pivoine.

« Arrête, Richie, réussit-elle à articuler. Je t'avertis!

— Avertissement enregistré. Bon appétit, ma chère. »

C'est Rose elle-même qui leur apporta le dessert, une imposante omelette norvégienne qu'elle flamba depuis le bout de la table, où Mike était assis.

« Un plat de plus flambé à ma table! » s'exclama Richie de la voix d'un homme mort qui vient d'arriver au ciel. Voilà peut-être le meilleur repas que j'aie fait de toute ma vie.

— Mais je n'en doute pas, fit Rose avec une modestie étudiée.

— Mon vœu sera exaucé, si je le souffle? lui demanda Richie.

— Tous les vœux faits au Jade of the Orient sont exaucés, monsieur. »

Le sourire de Richie disparut soudainement. « Je suis sensible au compliment, mais je dois vous avouer que j'éprouve des doutes sur sa véracité. »

Ils mirent en pièces l'omelette norvégienne. Quand Bill, repu, se laissa aller sur sa chaise, gêné par sa ceinture, il remarqua les verres sur la table. Il y en avait des centaines, aurait-on dit. Il esquissa un sourire, se rappelant avoir lui-même descendu deux Martini avant le repas et Dieu seul savait combien de bouteilles de bière Kirin pendant. Mais les autres n'avaient pas été en reste. Dans leur état, ils auraient trouvé à leur goût des morceaux de bois grillés. Et cependant, il ne se sentait pas ivre.

« Je n'ai pas mangé comme ça depuis que j'étais gosse », remarqua Ben. Tous le regardèrent. Ses joues avaient pris un peu de couleur. « Plus exactement, c'est sans doute mon repas le plus pantagruélique depuis ma deuxième année de collège.

— As-tu suivi un régime ? demanda Eddie.

— Ouais, dit Bill. Le Régime libérateur de Ben Hanscom.

— Qu'est-ce qui t'a poussé ? demanda à son tour Richie.

— Vous ne voulez tout de même pas que je vous raconte cette vieille histoire ?

— Pour les autres, je ne sais pas, mais moi, j'aimerais bien. Vas-y, Ben. Raconte-nous ce qui a fait de Meule de Foin Calhoun la gravure de mode que nous avons sous les yeux. »

Richie eut un petit reniflement. « Meule de Foin ! J'avais oublié ça.

— En fait, l'histoire est très simple, ce n'en est même pas une, au fond. Après cet été, celui de 1958, nous sommes restés deux ans à Derry. Puis ma mère a perdu son boulot et nous avons atterri dans le Nebraska, où elle avait une sœur qui lui avait offert le gîte et le couvert, le temps qu'elle retombe sur ses pieds. C'était pas terrible. Ma tante Jean était une épouvantable emmerdeuse qui n'arrêtait pas de m'expliquer quelle était ma place dans l'ordre universel des choses, la chance que j'avais d'avoir une tante comme elle qui pouvait nous faire la charité, la chance que j'avais de ne pas dépendre des allocations aux pauvres, et ainsi de suite. J'étais si gros que je la dégoûtais. Elle ne pouvait s'empêcher de me tarabuster là-dessus : " Tu devrais faire davantage d'exercice, Ben. — Tu auras une crise cardiaque avant quarante ans si tu ne perds pas du poids, Ben. — Tu devrais avoir honte de toi, Ben, avec tous ces petits enfants qui meurent de faim dans le monde. " »

Il se tut un instant, et but une gorgée de bière.

« Le problème, c'est qu'elle me ressortait aussi le coup des petits enfants mourant de faim si je ne

nettoyais pas mon assiette. » Richie acquiesça en riant.
« Toujours est-il que comme le pays sortait à peine
d'une récession, il a fallu pratiquement un an à ma
mère pour trouver un travail stable. Entre le moment
où nous sommes arrivés chez tante Jean à La Vista et
celui où nous avons enfin été chez nous, à Omaha,
j'avais bien pris quarante kilos de plus par rapport à
l'époque où vous me connaissiez. Simplement pour
contrarier la brave femme, je crois. »

Eddie émit un petit sifflement. « Tu devais donc en
être...

— À quatre-vingt-quinze kilos, exactement, dit Ben
gravement. J'allais à l'époque à l'East Side High
School d'Omaha, et les cours d'éducation physique se
passaient... plutôt mal. Les autres gosses m'appelaient
la Cruche, pour vous donner une idée.

« Les brimades se sont poursuivies pendant environ
sept mois, et puis un jour, alors que nous nous
habillions dans le vestiaire après la gym, deux ou trois
autres types ont commencé à... à me claquer le ventre.
Ils appelaient ça " ramer dans la graisse ". Deux autres
se sont joints à eux, puis quatre ou cinq, je ne sais plus.
Bientôt ils s'y étaient tous mis, me poursuivant dans
tout le vestiaire et jusque dans l'entrée, me claquant le
bide et les fesses, le dos et les jambes. J'ai pris peur et
me suis mis à crier, ce qui les a fait rire comme des
fous.

« C'est la dernière fois, voyez-vous, autant qu'il m'en
souvienne, dit-il en tripotant ses couverts, que je me
suis rappelé Henry Bowers, jusqu'au coup de fil de
Mike. Le type qui avait commencé à me claquer était
un petit paysan avec les mêmes grosses mains, et
pendant qu'ils me poursuivaient, je n'ai pas pu
m'empêcher de penser que Henry Bowers était revenu.
Je crois — non, j'en suis sûr — que c'est à ce moment-là
que j'ai paniqué.

« Ils m'ont poursuivi dans le corridor au-delà des

vestiaires. J'étais nu comme un ver et rouge comme un homard. J'avais perdu tout sentiment de ma dignité ou... de moi-même, pourrait-on dire. Je ne savais plus où j'étais. Je hurlais à l'aide. Et ils me couraient tous après en criant : " Venez ramer dans la graisse, ramer dans la graisse ! " Il y avait un banc...

— Tu n'es pas obligé de revivre tout ça, Ben », intervint soudain Beverly. Son visage était devenu couleur de cendre. Elle faillit renverser le verre d'eau qu'elle tripotait.

« Laisse-le finir », dit Bill.

Ben le regarda un instant et acquiesça. « Il y avait donc un banc au bout du corridor. J'ai trébuché dessus et je me suis cogné la tête. Quelques secondes plus tard, ils étaient tous autour de moi, puis j'ai entendu une voix qui disait : " Bon, ça suffit les gars. Allez vous changer. "

« C'était celle du prof de gym. Il se tenait dans l'entrée, en survêt bleu avec des bandes blanches sur le côté et T-shirt blanc. Impossible de dire depuis combien de temps il se trouvait là. Ils se sont tous tournés vers lui, certains avec le sourire, certains avec un air coupable, d'autres avec une expression neutre. Puis ils sont partis. J'ai éclaté en sanglots.

« Il ne bougeait pas de l'entrée du corridor conduisant au gymnase et il me regardait. Il regardait ce garçon obèse et nu, la peau toute rouge de claques qui chialait, effondré sur le sol. Et finalement il a dit : " Hé, Benny ! Si tu fermais ta gueule de con, hein ? "

« J'ai été tellement choqué d'entendre un prof s'exprimer ainsi que je me suis tu. Il est venu s'asseoir sur le banc contre lequel j'avais trébuché et il s'est penché sur moi. Le sifflet pendu à son cou est venu me cogner le front. Pendant un instant, j'ai cru qu'il allait m'embrasser ou quelque chose comme ça et je me suis recroquevillé — mais il m'a pris par les nénés et s'est mis à serrer. Puis il m'a lâché et il s'est essuyé les mains sur son pantalon comme s'il venait de toucher quelque chose de sale.

« Il m'a dit : " Tu t'imagines que je vais te consoler ? Eh bien, pas question. Tu les dégoûtes, et tu me dégoûtes aussi. Pas pour les mêmes raisons, mais c'est parce que ce sont des mômes et moi pas. Moi, c'est parce que je te vois enterrer le corps solide que t'a donné le bon Dieu sous des tonnes de graisse. C'est une répugnante manière de se dorloter, qui me donne envie de dégueuler. Maintenant, écoute-moi, Benny, parce que je ne te le répéterai pas deux fois. J'ai une équipe de football et une équipe de basket-ball à entraîner, sans parler des coureurs, des sauteurs et des nageurs. Alors je ne te le dirai qu'une fois. C'est ici que t'es gros. " Et il m'a tapoté le front à l'endroit où son foutu sifflet m'avait cogné. " C'est toujours là qu'on est gros. Tu mets au régime ce que tu as entre les oreilles, et tu perdras du poids. Mais les types comme toi ne le font jamais. "

— Quel salopard ! s'exclama Beverly, indignée.

— Ouais, fit Ben avec un sourire, mais il était tellement con qu'il ne le savait même pas. Il avait probablement vu Jack Webb dans son film sur le sergent instructeur soixante fois, et il pensait sincèrement me rendre service. C'est d'ailleurs ce qui est arrivé, en fin de compte. Parce qu'à ce moment-là, j'ai pensé à quelque chose. Je me suis dit... »

Il regarda au loin, sourcils froncés — et Bill fut pénétré de l'étrange impression qu'il savait ce qu'allait dire Ben.

« En fait, ce n'est pas au moment où les autres me poursuivaient dans le corridor que j'ai pensé pour la dernière fois à Henry Bowers. C'est au moment où le prof s'est levé pour partir que je me suis souvenu vraiment de ce que nous avions fait pendant l'été 58. J'ai pensé... »

Il hésita de nouveau, les regardant tour à tour,

scrutant chaque visage. Il reprit, choisissant avec soin ses mots :

« J'ai pensé à quel point nous avions été *bien* ensemble. J'ai pensé à ce que nous avions fait, à la manière dont nous l'avions fait, et il m'est soudain venu à l'esprit que si ce prof avait dû faire face à un truc comme ça, ses cheveux seraient probablement devenus blancs d'un seul coup et son cœur se serait arrêté de battre dans sa poitrine comme un vieux réveil. Ce n'était pas très juste, mais avait-il été juste vis-à-vis de moi ? Ce qui est arrivé est simple...

— Tu es devenu fou furieux, le coupa Bill.

— Exactement, fit Ben avec un sourire. Je l'ai appelé. " Prof ! " Il s'est tourné et m'a regardé. " Vous dites que vous entraînez les coureurs ? — Exact. Je ne vois pas le rapport avec toi. — Écoutez un peu, espèce de fils de pute au crâne épais ", je lui ai balancé. Il est resté bouche bée, les yeux exorbités. " Je serai prêt pour l'équipe d'athlétisme en mars prochain. Qu'est-ce que vous en pensez ? — Je pense que tu ferais mieux de fermer ta gueule avant que les ennuis sérieux ne commencent pour toi. — Je vais battre tous vos types. Je vais battre tous vos meilleurs. Après quoi vous me ferez vos putains d'excuses. "

« J'ai vu ses poings se serrer, et pendant quelques secondes, j'ai bien cru qu'il allait me rentrer dedans. Au lieu de ça, il a dit doucement : " Tout ça c'est que du bla-bla-bla, morpion. De belles paroles qui ne coûtent rien. Le jour où tu pourras battre mes meilleurs coureurs, je donne ma démission et retourne cueillir du maïs. " Et là-dessus il se tire.

— Tu as perdu du poids ? demanda Richie.

— Et comment ! Mais le prof se trompait ; ce n'était pas dans ma tête que ça commençait, mais avec ma mère. Quand je suis rentré à la maison, ce soir-là, je lui ai annoncé que j'avais décidé de maigrir. Ça s'est terminé en une vraie bagarre, on pleurait tous les deux.

Elle a repris sa vieille rengaine, que je n'étais pas vraiment gros, que j'avais seulement une ossature forte, et qu'un gosse costaud qui voulait devenir un adulte costaud devait continuer à manger. C'était... je crois que c'était une sorte de sécurité qui la rassurait. C'était dur pour elle, d'essayer d'élever un garçon toute seule. Elle n'avait reçu aucune éducation et n'avait aucune aptitude particulière, sinon la volonté de travailler dur... et quand elle pouvait me resservir... ou quand elle me regardait par-dessus la table et me voyait florissant...

— Elle avait l'impression de gagner une bataille, continua Mike.

— Oui. » Ben finit le reste de sa bière et essuya du revers de la main la moustache d'écume qui était restée sur sa lèvre supérieure. « La grande bagarre, ç'a donc été avec elle, pas dans ma tête. Pendant des mois, elle s'est interdit de l'accepter. Refusant de rétrécir mes vêtements ou de m'en acheter de nouveaux. J'ai alors commencé à courir ; je courais partout, et parfois j'avais le cœur qui battait tellement fort que j'avais l'impression d'être sur le point d'y rester. La première fois que j'ai couru le quinze cents mètres, j'ai terminé en m'évanouissant après avoir dégueulé. Puis, pendant un certain temps, je n'ai plus fait que dégueuler. Ensuite, je devais retenir mes pantalons en courant.

« J'ai obtenu un boulot de distribution de journaux ; je courais le sac autour du cou ; il rebondissait sur ma poitrine tandis que je retenais mon pantalon. Mes chemises ne tardèrent pas à avoir l'air de voiles. Et le soir, quand je rentrais à la maison et que je ne mangeais que la moitié de ce que ma mère mettait dans mon assiette, elle éclatait en sanglots et gémissait que je me laissais mourir de faim, que je ne l'aimais plus, que je m'en fichais qu'elle ait travaillé aussi dur pour moi.

— Seigneur, murmura Richie en allumant une cigarette, comment t'as pu t'en sortir ?

— Je n'avais qu'à imaginer la tête de mon prof de gym. Quand il m'avait pris par les nénés dans le corridor. C'est comme ça que j'y suis arrivé. Je me suis acheté de nouvelles frusques avec l'argent de la distribution de journaux, et le cordonnier du rez-de-chaussée a percé de nouveaux trous dans ma ceinture — cinq, il me semble. J'aurais pu me souvenir de la seule autre fois où j'avais été obligé de m'acheter de nouveaux jeans : c'était quand Henry m'avait fait tomber dans les Friches et me les avait mis en lambeaux.

— Ouais, fit Eddie avec un sourire. Et tu m'as conseillé le coup du chocolat au lait. Tu t'en souviens ? »

Ben acquiesça. « Si jamais je m'en suis souvenu, ça n'a été qu'un instant, reprit Ben. Je m'étais aussi inscrit à un cours de diététique, et j'avais découvert que je pouvais manger à peu près tout ce que je voulais de légumes verts frais sans prendre de poids. Un soir, ma mère m'a donc préparé une salade avec de la laitue, des épinards crus, des morceaux de pomme, et peut-être un reste de jambon. Je ne peux pas dire que je raffole d'herbes à lapin, mais je pouvais en avaler trois portions ; j'ai donc fait celui qui se régalait devant ma mère.

« Ce truc m'a beaucoup aidé à résoudre le problème : elle ne s'inquiétait pas tant de ce que je mangeais que des quantités que j'ingurgitais. Je croulais sous les salades. Je n'ai pratiquement mangé que ça pendant trois ans. Il y avait des moments où je me regardais dans la glace pour vérifier que mon nez ne remuait pas.

— Comment ça s'est finalement passé avec le prof ? demanda Eddie. Es-tu allé sur la piste ? » Il toucha son inhalateur comme si la seule idée de courir lui coupait le souffle.

« Oh oui, bien sûr. Je courais le deux cents mètres et

le quatre cents. À ce moment-là, j'avais perdu trente kilos et gagné cinq centimètres ; ce qui restait était mieux distribué. Le premier jour des épreuves, j'ai gagné le deux cents mètres de six longueurs et le quatre cents de huit. J'ai été voir le prof, qui était dans un état à bouffer sa casquette, et je lui ai dit : " On dirait bien que c'est le moment de retourner à la cueillette du maïs. Quand partez-vous pour le Kansas ? "

« Tout d'abord, il n'a rien dit, puis, au bout d'un moment, il m'a balancé une châtaigne qui m'a expédié par terre. Après, il m'a ordonné de quitter le stade. Il ne voulait pas d'une grande gueule comme moi dans son équipe d'athlétisme.

« " Je ne voudrais pas en faire partie même si le président Kennedy me le demandait, je lui ai répondu tout en essuyant le sang qui coulait de ma bouche. Et comme c'est vous qui m'avez jeté ce défi, je ne vous tiendrai pas rigueur de ça... Mais la prochaine fois que vous vous taperez un épi de maïs grillé, ne pensez surtout pas à moi.

« Alors, il m'a dit que si je ne disparaissais pas sur-le-champ, il allait me faire la peau. » Ben esquissa un sourire, mais un sourire qui n'avait rien de rassurant ni de nostalgique. « Ce sont exactement ses mots. Tout le monde nous regardait, y compris ceux que j'avais battus ; ils avaient l'air drôlement gênés. Après, j'ai ajouté : " Je vais vous dire, prof. Vous en avez eu un gratis, du fait que vous êtes un mauvais perdant, et maintenant, vous êtes trop vieux pour apprendre la politesse. Mais un de plus, et je vous garantis que je fais tout pour que vous perdiez votre boulot. Je ne suis pas sûr d'y arriver, mais pour essayer, j'essaierai. J'ai perdu du poids pour des questions de dignité et de tranquillité. Ce sont des choses qui valent la peine qu'on se batte... " »

Bill l'interrompit. « Tout ça est rudement bien

envoyé, Ben... mais l'écrivain en moi se demande si jamais un gosse a pu parler comme ça. »

Ben hocha la tête, avec toujours ce même sourire inquiétant au coin des lèvres. « Je me demande si un gosse qui ne serait pas passé par où nous sommes passés aurait jamais pu parler comme ça, répondit-il. Mais c'est bien ce que je lui ai dit. Et je le pensais. »

Bill réfléchit un instant et acquiesça. « Très bien.

— Le prof est resté les mains sur les hanches ; il a ouvert la bouche et il l'a refermée. Personne n'a rien dit. Je suis parti, et c'est la dernière fois que j'ai eu affaire à ce type. Sur mon bulletin, à la fin de l'année, on avait écrit à la machine " dispensé " en face d'éducation physique, et il avait apposé ses initiales.

— Tu te l'es fait ! s'exclama Richie en agitant les poings au-dessus de la tête. Ça c'est un coup fumant ! »

Ben haussa les épaules. « C'est surtout quelque chose en moi que j'ai vaincu, dans cette affaire. Le prof a servi de déclencheur, je crois... mais c'est de penser à vous qui m'a persuadé que je pouvais y arriver. Et j'y suis arrivé. »

Ben haussa les épaules d'un geste désinvolte, mais Bill crut voir de fines gouttes de sueur sur le haut de son front. « Fin des Authentiques Confessions. Sauf que je m'enverrais bien une autre bière. Parler donne soif. »

Mike fit signe à la serveuse.

Tous les six commandèrent une autre consommation, et en attendant, la conversation ne porta plus que sur des sujets sans importance. Bill, les yeux plongés dans sa bière, regardait les petites bulles remonter le long du verre, à la fois amusé et stupéfait de prendre conscience qu'il espérait que quelqu'un d'autre allait entreprendre le récit de ces années intermédiaires : que Beverly, par exemple, leur parlerait de l'homme merveilleux qu'elle avait épousé (même s'il était d'un ennui mortel, comme la plupart des hommes merveilleux), ou que Richie Tozier leur raconterait la vie dans une station de radio avec tous ses incidents amusants, ou qu'Eddie Kaspbrak leur dirait comment Ted Kennedy était vraiment, les pourboires que laissait Robert Redford... et leur permettrait ainsi de commencer à comprendre pourquoi il s'accrochait encore à son inhalateur alors que Ben avait été capable de perdre trente kilos.

Le fait est que Mike va se mettre à parler d'un moment à l'autre, pensait-il, *et que je ne suis pas sûr d'avoir envie de l'écouter. Le fait est que mon cœur bat légèrement trop vite et que mes mains sont légèrement trop froides. Le fait est que je suis trop vieux de vingt-cinq ans pour être effrayé à ce point et que nous le sommes tous. Alors que quelqu'un dise quelque chose, vite. Parlons carrières, épouses, et de l'effet que ça fait de revoir ses vieux copains de jeux et de se rendre compte qu'ils ont pris quelques bons coups dans la gueule du temps lui-même. Parlons de cul, de base-ball, du prix de l'essence ou de l'avenir des nations du Pacte de Varsovie. De n'importe quoi, sauf de ce qui nous a réunis ici...*

Et quelqu'un parla : Eddie Kaspbrak. Mais pas de Ted Kennedy ou de Robert Redford, ni des raisons qu'il avait de toujours s'accrocher à ce que Richie appelait parfois autrefois son « décoince-poumons ». Il demanda à Mike quand Stan Uris était mort.

« Avant-hier. Le soir où j'ai donné les coups de téléphone.

— Est-ce qu'il y a... un rapport ?

— Je pourrais répondre qu'étant donné qu'il n'a laissé aucun message, je n'en suis pas sûr, mais comme c'est arrivé immédiatement après mon appel, je crois pouvoir affirmer que oui.

— Il s'est donc suicidé, fit Beverly tristement. Oh, Seigneur, pauvre Stan... »

Tout le monde regardait Mike, qui finit son verre et répondit : « Oui, il s'est suicidé. D'après ce que j'ai compris, il est monté dans sa salle de bains après le coup de fil, il a rempli la baignoire, s'est mis dedans et s'est ouvert les poignets. »

Autour de la table, Bill eut l'impression de ne plus voir des corps, mais seulement des visages blancs, consternés, de simples cercles pâles comme des ballons blancs, lunaires, attachés par une vieille promesse que le temps aurait dû rendre caduque depuis longtemps.

« Comment l'as-tu appris ? demanda Richie. Pas par les journaux d'ici, tout de même ?

— Non. Mais depuis pas mal de temps, je suis abonné aux journaux locaux des régions que vous habitez. J'ai rempli des fiches.

— Un espion parmi nous ! s'exclama Richie. Merci, Mike.

— C'était ma responsabilité, répondit simplement Mike.

— Pauvre Stan, répéta Beverly, qui paraissait abasourdie, incapable d'admettre l'information. Lui qui était si courageux, alors... si déterminé.

— Les gens changent, remarqua Eddie.

— Crois-tu ? demanda Bill. Stan était... (il eut un geste des mains en cherchant ses mots) une personne d'ordre. Du genre à avoir ses livres rangés par catégories sur ses étagères. Et alphabétiquement dans chaque catégorie. Je n'ai pas oublié ce qu'il m'a dit un jour ; je ne me souviens plus où nous étions ni ce que nous faisions, mais je crois que c'était vers la fin. Il a déclaré qu'il pouvait supporter d'avoir peur, mais pas d'être sale. Ça me paraît l'essence de sa personnalité. L'appel de Mike lui a peut-être fait passer une barrière invisible. Il avait à choisir entre rester vivant et se salir, ou mourir propre. Les gens ne changent peut-être pas autant que nous le pensons... ils ne font que se raidir, je crois. »

Il y eut un moment de silence et Richie intervint

alors : « Très bien, Mike. Qu'est-ce qui se passe à Derry ? Vas-y.

— Je peux vous dire un certain nombre de choses, comme par exemple ce qui arrive en ce moment, ainsi que certains faits qui vous concernent. Mais pas tout ce qui s'est passé en 1958. Je ne crois pas d'ailleurs que j'aurai à le faire ; cela finira par vous revenir de soi-même. Et je crois que si je vous en disais trop, avant que vos esprits ne soient prêts à se souvenir, ce qui est arrivé à Stan...

— Pourrait nous arriver ? demanda calmement Ben.

— Oui, fit Mike, c'est exactement ce que je redoute.

— Alors, dis-nous ce que tu peux nous dire, Mike, conclut Bill.

— Très bien, je commence. »

4

Le Club des Ratés obtient un scoop

« Les assassinats ont recommencé », reprit Mike d'un ton neutre.

Il parcourut la table des yeux et son regard s'arrêta sur Bill.

« Le premier de ces " nouveaux meurtres ", si vous me permettez cette sinistre expression, a eu pour cadre le pont de Main Street ; il a commencé dessus, et s'est achevé dessous. La victime était un homosexuel au caractère encore enfantin du nom d'Adrian Mellon. Il souffrait d'asthme aigu. »

La main d'Eddie vint effleurer son inhalateur.

« Ça s'est passé l'été dernier, le 21 juillet, la dernière nuit des fêtes du canal, une sorte de manifestation qui... euh...

— Un rituel à la Derry », proposa Bill doucement. De ses longs doigts il se massait les tempes, et il n'était pas difficile de deviner qu'il pensait à son frère George... George, qui avait lui aussi certainement été le premier, l'autre fois.

« Un rituel, oui », répondit calmement Mike.

Il leur rapporta succinctement l'histoire d'Adrian Mellon, et vit sans plaisir les yeux s'agrandir. Il leur révéla ce qui avait été publié dans le *Derry News*, mais aussi ce qui ne l'avait pas été, et notamment le témoignage de Don Hagarty et de Christopher Unwin à propos d'un certain clown qui se serait trouvé sous le pont comme le troll de la légende, un clown qui aurait été un Ronald McDonald mâtiné de Bozo, d'après la description de Hagarty.

« C'était lui, fit Ben, écœuré, d'une voix enrouée. Ce salopard de Grippe-Sou.

— Il y a autre chose, poursuivit Mike en regardant Bill. L'un des policiers — celui qui a sorti en personne Adrian Mellon du canal — s'appelle Harold Gardener.

— Seigneur Jésus ! s'exclama Bill d'une voix chevrotante.

— Bill ? » Beverly le regarda et posa une main sur son bras. Sa voix trahissait son inquiétude. « Qu'est-ce qui ne va pas, Bill ?

— Harold devait avoir environ cinq ans, à l'époque, dit Bill, cherchant confirmation dans le regard de Mike.

— En effet.

— De quoi s'agit-il, Bill ? demanda Richie.

— Ha-Harold G-G-Gardener était le fils de D-Dave Gardener. Dave vivait à l'époque dans notre rue, en contrebas, quand George a été tué. C'est lui qui a trouvé G-G... mon frère le premier, et qui l'a ramené à la maison, enroulé dans une c-couverture. »

Ils gardèrent le silence, et pendant un bref instant, Beverly se cacha les yeux de la main.

« Ça ne colle que trop bien, non ? dit finalement Mike.

138

— En effet, dit Bill. Ça colle parfaitement.

— Comme je vous l'ai dit tout à l'heure, j'ai fait des fiches sur vous six, depuis des années, reprit Mike. Mais ce n'est que récemment que j'ai compris pour quelles raisons ; en fait, je poursuivais un but concret. J'ai cependant attendu, attendu de voir la tournure qu'allaient prendre les choses. J'avais besoin d'une certitude absolue, comprenez-vous, avant de... de perturber vos existences. Pas à quatre-vingt-dix ou quatre-vingt-quinze pour cent, mais à cent pour cent.

« En décembre l'an dernier, on a retrouvé le corps d'un garçonnet de huit ans dans Memorial Park, Steven Johnson. Comme Adrian Mellon, il avait été sauvagement mutilé, avant ou après sa mort, mais il donnait l'impression d'avoir tout aussi bien pu mourir d'épouvante.

— Agression sexuelle ? demanda Eddie.

— Non, rien que des mutilations.

— Combien de cas, en tout ? poursuivit Eddie, l'air de quelqu'un qui n'a pas réellement envie de connaître la réponse.

— Neuf. Jusqu'ici.

— Ce n'est pas possible ! s'écria Beverly. On en aurait parlé dans les journaux... à la télévision ! Quand ce cinglé de flic a tué toutes ces femmes à Castle Rock... et tous ces enfants qui ont été assassinés à Atlanta...

— C'est vrai, dit Mike. J'y ai beaucoup réfléchi. Atlanta est le cas le plus proche de ce qui se passe ici, et Bev a raison : la nouvelle a fait le tour du pays. D'une certaine manière, la comparaison avec Atlanta est ce qui m'épouvante le plus. Le meurtre de neuf enfants..., nous devrions avoir tous les correspondants des chaînes de télé chez nous, des revendications de cinglés, des journalistes du *Atlantic Monthly* comme de *Rolling Stone*..., tout le cirque des médias, autrement dit.

— Et ils ne sont pas venus, dit Bill.

— Non. Oh, on trouve bien un papier dans le supplément du dimanche du *Telegram* de Portland, un autre en cherchant bien dans le *Globe* de Boston ; un programme d'informations régionales d'une télé de Boston a consacré quelques minutes en février dernier aux meurtres restés sans solution, et l'un des spécialistes a fait allusion au cas de Derry, simplement en passant... en tout cas, il s'est bien gardé de dire que des séries de crimes identiques s'y étaient déjà produites en 1957-1958 et en 1929-1930.

« On trouve évidemment des explications superficielles : Atlanta, New York, Chicago ou Detroit sont de grandes villes médiatisées, et du coup, la moindre chose qui s'y passe y connaît un retentissement proportionnel. Il n'y a ni radio ni télé à Derry ; dans ce domaine, c'est Bangor qui tient le haut du pavé.

— À l'exception du *Derry News*, remarqua Eddie, les faisant tous rire.

— Sauf que nous savons tous que ce n'est qu'une feuille de chou. Mais enfin le réseau de communications existe, et l'histoire aurait dû émerger sur le plan national à un moment ou un autre. Or rien de tel n'est arrivé. Et cela, à mon avis, pour une raison très simple : Ça ne veut pas.

— Ça, murmura Bill, presque pour lui-même.

— Oui, Ça, répéta Mike. Si nous devons donner un nom à Ça, autant l'appeler Ça. Voyez-vous, j'ai commencé à me dire que Ça est ici depuis si longtemps... quelle que soit la réalité de Ça... que Ça fait maintenant partie de Derry, un peu comme le château d'eau, le canal ou Bassey Park. Sauf que ce n'est pas une question de géographie extérieure, comprenez-vous. Peut-être en a-t-il été ainsi à une époque ; mais aujourd'hui, Ça est dedans... d'une manière ou d'une autre, à l'intérieur. C'est la seule façon que j'aie trouvée pour comprendre les choses affreuses qui se sont déroulées ici — celles qui paraissent à peu près explicables comme celles qui ne le sont absolument pas. Il s'est produit un incendie dans une boîte de nuit pour Noirs, le Black Spot, en 1930. Une année auparavant, un gang de hors-la-loi issus de la Crise avait été massacré sur Canal Street, en plein milieu de l'après-midi.

— Le gang Bradley, intervint Bill. C'est le FBI qui les a eus, non ?

— Ça, c'est la version officielle, mais on est loin de la vérité. D'après ce que j'ai pu trouver — et j'aurais donné beaucoup pour qu'il en soit autrement, parce que j'aime cette ville —, les sept hommes et femmes du gang Bradley ont été abattus par les bons et honnêtes citoyens de Derry. Je vous raconterai ça une autre fois.

« Il y a eu aussi l'explosion des aciéries Kitchener pendant une chasse aux œufs de Pâques, en 1906. On trouve la même année toute une série de mutilations affreuses sur des animaux, dont la trace remonte jusqu'à Andrew Rhulin, le grand-oncle du propriétaire actuel de la ferme Rhulin. Il aurait été tué à coups de poignard par les trois policiers chargés de l'arrêter. Aucun d'eux n'a jamais fait l'objet de poursuites. »

Mike sortit un petit carnet de notes d'une de ses poches et se mit à le feuilleter, parlant sans lever les yeux. « En 1877, on dénombre quatre lynchages dans les limites de la ville. L'un de ceux qui a eu droit à la cravate de chanvre était un prédicateur laïc de l'Église méthodiste, qui aurait noyé ses quatre enfants dans sa baignoire comme s'il s'agissait de petits chats, et aurait ensuite abattu sa femme d'un coup de fusil en pleine tête. Il avait placé l'arme entre ses mains pour faire croire à un suicide, mais personne ne s'y est trompé. Un an auparavant, on avait trouvé quatre bûcherons morts dans leur cabanon au bord de la Kenduskeag ; littéralement mis en pièces. On trouve dans de vieux journaux intimes des cas de disparitions d'enfants, voire de familles entières... dont on ne parle jamais dans les documents officiels. Et ça continue comme ça, mais sans doute avez-vous saisi le principe.

— Je crois que oui, dit Ben. Il se passe quelque chose ici, mais c'est... privé. »

Mike referma son carnet, le remit dans sa poche et les regarda, l'air sérieux.

« Si j'étais assureur et non pas bibliothécaire, je vous dessinerais peut-être un graphique. Il montrerait un taux inhabituellement élevé de tous les crimes violents imaginables, y compris les viols, les incestes, les effractions, les vols d'autos, les femmes et les enfants battus, les agressions.

« Il existe au Texas une ville de taille moyenne où le taux de criminalité est très en dessous de ce à quoi on pourrait s'attendre pour une ville de ce type, où plusieurs races cohabitent. On a attribué l'exceptionnelle placidité de ses habitants à la qualité de l'eau... une sorte de tranquillisant naturel s'y trouverait. C'est exactement le contraire ici. En année ordinaire, Derry est déjà une ville violente. Mais tous les vingt-sept ans, même si le cycle est en réalité un peu approximatif, cette violence atteint des sommets de fureur... sans qu'il y ait jamais eu un retentissement national.

— Comme si une sorte de cancer était à l'œuvre ici ? demanda Beverly.

— Pas du tout. Quand il n'est pas traité, un cancer tue invariablement. Non seulement Derry ne meurt pas, mais la ville est florissante... d'une manière qui n'a rien de spectaculaire, certes. C'est simplement une petite ville gentiment prospère dans un État relativement peu peuplé, et où se passent en temps ordinaire des choses un peu trop macabres et des choses franchement abominables tous les quarts de siècle environ.

— Cela se vérifie-t-il systématiquement ? » demanda Ben.

Mike acquiesça. « Systématiquement : 1715-1716 ; puis 1740 jusqu'aux environs de 1743 — sans doute une période particulièrement dure —, 1769-1770, et ainsi de suite. Jusqu'à nos jours sans interruption. J'ai l'impression, en outre, que c'est allé en empirant, peut-être simplement parce que Derry était davantage peuplé à chaque cycle, mais on ne peut exclure d'autres raisons. En 1958, le cycle semble s'être interrompu prématurément ; ce dont nous sommes responsables. »

Bill Denbrough se pencha en avant, les yeux soudain brillants. « Es-tu sûr de cela ? Vraiment sûr ?

— Oui, répondit Mike. Tous les autres cycles ont culminé au mois de septembre, se terminant en apothéoses macabres. La vie retrouve en général son cours ordinaire vers la Noël... Pâques au plus tard. En d'autres termes, on trouve des " mauvaises années " de quatorze à vingt mois tous les vingt-sept ans. Mais la " mauvaise année " qui a débuté en octobre 1957 avec la mort de ton frère s'est abruptement interrompue en août 1958.

— Et pourquoi ? » demanda vivement Eddie. Son souffle s'était raccourci ; Bill se souvint du sifflement aigu que produisait sa respiration, et comprit qu'il n'allait pas tarder à avoir recours au bon vieux décoince-poumons. « Qu'avons donc nous fait de spécial ? »

La question resta suspendue en l'air. Mike parut l'examiner... et finalement secoua la tête. « Vous vous en souviendrez, dit-il. Le moment venu, vous vous en souviendrez.

— Et sinon ? demanda Ben.

— Alors que Dieu nous vienne en aide.

— Neuf gosses massacrés cette année, murmura Richie. Seigneur !

— Lisa Albrecht et Steven Johnson fin 1984, reprit Mike. Disparition en février d'un garçon, un adolescent du nom de Dennis Torrio. On a retrouvé son corps à la mi-mars, dans les Friches, mutilé. Pas loin d'ici. »

Il sortit une photo de la poche où il avait rangé son carnet et lui fit faire le tour de la table. Beverly et Eddie la regardèrent, intrigués, mais Richie Tozier réagit violemment et la laissa tomber comme si elle le brûlait. « Seigneur Jésus, Mike ! » Il leva les yeux, des yeux agrandis, terrifiés. Puis il poussa la photo vers Bill.

Bill la regarda et eut l'impression que le monde devenait tout gris et onduleux autour de lui. Il eut un instant la certitude qu'il allait s'évanouir. Il entendit un grognement, et comprit qu'il en était l'auteur. Il laissa tomber la photo.

« Qu'est-ce que c'est ? entendit-il dire à Bev. Qu'est-ce que ça signifie, Bill ?

— C'est la photo de classe de mon frère, finit par répondre Bill. C'est Geo-Georgie. La photo de son album. Celle qui s'est animée. Celle où il a cligné de l'œil. »

La photo finit de faire le tour, tandis que Bill restait pétrifié à l'autre bout de la table, les yeux perdus dans l'espace. C'était en fait la photo d'une photo. Le cliché était celui d'une photo d'école en mauvais état posée sur un fond blanc — des lèvres souriantes qui, en s'écartant, laissaient voir les deux trous où n'avaient jamais poussé de nouvelles dents (*À moins qu'elles ne poussent dans le cercueil*, pensa Bill avec un frisson). Dans le bas on lisait : AMIS D'ÉCOLE 1957-1958.

« On l'a trouvée cette année ? » reprit Beverly. Mike acquiesça et elle se tourna vers Bill. « Quand l'as-tu vue pour la dernière fois, Bill ? »

Il se mouilla les lèvres, faisant un effort pour parler ; rien ne sortit. Il essaya de nouveau, sentant les mots se bousculer dans sa tête, conscient du bégaiement qui revenait, luttant contre lui, luttant contre la terreur.

« Je n'ai pas revu cette photo depuis 1958. Pendant le

printemps qui a suivi la mort de George. Quand j'ai voulu la montrer à Richie, elle était p-partie. »

Il y eut comme un grand hoquet prolongé, et tous sursautèrent, tandis qu'Eddie, un peu embarrassé, déposait son inhalateur sur la table.

« Eddie Kaspbrak au décollage ! » s'écria Richie d'un ton joyeux ; puis soudain, surnaturellement, la voix du commentateur des actualités filmées des années 50 surgit de la bouche de Richie : « Aujourd'hui à Derry, toute la ville était dans les rues pour assister à la parade des asthmatiques, dont la grande vedette fut Ed le Grand Morveux, connu partout en Nouvelle-Angleterre en tant que... »

Il s'arrêta brusquement, et porta une main à son visage, comme pour se cacher les yeux. Bill pensa soudain : *Non, non, ce n'est pas ça. Pas pour se cacher les yeux mais pour remonter les lunettes sur son nez. Les lunettes qu'il ne porte plus. Oh, Seigneur, qu'est-ce qui nous arrive ?*

« Je suis désolé, Eddie, dit Richie. C'était... cruel. Je me demande à quoi je pensais. » Il les regardait les uns après les autres, abasourdi.

C'est Mike Hanlon qui rompit le silence.

« Après la découverte du corps de Steven Johnson, je m'étais promis que si quoi que soit d'autre arrivait, si un seul autre cas indiscutable se produisait, je vous appellerais — il m'a fallu deux mois pour le faire. C'était comme si ce qui se passait m'hypnotisait par la *conscience* et la *détermination* que ça manifestait. On a trouvé la photo de George près d'un tronc couché à moins de trois mètres du corps de Torrio. Elle n'était pas cachée, bien au contraire, comme si le tueur avait voulu qu'on la trouve. Je suis sûr qu'il le voulait.

— Comment as-tu obtenu la photo de la police, Mike ? demanda Ben. C'est une photo de police, non ?

— Oui, c'est bien ça. Il y a un type, au département de police, qui ne déteste pas se faire un peu d'argent de poche. Je lui donne vingt billets par mois, c'est tout ce que je peux faire. Il me file des tuyaux.

« On a trouvé le cadavre de Dawn Roy quatre jours après celui de Torrio, dans McCarron Park. Treize ans. Décapité.

« Le 23 avril dernier, celui d'Adam Terrault. Seize ans. Disparition signalée la veille : n'était pas revenu d'un entraînement sportif. Trouvé à côté du chemin qui traverse la ceinture verte juste derrière West Broadway. Également décapité.

« Le 6 mai. Frederick Cowan. Deux ans et demi. Trouvé noyé dans les toilettes d'une salle de bains au premier.

— Oh, Mike ! s'écria Beverly.

— Je sais, c'est moche, fit Mike, presque d'un ton de colère. Crois-tu que je ne m'en rende pas compte ?

— La police n'a-t-elle pas adopté la thèse de l'accident ? » insista Bev.

Mike secoua la tête. « Sa mère était en train de mettre du linge à sécher dans la cour. Elle a entendu un bruit de lutte — ou du moins son fils crier. Elle a couru aussi vite qu'elle a pu. Elle dit que le bruit de la chasse des toilettes lui est parvenu, tirée à plusieurs reprises, alors qu'elle montait l'escalier ainsi qu'un rire, un rire qui d'après elle n'aurait rien eu d'humain.

— Et elle n'a rien vu d'autre ? demanda Eddie.

— Si, son fils. La colonne vertébrale brisée, le crâne fracturé. La séparation vitrée de la douche était cassée. Il y avait du sang partout. La mère se trouve actuellement à l'hôpital psychiatrique de Bangor. D'après mon... ma source au département de police, elle est devenue complètement folle.

— Foutrement pas étonnant, fit Richie, la voix rauque. Quelqu'un a une cigarette ? »

Beverly lui en tendit une, qu'il alluma d'une main visiblement tremblante.

« La thèse de la police est que le tueur est entré par le

146

devant de la maison pendant que la mère du petit Cowan étendait son linge à l'arrière. Puis, quand il a entendu les pas de celle-ci dans l'escalier, il aurait sauté depuis la fenêtre de la salle de bains dans la cour qu'elle venait de quitter, et aurait ainsi disparu. Sauf que la fenêtre n'est qu'une imposte qu'un gosse de sept ans aurait du mal à franchir. Et cela représente un saut de huit mètres sur les dalles d'un patio. Rademacher n'apprécie pas qu'on parle de ces détails et personne dans la presse — en tout cas pas dans le *Derry News* — ne l'a interpellé là-dessus. »

Mike prit un verre d'eau et fit circuler un deuxième cliché. Il ne venait pas de la police ; on y voyait un écolier souriant d'environ treize ans. Il s'était mis sur son trente et un pour la photo et avait les mains sagement posées sur les genoux ; mais il y avait une petite lueur diabolique dans son œil. Il était noir.

« Jeffrey Holly, dit Mike. 13 mai. Une semaine après la mort du petit Cowan. Éventré. Trouvé dans Bassey Park, près du canal.

« Neuf jours après ça, on a trouvé un petit huitième du nom de John Feury dans Neibolt Street. Mort... »

Eddie laissa échapper un cri aigu et tremblant. Il chercha son inhalateur mais le fit tomber de la table, d'où il roula jusqu'aux pieds de Bill, qui le lui ramassa. Le visage d'Eddie avait pris une nuance jaunâtre maladive, et sa respiration n'était qu'un halètement sifflant.

« Donnez-lui quelque chose à boire ! s'écria Ben. Que quelqu'un lui... »

Mais Eddie secouait la tête. Il s'envoya une dose de l'inhalateur ; sa poitrine se souleva sous la violence de l'aspiration. Il déclencha une deuxième dose et se laissa aller sur son siège, les yeux à demi fermés, haletant.

« Ça va aller, dit-il d'une voix entrecoupée. Donnez-moi une minute, et je suis à vous.

— Tu es sûr, Eddie ? demanda Beverly. Peut-être devrais-tu t'allonger un...

— Ça va aller très bien, répéta-t-il sèchement. C'était juste... le choc. J'avais complètement oublié Neibolt Street. »

Personne ne répondit. C'était inutile. Bill pensa : *On croit qu'on a atteint le summum de l'horreur et Mike nous sort un autre nom comme dans un tour de magie noire plein de malveillance, et on se retrouve de nouveau sur le cul.*

Il y en avait trop pour pouvoir faire face à tout en même temps. Trop de manifestations d'une inexplicable violence qui semblait plus ou moins dirigée contre les six personnes présentes ici — c'était du moins ce que semblait suggérer la photo de George.

« Les deux jambes du gamin avaient disparu, continua Mike doucement, mais d'après l'examen médical, elles lui avaient été arrachées après sa mort. Son cœur a lâché. Comme s'il était littéralement mort de peur. C'est le facteur qui l'a découvert. Il a vu une main qui dépassait d'en dessous d'un porche.

— Celui du 29, c'est bien ça ? » le coupa Rich, auquel Bill jeta un bref regard. Richie le lui rendit, acquiesça lentement et se tourna de nouveau vers Mike. « Le 29, Neibolt Street ?

— Oh oui, répondit Mike, toujours de la même voix calme.

Au 29. » Il prit un peu d'eau. « Ça va bien, Eddie ? »

Eddie acquiesça ; sa respiration était plus libre.

« Rademacher a procédé à une arrestation le lendemain de la découverte du corps du petit Feury, reprit Mike. Il y avait un éditorial à la une du *Derry News*, ce jour-là, qui demandait sa démission.

— Au bout de huit meurtres inexpliqués ? ricana Ben. Quelle audace de leur part, vous ne trouvez pas ? »

Beverly voulut savoir qui avait été arrêté.

« Un type qui vit dans une petite baraque au bord de la route numéro 7, presque au-delà des limites de la ville du côté de Newport. Une sorte d'ermite. Il brûle des débris de bois dans son poêle et son toit est fait de bardeaux volés et d'enjoliveurs de roues. Harold Earl. Il ne lui passe probablement pas plus de deux cents dollars de liquide entre les mains par an. Quelqu'un qui passait en voiture l'a aperçu sur le pas de sa porte qui examinait le ciel, le jour où on a découvert le corps du petit Feury. Ses vêtements étaient couverts de sang.

— Alors peut-être..., commença Richie, une note d'espoir dans la voix.

— Alors rien du tout. Il venait de dépecer trois daims dans son appentis. Des daims qu'il avait braconnés du côté de Haven. Le sang de ses vêtements était bien du sang de daim. Rademacher lui a demandé s'il avait tué Feury, et il aurait répondu : " Ben ça oui, j'ai tué des tas de gens. Surtout pendant la guerre. " Il a aussi déclaré avoir vu des choses dans le bois, la nuit. Des lumières bleues, flottant à quelques centimètres au-dessus du sol. Des feux de cadavres, comme il les appelle.

« On l'a expédié à l'hôpital psychiatrique de Bangor. D'après les résultats de l'examen médical, il aurait le foie gros comme un pois chiche. Il a bu du diluant à peinture...

— Oh, mon Dieu ! s'exclama Beverly.

— Et il est sujet à des hallucinations. Mais Rademacher s'accroche à cette version, et il y a encore trois jours, il le tenait pour le suspect le plus vraisemblable. Il y a huit types à lui qui creusent les environs de la baraque d'Earl, à la recherche des têtes et des membres manquants, ou d'abat-jour faits en peau humaine — ou Dieu sait quoi encore. »

Mike se tut un instant, la tête baissée, avant de reprendre, un léger début d'enrouement dans la voix : « J'avais retardé, retardé. C'est avec la dernière affaire, que j'ai décroché mon téléphone et que je vous ai appelés. Je regrette simplement de ne pas l'avoir fait plus tôt.

— Voyons cette affaire, dit Ben abruptement.

— La victime était du même âge que le petit Feury, c'était d'ailleurs un de ses camarades de classe. On l'a trouvé tout à côté de Kansas Street, à proximité de l'endroit où Bill cachait sa bicyclette quand nous allions jouer dans les Friches. Il s'appelait Jerry Bellwood. Il a été mis en pièces. On a trouvé ce... ce qui restait de lui au pied du remblai bétonné édifié il y a une vingtaine d'années le long de la rue pour arrêter l'érosion du sol. Cette photo de la police a été prise moins d'une demi-heure après l'enlèvement du corps. »

Mike passa le document à Rich Tozier qui l'examina avant de la tendre à Beverly. Celle-ci y jeta un bref coup d'œil, grimaça et le donna à Eddie, qui l'examina longuement, comme fasciné, avant de le passer à Ben. Ben ne fit que l'effleurer du regard et le tendit à Bill.

On lisait ces mots, rédigés en caractères grossiers sur la paroi de béton :

VENEZ À LA MAISON

Bill leva les yeux vers Mike, l'expression farouche. Il était passé par des sentiments d'affolement et d'épouvante ; il éprouvait maintenant les premiers coups d'aiguillon de la colère. Il s'en réjouissait. La colère n'est peut-être pas un sentiment très positif, mais elle valait mieux que l'état de choc, mieux qu'une peur lamentable. « Était-ce écrit avec l'encre à laquelle je pense ?

— Oui, répondit Mike, avec le sang de Jerry Bellwood. »

150

5

Richie déclenche des bip-bip

Mike reprit ses clichés. Il avait pensé que Bill lui demanderait la dernière photo de classe de George ; il n'en fut rien. Il les remit donc dans sa poche, et tout le monde (Mike y compris) éprouva un sentiment de soulagement quand elles furent hors de vue.

« Neuf enfants, dit doucement Beverly. Je n'arrive pas à y croire. Je veux dire... je sais que c'est vrai, mais quelque chose en moi n'arrive pas à l'admettre. Neuf mômes et rien ? Rien du tout ?

— Ce n'est pas du tout comme ça, corrigea Mike. Les gens sont en colère, les gens ont peur... du moins en apparence. Il est vraiment impossible de distinguer ceux qui sont sincères de ceux qui simulent.

— *Qui simulent ?*

— Est-ce que tu te souviens, Beverly, quand nous étions gamins, de cet homme qui s'était contenté de replier son journal et de rentrer chez lui alors que tu l'appelais au secours ? »

Quelque chose passa dans son regard, et elle eut pendant un instant une expression de compréhension et de terreur. Puis elle parut seulement intriguée. « Non... quand était-ce ?

— Peu importe. Ça te reviendra le moment voulu. Ce que je voulais seulement dire est que les choses ont l'air de se passer normalement à Derry. Confrontés à cette affreuse série de meurtres, les gens font tout ce qu'on s'attend à les voir faire — exactement comme en 1958, au moment des assassinats et des disparitions d'enfants. Le Comité pour la sauvegarde de nos enfants s'est reconstitué, seul le lieu de réunion a changé. La police d'État nous a envoyé un renfort de seize détectives, sans parler d'un contingent du FBI, et le couvre-feu a été rétabli.

— Oh, oui, le couvre-feu, intervint Ben en se frottant le cou lentement et délibérément. Il a fait des merveilles en 58. Je m'en souviens très bien.

— J'oubliais l'Association des mères accompagnatrices, qui vérifie que tous les enfants qui vont à l'école, de la maternelle à la quatrième, sont bien escortés jusqu'à chez eux. Le *Derry News* a reçu plus de deux mille lettres, rien qu'au cours de ces trois dernières semaines, exigeant une solution rapide. Et bien entendu, l'émigration a repris. Il y a des fois où je me dis que c'est le seul critère authentique pour distinguer ceux qui sont vraiment sincères dans leur désir qu'il soit mis un terme à ces horreurs ; ceux-là ont réellement peur et préfèrent s'en aller.

— Il y a vraiment des gens qui partent ? demanda Richie.

— Chaque fois que le cycle reprend. Il est impossible de dire exactement combien, car il ne s'est jamais déclenché exactement la même année qu'un recensement depuis 1850. Mais ils s'en vont en quantités non négligeables. Comme des gosses qui s'aperçoivent qu'en fin de compte, la maison est vraiment hantée.

— Venez à la maison, venez à la maison ! » dit doucement Beverly. Quand elle releva les yeux, ce fut vers Bill qu'elle regarda, et non vers Mike. « Ça voulait que nous revenions. Pourquoi ?

— Ça peut vouloir que nous revenions tous, dit Mike un peu énigmatiquement. C'est possible, Ça peut vouloir se venger. Après tout, nous l'avons forcé à battre en retraite, une fois.

— Se venger... ou peut-être simplement remettre les choses en ordre », dit Bill.

Mike acquiesça. « Il y a aussi un certain désordre dans vos existences, voyez-vous. Aucun de vous n'est parti indemne de Derry... Ça vous a laissé sa marque. Vous avez tous oublié ce qui s'est passé ici, et les souvenirs que vous conservez de cet été sont fragmentaires. Et il y a ce fait étonnant que vous êtes tous riches.

— Allons voyons ! s'exclama Richie. C'est à peine si...

— Doucement, doucement, fit Mike, une main levée en esquissant un sourire. Je ne vous accuse pas de quoi que ce soit ; j'essaie simplement de mettre les faits sur la table. Par rapport au bibliothécaire d'une petite ville qui ne se fait même pas onze gros billets par an après impôts, vous êtes riches, d'accord ? »

Mal à l'aise, Richie haussa les épaules dans son costume à neuf cents dollars. Ben était profondément absorbé dans le découpage en fines lamelles de sa serviette de papier. À part Bill, personne ne regardait Mike dans les yeux.

« D'accord aussi, personne ici ne se trouve dans la catégorie des Rockefeller, reprit Mike, mais vous êtes tous très à l'aise, même selon les normes de la classe dite " moyenne supérieure " américaine. Nous sommes entre amis, ici, alors, pas de manières. Si l'un de vous a déclaré moins de quatre-vingt-dix mille dollars de revenus aux impôts en 1984, qu'il ou qu'elle lève la main ».

Ils se regardèrent les uns les autres, presque furtivement, gênés, comme le sont toujours les Américains quand leur propre succès s'étale ; comme si l'argent était des œufs cuits durs et l'aisance les inévitables pets dus à une surconsommation. Bill sentait le rouge lui monter aux joues — ainsi que son incapacité à le contrôler. Il avait reçu dix mille dollars de plus que la somme mentionnée par Mike rien que pour produire la première ébauche de son dernier scénario. Et on lui en avait promis vingt mille de plus pour chaque nouvelle mouture qu'il faudrait éventuellement faire. Sans parler des pourcentages... ni des confortables avances sur droits d'auteur prévues par le dernier contrat pour deux ouvrages qu'il venait de signer. Combien avait-il déclaré, en 1984 ? Dans les huit cent mille dollars, non ? Largement de quoi, de toute façon, paraître monstrueux en comparaison des onze mille dollars de salaire de Mike Hanlon.

C'est donc le salaire que tu reçois pour monter la garde au phare, Mike, vieux gosse ? N'y avait-il pas moyen de demander une augmentation ? pensa Bill.

Mike dit : « Bill Denbrough, écrivain à succès dans une société où l'on ne trouve que peu de romanciers et où seule une minorité d'entre eux ont la chance de vivre de leur plume. Beverly Rogan, qui fait dans le chiffon, un secteur où il y a beaucoup d'appelés et peu d'élus. Elle est en fait la créatrice la plus recherchée dans un bon tiers du pays, à l'heure actuelle.

— Oh, ce n'est pas moi ! » protesta Beverly. Elle eut un petit rire nerveux et alluma une nouvelle cigarette au mégot de la précédente. « C'est Tom. Sans lui, j'en serais encore à retoucher les robes et à coudre les ourlets. Je n'ai aucun sens des affaires, même Tom le dit. C'est juste... Tom. Et de la chance, voyez-vous. » Elle tira une seule longue bouffée sur sa cigarette puis l'écrasa.

« M'est avis que la jeune dame p'oteste t'op fo't », fit Richie malicieusement.

Elle se tourna vivement sur son siège et lui jeta un regard courroucé, le visage empourpré. « Qu'est-ce que tu veux dire exactement, Richie Tozier ?

— Me battez pas, Miss Sca'lett ! » gémit Richie de sa voix négrillon du Sud, aiguë et tremblante. À cet instant-là, Bill revit, avec une limpidité surnaturelle, le garçon qu'il avait connu ; non pas une ombre en surimpression floue sur l'image nette de l'adulte qu'il était devenu, mais une créature ayant presque plus de réalité que l'homme qu'il avait sous les yeux. « Me battez pas ! J' vais vous appo'ter un aut'e cocktail de f'uits, Miss Sca'lett ! Pou' boi'e sous le po'che là où il fait un peu plus f'ais ! Fouettez pas le pauv'e ga'çon !

— Tu es impossible, Richie, dit froidement Beverly. Quand te décideras-tu à grandir ? »

Richie la regarda, son visage souriant prenant une expression d'incertitude. « Avant de revenir ici, je croyais que c'était fait.

— Rich, lui, reprit Mike, est peut-être le disc-jockey le plus populaire des États-Unis. Tu tiens Los Angeles dans le creux de ta main, sans aucun doute. Le tout couronné par deux programmes dont l'un est le Top Quarante le plus suivi de la côte Ouest et l'autre quelque chose qui s'appelle, je crois, *Les Cinglés des années 40*...

— Gaffe, gaffe, mec ! le coupa Richie de sa voix de voyou, ce qui ne l'empêchait pas de rougir. M'en vais te mettre la tête à la place du cul, moi. Je vais...

— Eddie, continua Mike en ignorant Richie, possède une florissante entreprise de véhicules de grande remise, dans une ville où on doit zigzaguer entre des limousines grandes comme des péniches quand on traverse la rue. Deux entreprises de grande remise font faillite par semaine dans la Grande Pomme, mais Eddie, lui, s'en sort admirablement.

« Quant à Ben, c'est probablement le jeune architecte le plus prometteur de la planète. »

Ben ouvrit la bouche, probablement pour protester, puis la referma brusquement.

Mike leur sourit et tendit les mains. « Je ne veux mettre personne dans l'embarras, mais il faut jouer cartes sur table. Certes, on trouve des gens qui réussissent jeunes, des gens qui réussissent dans des domaines hautement spécialisés — s'il n'y en avait pas, personne ne voudrait tenter sa chance. S'il s'agissait d'un ou deux d'entre vous seulement, on pourrait parler de coïncidences. Mais il s'agit de vous tous, y compris Stan Uris, l'expert-comptable dont l'étoile ne cessait de monter à Atlanta... c'est-à-dire dans tout le Sud. J'en conclus que votre réussite trouve son origine dans ce qui s'est passé il y a vingt-sept ans ici. Si vous aviez tous absorbé de l'amiante à cette époque et si vous vous retrouviez tous aujourd'hui avec un cancer du poumon, la corrélation ne serait pas plus claire et plus probante. L'un de vous conteste-t-il cette analyse ? »

Il regarda autour de lui. Personne ne lui répondit.

« Tous sauf toi, Mike, dit Bill au bout de quelques instants. Qu'est-ce qui t'est arrivé ?

— N'est-ce pas évident ? répondit Mike avec un sourire. Je suis resté sur place.

— Tu as gardé le phare », lança Ben. Bill sursauta à ces mots, et se tourna vers lui, mais Ben regardait Mike intensément et n'y fit pas attention. « Je ne m'en sens pas mieux pour autant, Mike. Je dirais même que je me sens comme un de ces cons de papillons.

— Amen ! » dit Beverly.

Mike secoua patiemment la tête. « Vous n'avez pas à vous sentir coupables de quoi que ce soit. Vous imaginez-vous que c'est moi qui ai choisi de rester ici et que c'est vous qui avez choisi de partir ? Bon sang, nous n'étions que des gosses. Pour une raison ou une autre, vos parents ont déménagé, et vous faisiez partie des bagages. Mes parents sont restés. Pensez-vous que ce fut leur décision ? Je ne crois pas. Pour aucun. Qui est-ce qui a décidé de ceux qui partiraient et de ceux qui resteraient ? Le hasard ? Le destin ? Ça ? Autre chose ? Je l'ignore. Mais en tout cas, sûrement pas nous. Alors, arrêtez.

— N'en ressens-tu pas... un peu d'amertume ? lui demanda timidement Eddie.

— J'ai été trop occupé pour ça. J'ai passé beaucoup de temps à veiller et à attendre... Je veillais et j'attendais même avant de m'en rendre compte, je crois ;

156

mais depuis cinq ans, environ, je suis en alerte rouge, pourrait-on dire. Depuis le début de l'année, je rédige un journal. Et quand on écrit, on pense plus intensément... ou peut-être avec plus de précision, simplement. Et une des choses qui ont occupé mes réflexions, écrites ou non, a été la nature de Ça. Je crois Ça capable de nous manipuler et de laisser sa marque sur les gens du fait de ce qu'il est. Comme on sent encore la mouffette quand elle nous a pissé dessus, même après un bon bain. »

Mike défit lentement les boutons de sa chemise et l'ouvrit. Tous pouvaient voir les cicatrices roses laissées par des griffes sur la peau brune et lisse de sa poitrine, entre les seins.

« Comme les griffes laissent des cicatrices, dit-il.

— Le loup-garou ! s'exclama Richie d'une voix presque gémissante. Oh, Seigneur, Grand Bill, le loup-garou ! Quand nous sommes revenus à Neibolt Street !

— Quoi ? fit Bill. Qu'est-ce que tu dis ?

— Comment, tu ne t'en souviens pas ?

— Si... Toi aussi ?

— Je... presque... » L'air effrayé, Richie n'insista pas.

« Es-tu en train de dire que cette chose n'est pas mauvaise ? » demanda soudain Eddie à Mike. Il avait l'air hypnotisé par les cicatrices. « Qu'elle fait simplement partie... de l'ordre de la nature ?

— Il ne s'agit pas de comprendre un élément de l'ordre de la nature ou de lui trouver des excuses, répondit Mike en reboutonnant sa chemise. Et je ne vois aucune raison d'agir sur une autre base que celle que nous, nous comprenons : que Ça tue, que Ça tue notamment des enfants, et que c'est mal. C'est Bill qui, le premier d'entre nous, l'a compris. Tu t'en souviens, Bill ?

— Je me souviens que je voulais tuer Ça, confirma Bill, qui se rendit compte que le pronom venait pour la première fois dans sa bouche de prendre le statut définitif de nom propre. Mais je n'avais pas une vision globale de la question, si vous voyez ce que je veux dire ; je voulais simplement tuer Ça, parce que Ça avait tué George.

— Et tu le veux toujours ? »

Bill réfléchit intensément à la question. Il regarda ses mains posées à plat sur la table et évoqua l'image de George dans son ciré jaune, capuchon relevé, tenant à la main le bateau en papier journal paraffiné. Puis il leva les yeux sur Mike.

« P-P-Plus que jamais. »

Mike acquiesça, comme si c'était la réponse qu'il attendait. « Ça a laissé sa marque sur nous. Ça nous a imposé sa volonté, exactement comme Ça impose sa volonté sur toute cette ville, la semaine comme les jours fériés, même au cours de ces longues périodes où Ça dort, hiberne ou je ne sais quoi, entre ses périodes... plus actives. (Mike leva un doigt.) Mais si sa volonté a de l'effet sur nous, *notre volonté a également de l'effet sur Ça*, à un moment donné. Nous avons arrêté Ça avant que Ça en ait fini, c'est une certitude. L'avons-nous affaibli ? Blessé ? Je crois que oui. Je crois que nous avons été si près de tuer Ça que nous sommes repartis en croyant l'avoir fait.

— Mais tu ne te souviens pas non plus de cette partie, n'est-ce pas ? demanda Ben.

— Non. Je me souviens avec une précision presque parfaite de tout ce qui est arrivé jusqu'au 15 août 1958. En revanche, c'est le black-out total pour la période qui suit, environ jusqu'au 4 septembre, la date de la rentrée des classes ; elle n'est pas floue ou vague, elle a été complètement effacée de ma mémoire, à une exception près : il me semble me souvenir de Bill criant à propos de ce qu'il appelait les lumières-mortes. »

Un violent tressaillement agita le bras de Bill, et il

renversa une bouteille de bière vide qui alla rouler sur le sol.

« Tu t'es coupé ? demanda Beverly, esquissant le geste de se lever.

— Non », répondit-il, la voix râpeuse, le ton sec. La chair de poule tirait la peau de ses deux bras, et il lui semblait que son crâne venait de grossir. Il sentait *(les lumières-mortes)* sa pression s'exercer sur la peau tendue de son visage en élancements réguliers qui l'engourdissaient.

« Je voulais ramasser la...

— Non, assieds-toi. » Il aurait voulu la regarder mais était incapable de détacher ses yeux de Mike.

« Te souviens-tu des lumières-mortes ? lui demanda doucement celui-ci.

— Non », répondit Bill. Sa bouche lui donnait la même impression que lorsqu'un dentiste a abusé de la novocaïne.

« Ça te reviendra.

— Dieu m'en préserve.

— Ça te reviendra tout de même. Pas pour le moment. À moi non plus, d'ailleurs. Et vous ? »

Tous, les uns après les autres, secouèrent la tête.

« Mais nous avons accompli quelque chose, reprit Mike d'un ton calme. Nous nous sommes montrés capables, à un moment donné, d'exercer une sorte de volonté de groupe. À un moment donné, nous avons atteint un certain degré de compréhension, consciemment ou non. » Il s'agita nerveusement. « Si seulement Stan était ici ! Quelque chose me dit qu'avec son esprit ordonné, Stan aurait peut-être une idée...

— Peut-être en avait-il une, en effet, dit Beverly. Et peut-être est-ce ce qui l'a tué. Peut-être avait-il compris qu'il s'agissait d'une forme de magie inaccessible aux adultes.

— Je ne la crois pas inaccessible, dit Mike. Parce qu'il y a encore une chose que nous avons tous en commun. Je me demande s'il y en a parmi vous qui s'en sont rendu compte. »

Ce fut au tour de Bill d'ouvrir la bouche et de la refermer sans avoir rien dit.

« Vas-y, lui lança Mike, parle. Je vois sur ta figure que tu sais de quoi il s'agit.

— Je n'en suis pas sûr, répliqua Bill, mais je crois qu'aucun de nous n'a d'enfant. Est-ce b-bien ç-ça ? »

Il y eut quelques instants de silence, pour encaisser le choc.

« Ouais, dit Mike, c'est ça.

— Seigneur Tout-Puissant ! s'exclama Eddie. Qu'est-ce que cela a à voir, au nom du ciel, avec le prix du haricot rouge au Pérou ? Pourquoi faudrait-il que tout le monde ait des enfants ? Ça ne tient pas debout !

— Avez-vous des enfants, toi et ta femme ? demanda Mike.

— Si tes fiches sont bien tenues, tu sais foutrement bien que non. Je n'en affirme pas moins que ça n'a pas de rapport.

— As-tu essayé d'avoir des enfants ?

— Nous n'employons aucun contraceptif, si c'est ce que tu veux savoir. » Eddie s'exprimait avec une dignité étrange et émouvante, mais il avait les joues en feu. « Il se trouve simplement que ma femme est un peu... Et puis au diable ! Elle est obèse. Nous sommes allés voir un médecin qui nous a dit qu'elle risquait de ne jamais avoir d'enfant si elle ne perdait pas un peu de poids. On n'est pas des criminels pour autant !

— T'énerve pas, Eds ! fit Richie d'un ton apaisant en se penchant vers lui.

— Et toi, ne m'appelle pas Eds et ne t'avise pas de me pincer la joue ! rétorqua-t-il. Tu sais que j'ai horreur de ça ! que j'en ai toujours eu horreur ! »

Richie, clignant des yeux, se recroquevilla sur son siège.

« Et avec Tom, Beverly ? poursuivit Mike.

— Pas d'enfant, répondit-elle, et pas de contraceptifs non plus. Tom en voudrait... et moi aussi, évidemment », ajouta-t-elle précipitamment en jetant un rapide coup d'œil autour d'elle. Bill lui trouva les yeux un peu trop brillants, comme ceux d'une comédienne faisant un excellent numéro. « Ça n'est pas encore arrivé, simplement.

— As-tu fait faire des examens ? lui demanda Ben.

— Oh oui, bien sûr », dit-elle avec un petit rire pouffé. Et, par l'un de ces sauts qualitatifs de compréhension dont sont capables les personnes douées à la fois de curiosité et de profondeur de vue, Bill en sut d'un seul coup beaucoup sur les rapports de Beverly et de son Grand Homme. Beverly avait subi un test de fertilité ; sa thèse était que le Grand Homme en question avait refusé d'envisager, ne serait-ce qu'un instant, l'idée que quelque chose pût aller de travers dans le sperme manufacturé par les Capsules Sacrées.

« Et ta femme et toi, Bill ? demanda Richie. Avez-vous essayé ? » Tout le monde le regarda avec curiosité... car tous savaient qui était la femme de Bill. Audra n'était pas, et de loin, l'actrice la plus connue et la plus populaire au monde, mais elle jouissait de cette forme particulière de célébrité qui a plus ou moins remplacé le talent en cette deuxième moitié du xxe siècle. On voyait de temps en temps sa photo dans les magazines, et cette étrangère avait un visage délicieux qui leur était connu. Beverly lui parut particulièrement curieuse de sa réponse.

« Nous avons essayé à plusieurs reprises au cours des six dernières années, dit Bill. Pas pendant les hùit derniers mois, à cause du tournage de notre film. Audra estime qu'elle ne peut pas se permettre de tomber enceinte juste au moment de commencer une période de dix semaines de tournage, à être malade tous les matins. Mais nous voulons des enfants, oui. Et pour essayer, nous avons essayé.

— Tests de fertilité ? demanda Ben.

— Oui, oui. Il y a quatre ans, à New York. Les médecins ont découvert une très petite tumeur bénigne sur l'utérus d'Audra et nous ont dit que c'était une chance, car elle aurait pu provoquer une grossesse extra-utérine. Mais nous sommes fertiles tous les deux. »

Entêté, Eddie répéta : « Ça ne prouve toujours rien.

— C'est tout de même un peu étonnant, murmura Ben.

— Et toi Ben, pas de petit accident de ton côté ? lui demanda Bill, à la fois frappé et amusé d'avoir failli l'appeler Meule de Foin.

— Je ne me suis jamais marié, j'ai toujours fait attention, et je n'ai aucun procès en recherche de paternité. À part ça, je ne peux rien affirmer.

— Voulez-vous que je vous raconte une histoire marrante ? » demanda Richie. Il souriait, mais pas des yeux.

« Pourquoi pas, répondit Bill. C'est ta spécialité, non ?

— Ta tête comme mon cul, mec », fit Richie avec la voix du flic irlandais. Une fabuleuse voix de flic irlandais. *Tu t'es amélioré de façon incroyable, Richie. Gosse, tu étais incapable de faire un flic irlandais, en dépit de tous tes efforts. Sauf une fois... ou deux... quand (les lumières-mortes)*

était-ce ?

« Ta tête comme mon cul, n'oublie pas cette comparaison, mon bon ami, et... »

Ben Hanscom se pinça soudain le nez et cria d'une voix aiguë d'enfant : « Bip-bip, Richie, bip-bip ! Bip-bip ! »

Eddie ne tarda pas à l'imiter, bientôt rejoint par Beverly.

« D'accord, d'accord, fit Richie en riant lui-même. D'accord, je laisse tomber, nom de Dieu ! »

Eddie s'effondra sur son siège, riant aux larmes. « On t'a baisé ce coup-ci, Grande Gueule. Bien vu, Ben ! »

Ben souriait, mais il avait l'air un peu désorienté.

« Bip-bip, reprit Bev, pouffant de rire. J'avais complètement oublié ce truc. On était constamment obligés de te biper, Richie.

— Vous n'avez jamais su apprécier le véritable talent, vous autres », répliqua Richie, décontracté. Comme autrefois, on pouvait le déséquilibrer, mais il était comme ces poussahs dont la base arrondie est lestée de sable, et il revenait toujours en position. « Ce fut l'une de tes petites contributions au Club des Ratés, hein, Meule de Foin ?

— Ouais, je crois bien.

— Quel homme ! » fit Richie d'une voix tremblante d'admiration et de crainte ; puis il se mit à faire des salamalecs à tout le monde, manquant de peu de plonger du nez dans sa tasse de thé. « Quel homme ! Oh, Mama mia, quel homme !

— Bip-bip, Richie », dit Ben solennellement, et il explosa en une nouvelle crise de fou rire, d'une voix de baryton bien éloignée des trilles aiguës de son enfance. « Tu es toujours le même vieux Road-Runner.

— Bon, vous voulez l'entendre, cette histoire, oui ou non ? Je n'en fais pas une affaire ; bipez-moi si elle ne vous plaît pas. Je peux supporter les brimades.

— Vas-y donc », dit Bill. Il jeta un coup d'œil à Mike, et se rendit compte qu'il avait l'air plus heureux — ou du moins plus détendu — qu'au début du repas. Était-ce parce qu'il voyait se renouer sous ses yeux les fils épars de leur ancienne amitié, et chacun retrouver sans difficulté son rôle d'autrefois, chose rarissime quand se retrouvent des copains d'enfance qui se sont perdus de vue ? C'était ce que pensait Bill, qui se disait : *S'il existe des conditions préalables à la croyance en la magie qui rendent possible l'utilisation de la magie, alors ces*

*conditions préalables se mettront en place d'elles-mêmes,
peut-être.* Réflexion peu rassurante, qui lui donnait
l'impression d'être ficelé à la pointe d'un missile
téléguidé.

Bip-bip plus que jamais !

« Eh bien, disait Richie, je pourrais en faire une
histoire longue et triste ou une bande dessinée ; je vais
tenter d'éviter ces deux extrêmes. J'étais installé
depuis un an en Californie lorsque j'ai rencontré une
fille. Cela marchait très fort entre nous. On a commencé à vivre ensemble. Elle prenait la pilule, au
début, mais elle la supportait très mal. Elle a envisagé
de se faire poser un stérilet, mais ça ne m'enthousias-
mait pas, au vu des histoires que l'on lisait sur leurs
défaillances dans les journaux.

« Les gosses, on en avait parlé, et nous n'en voulions
pas, même si nous pensions un jour régulariser notre
situation. Le gros baratin sur l'irresponsabilité qu'il y
avait à faire des enfants dans un monde pareil, dangereux, surpeuplé, foutons une bombe dans les chiottes
de la Bank of America et revenons fumer un joint sur
les décombres pour parler de la différence entre
maoïsme et trotskisme, si vous voyez ce que je veux
dire.

« Je noircis peut-être un peu le tableau ; on était
jeunes et idéalistes, au fond. Bref, le résultat fut que je
me suis fait couper les canaux déférents — les ficelles,
pour employer le vocabulaire vulgairement chic de
Beverly Hills. Je n'ai souffert d'aucun effet secondaire ;
mais ça peut arriver. Un de mes copains a vu ses
couilles gonfler, de vrais pneus de Cadillac 59. J'étais
sur le point de lui offrir des bretelles et deux tonneaux
pour son anniversaire, mais elles se sont dégonflées
entre-temps.

— Explications données avec ton tact habituel »,
commenta Bill ; Beverly ne put s'empêcher de rire à
nouveau.

164

Richie lui adressa un grand sourire. « Merci, Bill, pour ces quelques mots d'encouragement. Tu utilises le terme " enculer " deux cent six fois dans ton dernier bouquin ; j'ai compté.

— Bip-bip, Grande Gueule », le coupa Bill, et tous éclatèrent de rire. Bill n'arrivait pas à croire qu'ils étaient en train de parler d'assassinats d'enfants moins de dix minutes auparavant.

« Dépêche-toi, Richie, intervint Ben. L'heure tourne.

— Sandy et moi avons vécu ensemble deux ans et demi, reprit Richie. On a bien failli se marier. Étant donné la façon dont les choses ont tourné, on s'est épargné bien des emmerdements, soit dit en passant. Bref, elle a eu une proposition d'une société juridique de Washington à peu près au moment où j'en recevais une de KLAD : disc-jockey pendant les week-ends, pas grand-chose, mais un pied dans la place. Elle m'a dit que c'était la chance de sa vie, qu'il fallait que je sois le phallocrate le plus insensible des États-Unis pour traîner ainsi des pieds et que de toute façon, elle en avait ras le bol de la Californie. Je lui ai dit que pour moi aussi c'était une chance. Ça a été la bagarre, nous nous sommes mutuellement virés et Sandy est finalement partie.

« Environ un an après, je me suis mis à regretter la vasectomie et j'ai décidé de tenter l'opération inverse. Sans motif précis, et tout en sachant que les chances de succès étaient minces.

— Tu avais de nouveau une relation sérieuse à ce moment-là ? demanda Ben.

— Non, et c'est ce qui est curieux, répondit Richie, fronçant les sourcils. Je me suis réveillé un beau matin avec... avec cette idée qui me trottait dans la tête.

— Il fallait être maboul, dit Eddie. Anesthésie générale, hein, pas locale ? Chirurgie ? Une semaine d'hosto ?

— Ouais, les médecins m'ont expliqué tout ça. Que

l'opération ne serait pas une partie de plaisir ; que le succès n'était pas garanti. Mais qu'auparavant, ils voulaient un échantillon de sperme. Les régénérations spontanées de canaux déférents, ça existe, paraît-il. On fait le nécessaire, et trois jours après, le toubib me rappelle. " Par quoi je commence, la bonne ou la mauvaise nouvelle ? — Disons la bonne. — L'opération n'est pas nécessaire. La mauvaise nouvelle, c'est que toutes les filles avec lesquelles vous avez couché depuis deux ou trois ans pourraient vous poursuivre en recherche de paternité sans problème. "

« Sur quoi j'ai appelé Sandy à Washington. " Rich ! Ça me fait plaisir de t'entendre ! " (Et la voix de Richie était soudain devenue celle de cette Sandy qu'aucun d'eux ne connaissait ; pas une imitation, mais plutôt une peinture auditive.) " Je viens de me marier. — Félicitations ! Tu aurais dû m'envoyer un faire-part. Je me serais chargé des petites cuillères. — T'as pas changé, Rich, toujours le mot pour rire. — Eh oui, toujours le même. Au fait, Sandy, tu ne te serais pas par hasard retrouvée enceinte en quittant Los Angeles, ou un truc comme ça ? — Ça, c'est un gag que je n'apprécie pas ", elle a répondu.

« Et je me suis rendu compte qu'elle était sur le point de raccrocher. Je lui ai alors expliqué ce qui se passait. Elle s'est mise à rire, très fort cette fois, comme nous quand on était gosses et que nous nous racontions des conneries. Quand elle a commencé à se calmer, je lui ai demandé ce qu'il y avait de si drôle. " C'est que pour une fois, la victime de la plaisanterie, c'est Monsieur 33-tours Tozier. Combien de bâtards as-tu conçus depuis mon départ, Rich ? — Je suppose que tu n'as pas encore connu les joies de la maternité, si je comprends bien ? — C'est pour juillet prochain, seulement. D'autres questions ? — Comment se fait-il que tu aies changé d'idée et ne trouves plus immoral de faire des enfants ? — Parce que je suis tombée sur un type qui n'était pas un salopard. " Et elle a raccroché. »

Bill se mit à rire, au point d'en avoir les larmes aux yeux.

« Ouais, dit Richie. Je crois qu'elle s'est dépêchée de raccrocher pour être sûre d'avoir le dernier mot, mais ce n'était pas nécessaire. Je sais reconnaître quand j'ai été battu. J'ai été revoir mon toubib une semaine après, pour lui demander des précisions sur les chances de voir se produire ce genre de régénération spontanée. Pour la période 1980-1982, m'a-t-il dit, l'Association médicale américaine, l'AMA, avait enregistré vingt-trois cas. Six étaient en fait des opérations ratées. Six autres étaient bidons ou des faux — histoire de tirer un peu de fric des médecins. Onze cas authentiques en trois ans, autrement dit.

— Onze sur combien ? demanda Beverly.

— Vingt-huit mille six cent dix-huit », répondit calmement Richie.

Personne ne dit mot.

« J'avais davantage de chances de gagner le gros lot au loto. Et de plus, toujours pas d'enfant comme preuve définitive. Ça ne te fait pas ah-ah-ner, Eds ? »

Avec toujours le même entêtement, Eddie répliqua : « Cela ne prouve toujours pas...

— Non, admit Bill, cela ne prouve rien. Troublant, tout de même. La question est : Qu'est-ce que nous faisons maintenant ? Y as-tu pensé, Mike ?

— Bien entendu ; mais je ne pouvais rien décider avant que cette réunion ait eu lieu et que nous ayons parlé comme nous venons de le faire. Il m'était impossible de prévoir ce qui en sortirait. »

Il se tut pendant un long moment, les regardant tous pensivement.

« J'ai bien une idée, reprit-il finalement, mais avant de vous en faire part, je crois bon de décider si oui ou non nous avons quelque chose à faire ensemble ici. Voulons-nous tenter une deuxième fois ce que nous avons déjà tenté il y a vingt-sept ans ? Voulons-nous essayer de tuer Ça ? Ou bien partageons-nous la note en six et retournons-nous chacun à nos petites affaires ?

— On dirait que si..., commença Beverly, mais Mike, qui n'avait pas fini, secoua la tête.

— Il faut bien comprendre qu'il est impossible de dire quelles sont nos chances de réussir. Je sais qu'elles ne sont pas très bonnes, et qu'elles auraient été meilleures, Stan présent. Sûrement pas idéales, mais meilleures. Stan disparu, le cercle que nous avions formé ce jour-là est rompu. J'ai bien peur que nous ne puissions pas tuer Ça, ni même le chasser pour un bon moment avec un cercle rompu. Je crois que Ça va nous tuer, les uns après les autres, et de manière extrêmement horrible. Enfants, nous avons bouclé un cercle complet d'une façon que je ne comprends toujours pas. Si nous décidons d'attaquer, je pense que nous devons essayer de former un cercle plus petit. J'ignore si c'est possible. Je crois qu'il est possible de se convaincre de l'avoir fait, et de découvrir trop tard... qu'il est trop tard. »

Mike les regarda à nouveau tour à tour, une expression de fatigue sur son visage brun, les yeux enfoncés dans les orbites. « C'est pourquoi j'estime que nous devons voter. Ou nous restons et nous essayons, ou nous rentrons chez nous. Tel est le choix. Je vous ai fait revenir ici par la force d'une promesse ancienne ; je n'étais même pas sûr que vous vous en souviendriez. Mais je ne peux pas vous faire rester ici sur la force de cette promesse ; le résultat serait encore pire. »

Il regarda Bill, et Bill sut alors ce qui se préparait. Ça lui répugnait, il était impuissant à l'arrêter, puis, avec le même sentiment de soulagement que, à son avis, devait ressentir un candidat au suicide quand il lâche le volant de sa voiture lancée à pleine vitesse pour se cacher les yeux, il l'accepta. Mike les avait réunis, Mike avait posé le problème en termes clairs... Il abandonnait maintenant la direction des opérations; elle devait revenir à la personne qui la détenait en 1958.

« Qu'est-ce que tu en dis, Bill ? À toi de poser la question.

— Avant cela, dit Bill, je veux être sûr que tout le monde a bien compris la question. Tu voulais dire quelque chose, Beverly ? »

Elle secoua la tête.

« Très bien. Je suppose que cette question peut se résumer ainsi : restons-nous pour nous battre, ou bien oublions-nous toute l'affaire ? Ceux qui sont pour rester ? »

Autour de la table, personne ne bougea pendant peut-être cinq secondes, ce qui fit penser à Bill à ces ventes aux enchères où un objet atteint soudain un prix stratosphérique, et où ceux qui ne veulent plus surenchérir se transforment en statues; on a peur de se gratter le nez, tant on redoute que le commissaire priseur ne se trompe sur notre geste.

Bill pensa à Georgie, Georgie qui ne voulait de mal à personne, qui avait simplement eu envie de sortir jouer dans la rue après être resté enfermé toute la semaine, Georgie avec ses joues bien rouges, son bateau en papier journal d'une main, enfonçant les boutons-pression de son ciré jaune de l'autre, Georgie le remerciant... puis se penchant sur lui pour déposer un baiser sur sa joue enfiévrée. *Merci Bill. C'est un bateau super.*

Il sentit l'ancienne colère remonter en lui; mais il était maintenant plus âgé, et sa perspective s'était élargie. Il ne s'agissait plus seulement de Georgie. Une atroce ronde de noms tourbillonnait dans sa tête : Betty Ripsom, trouvée gelée sur le sol; Cheryl Lamonica, repêchée dans la Kenduskeag; Matthew Clement, arraché à son tricycle; Veronica Grogan, retrouvée à neuf ans dans un égout ; Steven Johnson, Lisa Albrecht et tous les autres, sans compter les disparus dont on était sans nouvelles.

Il leva la main lentement et dit : « Tuons Ça. Cette fois-ci, tuons Ça pour de bon. »

Pendant quelques instants, sa main fut la seule levée, comme celle de l'unique élève à avoir compris la question en classe, l'élève que tous les autres détestent. Puis Richie poussa un soupir, leva la main et dit : « Qu'est-ce que j'en ai à foutre ! Peut pas être pire que d'interviewer Ozzy Osbourne. »

Beverly leva la main. Ses couleurs lui étaient revenues, deux taches malsaines, haut sur ses pommettes. Elle avait l'air à la fois follement excitée et morte de frousse.

Mike leva la main.

Ben en fit autant.

Eddie s'était enfoncé dans son siège comme s'il avait voulu s'y incruster et y disparaître. Sa figure aux traits fins et délicats exprimait une terreur pitoyable pendant qu'il regardait à droite et à gauche ; puis ses yeux revinrent sur Bill. Un instant, ce dernier crut bien qu'Eddie allait repousser sa chaise, se lever, et foncer hors de la pièce sans un seul regard en arrière. Puis il leva une main, étreignant plus que jamais son inhalateur de l'autre.

« Voilà qui est parlé, Eds ! s'exclama Richie. On va vraiment se payer quelques bons ah-ah maintenant, je te parie.

— Bip-bip, Richie », fit Eddie d'une voix rien moins qu'assurée.

6

Les Ratés prennent un dessert

« Bon, quelle est donc ton idée, Mike ? » demanda Bill. L'ambiance venait d'être rompue par Rose, l'hôtesse, venue avec un plat de biscuits de « bonne fortune ». Elle avait regardé ces six personnes qui restaient là, la main levée, avec une absence de curiosité soigneusement étudiée. Ils rabaissèrent rapidement le bras, et le silence régna jusqu'à son départ.

« La simplicité même, répondit Mike. Pourrait être aussi fichtrement dangereux.

— J' m'en balance, dit Richie.

— Il me semble que nous devrions nous séparer pour le reste de la journée ; que chacun de nous devrait retourner à l'endroit de Derry dont il se souvient le mieux... en dehors des Friches, évidemment. Je crois que pour l'instant, nous devrions tous nous abstenir de nous y rendre. Faites ça comme une sorte de pèlerinage, si vous voulez.

— Mais dans quel but, Mike ? demanda Ben.

— Difficile de répondre ; vous devez comprendre que je me fie beaucoup à mon intuition...

— Et celle-là a un bon rythme sur lequel on peut danser », intervint Richie.

Les autres sourirent, mais Mike non ; il acquiesça, au contraire : « C'est une façon d'exprimer la chose qui en vaut une autre. Se fier à son intuition, c'est comme assimiler un rythme et se mettre à danser dessus. Se fier à son intuition, c'est difficile pour des adultes, c'est pourquoi je considère fondamental de le faire. Après tout, c'est ainsi que fonctionnent les gosses dans quatre-vingts pour cent des cas, en gros, du moins jusque vers l'âge de quatorze ans.

— Au fond, ce dont il est question, c'est de se replonger dans l'ancienne situation, remarqua Eddie.

— Il me semble. C'est en tout cas mon option. Si aucun endroit particulier ne vous vient à l'esprit, laissez vos pieds vous emmener où ils le veulent. On se retrouve ce soir à la bibliothèque, pour se faire part de ce qui se sera produit.

— Si quoi que ce soit se produit, dit Ben.

— Oh, je crois que nous aurons des choses à nous dire.

— De quel genre ? » demanda Ben.

Mike secoua la tête. « Aucune idée. Sinon que ce seront des choses désagréables, à coup sûr. Il est même possible que l'un de nous ne réapparaisse pas ce soir à la bibliothèque. Je n'ai aucune raison particulière de penser cela..., ce n'est qu'une histoire d'intuition, aussi. »

Le silence accueillit cette remarque.

« Pourquoi seuls ? demanda finalement Beverly. Puisque nous sommes censés devoir agir en groupe, pourquoi commencer seuls, Mike ? En particulier si nous courons des risques aussi élevés que tu as l'air de le penser ?

— Je crois pouvoir répondre, intervint Bill.

— Alors, vas-y, Bill, dit Mike.

— Pour chacun de nous, ça a commencé par une aventure personnelle, expliqua Bill. Je ne me souviens pas de tout, pas encore, mais de ça au moins je suis sûr. La photo qui s'est animée dans la chambre de George pour moi. La momie de Ben. Le lépreux d'Eddie sous le porche de la maison de Neibolt Street. Mike découvrant les traces de sang près du canal, dans Bassey Park, et son oiseau... Il y avait bien une histoire d'oiseau, n'est-ce pas, Mike ? »

Mike acquiesça d'un air sinistre. « Un gros oiseau.

— Pour Beverly, ç'a été la voix dans le tuyau de vidange et le sang qui en est sorti, continua Bill. Et pour Richie... » Mais là il se tut, intrigué.

« Je dois être l'exception qui confirme la règle, Grand Bill, dit Richie. Mon premier contact avec quelque chose de bizarre, cet été-là, de vraiment bizarre, remonte au jour où nous sommes allés ensemble dans la chambre de George. Quand nous avons regardé dans son album la photo de Center Street qui s'est mise à bouger. Tu t'en souviens ?

— Oui. Mais es-tu sûr qu'il n'y avait rien eu avant, Richie ? Absolument rien ?

— Je... (Quelque chose passa brièvement dans le regard de Richie.) Eh bien, dit-il lentement, il y a eu ce jour où Henry Bowers et ses copains m'ont poursuivi. C'était avant la fin des classes, et je leur ai échappé en me cachant dans le rayon des jouets de Freese's. Je suis revenu au centre et je me suis assis sur un banc ; et là, il me semble avoir vu... mais c'est juste quelque chose que j'ai rêvé.

— C'était quoi, ce rêve ? demanda Beverly.

— Rien, fit Richie, presque sèchement. Un rêve, c'est tout. (Il regarda Mike.) Une petite marche me fera du bien, je crois ; elle fera passer le temps, ou plutôt, elle me le fera remonter.

— Alors, on est d'accord ? » fit Bill.

Tous acquiescèrent.

« Nous nous retrouvons donc ce soir à la bibliothèque à... Quelle heure proposes-tu, Mike ?

— Sept heures. Sonnez si vous êtes en retard. On ferme à sept heures pendant l'année scolaire.

— Sept heures, entendu », conclut Bill, parcourant le groupe des yeux. Et faites attention. N'oublions pas que nous ne savons pas exactement ce que n-nous faisons ; il ne s'agit pas d'une reconnaissance. Si vous voyez quoi que ce soit, ne vous battez pas, courez !

— Je suis amant, pas combattant, dit Richie d'une voix rêveuse à la Michael Jackson.

— Eh bien, autant commencer tout de suite, lança

Ben, l'esquisse d'un sourire relevant le coin droit de ses lèvres. Je serais cependant bien embêté de vous dire où je vais aller, les Friches étant exclues. Descendre là-dedans avec vous — c'est pour moi le meilleur souvenir. » Ses yeux se portèrent sur Beverly, la fixèrent un moment et se détournèrent. « Aucun autre endroit n'a autant de signification pour moi. Je vais probablement marcher au hasard pendant deux ou trois heures, le nez au vent, en me mouillant les pieds.

— Tu trouveras bien un coin où aller, Meule de Foin, lança Richie. Tu n'as qu'à rendre visite aux pâtisseries que tu fréquentais dans le temps. »

Ben éclata de rire. « Je n'ai plus les mêmes capacités qu'à onze ans, et de loin ! Je suis tellement repu que vous allez devoir me rouler pour me faire sortir, les gars !

— Moi, je suis prêt, dit Eddie.

— Un instant ! s'exclama Beverly alors qu'ils commençaient tous à repousser leurs chaises. Les gâteaux secs de bonne fortune, ne les oubliez pas !

— Ouais, fit Richie, je lis déjà d'ici ce qu'il y a dans le mien ! TU SERAS BIENTÔT BOUFFÉ PAR UN MONSTRE ÉNORME. BONNE JOURNÉE. »

Tout le monde rit, et Mike fit passer le plat de gâteaux secs à Richie, qui en prit un, et fit suivre autour de la table. Bill remarqua que personne n'entama le sien avant la fin de la distribution ; ils restaient assis, le gâteau à la main ou posé devant eux, et au moment où Beverly, toujours souriante, prenait le sien, Bill sentit l'envie de crier : *Non ! Non, ne le fais pas, cela fait partie de Ça, repose-le, ne le brise pas !* monter à sa gorge.

Mais c'était trop tard ; Beverly venait de le rompre, imitée par Ben et par Eddie, qui se servait du bord de sa fourchette ; et comme le sourire de Beverly se transformait en une grimace d'horreur, Bill eut encore le temps de penser : *Nous le savions, d'une manière ou*

d'une autre, nous le savions, car personne n'a mordu
dans son gâteau, ce que l'on aurait dû normalement faire.
Il y a en nous quelque chose qui se souvient... qui se
souvient de tout.

Et il trouva plus horrible que tout de prendre
conscience de cette connaissance obscure des choses ;
elle parlait plus éloquemment que Mike n'aurait pu le
faire pour expliquer combien ils avaient été réellement
et profondément touchés par Ça... et combien Ça les
tenait encore dans son emprise.

Du sang jaillit du gâteau de Beverly comme d'une
artère coupée ; il éclaboussa sa main et la nappe
blanche qui couvrait la table, en une large tache d'un
rouge brillant qui s'imbiba dans le tissu et étendit des
doigts roses avides.

Eddie Kaspbrak poussa un cri étranglé et eut un
violent mouvement de recul, dans un désordre de bras
et de jambes qui manqua renverser sa chaise. Un
énorme insecte à la carapace chitineuse d'un brun
jaunâtre hideux sortait de son gâteau comme d'un
cocon, ses yeux aveugles d'obsidienne tournés vers
l'avant ; comme il rampait sur l'assiette à pain d'Eddie, des miettes de gâteau tombèrent en une petite
averse sur la nappe, et leur minuscule crépitement vint
hanter un rêve que fit Bill un peu plus tard dans
l'après-midi, au cours d'une sieste. Une fois complètement libéré, l'insecte se frotta les pattes arrière l'une
contre l'autre dans un bruit de roseaux froissés, et Bill
se rendit compte qu'il s'agissait d'une espèce d'abominable grillon mutant. Il atteignit le rebord de l'assiette
et bascula par-dessus, tombant sur le dos.

« Oh, Seigneur ! réussit à proférer Richie d'une voix
étranglée. Oh, Seigneur, Grand Bill, c'est un œil, bon
Dieu, c'est un putain d'œil ! »

Bill tourna brusquement la tête et vit Richie, incapable de détacher son regard du gâteau, les lèvres
retroussées en un abominable ricanement. Un mor-

ceau de la pâtisserie venait de se détacher et laissait voir un trou d'où un œil humain le fixait avec une intensité glacée. Des miettes étaient posées sur son iris brun, d'autres noyées dans le blanc.

Ben Hanscom rejeta le sien — non pas d'un geste calculé, mais d'un mouvement réflexe, celui d'une personne victime d'une horrible surprise. Le gâteau sec roula sur la table, et Bill vit que deux dents s'y trouvaient enfoncées, leurs racines couvertes de grumeaux de sang. Elles s'entrechoquaient comme des graines dans une coloquinte creuse.

Il reporta son regard sur Beverly et s'aperçut qu'elle était sur le point de se mettre à hurler ; elle ne quittait pas des yeux la chose qui venait de sortir du gâteau d'Eddie, la chose qui gigotait maintenant mollement sur le dos.

Bill agit. Sans réfléchir, par pure réaction. *Par intuition*, eut-il absurdement le temps de se dire, tandis que, bondissant de son siège, il posait sèchement la main sur la bouche de Beverly juste avant qu'elle ne pousse son cri. *Me voici donc en train d'agir par intuition. J'espère que Mike est fier de moi.*

Ce n'est qu'un son étouffé qui sortit de la bouche de Beverly.

Eddie émettait ces sons sifflants dont Bill se souvenait si bien. Pas de problème, là ; un bon coup de décoince-poumons et l'affaire serait réglée — réglée comme du papier à musique — et Bill se demanda (ce n'était pas la première fois) comment des idées aussi aberrantes peuvent nous venir à l'esprit en de tels moments.

Il regarda précipitamment les autres, et ce qui lui sortit de la bouche remontait de très loin, d'un ancien été, et sonnait à la fois archaïque et incroyablement juste : « Bouclez-la, tous ! Vous entendez ? Bouclez-la ! »

Richie se passa la main sur les lèvres. Le teint de

Mike était maintenant d'un gris douteux, mais il hocha la tête vers Bill. Tous s'éloignèrent de la table. Bill n'avait pas ouvert son propre gâteau de bonne fortune, mais il le voyait se contracter et se dilater sur les côtés, lentement, se dilater, se contracter sous la pression de la surprise qui lui était destinée.

« Huummmh ! fit encore Beverly contre la paume de Bill qu'elle chatouillait de son haleine.

— Boucle-la, Bev ! » dit-il en retirant sa main.

Ses yeux agrandis lui dévoraient le visage ; un tic faisait tressaillir sa bouche. « Bill... Bill..., est-ce que tu as vu...? » Son regard ne quitta qu'un instant la bestiole, apparemment en train de mourir. Ses yeux rugueux semblaient lui rendre son regard, et Bev commença à gémir.

« A-A-Arrête ça, Bev ! fit Bill d'un ton sévère. Revenons à la table.

— Je ne peux pas, Billy, je ne peux pas approcher de cette chose...

— Si, tu le peux ! Il le faut ! » Il venait d'entendre un bruit de pas, rapides et légers, approchant dans le petit couloir, de l'autre côté du rideau de perles. Il jeta un regard circulaire. « Revenez tous à la table ! Prenez un air naturel ! Parlez ! »

Beverly le regarda, les yeux suppliants, mais Bill secoua la tête. Il s'assit et avança sa chaise contre la table, s'efforçant de ne pas s'intéresser au gâteau sec dans son assiette. Il gonflait comme un immonde furoncle se remplissant de pus, non sans continuer à se dilater et se contracter. *Dire que j'ai failli mordre là-dedans !* pensa-t-il confusément.

Eddie déclencha son inhalateur pour la deuxième fois, et le mélange émit un long gémissement délicat en descendant dans ses poumons.

« D'après toi, qui va finalement remporter le trophée ? » demanda Bill à Mike, un sourire dément sur le visage. Rose franchit le rideau de perles à cet instant-là, arborant une expression légèrement interrogative. Du coin de l'œil, Bill vit que Bev s'était de nouveau mise à table. *Tu es une bonne fille*, pensa-t-il.

« À mon avis, les Chicago Bears conservent toutes leurs chances, répondit Mike.

— Tout va bien ? demanda Rose.

— À-À la perfection, dit Bill, montrant Eddie de la main. Notre ami a simplement eu une crise d'asthme ; mais il a pris son médicament, et il va mieux maintenant. »

Rose eut un regard inquiet pour Eddie.

« ... va mieux, siffla Eddie.

— Voulez-vous que je desserve ?

— Dans une minute, répondit Mike, un grand sourire complètement artificiel sur le visage.

— Le repas vous a plu ? » De nouveau ses yeux parcouraient la table, une légère pointe de doute n'entamant pas un profond puits de sérénité. Elle ne voyait ni le grillon, ni l'œil, ni l'espèce de respiration du gâteau de Bill. Elle ne remarqua pas non plus la flaque de sang sur la nappe.

« Tout était excellent », intervint Beverly en lui adressant un sourire nettement plus naturel que ceux de Mike et de Bill. Rose parut rassurée et convaincue que si quelque chose était allé de travers, ce n'était une question ni de cuisine ni de service. *Elle ne manque pas de cran*, pensa Bill.

« Les prédictions des gâteaux étaient bonnes ? demanda Rose.

— Eh bien, je ne sais pas pour les autres, répondit Richie, mais pour ma part, je n'en ai jamais eu d'aussi bonnes à l'œil. »

Bill entendit un minuscule bruit de craquement. Il regarda dans son assiette et vit une patte s'agiter à l'aveuglette, frottant contre la porcelaine.

Dire que j'ai failli mordre là-dedans ! se répéta-t-il, sans se départir de son sourire. « Excellentes », dit-il.

Richie regardait l'assiette de Bill. Une énorme mouche noirâtre surgissait des débris fragiles du gâteau, bourdonnant faiblement. Un liquide jaunâtre épais s'écoula paresseusement entre les miettes et fit une flaque sur la porcelaine. Une odeur lourde et écœurante de plaie infectée s'en dégageait.

« Eh bien, si je ne peux pas vous être utile pour le moment...

— Non, pas pour le moment, admit Ben. Un merveilleux repas. Tout à fait... inhabituel.

— Je vous laisse », dit-elle. Elle s'inclina et disparut derrière le rideau de perles. Celles-ci ondulaient et tintinnabulaient encore que tous déjà s'éloignaient de nouveau de la table.

« Qu'est-ce que c'est ? demanda Ben, la voix enrouée, avec un geste vers ce qui s'agitait dans l'assiette de Bill.

— Une mouche, dit Bill. Une mouche mutante. Que nous devons, je crois, à l'imagination d'un écrivain du nom de George Langlahan. Il a écrit une nouvelle intitulée *La Mouche*. On en a fait un film, pas terrible. Mais l'histoire m'avait flanqué une frousse épouvantable. Ça recommence ses vieux tours de con, très bien. Cette histoire de mouche me trotte par la tête depuis quelque temps, car j'ai envisagé d'écrire un roman sur le même thème...

— Excusez-moi, dit Beverly d'un ton distant. Mais je crois que je vais vomir. »

Elle était partie avant qu'aucun des hommes n'eût le temps de se lever.

Bill déplia sa serviette et la jeta sur la mouche, qui avait maintenant la taille d'un jeune moineau. Impossible qu'une bestiole de cette taille fût sortie d'un petit gâteau sec chinois... et pourtant ! Elle bourdonna par deux fois et se tut.

« Seigneur ! dit faiblement Eddie.

— Barrons-nous d'ici, bordel, barrons-nous ! fit
Mike. Bev nous rejoindra dans l'entrée. »

La jeune femme sortit des toilettes au moment où ils
se regroupaient autour de la caisse. Elle était pâle,
mais maîtresse d'elle-même. Mike paya, fit la bise à
Rose, et tous sortirent pour se retrouver sous la pluie
de l'après-midi.

« Cela fait-il changer d'avis à quelqu'un ? demanda
Mike.

— Non, pas à moi, dit Ben.

— À moi non plus, ajouta Eddie.

— Quel avis ? » demanda Richie.

Bill secoua la tête et regarda Beverly.

« Je reste, dit-elle. Bill, que voulais-tu dire quand tu
as parlé de ses vieux tours de con ?

— J'avais envie d'écrire une histoire d'insectes, et
du coup, ça m'a rappelé l'histoire de ce Langlahan.
C'est ainsi que j'ai vu la mouche, tandis que pour toi
c'était du sang, Beverly. Mais au fait, pourquoi du
sang ?

— À cause de celui qui est sorti du trou d'évacuation, répondit aussitôt Beverly. Tu sais, l'évier de cette
salle de bains dans notre vieille baraque, quand j'avais
onze ans. »

Était-ce vraiment cela ? Elle ne le croyait pas. Car ce
qui lui était immédiatement venu à l'esprit, quand le
sang chaud avait jailli entre ses doigts, c'était
l'empreinte sanglante laissée par son pied quand elle
avait marché sur le fragment de bouteille de parfum.
Tom. Et

(Je me fais vraiment du souci pour toi, Bevvie)

son père.

« Toi aussi tu as eu droit à un insecte, dit Bill à
Eddie. Pourquoi ?

— Pas n'importe quel insecte, mais un grillon,
répondit Eddie. Un grillon. Nous en avons plein le
sous-sol. Une maison à deux cent mille dollars, et

180

impossible de se débarrasser des grillons. La nuit, ils nous rendent fous. Deux ou trois jours avant l'appel de Mike, j'ai fait un cauchemar épouvantable. J'ai rêvé que je me réveillais et que le lit était rempli de grillons. Je voulais les tuer à coups d'inhalateur, mais à chaque fois que j'appuyais sur la détente, il se mettait à crépiter et je me rendais compte qu'il en était plein lui aussi. C'est alors que je me suis réveillé.

— L'hôtesse n'a rien vu, dit Ben à Beverly. Tout comme tes parents n'ont jamais vu le sang qui avait éclaboussé partout.

— En effet », répondit-elle.

Ils restaient debout dans la fine pluie de printemps, se regardant les uns les autres.

Mike consulta sa montre. « Il y a un bus dans vingt minutes, dit-il. Sinon, je peux prendre quatre personnes dans ma voiture, en se serrant un peu. Ou bien on peut appeler des taxis. Comme vous voudrez.

— Je crois que je vais partir d'ici à pied, dit Bill. Je ne sais pas où je vais aller, mais un peu d'air frais est ce qui me fait le plus envie pour le moment.

— Je vais appeler un taxi », dit Ben.

Richie s'invita dans le taxi de Ben, et Beverly et Eddie décidèrent d'attendre le bus.

« Sept heures ce soir, leur rappela Mike. Et soyez prudents, tous. »

Ils promirent de l'être, mais Bill resta dubitatif sur la valeur d'une telle promesse, quand on est confrontés à des menaces aussi formidables qu'inconnues.

Il voulut le leur dire, mais lut sur les visages qu'ils le savaient déjà.

Il s'éloigna donc, avec un geste d'adieu de la main. L'air humide était agréable au visage. Il y avait une bonne trotte, jusqu'en ville, mais c'était parfait. Il voulait réfléchir à un certain nombre de choses. Il était soulagé que la réunion fût terminée et la décision prise.

CHAPITRE 11

Promenades

1

Ben Hanscom bat en retraite

Richie Tozier quitta le taxi au carrefour des trois rues, Kansas, Center et Main, tandis que Ben se faisait conduire jusqu'en haut de la côte de Up-Mile Hill. Le conducteur était le « Francophone » de Bill, mais il était tombé dans un silence morose, et Ben et Richie n'eurent pas droit à son numéro pittoresque. Ben aurait tout aussi bien pu descendre avec Richie, toutefois, il semblait plus judicieux de commencer seul.

Debout au coin de Kansas Street et de Daltrey Close, les mains enfoncées dans les poches, il suivit des yeux le taxi qui se glissait dans la circulation, tout en essayant d'oublier l'abominable conclusion du déjeuner. Il n'y arrivait pas ; ses pensées ne cessaient de revenir à la mouche noire s'extrayant du gâteau de bonne fortune de Bill, ses ailes veinées collées sur le dos. Il avait beau se forcer à penser à autre chose, cinq minutes plus tard, il s'apercevait que son esprit y était retourné.

J'essaie de trouver un moyen de justifier ça, se dit-il,

d'un point de vue plus mathématique que moral. On construit un immeuble en observant certaines lois naturelles, qu'on peut exprimer par des équations, qui elles-mêmes doivent être justifiées. Où se trouvait la justification de ce qui s'était passé moins d'une demi-heure auparavant ?

Laisse tomber, se répéta-t-il pour la énième fois. *C'est impossible à justifier, alors laisse tomber.*

Si le conseil était bon, il avait l'inconvénient de ne pouvoir être suivi. Il se souvenait que le lendemain du jour où il avait vu la momie sur le canal gelé, sa vie avait continué comme de coutume. Il avait pourtant compris qu'il avait bien failli se faire avoir, mais son existence s'était poursuivie, inchangée : école, devoir d'arithmétique, visite à la bibliothèque, appétit toujours aussi formidable à chaque repas. Il avait simplement intégré la chose vue sur le canal à sa vie ; quant à risquer de peu de se faire tuer, c'est l'un des risques de l'enfance. Les gosses foncent dans la rue sans regarder, ils barbotent jusqu'en des endroits où ils n'ont pas pied, ils tombent des balançoires ou des arbres.

Et à présent, devant la vitrine d'une quincaillerie (une boutique de prêteur sur gages en 1958, Ben s'en souvenait, avec des armes, des guitares et des rasoirs à l'étalage), sous le crachin qui allait diminuant, il lui vint à l'esprit que les enfants étaient meilleurs pour ce qui était de manquer mourir de peu et pour incorporer l'inexplicable à leur vie. Les enfants croient implicitement au monde invisible. Les miracles, bons ou nuisibles, méritent d'être pris en considération, certes, mais le monde ne s'en arrête pas pour autant de tourner. Une brusque manifestation de beauté ou d'épouvante, à dix ans, n'interdit pas un bon repas une heure plus tard.

En grandissant, tout cela change. On ne reste plus allongé dans son lit à se dire que quelque chose est accroupi dans la penderie ou gratte à la fenêtre. En revanche, quand il se passe vraiment quelque chose, quelque chose qui dépasse toute explication rationnelle, nos circuits sont en surtension. On commence à s'agiter dans tous les sens, les neurones en ébullition, on tremble, on joue des castagnettes, l'imagination s'emballe et nous met les nerfs en pelote ; on est tout simplement incapable d'intégrer ce qui vient d'arriver à l'expérience que l'on a de la vie. Ça ne passe pas. L'esprit ne cesse d'y revenir, à petits coups de patte légers de chaton... jusqu'à ce que finalement, bien entendu, on devienne fou ou jusqu'à ce qu'on se réfugie en un endroit où l'on ne peut plus fonctionner.

Si jamais c'est ce qui arrive, pensa Ben, *je suis foutu. Nous sommes foutus.*

Il commença de remonter Kansas Street, sans avoir conscience de s'être fixé un but. Une pensée lui traversa soudain l'esprit : *Qu'avons-nous fait du dollar d'argent ?*

Il ne se souvenait toujours pas.

Le dollar d'argent, Ben... Beverly t'a sauvé la vie avec. La tienne... et peut-être celle de tous les autres... et en particulier celle de Bill. Ça a bien failli m'étriper avant que Beverly... ne fasse quoi ? Qu'a-t-elle donc fait ? Et comment a-t-elle réussi ? Elle a fait reculer Ça, et nous l'avons aidée. Mais comment ?

Un mot lui revint tout d'un coup à l'esprit, un mot qui n'avait aucun sens et qui pourtant lui donna la chair de poule :

Chüd.

Il baissa les yeux sur le trottoir et vit la silhouette d'une tortue dessinée à la craie ; pendant un moment, ce fut comme si le monde dansait sous ses yeux. Il les ferma, très fort, et se rendit compte en les rouvrant qu'il ne s'agissait pas d'une tortue, mais d'une simple marelle à demi effacée par la pluie.

Chüd.

Qu'est-ce que cela voulait dire ?

« Je l'ignore », dit-il à voix haute. En jetant un rapide coup d'œil autour de lui pour voir si personne ne l'avait entendu, il s'aperçut qu'il avait quitté Kansas Street pour Costello Avenue. Lors du déjeuner, il avait prétendu que le seul endroit où il s'était senti heureux à Derry avait été les Friches... Mais c'était loin d'être vrai. Il y en avait un autre. Et par hasard ou inconsciemment, il se retrouvait devant cet autre endroit : la bibliothèque municipale de Derry.

Il resta planté une minute ou deux devant la façade, les mains toujours au fond des poches. Elle n'avait pas changé ; autant qu'autrefois, il en admira la structure. Comme nombre de bâtiments de pierre bien conçus, elle réussissait à résoudre, pour l'œil le plus observateur, un certain nombre de contradictions : la lourdeur de la pierre était compensée par la délicatesse des arches et la finesse des colonnes ; elle avait à la fois la solidité trapue d'une banque et l'élégance élancée d'une église. Ces contradictions la sauvaient de la laideur, et il ne fut pas tout à fait surpris de ressentir un élan de tendresse pour l'édifice.

Costello Avenue non plus n'avait guère changé. La Maison communale de Derry était toujours là, un peu plus loin, et Ben se demanda si le marché à la jonction avec Kansas Street (l'avenue décrivait un arc de cercle) n'avait pas disparu.

Il s'avança sur la pelouse de l'édifice, sans faire attention à ses bottes qui se mouillaient, pour aller jeter un coup d'œil sur le passage vitré qui reliait la bibliothèque des adultes à celle des enfants. Il était toujours là, et d'où il se tenait, juste devant les branches retombantes d'un saule pleureur, il voyait les gens aller et venir. L'ancienne et merveilleuse impression l'envahit, et pour la première fois, il oublia complètement ce qui s'était passé à la fin de la réunion. Il se souvenait être souvent venu à cet endroit précis en plein hiver, s'ouvrant un chemin dans la neige qui lui montait jusqu'aux hanches, et être resté là un bon quart d'heure. Il se rappela ainsi un crépuscule et ces contrastes qui le fascinaient, tandis que le bout de ses doigts devenait gourd et que la neige fondait à l'intérieur de ses bottes en caoutchouc vert. Là, il avait vécu la tombée de la nuit, les ombres précoces des brèves journées d'hiver s'étirant, violettes, sur le monde, le ciel couleur de cendre à l'est et d'ambre à l'ouest. Là, il avait subi des températures glaciales, moins douze peut-être, plus froid encore quand le vent arrivait des Friches pétrifiées par le gel.

Et pourtant, à moins de quarante mètres de là, circulaient des gens en manches de chemise. À moins de quarante mètres s'allongeait un passage brillamment éclairé de tubes fluorescents. De petits enfants passaient en pouffant de rire, des couples de collégiens amoureux s'avançaient main dans la main (la bibliothécaire y mettait bon ordre si elle s'en apercevait). Il y avait là quelque chose de magique, d'une bonne magie, qu'il était encore trop jeune pour ramener à des explications aussi terre à terre que l'électricité et le chauffage central. La magie tenait à ce cylindre lumineux de vie reliant les deux bâtiments sombres comme une artère vitale ; la magie, c'était le spectacle de ces gens qui traversaient, de nuit, une étendue enneigée, sans être gênés pas l'obscurité ou atteints par le froid. Ils en acquéraient beauté et divinité.

Il finissait toujours par s'éloigner (comme il le faisait maintenant) en contournant le bâtiment pour rejoindre l'entrée principale (comme il le faisait maintenant), mais s'arrêtait toujours pour regarder une dernière fois (comme il le faisait maintenant) ce délicat ombilic avant qu'il ne soit caché par la masse de la bibliothèque des adultes.

Le cœur pincé par cet accès de nostalgie, Ben gravit les marches qui conduisaient à l'ancien bâtiment et s'arrêta un instant dans l'étroite véranda, juste entre les piliers, un endroit tout en hauteur et toujours frais quelle que soit la chaleur du jour. Puis il poussa le battant bardé de fer et pénétra dans la quiétude de la bibliothèque.

La force du souvenir lui fit presque tourner la tête pendant quelques instants, tandis qu'il s'avançait dans la lumière douce que distribuaient les globes de verre. Une force qui n'avait rien de matériel, comme une claque ou un coup de poing. Une force qui ressemblait plutôt à cette étrange impression du temps qui revient sur lui-même que l'on appelle, à défaut de mieux, déjà-vu. C'est une impression que Ben avait déjà ressentie, mais jamais elle ne l'avait frappé et désorienté à ce point ; pendant les quelques instants qu'il passa dans l'entrée, il se sentit littéralement perdu dans le temps, ne sachant plus l'âge qu'il avait. Trente-huit ans ou onze ans ?

Ici régnait toujours le même calme tissé de murmures et de chuchotements occasionnels, ponctué du coup de tampon d'un bibliothécaire sur les fiches des livres ou du froissement des pages d'un journal que l'on tourne. La qualité de la lumière lui plaisait autant qu'autrefois ; elle pénétrait en biais par les hautes fenêtres, grise comme des ailes de pigeon en cet après-midi pluvieux, une lumière qui invitait à la somnolence et à la rêverie.

Il traversa un grand espace recouvert d'un lino aux motifs noirs et rouges presque complètement effacés, essayant comme jadis d'atténuer le bruit de ses pas : un dôme couronnait la bibliothèque des adultes, et tous les bruits s'y répercutaient.

Il vit que les deux escaliers de fer en colimaçon conduisant aux réserves se trouvaient toujours au même endroit, de part et d'autre du bureau principal en forme de fer à cheval, mais aussi que l'on avait, à un moment donné, ajouté un minuscule ascenseur-cage, pendant le quart de siècle qui avait suivi son déménagement avec sa maman. Ce fut presque un soulagement — un premier accroc dans l'impression suffocante de déjà-vu.

Il se sentait comme un intrus, comme un espion débarquant d'un autre pays. Il s'attendait presque à s'entendre interpeller par la bibliothécaire installée derrière le bureau, d'une voix forte et autoritaire qui tirerait tous les lecteurs de leur livre et tournerait les regards vers lui : « *Hé, vous ! Que faites-vous ici ? Vous êtes de l'Extérieur ! Vous n'avez rien à faire ici ! Vous venez d'Autrefois ! Retournez d'où vous venez ! Tout de suite, avant que j'appelle la police !* »

La bibliothécaire leva bien les yeux ; elle était jeune et jolie, et pendant un instant, absurdement, Ben crut que ce qu'il venait de fantasmer allait se produire quand le regard bleu pâle rencontra le sien et qu'il sentit son cœur lui monter dans la gorge. Puis les yeux bleus le quittèrent, indifférents, et Ben s'aperçut qu'il pouvait de nouveau marcher. S'il était un espion, on ne l'avait pas repéré.

Il passa sous l'enroulement mortellement raide de l'un des escaliers en fer forgé pour gagner le corridor qui conduisait à la bibliothèque des enfants et se rendit compte avec amusement (mais seulement après coup) qu'il avait retrouvé une autre des réactions de son enfance. Il avait levé les yeux dans l'espoir de voir (comme il l'espérait étant gosse) une fille en jupe descendre cet escalier. Il se souvint soudain d'avoir une fois regardé en l'air sans raison particulière, alors qu'il avait huit ou neuf ans ; il avait eu droit à la vision de la petite culotte rose d'une charmante adolescente. De même que le bref reflet du soleil sur le bracelet de cheville de Beverly Marsh avait suscité en lui quelque chose de plus primitif que simplement de l'amour ou de l'affection lors du dernier jour d'école, en 1958, de même, la vue des dessous de la lycéenne l'avait-elle fortement troublé ; il se souvenait s'être assis à une table de la bibliothèque des enfants, et y avoir rêvé une bonne vingtaine de minutes, les joues et le front brûlants, un livre sur l'histoire des chemins de fer ouvert devant lui, son pénis, dans son pantalon, dur comme une branche qui aurait poussé des racines jusque dans son ventre. Il s'était vu marié à l'adolescente et vivant avec elle dans une petite maison à la périphérie de la ville, se livrant à des plaisirs dont il n'avait pas la moindre idée.

Ces impressions avaient disparu aussi rapidement qu'elles étaient venues, mais il n'avait jamais pu repasser sous l'escalier de fer sans jeter un coup d'œil en l'air.

Il avança lentement dans le corridor vitré, non sans remarquer d'autres changements. On avait collé au-dessus des interrupteurs des étiquettes jaunes qui disaient : L'OPEP ADORE VOUS VOIR DÉPENSER DE L'ÉNERGIE : ÉPARGNEZ LES WATTS ! Sur le mur du fond, dans ce monde de tables et de chaises miniatures en bois blond, où la fontaine d'eau fraîche ne dépassait pas un mètre de haut, ce n'étaient pas les portraits de Dwight Eisenhower ou de Richard Nixon que l'on voyait, mais ceux de Ronald Reagan et George Bush...

Mais...

De nouveau le submergeait le sentiment de déjà-vu. Il était impuissant à le contenir, et ressentit ce coup-ci l'engourdissement horrifié d'un homme qui commence à se rendre compte, après une heure d'efforts inutiles, que la côte ne se rapproche pas et qu'il va se noyer.

C'était l'heure du conte, et dans un coin, une douzaine de petits, solennellement assis en demi-cercle sur leurs minuscules chaises, écoutaient attentivement. « *Qui heurte si fort à ma porte ?* » était en train de dire une jeune femme en prenant un ton terrifié. Et Ben pensa : *Quand elle va relever la tête, je vais m'apercevoir que c'est Miss Davies, oui, ce sera Miss Davies et elle n'aura pas vieilli d'un jour...*

Mais quand la conteuse se redressa, c'est une femme encore plus jeune que la Miss Davies qu'il avait connue qu'il aperçut.

Certains des enfants se cachaient la bouche de la main et pouffaient, tandis que d'autres la regardaient, simplement, avec dans le regard la lumière de cette fascination éternelle qu'exercent les contes de fées ; le monstre serait-il vaincu, ou bien allait-il dévorer les petits cochons ?

« Ouvre-moi ta maison de paille, petit cochon », continua la jeune femme, tandis que Ben, tout pâle, passait.

Comment est-il possible que ce soit la même histoire ? Exactement la même ? Dois-je me persuader qu'il s'agit d'une simple coïncidence ? Mais ce n'est pas possible, je ne peux y croire.

Il s'inclina sur la fontaine, obligé de se courber au point qu'il avait l'impression d'être Richie en train de faire ses salamalecs-salamis.

Il faudrait pouvoir parler à quelqu'un, pensa-t-il, paniqué. *Mike... Bill... quelqu'un. Quelque chose est-il en train de superposer passé et présent, ici, ou n'est-ce que mon imagination ? Parce que sinon, je ne suis pas sûr d'avoir topé pour ce marché-là. Je...*

Il regarda vers le bureau de contrôle, et éprouva l'impression que son cœur s'était arrêté de battre quelques instants dans sa poitrine avant de repartir au galop. L'affiche était simple, brutale, familière. Elle disait simplement :

N'OUBLIEZ PAS LE COUVRE-FEU
19 H
SERVICES DE POLICE DE DERRY

Instantanément, tout lui parut clair ; tout lui parvint en un sinistre éclair de compréhension, quand il se rendit compte que le vote auquel ils avaient procédé était une farce. Il n'existait aucun moyen d'y échapper, il n'y en avait jamais eu. Ils avançaient sur des rails aussi solidement posés qu'étaient inscrits dans son cerveau les souvenirs comme celui qui lui avait fait lever la tête sous l'escalier. Ici, à Derry, retentissait un écho, un écho mortel, et ce qu'ils pouvaient espérer de mieux était que cet écho évolue suffisamment en leur faveur pour qu'ils puissent s'enfuir encore en vie.

« Seigneur, murmura-t-il, se frottant rudement la joue de la main.

— Puis-je vous aider, monsieur ? » demanda une voix juvénile à côté de lui, le faisant légèrement sursauter. C'était une jeune fille d'environ dix-sept ans, ses cheveux blond foncé retenus par deux barrettes au-dessus de son joli minois d'écolière. Une assistante-bibliothécaire, évidemment ; il y en avait déjà en 1958, des collégiens et des collégiennes qui rangeaient les livres, montraient aux petits comment se servir du catalogue et venaient en aide aux chercheurs perdus dans les notes et les références. Ils touchaient un salaire de misère, mais on trouvait toujours de jeunes volontaires ; c'était un travail agréable.

Dans la foulée, il décrypta plus précisément le sourire agréable mais interrogateur de l'assistante, et se souvint qu'il n'était pas à sa place en ce lieu — qu'il était Gulliver à Lilliput. Un intrus. S'il avait craint, dans la bibliothèque des adultes, de se voir poser des questions, ici, c'était un soulagement. Cela prouvait qu'il était encore un adulte ; en outre, le fait que la jeune fille ne portait manifestement pas de soutien-gorge sous sa chemise style western le calmait plus qu'il ne l'excitait ; il ne pouvait y avoir de preuve plus éclatante que l'on était en 1985 et non en 1958 que la manière dont la pointe de ses seins se dessinait sous le coton.

« Non, merci, mademoiselle », répondit-il, ajoutant aussitôt, de façon incompréhensible pour lui-même : « Je cherchais mon fils.

— Ah ? Quel est son nom ? Je l'ai peut-être vu. (Elle sourit.) Je connais presque tous les enfants.

— Il s'appelle Ben Hanscom, mais je ne le vois pas ici.

— Décrivez-le-moi, et je lui transmettrai un message, si vous le désirez.

— Eh bien, dit Ben, mal à l'aise et furieux de s'être fourré dans cette situation, il est du genre bien en chair et il me ressemble de visage. Mais ce n'est pas bien grave, mademoiselle. Si vous le voyez, dites-lui simplement que son père s'est arrêté en passant.

— Je n'y manquerai pas », dit-elle avec un sourire, mais un sourire qui n'arriva pas jusqu'à ses yeux. Ben se rendit brusquement compte qu'elle n'était pas venue lui parler par simple politesse et désir de l'aider. Elle était assistante dans une bibliothèque d'enfants, sise dans une ville où neuf enfants venaient d'être massacrés en huit mois. Un homme bizarre arrive dans ce monde à échelle réduite où les adultes ne passent guère que pour laisser leurs gosses et les reprendre — et l'on devient soupçonneux, évidemment.

« Merci », dit-il, lui adressant un sourire qu'il espéra rassurant, avant de s'enfuir.

Il battit en retraite par le corridor vitré et, poussé par une impulsion qu'il ne comprenait pas, il se dirigea vers le bureau en fer à cheval, une fois dans la bibliothèque des adultes... Après tout, ils étaient censés suivre leurs impulsions, cet après-midi, non ? Les suivre, et voir où cela les conduisait.

Carole Danner : tel était le nom de la jeune bibliothécaire, gravé sur une plaque posée sur le bureau. Derrière elle donnait une porte en verre dépoli sur laquelle était écrit : MICHAEL HANLON BIBLIOTHÉCAIRE EN CHEF.

« Puis-je vous aider ? demanda la jeune femme.

— Je crois, répondit Ben, ou du moins, je l'espère. J'aimerais avoir une carte de lecteur.

— Mais bien sûr, dit-elle en prenant aussitôt un formulaire d'inscription. Résidez-vous à Derry ?

— Pas actuellement.

— Votre adresse ?

— Route rurale numéro 2, Hemingford Home, Nebraska. » Il se tut un instant, s'amusant de voir s'agrandir les yeux de la jeune femme, puis débita le numéro de code : « Cinq-neuf-trois-quatre-un. Je m'appelle Ben Hanscom.

— Est-ce une plaisanterie, Mr. Hanscom ?

— Nullement.

— Vous envisagez alors de venir habiter Derry ?

— Non plus.

— Cela fait un peu loin pour venir emprunter des livres, vous ne trouvez pas ? N'y aurait-il pas de bibliothèques, dans le Nebraska ?

— C'est plus ou moins une affaire sentimentale », expliqua Ben. Il aurait cru gênant de donner ces précisions à un étranger, mais il n'en fut rien. « J'ai grandi à Derry, comprenez-vous. C'est la première fois que j'y reviens depuis mon enfance. J'ai fait un tour pour regarder ce qui avait changé, ce qui était resté. Je me suis tout d'un coup rendu compte que j'y avais passé dix ans, entre trois et treize ans, et que je n'avais rien pour évoquer cette période, même pas une carte postale. J'avais des dollars d'argent, mais j'en ai perdu un et j'ai donné les autres à un ami. Je crois que ce qui me ferait plaisir serait un souvenir de mon enfance. C'est un peu tard, mais ne vaut-il pas mieux tard que jamais, comme on dit ? »

Carole Danner sourit et son visage, de simplement joli, devint ravissant. « Je trouve ça adorable, dit-elle. Si cela ne vous ennuie pas de patienter une quinzaine de minutes, je vais vous faire votre carte. »

Ben esquissa un sourire. « Je suppose qu'il y a une cotisation à payer, surtout en tant qu'étranger à la ville.

— Aviez-vous une carte, autrefois?

— Bien sûr. » Son sourire s'agrandit. « En dehors de mes amis, je crois que cette carte était la chose la plus importante...

— Veux-tu venir ici, Ben? » lança soudain une voix, déchirant le silence de la salle avec une précision de scalpel.

Il fit brusquement demi-tour, avec cette expression de culpabilité qu'ont les gens quand quelqu'un crie dans une bibliothèque. Il ne vit personne de sa connaissance... et ne tarda pas à se rendre compte qu'aucun lecteur n'avait levé les yeux ou montré le moindre signe d'impatience ou d'ennui. Les vieux messieurs lisaient toujours dans leur coin le *Derry News*, le *Boston Globe*, le *National Geographic*, le *Time*, *Newsweek*, ou *U.S. New & World Report*. À l'une des tables de la salle du catalogue, deux lycéennes étaient toujours penchées sur une pile de papiers et de cartes de référence. Plusieurs personnes feuilletaient les livres d'un présentoir (NOUVELLES ACQUISITIONS-FICTION). Un vieil homme, coiffé d'une casquette de chauffeur ridicule et une pipe éteinte serrée entre les dents, parcourait un album de dessins, des pin-up de Luis de Vargas.

Il se retourna vers la jeune femme qui le regardait, intriguée.

« Quelque chose ne va pas?

— Non, répondit Ben. J'ai cru entendre quelque chose. Le décalage horaire m'a plus perturbé que je ne le croyais. Que disiez-vous?

— En fait, c'est vous qui parliez. Mais j'étais sur le point de vous expliquer que votre nom devait toujours figurer dans notre fichier si vous avez eu une carte autrefois. Tout est sur microfilms, maintenant. Un changement, depuis que vous étiez enfant, non?

— Tout à fait. Bien des choses ont changé à Derry... et cependant, beaucoup d'autres sont restées.

— Je peux consulter le fichier et procéder à un simple renouvellement. Gratuitement.

— Magnifique », dit Ben. Mais avant qu'il ait pu la remercier, la voix rompit de nouveau le silence religieux de la salle de lecture, plus forte, chargée d'un enjouement plein de menaces : « *Amène-toi, Ben ! Amène-toi un peu, espèce de tas de lard de merde ! C'est à la vie à la mort, Ben Hanscom !* »

Ben s'éclaircit la gorge. « J'apprécie beaucoup, dit-il.

— C'est la moindre des choses, répondit la jeune femme en inclinant la tête de côté. Le temps s'est-il réchauffé, dehors ?

— Un peu. Pourquoi ?

— Vous...

— *C'est Ben Hanscom, le coupable !* hurla la voix venant d'en haut, des rayons de la réserve. *C'est Ben Hanscom qui a tué les enfants ! Prenez-le ! Attrapez-le !*

— ... transpirez, acheva-t-elle.

— Vraiment ? demanda-t-il bêtement.

— Je vais vous la préparer tout de suite.

— Merci. »

Elle se dirigea vers un coin du bureau où trônait une vieille machine à écrire.

Ben s'éloigna lentement, le cœur battant la chamade. Oui, il était en sueur, une sueur qu'il sentait couler le long de son front, de ses aisselles, et qui collait les poils de sa poitrine. Il leva les yeux et vit Grippe-Sou le Clown en haut de l'escalier de gauche, les yeux baissés sur lui. Il avait le visage tout blanc d'un fard épais, et sa bouche, barbouillée d'un rouge sanglant, s'étirait sur un sourire de tueur. Ses yeux n'étaient en fait que deux orbites vides, et il tenait d'une main un lot de ballons, de l'autre un livre.

Pas lui, pensa Bill. *Pas Ça. Je me trouve au centre de la rotonde de la bibliothèque de Derry, nous sommes en 1985 et c'est la fin d'un après-midi de printemps, je suis un adulte — et me voici face à face avec le plus épouvantable cauchemar de mon enfance. Face à face avec Ça.*

« Ramène-toi, Ben, lui lança Grippe-Sou. Je ne te ferai aucun mal. J'ai un livre pour toi ! Un livre... et un ballon. Allez, ramène-toi ! »

Ben ouvrit la bouche pour répondre : *Tu es cinglé si tu crois que je vais monter là-haut,* mais se rendit compte à temps que tout le monde allait le regarder et se demander si ce n'était pas lui le cinglé.

« Oh, je sais que tu ne peux pas répondre, reprit Grippe-Sou avec un ricanement. J'ai quand même bien failli t'avoir, non ? " Pardon, m'dame, est-ce ici qu'on repasse ?... Oui ? Eh bien, je repasserai ! " " Pardon, m'sieur, il marche votre frigo ?... Oui ? Qu'est-ce que vous attendez pour lui courir après ? " »

De son palier, le clown rejeta la tête en arrière et partit d'un rire strident qui gronda et se répercuta sous le dôme de la rotonde comme un vol de noires chauves-souris, et il fallut à Ben faire un terrible effort de volonté pour ne pas se plaquer les mains sur les oreilles.

« Allons, Ben, ramène-toi, le relança Grippe-Sou. Nous parlerons. En terrain neutre. Qu'est-ce que tu en dis ? »

Je ne monterai pas là-haut. Le moment où je m'approcherai de toi, tu n'auras plus envie de me voir, je crois. Nous allons te tuer, pensa Ben.

De nouveau, le clown éclata de son rire suraigu. « Me tuer ? Me tuer, moi ? » Et soudain, de manière horrible, sa voix fut celle de Richie Tozier — non pas sa voix ordinaire, mais la voix négrillon du Sud : « Missié toi pas me tuer ! Moi bon nèg'e, t'ès bon nèg'e, toi pas tuer ce pauv'e ga'çon noi', Meule de Foin ! » Éclat de rire hystérique.

Pris de frissons, le visage de craie, Ben traversa le centre de la bibliothèque, convaincu qu'il n'allait pas tarder à vomir. Il se tenait debout devant un rayonnage de livres, et il en prit un au hasard d'une main agitée de tremblements. « C'est ta dernière et unique chance, Meule de Foin ! Fous le camp de la ville. Fous le camp avant la nuit. Je me mettrai en chasse ce soir. Après toi... et après les autres. Tu es trop vieux pour m'arrêter, Ben. Vous êtes tous trop vieux. Tout juste bons à vous faire tuer. Tire-toi donc, Ben. Tiens-tu absolument à assister à ça, ce soir ? »

Il se tourna lentement, tenant toujours le livre dans ses mains tremblantes. Il ne voulait pas regarder, mais on aurait dit qu'un doigt glacé le tirait par le menton et lui soulevait la tête.

Le clown avait disparu. À sa place se tenait Dracula, mais pas le Dracula du film — ni Bela Lugosi, ni Christopher Lee, ni Frank Langella ou aucun autre. Une chose vaguement humaine à la figure tordue comme une racine, mortellement pâle, les yeux rouge-mauve comme des grumeaux de sang, le regardait du palier de l'escalier de gauche. Sa bouche s'ouvrit toute grande et révéla une double rangée de lames Gillette enfoncées dans les gencives sous des angles divers ; on avait l'impression d'être en face d'un labyrinthe de miroirs dans lequel le moindre faux pas pouvait être mortel.

La chose poussa un cri strident et referma brusquement ses mâchoires. Du sang noirâtre se mit à couler de sa bouche, des fragments de ses lèvres entaillées tombèrent sur la soie blanche étincelante de sa chemise de soirée et laissèrent en glissant des traînées d'escargot sanguinolentes.

« *Qu'est-ce que Stan Uris a vu avant de mourir ?* hurla le vampire avec un rire, la bouche comme un grand trou sanglant. *David Crockett le roi de la Frontière sauvage ? Qu'a-t-il donc vu, Ben ? Veux-tu le voir aussi ? Qu'a-t-il donc vu ? Qu'a-t-il donc vu ?* » Puis il éclata de nouveau de ce même rire strident, et Ben comprit qu'il était lui-même sur le point de hurler, oui, qu'il ne pourrait pas s'en empêcher, pas moyen, rien à faire. Du sang s'écoulait goutte à goutte du palier en une averse sinistre. Une goutte avait atterri sur la main déformée par l'arthrite d'un vieil homme en train de lire *The Wall Street Journal*. Elle coula le long de ses articulations sans qu'il la vît ou la sentît.

Ben inspira de l'air, certain qu'il ne l'accumulait que pour crier, chose impensable dans la quiétude de cet après-midi de crachin léger, aussi choquante qu'un coup de couteau... ou une bouche pleine de lames de rasoir.

Au lieu de cela, à demi avalés, prononcés à voix basse comme une prière, ces mots se bousculèrent dans sa bouche : « Nous en avons fait des balles, évidemment. Nous avons fait des balles avec le dollar d'argent. »

L'homme en casquette de mécanicien qui feuilletait l'album de Vargas leva la tête, le regard perçant. « Absurde ! » dit-il. Du coup, des gens levèrent la tête, et quelqu'un fit « Chhhut » en direction du vieil homme, d'un ton de reproche.

« Je suis désolé », dit Ben d'une voix basse et tremblante. Il avait vaguement conscience que son visage dégoulinait maintenant de transpiration et que sa chemise lui collait au corps. « Je pensais à voix haute...

— Absurde, reprit l'homme, un ton plus haut. Il est impossible de fondre des balles avec un dollar d'argent. Préjugé populaire. Fiction de BD. Le problème est qu'avec une gravité spécifique... »

Soudain la jeune femme, Carole Danner, se trouva à leurs côtés. « Il faut garder le silence, Mr. Brockhill, dit-elle gentiment. Les gens lisent, et...

— Il est malade, la coupa sèchement Brockhill en retournant à son livre. Donnez-lui donc une aspirine, Carole. »

Carole Danner se tourna vers Ben et son visage prit une expression inquiète. « Êtes-vous malade,

Mr. Hanscom ? Je sais que c'est très impoli de faire ce genre de remarque, mais vous avez une mine épouvantable.

— Je... j'ai mangé dans un restaurant chinois à midi. Je crois que ça ne passe pas.

— Si vous voulez vous allonger, il y a un canapé dans le bureau de Mr. Hanlon. Vous pourriez...

— Non. Je vous remercie, ça va aller. » Ce n'était pas s'allonger qu'il voulait, mais foutre le camp de la bibliothèque de Derry. Il regarda vers le palier. Clown et vampire avaient disparu. Mais attaché à la balustrade de fer forgé, flottait un ballon. Sur son ventre tendu on pouvait lire ces mots : BONNE FIN D'APRÈS-MIDI ! CE SOIR TU MEURS !

« J'ai votre carte, dit-elle en posant une main légère sur son bras. La voulez-vous toujours ?

— Oui, merci beaucoup, dit Ben en prenant une profonde inspiration traversée de frissons. Je suis désolé pour cet incident.

— J'espère simplement qu'il ne s'agit pas d'une intoxication alimentaire, dit-elle.

— Ça marcherait pas, reprit Mr. Brockhill sans lever les yeux de l'album ni retirer la pipe de la bouche. C'est un truc de mauvaise science-fiction. »

Et sans aucune idée de ce qu'il allait dire, Ben s'entendit répondre : « En fait, c'était de la grenaille, pas des balles. On s'est presque tout de suite rendu compte qu'on n'y arriverait pas. Nous n'étions que des gosses, comprenez-vous. C'était moi qui avais eu l'idée de...

— Chhhut ! » fit quelqu'un d'autre.

Brockhill jeta un coup d'œil surpris à Ben, parut sur le point de répliquer, puis retourna à ses dessins.

Au bureau, Carole Danner lui tendit une petite carte orange avec la mention BIBLIOTHÈQUE MUNICIPALE DE DERRY. Amusé, Ben s'aperçut que c'était sa première carte de lecteur adulte ; celle de son enfance avait été jaune canari.

« Êtes-vous sûr que vous ne voulez pas vous allonger, Mr. Hanscom ?

— Je me sens un petit peu mieux, merci.

— Vraiment ? »

Il réussit à lui adresser un sourire. « Vraiment.

— C'est vrai, vous avez l'air un peu mieux », admit-elle, mais avec une pointe de doute, comme si elle pensait que c'était ce qu'il fallait dire et non la vérité.

Puis elle passa un livre dans l'appareil qui servait à enregistrer les prêts, et Ben se sentit pris d'une forme quasi hystérique d'amusement. *C'est le bouquin que j'ai piqué au hasard quand le clown s'est mis à faire la voix de négrillon ; elle pense que je désire l'emprunter. C'est le premier retrait que je fais à la bibliothèque de Derry en vingt-cinq ans et je ne sais même pas ce que c'est. En plus, je m'en fous. Qu'on me laisse sortir d'ici, c'est tout ce que je demande.*

« Merci, dit-il en glissant l'ouvrage sous son bras.

— Vous êtes tout à fait le bienvenu, Mr. Hanscom. Êtes-vous sûr de ne pas vouloir un peu d'aspirine ?

— Absolument, répondit-il avant d'ajouter, non sans une hésitation : Vous ne sauriez pas par hasard ce qu'est devenue Mrs. Starrett ? Barbara Starrett ? Elle était autrefois responsable de la bibliothèque des enfants.

— Elle est morte, dit Carole Danner. Il y a trois ans de cela. Une attaque, si j'ai bien compris. Désolant. Elle était relativement jeune, cinquante-huit ou cinquante-neuf ans, je crois. Mr. Hanlon a fait fermer la bibliothèque ce jour-là.

— Oh ! » dit Ben, qui sentit un vide se creuser dans son cœur. Voilà ce qui arrivait quand on revenait sur les lieux de son enfance ; le glaçage du gâteau était délicieux, mais le contenu amer. Les gens vous oubliaient, mouraient, perdaient leurs cheveux ou leurs dents. Parfois, on s'apercevait qu'ils avaient aussi perdu l'esprit. Ô c'est quelque chose, d'être en vie, bon Dieu de bon Dieu.

« Je suis désolée, dit-elle. Vous l'aimiez bien ?

— Tous les gosses aimaient Mrs. Starrett, répondit Ben, inquiet de sentir les larmes lui monter aux yeux.

— Est-ce que vous... »

Qu'elle me demande une fois de plus si je vais bien, et je vais vraiment me mettre à pleurer ou à crier, n'importe quoi.

Il jeta un coup d'œil à sa montre et dit : « Il faut vraiment que je parte. Merci pour votre gentillesse.

— Bonne fin de journée, Mr. Hanscom. »

Et comment ! Vu que ce soir, je meurs.

Il eut un geste du doigt en sa direction et retraversa la salle. Mr. Brockhill lui jeta un bref regard, perçant et plein de suspicion.

Ben leva une dernière fois les yeux sur le palier de l'escalier gauche. Le ballon y flottait toujours, au bout de son fil. Mais le texte avait changé, et on lisait maintenant :

J'AI TUÉ BARBARA STARRETT !
GRIPPE-SOU LE CLOWN

Il détourna le regard, sentant à nouveau son cœur lui monter dans la gorge. Il fut surpris, en sortant, de trouver le soleil ; les nuages se dissipaient et laissaient place aux tièdes rayons d'un après-midi de mai qui donnait à l'herbe un vert d'une incroyable luxuriance. Ben sentit se dissiper le poids qu'il avait sur la poitrine, comme s'il avait abandonné dans la bibliothèque quelque insupportable fardeau... puis ses yeux tombèrent sur le livre qu'il avait involontairement emprunté, et sa mâchoire se crispa avec une brutalité douloureuse. Il s'agissait de *Bulldozer*, de Stephen Meader, l'un des ouvrages qu'il avait sous le bras le jour où il avait plongé dans les Friches pour échapper à Henry Bowers et ses acolytes.

Et à propos de Henry, l'empreinte de sa botte de mécano salissait toujours la couverture.

Faisant tourner les pages d'une main de nouveau tremblante, il s'arrêta à la dernière. La bibliothèque disposait maintenant d'un contrôle des fiches par microfilm : il venait de voir l'appareil fonctionner. Mais il y avait toujours une pochette collée à la jaquette cartonnée, avec une carte glissée dedans. Sur chaque ligne figurait un nom suivi de la date de remise marquée au tampon.

NOM DE L'EMPRUNTEUR	DATE DE REMISE
Charles Brown	14 mai 58
David Hartwell	1er juin 58
Joseph Brennan	17 juin 58

Et la dernière ligne de la carte portait sa propre signature enfantine, tracée lourdement au crayon :

Benjamin Hanscom	9 juillet 58

Cette carte était couverte d'un tampon, qui se retrouvait sur la page de garde, sur l'épaisseur de la tranche et un peu partout, un tampon qui avait bavé de l'encre rouge comme du sang et qui disait : ANNULÉ.

« Ô Seigneur Dieu ! » murmura Ben. Il ne savait pas quoi dire d'autre ; cette exclamation semblait résumer toute la situation. « Ô Seigneur Dieu, Seigneur Dieu ! »

Debout dans la lumière toute neuve du soleil, il se demanda ce qui était arrivé aux autres.

2

Eddie Kaspbrak réussit une prise

Eddie quitta le bus à l'angle de Kansas Street et de Kossuth Lane. Cette dernière descendait sur quatre cents mètres avant de s'arrêter abruptement à la hauteur de la ravine qui donnait sur les Friches. Il ignorait totalement pour quelles raisons il avait choisi cet endroit pour quitter le bus; Kossuth Lane ne signifiait rien de particulier pour lui, et il n'avait connu personne dans ce quartier. Il ne savait qu'une chose : c'était le bon endroit, et ça suffisait pour le moment. Beverly était descendue à l'un des arrêts de Lower Main avec un petit salut de la main, Mike était allé en voiture à la bibliothèque.

Le bus, un petit Mercedes un peu ridicule, s'éloignait, et il se demandait ce qu'il fabriquait ici, à ce coin de rue obscur d'une ville obscure à huit cents kilomètres de Myra, qui devait sans aucun doute se faire un sang d'encre à son sujet. Un brusque vertige le saisit, presque douloureux, et il se souvint en portant sa main à la poche qu'il avait laissé sa Dramamine à l'hôtel avec le reste de sa pharmacopée. Il avait cependant de l'aspirine sur lui (il ne serait pas plus sorti sans aspirine que sans pantalon). Il en avala deux, à sec, et commença de remonter Kansas Street avec la vague idée de gagner la bibliothèque ou Costello Avenue. Le temps commençait à s'éclaircir, et il se dit qu'il pourrait même pousser jusqu'à West Broadway pour admirer les vieilles maisons victoriennes du seul quartier vraiment chic de Derry.

Il y avait alors la maison des Bowie, celle des Mueller avec ses tourelles, toutes deux voisines, ce qui explique peut-être l'amitié de Greta Bowie et Sally Mueller. En été, on apercevait toujours des meubles de jardin éparpillés sur la pelouse, un hamac tendu entre deux arbres, un jeu de croquet installé en permanence. Eddie savait tout ça sans avoir été une seule fois invité à venir y jouer : en passant (du pas de quelqu'un qui a un but), il entendait le *clac !* des balles, des rires, des réflexions. Un jour, il avait même aperçu Greta, un verre de limonade à la main, son maillet de croquet de l'autre, mince et jolie comme dans un rêve (en dépit du coup de soleil qu'elle avait sur les épaules, ce qui avait paru être le comble du charme au petit garçon de neuf ans), courant après sa boule qu'un coup malheureux avait éloignée du parcours du jeu.

Il était devenu un peu amoureux d'elle ce jour-là, ou du moins de la cascade de cheveux blonds qui retombaient sur sa robe d'un bleu froid. Elle avait jeté un coup d'œil circulaire et il avait cru pendant un instant qu'elle l'avait vu ; mais sans doute il n'en était rien, car lorsqu'il avait levé la main pour un timide salut, elle ne lui avait pas répondu et avait donné un grand coup dans sa balle pour la renvoyer sur le gazon, hors de sa vue, avant de partir en courant derrière. Il s'était éloigné sans éprouver de déception (il croyait sincèrement qu'elle ne l'avait pas vu) et sans lui en vouloir de ne jamais avoir été invité aux parties de croquet du samedi après-midi : pourquoi une fille aussi ravissante que Greta Bowie inviterait-elle un garçon comme lui ? Il avait la poitrine étroite, de l'asthme et l'air d'un rat à demi noyé.

Ouais, pensa-t-il, remontant sans but Kansas Street, *j'aurais dû retourner sur West Broadway et jeter un coup d'œil sur ces maisons... celle des Mueller, celle des Bowie, celle du Dr Hale, le dépôt des Tracker...*

Ses réflexions s'interrompirent brusquement à ce dernier nom, car — parlez du loup ! — il se trouvait juste en face du dépôt de camions des frères Tracker.

« Toujours debout ! s'exclama Eddie à voix haute. Nom d'un chien ! »

La maison de Phil et Tony Tracker, célibataires impénitents, était certainement la plus charmante de la rue : d'un blanc immaculé, entourée d'un gazon et de ravissants massifs de fleurs qui rivalisaient de couleurs tout le printemps et tout l'été. L'allée, goudronnée de frais chaque automne, gardait en permanence l'éclat d'un miroir noir, et le vert des bardeaux du toit, aux pans multiples, était exactement du vert de la pelouse ; si bien qu'il arrivait que des curieux s'arrêtent pour prendre des photos de la maison avec ses fenêtres à meneaux, très anciennes et remarquables.

« Ils doivent être un peu particuliers pour entretenir une maison de cette façon », avait remarqué d'un ton de mépris la mère d'Eddie — lequel n'avait pas osé demander d'explications.

Le dépôt se situait de l'autre côté de l'avenue, par rapport à la maison Tracker. C'était une construction basse, dont les briques branlantes et vieilles commençaient à s'effondrer par endroits et passaient d'un orange sale à un noir de suie au pied. Les fenêtres étaient uniformément encrassées, à l'exception du panneau du bas de celle du bureau, où avait été ménagé un rond propre. Il était l'œuvre des gosses — avant et après Eddie — et tenait au fait que le contremaître avait un calendrier *Play-Boy* au-dessus de son bureau. Aucun d'eux ne venait faire une partie de base-ball improvisée sans s'arrêter devant cette fenêtre et nettoyer la vitre du gant pour admirer la pin-up du mois.

Le dépôt était entouré sur trois côtés d'un vaste terrain en gravier. Les grands semi-remorques, tous portant en grosses lettres la mention TRACKER BROS. DERRY NEWTON PROVIDENCE HARTFORD NEW YORK, y stationnaient parfois en désordre ; des fois ils étaient bien rangés, d'autres fois il n'y avait que des tracteurs ou au contraire des remorques, silencieuses sur leurs roues arrière et leurs béquilles avant. Les deux frères garaient dans la mesure du possible leurs camions à l'arrière du bâtiment, car tous deux étaient des fanatiques de base-ball et aimaient beaucoup que les enfants viennent jouer sur leur terrain. Les garçons ne voyaient guère Phil Tracker, chauffeur lui-même, mais Tony, avec ses bras comme des jambons et une bedaine en proportion, qui s'occupait de la paperasserie et des comptes, leur était familier. (Eddie aussi le connaissait, même si, bien entendu, il ne jouait jamais, parce que sa mère l'aurait tué si elle avait appris qu'il risquait d'avaler de la poussière dans ses poumons délicats en courant, sans compter Dieu sait quoi d'autre.)

Souriant au souvenir de ce bon géant et de ses coups de gueule *(Allez, vas-y, le Rouquin! Plus vite, demi-portion! Regarde un peu ce que tu fais!)*, Eddie s'approcha un peu plus près. Son sourire s'évanouit. Le long bâtiment de brique, où les ordres avaient claqué, où on avait réparé les camions et entreposé temporairement des marchandises, était maintenant sombre et silencieux. Des herbes poussaient entre les graviers, et on ne voyait pas un camion en stationnement... rien qu'une remorque qui rouillait de partout.

Un panneau À VENDRE avait été placé à une fenêtre.

La tristesse qui l'envahit surprit Eddie; c'était comme si quelqu'un était mort. Il était content, maintenant, de n'avoir pas poussé jusqu'à West Broadway. Si les frères Tracker avaient fait faillite, eux qui paraissaient éternels, qu'était-il advenu des autres? Il se rendit compte, mal à l'aise, qu'il préférait ne pas le savoir. Il ne voulait pas voir Greta Bowie avec des cheveux gris et la taille épaisse pour avoir trop paressé, trop mangé, trop bu; il valait mieux (c'était plus prudent) rester dans l'ignorance.

C'est ce que nous aurions tous dû faire, rester au large. Nous n'avons rien à faire ici. Revenir à l'endroit où l'on a grandi, c'est comme faire l'un de ces absurdes exercices de yoga où l'on se met le gros orteil dans la bouche et où l'on s'avale soi-même, si bien qu'il ne reste bientôt plus rien. C'est impossible à réaliser, ce dont toute personne saine d'esprit devrait se réjouir... Qu'a-t-il bien pu arriver à Tony et Phil Tracker, au fait ?

Crise cardiaque pour Tony, peut-être ; avec les quelque trente kilos de graisse en trop qu'il trimbalait sur sa carcasse... Il valait mieux faire attention à son cœur. Et Phil ? Un accident de la route, probablement. Eddie savait ce qu'est la solitude du chauffeur de fond, avec pour seule distraction les feux rouges du véhicule qui vous précède.

« Quelle merde, le temps qui passe ! » soupira Eddie dans un murmure, sans se rendre compte qu'il avait parlé à voix haute.

Se sentant à la fois attendri et malheureux (ce qui lui arrivait plus souvent qu'il ne le pensait), Eddie fit le tour du bâtiment, ses pompes Gucci crissant sur le gravier, pour aller revoir le terrain où les gosses jouaient au base-ball — à une époque où, lui semblait-il, quatre-vingt-dix pour cent de la population était composée d'enfants.

Le terrain n'avait guère changé, mais il suffisait de le voir pour se rendre compte qu'on n'y jouait plus au base-ball. La tradition ne s'était pas perpétuée, pour d'obscures raisons.

En 1958, ce n'étaient pas des lignes blanches de chaux qui délimitaient le périmètre de jeu, mais les sillons creusés par les pieds des coureurs. Il n'existait pas de vraies bases pour ces garçons (tous plus vieux que ceux du Club des Ratés, bien que Stan, se souvenait Eddie, eût parfois joué avec eux ; il n'était pas très puissant à la batte, mais courait comme un lièvre et avait les réflexes d'un ange en défense), mais Tony gardait quatre morceaux de toile à bâche crasseux, que l'on disposait cérémonieusement avant une partie, et que l'on rangeait tout aussi cérémonieusement ensuite sous l'un des ponts de chargement, derrière le bâtiment de brique, quand le crépuscule mettait définitivement fin au jeu.

Eddie ne voyait plus trace des sillons d'autrefois ; les mauvaises herbes avaient proliféré en îlots au milieu des graviers. Ici et là, des bouteilles brisées de soda et de bière lançaient leurs reflets ; à l'époque, les débris de verre étaient religieusement enlevés. La seule chose qui demeurait était la barrière métallique servant à fermer le terrain, à l'arrière, haute de quatre mètres et aussi rouillée que du sang séché. Elle encadrait le ciel d'une multitude de pointes de diamant.

C'était le terrain de jeu, songea Eddie, debout, les mains dans les poches à l'endroit où se trouvait la plaque de but, vingt-sept ans auparavant. *Et au-delà de la barrière, ce sont les Friches. La barrière, ils l'appelaient l'Automatique.* Il rit tout fort et regarda nerveusement autour de lui, comme si c'était un fantôme qui s'était esclaffé et non un type dans un costard à trois mille balles, un type aussi solide que... euh, aussi solide que... que...

Arrête ton char, Eds, sembla lui murmurer la voix de Richie. *T'es rien moins que solide, et au cours des dernières années, les ah-ah ont été de plus en plus rares et espacés, non ?*

« Ouais, ouais », admit Eddie à voix basse en donnant des coups de pied dans des cailloux qui allèrent rouler plus loin.

En vérité, il n'avait vu que par deux fois la balle franchir la barrière pour aller se perdre dans les Friches, et les deux fois, c'est le même garçon qui l'avait expédiée : Huggins le Roteur. Huggins, qui mesurait pratiquement un mètre quatre-vingts à douze ans, était d'une taille presque comique pour son âge, d'autant qu'il pesait bien quatre-vingts kilos. Il tenait son surnom de son talent pour lâcher des rots retentissants et d'une longueur stupéfiante — croisement de cris de crapaud-buffle et de crissement de cigale dans ses meilleurs jours.

Huggins était fort, sans être véritablement obèse, Eddie s'en souvenait maintenant, mais c'était comme si Dieu n'avait jamais eu l'intention qu'un gamin de douze ans atteigne une telle taille ; s'il n'était pas mort cet été-là, il aurait pu atteindre deux mètres ou plus, et peut-être apprendre à manœuvrer ce corps démesuré dans un monde de demi-portions. Il aurait même pu, pensa Eddie, apprendre la douceur. Mais à douze ans, à la fois maladroit et méchant, il avait l'air d'un retardé mental, tant il était lourdaud. Il n'avait rien de la promptitude de Stanley ; on aurait dit qu'il n'existait entre le cerveau de Huggins et son corps que des communications intermittentes — son corps existant dans son cosmos autonome de tonnerre au ralenti. Eddie se souvint du jour où une longue balle peu rapide était partie tout droit dans la direction du Roteur, en défense : il n'avait même pas bougé. Il était resté immobile, et s'était contenté de lever sa main gantée d'un geste imprécis, et *bong !* la balle était venue le frapper à la tête au lieu de tomber dans le gant. Elle avait fait le même bruit que si elle avait rebondi sur le toit d'une voiture. Après une chandelle de deux mètres, elle avait fini sa course dans le gant de Huggins. Un malheureux gamin avait eu le malheur de rire ; le Roteur lui avait botté si fort les fesses que l'enfant était reparti chez lui en larmes, le fond du pantalon troué. Personne d'autre n'avait ri. Eddie supposait que si Richie s'était trouvé présent, le Roteur l'aurait probablement envoyé à l'hôpital. Huggins était également lent à se déplacer, et facile à mettre hors jeu. Mais quand il réussissait à prendre une balle, elle allait très, très loin. Les deux qu'il avait expédiées par-dessus la barrière avaient été miraculeuses. On n'avait jamais retrouvé la première, alors qu'ils avaient été une bonne douzaine à fouiller la pente raide qui descendait dans les Friches.

Quant à la deuxième... c'était Stringer Dedham, un élève de cinquième, qui avait lancé ce qu'il imaginait être un « coup ralenti vicieux » à Huggins. Mais les balles lentes étaient celles qui convenaient parfaitement au Roteur ; il avait frappé celle-ci avec une telle vigueur, que l'enveloppe, déjà un peu fatiguée, était retombée au sol à un mètre à peine de la deuxième base, comme un gros papillon, tandis que la balle elle-même s'élançait dans une superbe lumière de crépuscule tout en s'effilochant, et que les enfants se tournaient pour suivre sa progression, frappés d'admiration. Elle s'élevait encore quand elle avait franchi la barrière et Eddie se rappela l'exclamation de Stringer Dedham : « Sainte merde ! » lancée à voix retenue et stupéfaite, tandis qu'elle décrivait son arc suivie d'une chevelure de comète. Elle n'avait sans doute pas encore touché le sol que déjà une demi-douzaine de gamins grimpaient comme des singes à la barrière. Tony Tracker riait, l'air idiot, et avait crié : « Celle-là serait sortie du Yankee Stadium, vous m'entendez ? Celle-là serait sortie de ce putain de stade ! »

C'était Peter Gordon qui l'avait trouvée, non loin du ruisseau que le Club des Ratés allait barrer moins de trois semaines plus tard. À vrai dire, il n'en restait plus grand-chose, sauf que, et c'était presque un miracle, le fil ne s'en était pas rompu.

Sans se concerter, les garçons avaient ramené les restes de la balle à Tracker, qui les avait examinés sans dire un mot, entouré du groupe silencieux des enfants. De loin, on aurait pu voir dans le tableau de cet homme imposant entouré de gosses la célébration de quelque culte de vénération pour un saint objet. Huggins n'avait même pas pris la peine de faire le tour des bases en courant ; il était resté au milieu des autres, sans idée précise sur ce qu'il faisait. La pelote que Tony

Tracker lui avait tendue était à peine plus grosse qu'une balle de golf.

Perdu dans ses souvenirs, Eddie franchit le monticule du lanceur (qui n'avait jamais été un monticule, mais plutôt une dépression, le gravier en ayant été peu à peu chassé) et poursuivit sa promenade coupée d'arrêts. Frappé par le silence, il s'approcha enfin de la barrière qui, plus rouillée que jamais, était envahie par une plante grimpante très laide, mais tenait toujours debout. Regardant au travers, il vit la pente abrupte envahie d'une végétation d'un vert agressif.

Les Friches ressemblaient plus que jamais à une jungle, et pour la première fois, il se demanda comment une étendue aussi verdoyante et luxuriante avait pu recevoir le nom de Friches-Mortes : elle était tout ce que l'on voulait, mais sûrement pas une friche, et encore moins morte. Pourquoi pas les Grands-Fourrés, ou la Jungle ?

Les Friches-Mortes.

Un nom qui sonnait comme une menace, presque sinistre, qui évoquait non pas un fouillis de buissons et d'arbres tellement dense que les plantes luttaient à mort pour la lumière, mais plutôt des dunes de sable en constant déplacement, ou des étendues grises de terre latérisée. Mortes. C'est-à-dire stériles. Mike avait remarqué plus tôt qu'ils étaient tous stériles, et cela ne paraissait que trop vrai. Sept, et pas un seul enfant. Même en ces temps de planning familial, voilà qui ne cadrait pas avec les statistiques.

Il regarda par les ouvertures en forme de diamant, entendant, un ton plus bas que le grondement lointain des véhicules sur Kansas Street, les bruits d'éclaboussement et d'écoulement de l'eau en dessous. Il l'apercevait par endroits qui scintillait comme des éclats de verre sous le soleil printanier. La futaie de bambous se trouvait toujours au même endroit, d'une blancheur maladive, comme rongée de champignons au milieu de

toute cette verdure. Au-delà, dans les étendues maréca-
geuses qui longeaient la Kenduskeag, on racontait
qu'il y avait des sables mouvants.

*J'ai passé les moments les plus heureux de mon enfance
là en bas, dans ce bourbier*, pensa-t-il avec un frisson.

Il était sur le point de faire demi-tour quand un
détail accrocha son regard : un cylindre de ciment
fermé d'un lourd couvercle d'acier. Les trous de Morlock, comme les appelait Ben, la bouche rieuse, mais
pas les yeux. Quand ils étaient gamins, ils leur arri-
vaient à la taille et ils pouvaient lire dessus : SECTION
DES TRAVAUX PUBLICS DE DERRY, en lettres estampées en
demi-cercle dans le métal. Et il en montait un bour-
donnement, un bruit de machine qui avait l'air de
venir de très loin.

Les trous de Morlock.

*C'est là-dedans que nous sommes descendus. En août.
À la fin. Nous sommes descendus dans l'un des trous de
Morlock de Ben, dans les égouts, mais au bout d'un
moment, il ne s'agissait plus d'égouts, mais de... de...
quoi ?*

*Patrick Hockstetter y était. Avant que Ça l'emporte,
Beverly l'a vu faire quelque chose de mal. Elle en riait,
mais elle savait que c'était mal. Quelque chose qui avait à
voir avec Henry Bowers, non ? Oui, avec Henry. Et...*

Il se tourna brusquement et regarda vers le dépôt
abandonné, ne voulant plus voir les Friches car il
n'aimait pas les pensées qui lui étaient venues à
l'esprit. Il voulait être chez lui, avec Myra. Mais pas ici,
surtout pas ici. Il...

« Attrape, le môme ! »

Il se tourna vers la voix, et vit arriver une sorte de
balle qui franchit la barrière et vint rebondir sur le
gravier. Eddie tendit la main et l'attrapa. D'un geste
réflexe d'une élégante spontanéité.

Il regarda ce qu'il tenait, et tout devint froid et sans
force à l'intérieur de lui. Une ancienne balle de base-

ball. Ce n'était plus qu'une boule entourée de ficelle, car l'enveloppe avait disparu. Il revit la queue de la comète franchissant la barrière de métal avant de disparaître dans les Friches.

Ô Seigneur ! pensa-t-il. *Ô Seigneur, Ça est ici avec moi* MAINTENANT *!*

« Viens donc jouer en bas, Eddie ! » fit la voix de l'autre côté de la barrière ; et Eddie se rendit compte, horrifié à s'évanouir, que c'était celle de Huggins le Roteur, qui avait été assassiné dans les boyaux de Derry en août 1958. Et c'était ce même Huggins qui montait péniblement la pente des Friches, de l'autre côté de la barrière.

Il portait l'uniforme des Yankees, l'équipe de base-ball de New York, un uniforme taché de vert, auquel s'accrochaient des débris de feuillage. C'était le Roteur mais aussi le lépreux, une créature hideuse sortie de son tombeau humide après des années. La chair de son lourd visage pendait en lambeaux putréfiés. Une de ses orbites était vide. Des choses grouillaient dans sa chevelure. Il tenait à la main un gant de base-ball couvert de mousse. Il passa les doigts pourrissants de son autre main à travers les trous de la grille de métal, et quand il les replia, Eddie entendit un ignoble bruit de liquide qui giclait, le rendant presque fou.

« Celle-là serait sortie du Yankee Stadium », fit Huggins avec un sourire. Un crapaud d'un blanc maladif tomba de sa bouche en se tortillant, puis rampa sur le sol. « Vous m'entendez ? Celle-là serait sortie de ce putain de stade ! Et au fait, Eddie, t'as pas envie d'un petit pompier ? Je te le fais pour dix sous. Bon Dieu ! Je te le fais pour rien. »

Le visage du Roteur se transforma. Le nez bulbeux et gélatineux s'effondra, révélant les deux conduits sanguinolents qu'Eddie avait vus dans ses rêves. Ses cheveux s'épaissirent et reculèrent sur ses tempes, prenant une couleur de toile d'araignée. La peau en putréfaction de son front éclata, révélant la blancheur de l'os couverte d'une membrane muqueuse, comme le verre trouble d'une lampe-torche. Le Roteur avait disparu et il avait maintenant en face de lui la chose du porche du 29, Neibolt Street.

« Bobby te taille une pipe pour dix sous », roucoula la chose en entreprenant l'escalade de la barrière. De petits fragments de chair restaient pris dans l'entre-croisement en tête de diamant des fils de fer. La barrière s'agita et grinça sous son poids. Lorsqu'il touchait les plantes grimpantes, celles-ci devenaient noires. « Il me le fait n'importe quand ; quinze sous si ça dure trop longtemps. »

Eddie essaya de hurler. C'est à peine si un petit piaulement sec sortit de sa gorge. Ses poumons lui donnaient l'impression d'être le plus vieil accordéon du monde. Il regarda la balle qu'il tenait encore à la main et soudain du sang commença à jaillir de l'enroulement de ficelle. Il coula sur le sol et éclaboussa ses chaussures.

Il jeta la balle et fit deux pas chancelants en arrière, les yeux exorbités, se frottant la main sur sa chemise. Le lépreux venait d'atteindre le haut de la barrière. La silhouette oscillante de sa tête se découpait contre le ciel, forme cauchemardesque comme une citrouille congestionnée de Halloween. Sa langue pendait hors de sa bouche de plus d'un mètre et rampait le long du grillage comme un serpent.

Puis d'un seul coup, plus rien.

Il ne disparut pas progressivement, comme un fantôme dans un film, mais en un clin d'œil. Eddie entendit cependant un son qui confirma sa solidité fondamentale : un *pop !* comme un bouchon de champagne, le bruit de l'air qui venait remplir l'espace qu'avait occupé le lépreux.

Il se tourna et se mit à courir, mais à peine avait-il parcouru trois ou quatre mètres que trois formes raides s'envolaient de l'ombre en dessous du pont de chargement du dépôt abandonné. Il crut tout d'abord avoir affaire à des chauves-souris et cria en se protégeant la tête... Puis il s'aperçut qu'il s'agissait de morceaux de bâche — ceux-là mêmes qui avaient servi de base quand les grands jouaient au base-ball.

Ils voletèrent et tourbillonnèrent dans l'air calme ; il dut en esquiver un. Puis les quatre morceaux allèrent se poser tous ensemble à leur place habituelle en soulevant de petits nuages de poussière : première, deuxième, troisième base.

Haletant, la respiration de plus en plus courte, Eddie franchit la plaque de but en courant, les lèvres crispées, le visage aussi blanc que du fromage frais.

WHACK ! Bruit d'une batte frappant une balle fantôme. Et alors...

Eddie s'arrêta, les jambes paralysées, et un gémissement franchit ses lèvres. Le sol se renflait en ligne droite entre la plaque de but et la première base, comme si un rongeur géant avait creusé un tunnel à toute vitesse juste sous la surface du sol. Du gravier roulait des deux côtés. La forme souterraine atteignit la première base et le morceau de bâche vola en l'air, si brusquement qu'il émit un claquement — rappelant celui que produit un petit cireur de bottes qui tend joyeusement son chiffon. Le sol commença à se soulever entre la première et la deuxième base, de plus en plus vite ; le second morceau de bâche claqua en bondissant en l'air comme le premier, et à peine était-il retombé au sol que la forme franchissait la troisième base et fonçait sur la plaque de but.

Celle-ci s'envola comme les autres mais elle était encore en l'air lorsque la chose surgit du sol comme un diable de sa boîte, version sinistre : c'était Tony Tracker, le visage réduit à l'état de squelette, auquel s'accrochaient encore des lambeaux de chair noircie, sa chemise blanche n'étant qu'un magma en charpie de fils pourrissants. Il sortit de terre jusqu'à la taille et resta ainsi, oscillant comme un lombric grotesque.

« Tu peux t'envoyer autant de giclées de ton bidule que tu veux, Souffle-Court ! » lança Tony d'une voix qui broyait du sable. Il arborait un sourire démentiellement amical. « Peu importe, on t'aura. Toi et tes amis. Ça va être votre fête ! »

Eddie hurla et s'éloigna en trébuchant. Une main se posa sur son épaule ; il s'en écarta. La main serra plus fort pendant un instant, puis le lâcha. Il se tourna. C'était Greta Bowie. Morte. La moitié de son visage avait disparu ; des asticots grouillaient dans les cavités où restait de la chair. Elle tenait un ballon vert à la main.

« Accident de voiture », déclara la moitié reconnaissable de sa bouche, qui sourit. Ce sourire déclencha un bruit d'arrachement indescriptible, et Eddie vit les tendons bouger comme d'affreux liens. « J'avais dix-huit ans, Eddie. J'étais saoule, complètement pétée. Tes amis sont ici, Eddie. »

Eddie recula, mains tendues devant lui ; elle avança dans sa direction. De longues traînées de sang séché collaient à ses jambes. Elle portait des tennis.

C'est alors que derrière elle, il aperçut l'ultime horreur : Patrick Hockstetter s'avançait à son tour vers lui d'au-delà du périmètre de jeu, habillé également de l'uniforme des Yankees de New York.

Eddie courut. Greta le saisit par sa chemise, qu'elle déchira en laissant couler sur lui un liquide innommable. Tony Tracker se dégageait de son terrier calibré pour homme. Patrick Hockstetter trébuchait et zigzaguait. Eddie courut, sans savoir où il trouvait l'air pour respirer, mais il courut. Et pendant sa course, il vit des mots flotter devant lui, les mots qu'il avait vus sur le ballon vert que Greta Bowie tenait :

LES REMÈDES CONTRE L'ASTHME
DONNENT LE CANCER DU POUMON !
AVEC LES COMPLIMENTS
DE LA PHARMACIE CENTRALE !

Eddie courut. Courut, courut, courut jusqu'à ce qu'il s'effondre, à demi mort, près de McCarron Park ; les enfants qui le virent s'écartèrent de lui car ils le prirent pour un ivrogne qui aurait bien pu avoir quelque maladie bizarre et ils le soupçonnèrent même d'être le tueur. Ils parlèrent d'aller le signaler à la police mais en fin de compte n'en firent rien.

3

Bev Rogan rend une visite

L'air absent, Beverly quitta le Derry Town House, où elle était allée se changer (adoptant un jean et une blouse d'un jaune éclatant), et s'engagea sur Main Street. Elle ne songeait pas à sa destination ; au lieu de cela, un poème chantait dans sa tête :

> *Feux d'hiver, braises de janvier,*
> *Ta chevelure :*
> *Ici brûle aussi mon cœur.*

Elle l'avait caché au fond de son dernier tiroir, en dessous de ses sous-vêtements. Sa mère aurait pu l'y voir, mais ça ne faisait rien. L'important était que son père ne regardait jamais dans ce tiroir. Si jamais il l'avait découvert, il lui aurait lancé ce regard brillant, presque amical et totalement paralysant qui lui était particulier, et lui aurait demandé, sur un ton presque gentil : « N'as-tu pas fait quelque chose que tu n'aurais pas dû faire, Beverly ? Quelque chose avec des garçons ? » Qu'elle eût répondu oui ou non, elle aurait eu droit à un rapide aller-retour, si rapide et si sec qu'il ne lui aurait pas fait mal sur le coup : il fallait quelques secondes avant que ne se dissipe le vide et que la douleur ne vienne remplir l'endroit où il y avait eu ce vide. Et sa voix, toujours presque amicale, se serait de nouveau élevée : « Je m'inquiète beaucoup pour toi, Beverly, vraiment beaucoup. Tu n'es plus un bébé, est-ce que tu comprends ça ? »

Son père vivait peut-être encore à Derry ; il s'y trouvait toujours la dernière fois qu'elle avait eu des nouvelles de lui. Mais ça datait de... de combien d'années, en fait ? Dix ans ? Bien avant son mariage avec Tom de toute façon. Elle avait reçu une carte postale de lui, non pas une toute simple comme celle sur laquelle avait été écrit le poème, mais une qui montrait l'abominable monument de plastique à Paul Bunyan, situé en face du Centre communautaire. On avait érigé cette statue au cours des années 50 et elle faisait partie des hauts lieux de son enfance ; mais la carte de son père n'avait évoqué aucun souvenir, provoqué aucune nostalgie ; elle aurait tout aussi bien pu représenter le Golden Gate à San Francisco.

« J'espère que tu vas bien et que tu t'en sors, disait la carte. J'espère que tu m'enverras quelque chose si tu peux, car je ne suis pas bien riche. Je t'aime, Bevvie. Papa. »

Il l'avait aimée et elle se doutait que ce n'était pas sans rapport avec la manière dont elle était tombée désespérément amoureuse de Bill Denbrough au cours de ce long été 1958 : de tous les garçons, Bill était celui de qui émanait le plus cette autorité qu'elle associait à son père... mais c'était une forme différente d'autorité — une autorité qui écoutait.

Mais peu importent les raisons. À la fin de leur première rencontre comme groupe au grand complet en juillet de cette année-là, rencontre au cours de laquelle Bill avait si naturellement pris leur tête, elle était tombée follement amoureuse de lui. En parler comme d'une passion d'écolière serait comme dire d'une Rolls-Royce que c'est un véhicule à quatre roues. Elle ne se mettait pas à pouffer hystériquement et à rougir quand elle le voyait, elle n'écrivait pas son nom à la craie sur les arbres ou sous le pont des Baisers. Elle vivait simplement en permanence avec son image dans son cœur, une présence à la fois délicieuse et douloureuse en elle. Elle serait morte pour lui.

Il était assez naturel qu'elle eût désiré croire que Bill était l'auteur du poème... sans pouvoir jamais, cependant, s'en convaincre totalement. Non, elle avait toujours su qui l'avait écrit. Et plus tard, Ben ne l'avait-il pas plus ou moins admis ? Oui, il le lui avait avoué (même si, pour le moment, elle était absolument incapable de se souvenir en quelles circonstances), alors qu'il avait caché son amour pour elle presque aussi bien qu'elle avait dissimulé le sien pour Bill.

(Mais tu lui as dit, Bevvie, tu lui as dit que tu aimais)

Et pourtant cet amour était évident pour un observateur attentif (et bienveillant), à la manière dont Ben conservait toujours un certain espace entre eux, à celle dont sa respiration changeait quand elle lui touchait la main ou le bras, à celle dont il s'habillait quand il savait qu'il allait la voir. Cher Ben, si tendre et... si gras.

Cette délicate situation triangulaire préadolescente s'était finalement dénouée, mais comment ? Cela ne lui revenait toujours pas. Il lui semblait que Ben avait avoué être l'auteur du petit poème d'amour ; il lui semblait qu'elle avait avoué à Bill qu'elle l'aimait et qu'elle l'aimerait toujours et que d'une certaine manière, ces deux aveux avaient contribué à leur sauver la vie à tous... en était-elle sûre ? Elle ne savait plus. Ces souvenirs (ou plutôt ces souvenirs de souvenirs) étaient comme des îles qui ne sont pas réellement des îles mais seulement les parties saillantes d'une longue dorsale corallienne que le hasard fait dépasser des eaux mais sans continuité. Néanmoins, à chaque fois qu'elle tentait de plonger plus profondément pour voir le reste, une image démentielle venait s'interposer : celle des mainates qui, tous les printemps en Nouvelle-Angleterre, encombraient les fils du téléphone, les arbres et les toits, en se bagarrant pour les meilleurs emplacements et emplissaient l'air encore vif de mars de leur babil de crécelle. Cette image lui revenait sans cesse, comme un puissant brouillage radio occulte le signal que l'on souhaite capter.

Ce fut un choc pour elle de se rendre compte qu'elle se trouvait juste à la hauteur de la laverie automatique Kleen-Kloze, là où avec Stan, Ben et Eddie, elle était venue laver les chiffons à la fin juin — ces chiffons tachés d'un sang qu'eux seuls pouvaient voir. Les vitres avaient été passées au blanc d'Espagne et un panneau à VENDRE était accroché à la porte. Dans les intervalles des coups de pinceau, elle aperçut une salle vide, avec des rectangles plus clairs sur le sol sale : ceux des emplacements des machines.

Je rentre à la maison, pensa-t-elle, lugubre ; mais elle poursuivit son chemin.

Le quartier n'avait guère changé. Il manquait quelques arbres, sans doute des ormes atteints par la maladie. Les maisons avaient l'air un peu plus miteux ; il lui semblait que les carreaux cassés étaient légèrement plus nombreux que lorsqu'elle était petite. On avait remplacé certains avec du carton, d'autres non.

Et voici qu'elle se trouvait devant l'immeuble de rapport du 127, Lower Main Street. Toujours debout. Le blanc écaillé dont elle se souvenait s'était transformé en un brun chocolat tout aussi écaillé au cours des années, mais c'était bien lui. Elle reconnut la fenêtre de sa chambre, celle de la cuisine.

(Jimmy, sale gosse, ne reste pas dans la rue ! Tu veux donc te faire écraser ?)

Elle frissonna, croisa les bras sur la poitrine en se tenant les coudes.

Si ça se trouve, Papa habite encore ici ; oui, c'est fort possible. Il ne déménagerait que contraint et forcé. Il suffit d'aller jusque dans l'entrée, Beverly, et de regarder les boîtes aux lettres. Trois boîtes pour trois appartements, comme autrefois. Et s'il y en a une avec MARSH *écrit dessus, tu peux sonner et tu entendras bientôt un pas traînant chaussé de pantoufles dans le couloir, la porte s'ouvrira et tu pourras le voir, l'homme dont le sperme t'a donné tes cheveux roux et auquel tu dois d'être gauchère et bonne en dessin... Tu te souviens comme il dessinait ? Il faisait ce qu'il voulait. Trop de choses l'inquiétaient, j'imagine. Mais lorsqu'il s'y mettait, tu restais assise des heures à le regarder te dessiner des chats, des chiens, des chevaux et des vaches avec les* MEUH ! *qui sortaient de leur mufle dans des ballons. Tu riais, et il riait et te disait :* À toi, Bevvie, maintenant, *et quand tu tenais le crayon, il te guidait la main et tu voyais apparaître le chat, la vache ou l'homme qui souriait sous tes doigts, tout en sentant l'odeur de son eau de toilette Mennen et la chaleur de sa peau. Vas-y, Beverly. Appuie sur la sonnette. Il viendra, il sera vieux, le visage creusé de rides profondes, et ses dents (celles qui lui restent) seront jaunes, il te regardera et il dira :* Mais c'est Bevvie, Bevvie qui est venue à la maison voir son vieux Papa, entre donc, Bevvie, je suis si content de te voir, si content parce que je m'inquiète beaucoup pour toi, Bevvie, vraiment BEAUCOUP.

Elle remonta lentement l'allée, et les herbes qui poussaient dans les craquelures du béton vinrent effleurer son jean. Elle observa attentivement les fenêtres du premier, mais elles étaient fermées de rideaux. Elle regarda les boîtes aux lettres.

Troisième, STARKWEATHER. Deuxième, BURKE. Premier — sa respiration s'arrêta —, MARSH.

Non, je ne vais pas aller sonner. Je ne veux pas le voir. Je ne sonnerai pas.

Voilà qui était enfin une décision courageuse ! Une décision qui ouvrait les portes à toute une vie de décisions courageuses, intelligentes, utiles ! Elle allait redescendre l'allée ! Retourner en ville ! au Derry Town House, son hôtel ! Faire ses bagages ! prendre un taxi ! un avion ! Dire à Tom d'aller se faire foutre ! Réussir sa vie ! Mourir heureuse !

Elle sonna.

Elle entendit le tintement familier arriver de la salle de séjour — un tintement qui lui avait toujours paru avoir quelque chose de chinois : *Tching-tchong !* Pas de réponse. Silence. Elle se mit à déplacer son poids d'un pied sur l'autre, prise soudain d'une envie de faire pipi.

Personne à la maison, je peux partir maintenant, pensa-t-elle, soulagée.

Mais au lieu de cela, elle sonna de nouveau : *Tching-tchong !* Toujours pas de réponse. Elle pensa au délicieux petit poème de Ben et essaya de se souvenir où et quand exactement il en avait reconnu la paternité, et de comprendre pourquoi, pendant un bref instant, l'événement évoqua aussi ses premières règles. Les aurait-elle eues à onze ans ? Sûrement pas — et pourtant, les premiers signes de croissance (douloureux) de ses seins s'étaient manifestés durant l'hiver. Pourquoi... ? Puis ce fut l'écran de milliers de mainates sur les toits et les lignes téléphoniques, caquetant tous sous un ciel blanc de printemps.

Je vais partir, maintenant. J'ai sonné deux fois, ça suffit.

Mais elle sonna de nouveau.

Tching-tchong !

Elle entendit alors quelqu'un approcher, et le bruit était exactement celui qu'elle avait imaginé : le chuintement fatigué de vieilles pantoufles. Elle jeta des regards affolés autour d'elle et fut sur le point de prendre ses jambes à son cou. Aurait-elle le temps de courir jusqu'au coin de la rue en laissant croire à son père que c'étaient des gamins qui lui avaient joué un tour ?

Elle poussa un soupir bref et forcé et dut se contracter pour retenir ce qui était un rire de soulagement. Ce n'était pas du tout son père ; la porte venait de s'ouvrir sur une femme de grande taille de près de quatre-vingts ans. Elle avait les cheveux longs, blancs pour la plupart, mais encore rehaussés de fils de l'or le plus pur. Derrière des verres sans monture, la regardaient deux yeux bleus comme l'eau des fjords sur lesquels ses ancêtres avaient peut-être navigué. Elle portait une robe mauve en soie moirée, élimée, mais de bonne coupe. On lisait la bonté sur son visage ridé.

« Oui, mademoiselle ?

— Je suis désolée », dit Beverly, dont l'envie de rire était passée aussi vite qu'elle était venue. Elle remarqua que la vieille femme portait au cou un camée très certainement en ivoire, et entouré d'un liseré d'or si fin qu'il était presque invisible. « J'ai dû me tromper de porte. (*Ou me tromper exprès de porte*, lui murmura son esprit.) Je voulais sonner chez les Marsh.

— Les Marsh ? » Son front se rida délicatement.

« Oui, voyez-vous...

— Il n'y a pas de Marsh, ici.

— Mais...

— À moins que... vous ne voulez pas parler d'Alvin Marsh, n'est-ce pas ?

— Si, dit Beverly, mon père ! »

La vieille femme porta la main à son camée. Elle regarda Beverly plus attentivement, la faisant se sentir ridiculement jeune, comme si elle avait été une girl-scout venue vendre ses biscuits ou des autocollants de l'équipe de football de Derry. Puis la vieille femme sourit... mais d'un sourire plein de tristesse.

« Quel malheur que vous ayez perdu contact, mademoiselle. Je suis désolée d'avoir à vous l'apprendre, moi qui ne suis qu'une étrangère, mais votre père est mort depuis cinq ans.

— Mais... sur la sonnette... » Elle regarda de nouveau et émit un petit bruit affolé qui n'avait rien d'un rire. Dans son agitation, et dans sa certitude inconsciente mais inébranlable que son père serait encore là, elle avait lu MARSH au lieu de KERSH.

« Vous... vous êtes Mrs. Kersh ? » demanda-t-elle, étourdie par ce qu'elle venait d'apprendre de son père, mais aussi parce qu'elle se sentait stupide de s'être trompée — la dame allait la prendre pour une analphabète.

« Oui, Mrs. Kersh.

— Vous... avez-vous connu mon père ?

— Oh, presque pas. Nous nous sommes croisés de temps en temps, puis il est allé habiter sur Roward Lane, vous connaissez ?

— Oui », répondit Beverly, qui ne s'était pas sentie depuis bien longtemps agitée d'émotions aussi contradictoires. Roward Lane donnait un peu plus bas sur Lower Main Street, et les appartements y étaient encore plus petits et désespérément minables.

« Il m'arrivait aussi de le voir au marché de Costello Avenue, reprit Mrs. Kersh, ainsi qu'à la laverie, avant sa fermeture. On échangeait quelques mots de temps en temps. Nous — vous êtes bien pâle, ma fille. Je suis désolée. Entrez donc et permettez-moi de vous offrir le thé.

— Non, je ne pourrais pas », répondit faiblement Beverly : mais en réalité elle se sentait pâle, comme ces vitres opaques à travers lesquelles on devine quelque chose. Elle pouvait accepter une tasse de thé et une chaise où s'asseoir.

« Mais si, vous le pouvez et vous le ferez, dit chaleureusement Mrs. Kersh. C'est le moins que je puisse faire après vous avoir appris une si terrible nouvelle. »

Avant d'avoir pu protester, Beverly se retrouva à l'intérieur de son ancien appartement au couloir sombre, qui lui paraissait maintenant beaucoup plus petit mais plus sûr — plus sûr, se dit-elle, parce que tout y était différent. À la place de la table en formica rose entourée de ses trois chaises, il y en avait une autre en bois, ronde, à peine plus grande qu'un guéridon, avec un vase contenant des fleurs en tissu. Au lieu du vieux réfrigérateur Kelvinator, un Frigidaire couleur bronze. La cuisinière était petite, mais avait l'air efficace. Des rideaux d'un bleu éclatant pendaient aux fenêtres, à l'extérieur desquelles étaient accrochés des bacs à fleurs. On avait enlevé le vieux linoléum qui recouvrait le sol, laissant le plancher à nu. Ciré régulièrement, il luisait dans des nuances délicates.

Mrs. Kersh se retourna après avoir posé une bouilloire sur la cuisinière. « Vous avez grandi ici ?

— Oui. Mais c'est bien différent, maintenant... si propre, si charmant... merveilleux !

— Vous êtes trop gentille », répondit Mrs. Kersh. Son sourire la rajeunissait, il rayonnait : « J'ai un peu d'argent, voyez-vous. Pas beaucoup, mais ma retraite me suffit largement. J'ai passé ma jeunesse en Suède. Je suis venue dans ce pays en 1920, alors que j'avais quatorze ans et pas un sou — ce qui est la meilleure façon de connaître la valeur de l'argent, n'est-ce pas ?

— En effet.

— J'ai travaillé à l'hôpital pendant de nombreuses années ; à partir de 1925, en fait. Je suis montée en grade et j'ai obtenu le poste de surveillante en chef. J'avais toutes les clefs. Mon mari investissait notre argent très judicieusement. Regardez autour de vous, mademoiselle, pendant que l'eau bout.

— Je ne peux pas me permettre...

— Je vous en prie... sinon je vais me sentir coupable. Regardez, si vous en avez envie ! »

Elle regarda donc. La chambre de ses parents était

maintenant celle de Mrs. Kersh, et les différences étaient radicales. La pièce paraissait plus claire, plus aérée ; une grosse commode en cèdre, portant les initiales R.G., répandait son arôme délicat dans l'air ; un gigantesque couvre-pieds à motifs recouvrait le lit : on y voyait une femme tirant de l'eau, des enfants gardant du bétail, des hommes soulevant des meules de foin. Un couvre-pieds merveilleux.

Sa chambre était devenue une lingerie. Une machine à coudre Singer trônait sur une table aux pieds en fer forgé, éclairée par deux puissantes lampes. Sur l'un des murs, une représentation de Jésus ; sur l'autre, une photo de Kennedy au-dessus d'une ravissante vitrine contenant non point des bibelots mais des livres, ce qui ne la déparait absolument pas.

Elle termina par la salle de bains.

Elle avait été repeinte en un rose délicat, dont la tonalité agréable n'avait rien de criard. Tous les éléments étaient neufs, et en dépit du vieux cauchemar qui lui revenait, elle s'approcha du lavabo ; elle voulait regarder dans l'œil noir et sans paupière de l'écoulement, le murmure allait recommencer et alors le sang...

Elle se pencha sur le lavabo, après avoir brièvement aperçu le reflet de son visage pâle et de ses yeux sombres dans la glace, et se mit à fixer cet œil, dans l'attente des voix, des grognements, du sang.

Combien de temps aurait-elle pu rester ainsi inclinée ? Elle n'en saurait jamais rien, car c'est la voix de Mrs. Kersh qui la tira de sa contemplation. « Le thé, mademoiselle ! »

Elle sursauta, son état de semi-hypnose se dissipa et elle quitta la salle de bains. Si quelque magie ténébreuse s'était cachée dans ce siphon, il avait maintenant disparu... ou bien était en sommeil.

« Oh, vous n'auriez pas dû ! »

Mrs. Kersh leva les yeux sur elle, avec un grand

sourire. « Si vous saviez combien je reçois rarement de visites, mademoiselle, vous ne diriez pas ça. Figurez-vous que j'en fais plus encore pour le releveur d'Hydro-Bangor quand il vient ! Je le fais engraisser ! »

Un délicat service de porcelaine était disposé sur la table, d'un blanc éclatant avec une bordure bleue. Il y avait une assiette de petits gâteaux et de biscuits ; à côté, de la vapeur au parfum suave montait paresseusement d'une théière.

« Asseyez-vous, mademoiselle, asseyez-vous, je vais vous servir.

— Je ne suis pas une demoiselle », fit Beverly en soulevant la main gauche afin de montrer son anneau.

Mrs. Kersh eut un geste désinvolte de la main. « Pour moi, toutes les jolies jeunes femmes sont des demoiselles, dit-elle. Simple habitude. Ne vous formalisez pas.

— Non, bien sûr », répondit Beverly. Mais, sans savoir clairement pourquoi, elle éprouva une petite pointe de gêne : le sourire de la vieille dame avait eu quelque chose de... de quoi ? De désagréable ? De faux ? De rusé ? Mais c'était ridicule, n'est-ce pas ?

« J'aime beaucoup la façon dont vous avez arrangé l'appartement.

— Vraiment ? » dit Mrs. Kersh en versant le thé. Le breuvage paraissait sombre, bourbeux. Beverly n'était pas sûre d'avoir envie de le boire... et soudain, elle se sentit prise du désir de ne plus être ici.

Il y avait bien écrit Marsh sous la sonnette, lui murmura soudain son esprit, et elle eut peur.

Mrs. Kersh lui tendit sa tasse.

« Merci », dit Beverly. Le thé avait peut-être l'air peu engageant ; mais il dégageait un arôme merveilleux. Elle le goûta. Excellent. *Arrête d'avoir peur de ton ombre*, se dit-elle. « Cette commode en particulier est un petit chef-d'œuvre, reprit-elle.

— Une antiquité, celle-là », répondit la vieille dame

en riant. Beverly remarqua que sa beauté était entachée d'un défaut, assez courant ici dans le nord. Elle avait les dents en mauvais état. Solides, mais abîmées. Elles étaient jaunâtres, et les deux de devant se chevauchaient ; les canines paraissaient très longues, de vraies défenses.

Elles étaient blanches... quand elle a ouvert la porte, elle a souri et je me suis fait la réflexion qu'elles étaient très blanches.

Brusquement, sa légère appréhension laissa place à de la vraie peur ; brusquement, elle voulut être à mille lieues de cet appartement.

« Elle est très vieille, oh oui ! » s'exclama Mrs. Kersh, qui avala sa tasse de thé d'un seul coup avec un bruit choquant de déglutition. Elle sourit à Beverly — ou plutôt lui grimaça un sourire. Les yeux de la femme venaient également de changer. La cornée en était maintenant jaune, vieillie et marquée de points rouges troubles. Ses cheveux, plus clairsemés, paraissaient maladifs et n'étaient plus ces fils d'argent brodés d'or, mais avaient une nuance grise triste.

« Très vieille », marmonna Mrs. Kersh au-dessus de sa tasse vide, avec un regard matois de ses yeux jaunes. Son sourire repoussant, presque paillard, exhiba ses dents saillantes. « Il est venu avec moi de la maison. Vous avez remarqué les lettres gravées, R.G. ?

— Oui. » Sa voix venait de très loin, et une partie de son cerveau lui criait : *Si elle ne sait pas que tu as remarqué le changement, peut-être que tu ne risques encore rien, si elle ne le sait pas, si elle ne voit pas...*

« Mon père... », dit la femme avec un accent germanique. Beverly se rendit compte que sa robe avait également changé. Elle était devenue d'un noir curieux, décoloré par endroits. Le camée s'était transformé en crâne à la mâchoire pendante. « Il s'appelait Robert Gray, mieux connu sous celui de Bob Gray et encore plus sous celui de Grippe-Sou le Clown dansant.

Ce n'était d'ailleurs pas son nom. Mais il aimait la plaisanterie, mon père. »

Elle rit de nouveau. Certaines de ses dents étaient devenues aussi noires que sa robe. Les rides de sa peau s'étaient creusées profondément. Sa peau laiteuse et rose avait pris une teinte d'un jaune maladif. Ses doigts étaient des griffes. Elle grimaça un sourire. « Mangez donc quelque chose, chère enfant. » Sa voix avait grimpé d'une octave, mais s'était éraillée et produisait les grincements d'une porte de crypte s'agitant absurdement sur des gonds pleins de sable noir.

« Non, merci », s'entendit dire Beverly d'une voix aiguë d'enfant trahissant son envie de fuir. Les mots paraissaient provenir non pas de son cerveau mais de sa seule bouche ; elle ne savait les avoir prononcés qu'après les avoir entendus.

« Non ? » demanda la sorcière avec un autre sourire-grimace. Ses griffes s'abattirent sur l'assiette et elle commença à enfourner les biscuits secs et les délicates tranches de gâteau à pleines poignées. Ses dents plongeaient et reculaient, plongeaient et reculaient, horribles ; noirs et crasseux, ses ongles s'enfonçaient dans les douceurs ; des miettes dévalaient son menton osseux en galoche. Son haleine avait l'odeur de choses mortes depuis longtemps, que les gaz qu'elles engendrent viennent de faire éclater. Son rire était maintenant un caquet lugubre. Ses cheveux s'étaient encore éclaircis ; par endroits, on voyait la peau de son crâne.

« Oh, il aimait la plaisanterie, mon père ! Voici une plaisanterie, mademoiselle, si vous les aimez : mon père m'a portée plus que ma mère. Il m'a chiée par le trou du cul, hé-hé-hé-hé !

— Il faut que je parte », s'entendit dire Beverly, toujours du même filet de voix aiguë — celle d'une petite fille devenue affreusement embarrassée lors de sa première surprise-partie. Elle n'avait plus de force dans les jambes. Elle avait très vaguement conscience que ce n'était plus du thé qu'elle avait dans sa tasse mais de la merde, de la merde liquide, le cadeau de surboum des égouts en dessous de la ville. Elle en avait *bu*, rien qu'une gorgée, *ô mon Dieu, mon Dieu, doux Jésus, je t'en prie, je t'en prie...*

La vieille femme se ratatinait sous ses yeux, se réduisait à une espèce de débris surmonté d'une tête de poupée rabougrie comme une pomme, assise en face d'elle, qui poussait des glapissements suraigus en se balançant d'avant en arrière.

« Oh, mon père et moi ne faisons qu'un, rien que moi, rien que lui, et si vous étiez avisée, ma chère, vous partiriez en courant et retourneriez d'où vous venez, et vite, car rester serait pire que la mort. Personne de ceux qui meurent à Derry ne meurt vraiment. Vous saviez cela auparavant ; croyez-le maintenant. »

D'un mouvement lent, Beverly ramena ses jambes sous elle. Comme si elle avait été à l'extérieur d'elle-même, elle se vit se remettre sur ses pieds et reculer de la table et de la sorcière dans une angoisse mortelle faite d'horreur et d'incrédulité, d'incrédulité parce qu'elle venait juste de se rendre compte que la jolie petite table de la salle à manger n'était pas en chêne sombre mais en une sorte de mousse ou chocolat. Et tandis qu'elle regardait autour d'elle, la sorcière, toujours glapissant de rire, ses yeux jaunes à l'expression rusée tournés vers un coin de la pièce, en rompit un morceau qu'elle fourra dans le piège à rats bordé de noir qu'était sa bouche.

Les tasses étaient en écorce blanche, le bord bleu en sucre glace teinté. Les images de Jésus et de John Kennedy étaient des œuvres tissées avec du sucre filé, presque transparentes ; et elle vit Jésus tirer la langue et Kennedy lui adresser un clin d'œil salace.

« Tous nous t'attendons, croassa la vieille sorcière dont les ongles s'enfoncèrent dans le dessus de la table, où ils laissèrent de profonds sillons. « Oh oui, oh oui ! »

Les globes de la suspension étaient en sucre candi. Les lambris, en pâte à caramel. Elle baissa les yeux et vit que ses chaussures laissaient des empreintes sur le plancher, fait non pas de planches, mais de tranches de chocolat. L'odeur de sucré était étouffante.

Oh, Seigneur, c'est Hansel et Gretel, c'est la sorcière, celle qui m'a toujours fait le plus peur parce qu'elle mangeait les enfants...

« *Toi et tes amis*, s'égosilla la sorcière, toujours riant, *toi et tes amis ! Dans la cage ! Dans la cage tant que le four est chaud !* » Elle hurla de rire, et Beverly se précipita vers la porte, mais d'un mouvement ralenti comme dans un rêve. Le rire de la sorcière claquait des ailes autour de sa tête, tel un nuage de chauves-souris. À son tour, Beverly hurla. L'entrée empestait le sucre, le nougat, le caramel et un écœurant parfum de fraise synthétique. Le bouton de porte, en faux cristal quand elle était entrée, se présentait maintenant comme un monstrueux diamant de sucre...

« *Je m'inquiète pour toi, Bevvie... je m'inquiète* BEAU-COUP *!* »

Elle se tourna, des mèches de cheveux roux venant flotter à la hauteur de son visage, pour voir son père qui se dirigeait vers elle en trébuchant dans le couloir, portant la robe noire et le camée à tête de mort de la sorcière ; son visage était d'une chair pâteuse et coulante, avec des yeux noirs d'obsidienne ; ses mains s'ouvraient et se serraient, sa bouche grimaçait un sourire plein d'une ferveur dégoulinante.

« *Je te battais parce que je voulais te* BAISER, *Bevvie, je ne voulais rien faire d'autre, je voulais te* BAISER, *je voulais te* BOUFFER, *je voulais te bouffer la* CHATTE, *je voulais sucer ton* CLITORIS *entre mes dents, miam-miam, Bevvie, ooooohhhh, et faire chauffer le four... je voulais te mettre dans une cage... sentir ton* CON, *ton* CON *pulpeux... et quand il aurait été pulpeux à souhait, je l'aurais bouffé... bouffé...* BOUFFÉ... »

Avec un hurlement, elle s'empara du bouton de porte gluant et jaillit sous un porche décoré de pralines et parqueté de gâteau au chocolat. Loin, très loin, floues comme si elle les voyait à travers de l'eau, passaient des voitures ; une femme revenait de Costello en poussant son chariot d'épicerie.

Il faut que je sorte d'ici, pensa-t-elle, au bord de l'incohérence. *C'est la réalité à l'extérieur, si seulement je peux atteindre le trottoir...*

« Ça ne te servira à rien de courir, Bevvie, fit la voix de son père, riant. Nous avons longtemps attendu ce moment. Qu'est-ce qu'on va se marrer ! Qu'est-ce que ça va être bon ! »

Elle regarda de nouveau derrière elle ; son père mort ne portait plus la robe noire de la sorcière mais la tenue de clown aux gros boutons orange. Il arborait un bonnet à la David Crockett, comme celui du film de Walt Disney. D'une main, il tenait une poignée de ballons, de l'autre, la jambe d'un enfant, comme un pilon de poulet. Sur chacun des ballons figurait cette phrase : JE VIENS DU LOINTAIN ESPACE.

« Dis à tes amis que je suis le dernier d'une race qui se meurt, lança-t-il avec un horrible sourire tandis qu'il chancelait lourdement en descendant les marches du porche derrière elle. L'unique survivant d'une planète en train de mourir. Je suis venu voler tous les hommes... violer toutes les femmes et apprendre à danser le twist. »

Il se lança dans une gigue effrénée, les ballons d'une main, la jambe d'enfant coupée de l'autre. Le costume de clown ondulait et claquait, mais Beverly ne sentait aucun vent. Elle s'emmêla les jambes et s'effondra sur le trottoir, jetant les mains en avant pour amortir le choc qui se répercuta jusque dans ses épaules. La femme au chariot d'épicerie s'arrêta, lui jeta un coup d'œil dubitatif, et repartit d'un pas plus rapide. Le clown s'avança de nouveau vers elle, abandonnant la jambe coupée. Elle atterrit sur le gazon avec un bruit mat indescriptible. Beverly ne resta qu'un instant allongée sur le trottoir, sûre qu'il fallait que quelque part au-dedans d'elle, elle se réveille rapidement, que tout ça ne pouvait être vrai, qu'elle devait rêver...

Elle comprit qu'il n'en était rien juste avant que le doigt à l'ongle crochu du clown ne la touche. C'était bien réel ; il pouvait la tuer. Comme il avait tué les enfants.

« *Les mainates connaissent ton nom véritable !* » hurla-t-elle soudain. Il recula, et il lui sembla que pendant quelques instants, le sourire qui étirait ses lèvres à l'intérieur du grand sourire peint autour de sa bouche se transformait en une grimace de haine et de douleur... et peut-être également de peur. Peut-être n'avait-elle fait qu'imaginer tout ça, et elle n'avait aucune idée de ce qui l'avait poussée à crier cette absurdité ; au moins cela lui avait-il permis de gagner du temps.

Elle était debout, elle courait. Des freins grincèrent et une voix enrouée, à la fois furieuse et effrayée, lui jeta : « Tu pourrais regarder un peu où tu vas, bougre d'idiote ! » Il ne lui resta qu'une vague impression du véhicule de livraison qui avait manqué de la renverser, quand elle s'était précipitée dans la rue comme un enfant derrière une balle, et elle se retrouva de l'autre côté, haletante, un point de côté brûlant à la hauteur de la rate. Le véhicule poursuivit sa route.

Le clown avait disparu. La jambe sectionnée aussi. La maison était toujours là, mais à présent en ruine et abandonnée, les fenêtres clouées de planches, les marches conduisant au porche fendues et brisées.

Suis-je vraiment rentrée là-dedans, ou bien ai-je rêvé ?

Mais son jean était sale, sa blouse jaune tachée de poussière. Et elle avait du chocolat sur les doigts.

Elle les frotta sur les jambes de son pantalon et s'éloigna d'un pas vif, le visage en feu, le dos froid comme de la glace, avec l'impression que ses globes oculaires pulsaient en mesure avec les battements accélérés de son cœur.

On ne peut pas battre Ça. Quoi que ce soit, nous ne pouvons pas le battre. Ça veut régler un vieux compte. Y peut pas se contenter d'un match nul, à mon avis. Il faut nous barrer d'ici... un point c'est tout.

Quelque chose vint effleurer son mollet, aussi délicatement que la patte d'un chat qui vient quémander quelque chose.

Elle bondit de côté avec un petit cri, regarda au sol et se rétracta, la main sur la bouche.

C'était un ballon, du même jaune que sa blouse. Sur un côté, en lettres d'un bleu électrique, on lisait : TOUT JUSTE, AUGUSTE.

Sous ses yeux, le ballon poursuivit sa course légère et bondissante dans la rue, emporté par l'agréable brise de printemps.

4

Richie Tozier prend la poudre d'escampette

Il y a bien eu ce jour où Henry et ses copains m'ont poursuivi — avant la fin des classes, oui, avant...

Richie marchait le long de Outer Canal Street, après Bassey Park. Il s'arrêta, mains dans les poches, le regard perdu au-dessus du pont des Baisers qu'il ne voyait pas vraiment.

J'ai réussi à les semer dans le rayon des jouets de Freese's...

Depuis la délirante conclusion du déjeuner, il avait marché au hasard, s'efforçant d'expliquer rationnellement ce qui s'était passé avec les gâteaux secs de bonne chance... ou ce qui leur avait semblé se passer. Son idée était qu'en réalité rien ne s'était produit, qu'ils avaient été victimes d'une hallucination collective née des histoires abracadabrantes qu'ils s'étaient racontées. Rose, qui n'avait rien vu, en était la meilleure preuve. Certes, les parents de Beverly non plus n'avaient jamais décelé la moindre goutte de sang dans l'évacuation de leur lavabo ; mais ce n'était pas la même chose.

Ah non ? Et pourquoi ?

« Parce que nous sommes des adultes, maintenant », grommela-t-il — découvrant aussitôt que cette réflexion était sans force et sans logique ; elle avait l'absurdité d'une comptine d'enfants accompagnant le saut à la corde.

Il prit sa marche.

Je me suis rendu près du Centre communautaire, je me suis assis un moment sur un banc du parc et je crois avoir vu...

Il s'arrêta de nouveau, sourcils froncés.

Vu quoi ?

... mais c'est seulement quelque chose que j'ai rêvé.

Pourtant, avait-il vraiment rêvé ?

Il regarda à sa gauche et vit le grand bâtiment de brique, acier et verre, qui paraissait tellement moderne dans les années 50 et avait aujourd'hui un petit air ancien et délabré.

Et me voilà de retour. En plein devant ce putain de Centre communautaire. La scène de cette autre hallucination. Ou de ce rêve. Ou de je ne sais pas quoi.

Les autres le voyaient comme le clown de la classe, le cinglé marrant, et il avait rejoué facilement et impeccablement ce rôle. *Ah, nous avons tous rejoué facilement et impeccablement nos rôles, t'as pas remarqué ?* Cela avait-il quelque chose d'extraordinaire ? Il se disait qu'on devait assister au même phénomène à n'importe quelle réunion d'anciens élèves au bout de vingt ans — le comédien de la classe qui s'était, à un moment donné, découvert une vocation pour la prêtrise redevenait presque automatiquement, après deux verres, le

236

pédant sentencieux d'antan ; le fou de littérature anglaise devenu concessionnaire des camions GM se mettait tout d'un coup à sortir du Irving et du Shakespeare ; le type qui avait joué avec les « Chiens hurlants » le samedi soir avant de devenir professeur de mathématiques à Cornell finissait par se retrouver sur la scène avec l'orchestre, la guitare dans les mains, pour beugler *Gloria* ou *Surfin' Bird* avec une joyeuse férocité avinée. N'est-ce pas Springsteen qui parle de ne jamais se rendre, de ne jamais battre en retraite ? Plus facile, pourtant, de croire aux airs d'antan sur le tourne-disque après quelques verres et un ou deux joints.

Mais, se disait Richie, c'était le retour en arrière, l'hallucination, pas la vie actuelle. L'enfant est peut-être le père de l'homme, mais pères et fils partagent souvent des intérêts très différents et n'ont que des ressemblances superficielles. Ils...

Mais tu as parlé d'adultes, et voilà qui sonne comme une absurdité, comme du charabia. Pourquoi, Richie, pourquoi ?

Parce que Derry est toujours aussi bizarre. Pourquoi ne pas le laisser tel qu'il est ?

Parce que les choses n'étaient pas aussi simples, voilà pourquoi.

Gosse, il avait été un fumiste, un comédien parfois vulgaire, parfois amusant, parce que c'était un moyen de s'en sortir vivant avec des voyous comme Henry Bowers et sa bande, et d'éviter de devenir fou de solitude et d'ennui. Il se rendait maintenant compte qu'une bonne partie du problème tenait à son propre esprit, qui tournait en général dix à vingt fois plus vite que celui de ses camarades de classe. On l'avait trouvé tour à tour bizarre, cinglé, voire même suicidaire, selon les frasques dans lesquelles il se lançait, mais il ne s'agissait peut-être que d'un simple cas de sur-régime mental, si être en permanence en sur-régime mental pouvait être quelque chose de simple.

C'était toutefois le genre de chose que l'on finissait par contrôler, ou du moins auquel on trouvait des dérivatifs, comme Porte-Doc Délirant et autres. Voilà ce qu'avait découvert Richie peu de temps après avoir franchi la porte de la station de radio du collège — tout à fait par hasard. Tout ce qu'il pouvait souhaiter, il l'avait quand il était derrière un micro. Il n'avait pas été très bon, au début, trop excité pour cela. Puis il avait fini par découvrir peu à peu le grand principe qui fait tourner l'univers, au moins en ce qui concerne carrière et succès : débusquer le cinglé qui bat les buissons en soi et fout votre vie en l'air. L'acculer dans un coin, s'en emparer, mais surtout, ne pas le tuer. Le harnacher, le sangler, et lui faire tirer la charrue. Le cinglé travaille comme un forcené une fois dans la bonne voie. Et il vous fournit votre content de ah-ah. C'est aussi simple que ça, et ça suffit.

Il avait été marrant, d'accord, un rire à la minute, mais il avait fini par enfouir les cauchemars qui se tapissaient du côté sombre de ces rires. Ou du moins il l'avait cru. Jusqu'à aujourd'hui, jusqu'au moment où le mot « adulte » avait perdu toute signification pour lui, soudainement. Et maintenant il y avait autre chose à affronter ou qui, en tout cas, méritait réflexion ; l'énorme et parfaitement grotesque statue de Paul Bunyan en face du Centre communautaire.

Je dois être l'exception qui confirme la règle, Grand Bill.

Es-tu sûr qu'il n'y avait rien, Richie ? Rien du tout ?

Du côté du Centre communautaire... J'ai cru voir...

Une douleur aiguë lui vrilla les yeux pour la deuxième fois de la journée ; il y porta les mains, avec un gémissement de surprise. La douleur disparut, aussi vite qu'elle s'était manifestée. Mais il avait également senti une odeur, non ? Quelque chose qui ne se trouvait pas réellement là, mais qui s'y était trouvé, qui lui avait fait penser à

(je suis ici avec toi, Richie, tiens-moi la main, est-ce que tu peux bien la tenir)

Mike Hanlon. C'était de la fumée qui lui avait piqué les yeux et les lui avait fait pleurer. Vingt-sept ans auparavant, ils avaient respiré cette fumée ; à la fin il ne restait plus que Mike et lui-même, et ils avaient vu...

Mais le souvenir avait disparu.

Il se rapprocha d'un pas de la statue de Paul Bunyan, aussi estomaqué par sa joyeuse vulgarité qu'il avait été, enfant, époustouflé par sa taille. Le personnage de légende mesurait plus de six mètres de haut, sans compter le socle de deux mètres sur lequel il s'élevait. Il souriait aux véhicules et aux piétons de Outer Canal Street. Le Centre communautaire datait des années 1954-1955 ; le conseil municipal avait voté les crédits pour la statue l'année suivante, en 1956.

Pendant six mois, ce projet avait soulevé des controverses passionnées (parfaitement représentatives de ces tempêtes dans un verre d'eau qui agitent parfois les villes, grandes ou petites) mais tout à fait inutiles : la statue avait été achetée, et même si les conseillers municipaux avaient pris la décision aberrante (en particulier pour la Nouvelle-Angleterre) de ne pas utiliser un objet dont elle avait fait l'acquisition, où, au nom du ciel, l'aurait-on remisé ? On avait donc finalement installé la statue (non pas vraiment sculptée mais moulée en plastique) sur son socle, enroulée dans suffisamment de métrage de toile pour servir de voile à un trois-mâts. Elle avait été inaugurée le 13 mai 1957, jour du cent cinquantenaire de la fondation de la ville, soulevant un chœur de protestations d'un côté et des applaudissements de l'autre, ce qui était prévisible.

Paul portait la traditionnelle salopette, la traditionnelle chemise à carreaux rouges et blancs, et arborait une splendide barbe noire tout à fait bûcheronnesque. Une hache en plastique (la Godzilla de toutes les haches en plastique, sans aucun doute !) pendait à son épaule, et il souriait imperturbablement en direction du nord.

C'était en mars de l'année suivante que Richie, épuisé et terrifié, avait atterri sur l'un des bancs qui faisaient face à la statue après avoir échappé (de vraiment très très peu) à Bowers, Criss et Huggins, après une course poursuite qui, partie de l'école élémentaire de Derry, avait traversé à peu près tout le centre-ville pour s'achever dans un grand magasin, le Freese's.

À Derry, la succursale de Freese's était assez minable comparée à celle de Bangor, mais Richie, qui ne cherchait qu'un port dans la tempête, s'en fichait pas mal. À ce moment-là, Bowers n'était qu'à quelques mètres derrière lui et Richie commençait à faiblir sérieusement. Il s'était jeté en dernier ressort dans la porte à tambour du grand magasin ; Henry, qui manifestement ne comprenait guère le principe de ce genre de système, avait failli laisser le bout des doigts dans l'engin en voulant attraper Richie au moment où celui-ci le faisait pivoter et pénétrait dans l'immeuble.

Fonçant vers le sous-sol, pan de chemise au vent, il avait entendu une série de détonations presque aussi fortes qu'à la télé, en provenance de la porte à tambour, et compris que Larry, Moe et Curly étaient toujours à ses trousses. Il riait en arrivant en bas, mais c'était purement nerveux, car il se sentait aussi terrorisé qu'un lapin pris au collet. Cette fois, ils avaient vraiment l'intention de lui flanquer une bonne raclée (Richie ne se doutait pas que dans moins de douze semaines, la bande, et Henry en particulier, deviendrait capable de tout sauf de meurtre, et aurait verdi d'effroi s'il avait su que même cette réserve disparaîtrait au moment de l'apocalyptique bataille de cailloux de juillet). Dire que tout avait commencé d'une manière tellement stupide !

Richie et les autres garçons de sixième étaient entrés

en rangs dans le gymnase. Roulant des épaules comme un taureau au milieu de vachettes, Henry en était sorti au même moment, car il faisait la gymnastique avec les plus grands. Depuis quelque temps, un tuyau percé était responsable d'une flaque à l'entrée ; Henry ne la vit pas, glissa et tomba sur les fesses.

Avant qu'il ait pu l'arrêter, la bouche de Richie, traîtresse, claironnait : « Visez le mec, avec ses pompes en peau de banane ! »

Il y avait eu une explosion de rires générale, mais pas la moindre trace d'humour sur le visage de Henry quand il s'était relevé : en fait il avait la couleur de la brique réfractaire qui vient de sortir du four.

« Tu perds rien en attendant, Quat'Zyeux ! » avait-il lancé en s'éloignant.

Les rires cessèrent instantanément. Dans le hall, tout le monde regarda Richie comme s'il était déjà mort. Henry ne s'arrêta pas pour observer les réactions. Il poursuivit son chemin, tête baissée, les coudes rougis par la chute, une large tache d'humidité au fond de son pantalon. À ce spectacle, Richie sentit sa bouche à l'humour suicidaire s'ouvrir de nouveau... mais cette fois-ci, il la referma si vite qu'il faillit se sectionner le bout de la langue.

Bof, il va oublier, s'était-il dit, mal à l'aise, en se changeant. *Bien sûr, qu'il va oublier. Sa mémoire n'a pas assez de circuits en état de marche pour se souvenir de tout ça. Chaque fois qu'il fait sa crotte, il doit regarder dans le manuel d'instructions comment on fait pour se torcher. Ah-ah.*

Ah-ah.

« T'es foutu, la Grande Gueule, lui avait dit Vince " Boogers " Taliendo avec un certain respect plein de tristesse. T'en fais pas, je t'apporterai des fleurs.

— Coupe-toi les oreilles et amène des choux-fleurs », avait répliqué sans se démonter Richie ; et tout le monde avait ri, même ce bon vieux Boogers Taliendo.

Après tout, c'était permis, non ? Qu'est-ce qu'ils en avaient à foutre ? Eux, ils seraient peinards à la maison, devant la télé, pendant que Richie se magnerait le cul du rayon lingerie féminine à celui des articles de maison pour finalement atterrir aux jouets. La sueur qui coulait de son dos faisait un filet entre ses fesses, et il avait les couilles tellement contractées qu'il avait l'impression de les avoir accrochées à la ceinture. Bien sûr, ils pouvaient rigoler. Ha-ha-ha-ha !

Henry n'avait pas oublié. Richie était sorti par la porte du côté de la maternelle, juste au cas où, mais Henry y avait dépêché le Roteur, lui aussi juste au cas où. Ha-ha-ha-ha.

Richie avait heureusement vu Huggins le premier : sans quoi il aurait été cuit. Le Roteur regardait en direction de Derry Park, tenant une cigarette non allumée d'une main et dégageant rêveusement le fond de son pantalon qui lui rentrait dans les fesses de l'autre. Le cœur battant à tout rompre, Richie avait traversé le terrain de jeu d'un pas tranquille et il avait presque rejoint Charter Street lorsque Huggins tourna la tête et le vit. Il appela à grands cris Henry et Victor, et c'est ainsi que la chasse avait commencé.

Le rayon des jouets était complètement désert. Horrible. N'y traînait même pas un seul vendeur — un adulte qui aurait été le bienvenu pour mettre un terme à l'affaire avant qu'elle ne tourne mal. Il entendait se rapprocher les trois dinosaures de l'Apocalypse, mais il était à bout de souffle. Chaque inspiration s'accompagnait d'un douloureux élancement du côté gauche.

Son regard tomba sur une porte marquée SORTIE DE SECOURS UNIQUEMENT ! ALARME AUTOMATIQUE ! Il sentit l'espoir renaître.

Il courut entre deux rangées de Donald Duck, de tanks américains fabriqués au Japon, de tenues de cow-boy, de voitures à remontoir. Il atteignit la porte et enfonça aussi fort qu'il put la barre qui la verrouillait. Celle-ci s'ouvrit, laissant pénétrer l'air frais de mars ; l'alarme se déclencha, stridente. Richie fit immédiatement demi-tour et alla se mettre à quatre pattes dans une autre allée. Il était par terre avant que la porte ne fût refermée.

Henry, le Roteur et Criss débouchèrent à grand fracas dans le rayon jouets au moment où la porte se refermait et où l'alarme s'interrompait. Ils se précipitèrent, Henry en tête, une expression de calme détermination sur le visage.

Un vendeur se présenta finalement, au petit trot. Il portait une blouse de nylon bleue par-dessus une veste de sport à carreaux d'une laideur inimaginable. Il arborait des lunettes à monture rose qui lui faisaient un œil de lapin blanc. Richie fut sur le point d'éclater de rire.

« Hé, les garçons ! s'exclama le lapin. Hé là ! Vous ne pouvez pas sortir par ici ! C'est une issue de secours ! Hé là ! Vous m'entendez ? »

Victor lui lança un regard nerveux, mais les deux autres ne tournèrent même pas la tête. Victor les suivit. L'alarme retentit de nouveau, plus longtemps cette fois, alors que le trio chargeait dans l'allée. Mais déjà Richie était debout et se dirigeait vers la lingerie féminine au petit trot.

C'est ainsi qu'il s'était retrouvé à plus d'un kilomètre de Freese's, devant le Centre communautaire... et, espérait-il, hors de portée pour ses poursuivants. Au moins pour le moment. Il était épuisé. Il s'assit sur le banc à la gauche de la statue, ne souhaitant qu'être tranquille le temps de retrouver ses esprits. Après quoi il prendrait la direction de la maison, mais pour l'instant c'était trop agréable de rester là assis, dans le soleil de l'après-midi. La journée avait commencé avec une petite pluie fine, mais on avait maintenant l'impression que le printemps arrivait.

Un peu plus loin, sur la marquise du Centre communautaire, on pouvait lire en grandes lettres bleues ce message :

HÉ LES ENFANTS !
LE 28 MARS
LE GROUPE DE ROCK' N' ROLL
ARNIE « WOO-WOO » GINSBERG !
JERRY LEE LEWIS
LES PENGUINS
FRANKIE LYMON ET LES TEEN-AGERS
GENE VINCENT ET LES BLUE CAPS
FREDDY « BOOM-BOOM » CANNON
UNE SOIRÉE ABSOLUMENT EXCEPTIONNELLE !!!

Richie aurait bien voulu assister à ce spectacle, mais il n'avait pas l'ombre d'une chance de se procurer une place. L'idée que sa mère se faisait d'une soirée exceptionnelle ne comprenait pas Jerry Lee Lewis expliquant aux jeunes Américains que nous avons des poulets dans la basse-cour, dans quelle basse-cour, la basse-cour de qui, ma basse-cour. Pas plus que Freddy Cannon, dont la môme de Tallahassee avait un châssis de compétition. Sa mère admettait qu'à douze ans, les concerts de Sinatra l'avaient rendue hystérique (même si elle l'appelait maintenant Frankie le Gommeux) mais, comme la mère de Bill Denbrough, elle était hermétique au rock and roll.

Richie aimait Arnie Ginsberg, Frankie Ford, et Eddie Cochran dont les rythmes lui insufflaient une véritable vigueur et le transportaient de joie. Il idolâtrait Fats Domino (à côté, même Ben Hanscom avait l'air mince) et Buddy Holly qui, comme lui-même, portait des lunettes ; ou encore Screaming Jay Hawkins, qui commençait ses concerts en jaillissant d'un cercueil, et les Dovells, qui dansaient aussi bien que des Noirs.

Ou presque.

Mais il aurait un jour son heure car, contrairement à

ce que pensait sa mère, le rock and roll, à son avis, n'était pas une mode passagère. Mais pas le 28 mars, ni en 1958 ni en 1959...

Ses yeux s'étaient éloignés de la marquise et alors... il avait dû s'endormir. C'était la seule explication qui tenait debout. Car ce qui était ensuite arrivé ne pouvait se produire que dans les rêves.

Et voici qu'il était de nouveau au même endroit, un Richie Tozier qui avait pu se saouler de rock and roll à loisir... et dont la soif n'était pas étanchée, heureusement, pour autant. Ses yeux se portèrent sur la marquise du Centre communautaire et il vit, avec l'impression de faire une hideuse trouvaille, les mêmes lettres bleues qui annonçaient :

LE 14 JUIN
HEAVY METAL MANIA !
JUDAS PRIEST
IRON MAIDEN
BILLETS EN VENTE SUR PLACE
OU CHEZ LES DISTRIBUTEURS AGRÉÉS

Ils ont laissé tomber la « soirée exceptionnelle » en cours de route, mais en dehors de ça, il n'y a pas la moindre différence, se dit Richie.

Le regard de Richie revint sur Paul Bunyan, le saint patron de Derry — Derry qui, selon la légende, devait son existence au fait que les bois flottés créaient régulièrement des embâcles à cet endroit-là. Il y avait eu une époque où, au printemps, on pouvait traverser la Kenduskeag (si l'on avait le pied agile) sans se mouiller plus haut que le troisième œillet de son lacet, en passant de bûche en bûche. Telles étaient du moins les histoires que l'on racontait lorsque Richie était petit, des histoires où il y avait toujours un peu de Paul Bunyan.

Ce vieux Paul ! pensa-t-il en examinant la statue.

Qu'est-ce que tu as fabriqué depuis que je suis parti ?
Tu as creusé une nouvelle rivière ? un nouveau lac, afin
de pouvoir prendre un bain jusqu'au cou ? As-tu terro-
risé les enfants comme tu m'as terrorisé ce jour-là ?

Et tout d'un coup, tout lui revint, comme revient
un mot qu'on avait sur le bout de la langue.

Il s'était trouvé au même endroit, sous un agréable
soleil de mars, somnolant plus ou moins, envisageant
de rentrer chez lui regarder la dernière heure d'une
émission de rock, quand soudain une vague d'air
chaud était venue caresser son visage, repoussant ses
cheveux en arrière. En levant les yeux, il avait vu
l'énorme tête en plastique de Paul Bunyan juste en
face de lui, plus grande que dans un gros plan de
cinéma, remplissant tout. Le souffle d'air était venu
du mouvement qu'il avait fait pour se baisser... mais
il ne ressemblait plus du tout à Paul. Il avait maintenant le front bas et fuyant ; des touffes de poil
comme du crin sortaient d'un nez aussi rouge que
celui d'un vieil ivrogne ; ses yeux étaient injectés de
sang et l'un d'eux recouvert d'une taie légère.

La hache avait quitté son épaule. Paul s'appuyait
sur son manche, et le dessus du fer avait ouvert une
tranchée dans le trottoir. Il souriait toujours, mais
son expression n'avait plus rien de joyeux. D'entre
ses gigantesques dents jaunâtres provenait une puanteur de petits animaux en train de se putréfier dans
un sous-bois par temps chaud.

« Je vais te dévorer », avait dit le géant d'une voix
grave et grondante. Elle avait les sonorités de
rochers s'entrechoquant pendant un tremblement de
terre. « À moins que tu ne me rendes ma poule, ma
harpe et mes sacs d'or, je vais te bouffer jusqu'au
trognon ! »

Le souffle qui portait ces mots fit voler et claquer
la chemise de Richie comme une voile dans la tempête. Il se recroquevilla sur le banc, les yeux exor-

bités, les cheveux tout raides sur la tête, étouffant dans l'odeur nauséabonde de la charogne.

Le géant se mit à rire. Il passa la main autour du manche de la hache et la fit sortir du trou qu'elle avait ouvert dans le trottoir. Puis il l'éleva en l'air, et elle produisit un bruit sifflant menaçant. Richie comprit tout d'un coup que le géant avait l'intention de le fendre en deux, comme une bûche.

Il se rendit compte qu'il était incapable de bouger ; il venait d'être saisi d'une insurmontable apathie. Qu'est-ce que ça faisait ? Il somnolait, et ce n'était qu'un rêve. Une voiture finirait bien par donner un coup d'avertisseur, ou un gamin par traverser la rue en courant, et il se réveillerait.

« Tout juste, gronda le géant, tu te réveilleras, en enfer ! » Et au dernier moment, alors que la hache atteignait l'apogée de sa course et s'y arrêtait, Richie comprit qu'il ne s'agissait nullement d'un rêve... ou que si c'était un rêve, ce rêve pouvait tuer.

Essayant de hurler mais incapable de produire le moindre son, il roula du banc sur le gravier ratissé entourant ce qui avait été une statue, et qui se réduisait maintenant à un socle d'où dépassaient deux boulons d'acier à l'emplacement des pieds. Le bruit de la hache qui redescendait emplit l'air de son sifflement insistant ; le sourire du géant s'était transformé en une grimace de meurtrier. Ses lèvres se retroussaient tellement qu'elles exhibaient ses gencives de plastique, d'un rouge hideux et brillant.

La lame de la hache frappa le banc à l'endroit où Richie se tenait l'instant précédent. Elle était tellement bien effilée qu'il n'y eut presque pas de bruit, mais le banc se retrouva instantanément coupé en deux moitiés qui pendaient chacune de leur côté, le bois, à l'intérieur, paraissant d'un blanc maladif par rapport à la couche de peinture verte.

Richie se retrouva sur le dos. Toujours essayant de

hurler, il se poussa des talons. Du gravier passa par le col de sa chemise et descendit jusque dans son pantalon. Et Paul était là, debout, le dominant de ses six mètres, et le regardant avec des yeux comme des couvercles ; Paul qui contemplait le petit garçon essayant de se faire encore plus petit sur le gravier.

Le géant fit un pas vers lui. Richie sentit le sol trembler quand la botte noire retomba, faisant jaillir une gerbe de cailloux.

Richie roula sur le ventre et se releva d'un pas chancelant. Ses jambes commencèrent à courir alors qu'il n'était pas encore tout à fait debout, avec pour résultat qu'il s'étala de nouveau. Il entendit le brusque chuintement de l'air chassé de ses poumons, et les cheveux lui tombèrent sur les yeux. Entre les mèches, il vit les véhicules aller et venir paisiblement dans la rue, comme si de rien n'était, comme si personne, dans ces voitures, ne s'apercevait ou ne se souciait que la statue de Paul Bunyan se fût animée et eût descendu de son piédestal afin de commettre un assassinat avec une hache de la taille d'un camion.

Quelque chose cachait le soleil ; Richie gisait dans une tache d'ombre ayant forme humaine.

Il se mit précipitamment à genoux, faillit de nouveau tomber, réussit enfin à se relever et courut aussi vite qu'il le put, les genoux hauts à se cogner la poitrine, les coudes comme des pistons. Il entendait derrière lui l'affreux et persistant murmure qui enflait une fois de plus, un son qui paraissait ne pas être tout à fait un son mais plutôt une pression sur la peau et les tympans. *Swiiiiiippppp !*

La terre trembla. Les dents de Richie s'entrechoquèrent comme de la vaisselle pendant un séisme. Il n'eut pas besoin de regarder pour savoir que la lame venait de s'enfoncer de moitié dans le trottoir à quelques centimètres de ses pieds.

Dans son esprit en proie au délire, il crut entendre

les Dovells chanter : *Oh, the kids in Bristol are sharp as a pistol when they do the Bristol stomp...*

Il quitta l'ombre du géant et se retrouva au soleil — et se mit à rire, du même rire d'épuisement qui l'avait saisi quand il avait déboulé les escaliers de Freese's. Haletant, le point de côté de nouveau douloureux, il avait finalement risqué un coup d'œil par-dessus son épaule.

La statue de Paul Bunyan se dressait sur le piédestal où elle s'était toujours trouvée, la hache sur l'épaule, la tête tournée vers le ciel, les lèvres figées dans l'éternel sourire du héros mythique. Le banc coupé en deux était intact, merci. Les graviers dans lesquels Paul avait enfoncé son pied gigantesque étaient parfaitement ratissés, sauf à l'endroit où Richie était tombé pendant qu'il

(fuyait le géant)

rêvait qu'il fuyait le géant. Pas d'empreintes de pas, pas de trottoir défoncé à coups de hache. Il n'y avait là qu'un garçon que venaient de poursuivre des voyous plus grands que lui et qui se réveillait d'un rêve bref (mais particulièrement réaliste) dans lequel un colosse homicide... un Henry Bowers format économique géant... voulait le massacrer.

« Merde », avait dit Richie d'une petite voix tremblotante, avec un rire incertain.

Il était resté là encore quelques instants, attendant de voir si la statue allait ou non se remettre à bouger — ne serait-ce qu'un clin d'œil ou passer sa hache d'une épaule à l'autre, voire descendre du piédestal et lui courir après. Mais bien entendu, rien de tout cela ne s'était produit.

Bien entendu.

Qu'est-ce que j'en ai à foutre ? Ah-ah-ah-ah.

Un roupillon. Un rêve. Rien de plus.

Cependant, comme l'avait remarqué Lincoln ou

Socrate ou un type comme ça ; trop, c'est trop. Il était temps de retourner à la maison et de se calmer.

Et bien qu'il eût été plus rapide de couper par le centre-ville, il avait préféré ne pas passer de nouveau à proximité de cette statue. Il avait donc fait un grand détour et le soir même avait presque oublié l'incident.

Jusqu'à aujourd'hui.

Ici est assis un homme, pensa-t-il, *habillé sport par le meilleur tailleur de Rodeo Drive, avec des pompes haut de gamme aux pieds et des sous-vêtements Calvin Klein sur les fesses ; ici est assis un homme avec des lentilles de contact extra-souples évoquant le rêve d'un jeune garçon qui croyait qu'une chemise de collège avec des fruits dessus était le comble de l'élégance ; ici est assis un adulte qui regarde la même vieille statue. Hé, Paul, le Grand Paul, je suis ici pour te dire que tu n'as pas changé, que tu n'as pas pris une putain de ride.*

La vieille explication sonnait toujours juste dans sa tête : un rêve.

S'il le fallait, il voulait bien croire aux monstres ; ce n'était pas une affaire. Ne lui était-il pas arrivé d'être assis devant un micro, en train de lire des dépêches parlant d'Idi Amin Dada, de Jim Jones, ou de ce type qui avait descendu tout le monde dans un McDonald's ? Les monstres, ça courait les rues ! Et s'il pouvait croire en la variété Jim Jones, il pouvait aussi croire en celle de Mike Hanlon, au moins pour un certain temps. Au fond, Ça avait une sorte de charme : venant de l'espace, personne n'en avait la responsabilité... Mais une statue en plastique de six mètres de haut qui descendait de son piédestal et entreprenait de vous tailler en pièces avec sa hache de plastique ? Ça dépassait un peu la mesure. Comme Lincoln ou Socrate ou Tartampion l'avait également déclaré : je peux manger de la chair ou du poisson, mais il y a des merdes que je n'avalerai pas. C'était simplement...

L'impression d'une aiguille qui s'enfonçait dans ses

250

yeux le reprit de nouveau, brusquement, lui arrachant un cri de détresse. Il fut pire que les précédents, plus profond, dura plus longtemps et lui flanqua une frousse terrible. Il porta les mains à ses yeux et ses doigts commencèrent à tirer instinctivement sur la paupière inférieure afin de faire tomber les verres de contact. *C'est peut-être une sorte d'infection*, pensa-t-il vaguement, *mais qu'est-ce que ça fait mal!*

Il tirait sur ses paupières et était sur le point de donner l'unique battement des paupières supérieures qui suffisait toujours à les faire glisser hors de l'œil (après quoi il passerait les quinze minutes suivantes à les chercher à tâtons dans le gravier, autour du banc, mais bon Dieu il s'en foutait, il avait l'impression que des ongles s'enfonçaient dans ses yeux), lorsque la douleur disparut. Elle ne s'estompa pas, mais cessa instantanément. Il larmoya légèrement, puis tout fut fini.

Il abaissa lentement les mains, le cœur battant, prêt à cligner des yeux si la douleur reprenait. Mais rien ne se produisit. Et soudain lui revint à l'esprit le seul film d'horreur qui lui eût jamais réellement fait peur quand il était gosse, peut-être à cause de tous les emmerdements que lui valaient ses lunettes et du temps passé à s'occuper de ses yeux. Il s'agissait de *L'œil qui rampe*, avec Forrest Tucker. Pas fameux. Les autres gosses avaient hurlé de rire, mais lui n'avait même pas souri. Il était resté de marbre et muet, pour une fois incapable de faire appel à l'une de ses voix, tandis qu'un œil gélatineux bardé de tentacules surgissait du brouillard synthétique d'un studio de cinéma anglais. La confrontation avec cet œil avait été catastrophique ; il incarnait de multiples peurs et angoisses pour Richie. Peu de temps après, une nuit, il avait rêvé qu'il se regardait dans un miroir et enfonçait une grosse aiguille dans l'iris de son œil, lentement, sentant un écoulement aqueux et paralysant au fond de son orbite remplie de sang. Il se rappelait (oui, il se le rappelait, maintenant) s'être réveillé pour découvrir qu'il avait mouillé son lit. Qu'il se soit senti soulagé et non pas honteux devant son incontinence nocturne prouve à quel point le cauchemar avait été épouvantable pour lui ; il s'était accroché au drap mouillé de tout son corps, bénissant la réalité de ce qu'il voyait.

« Rien à foutre ! » dit Richie Tozier d'une voix basse, loin d'être assurée, en se préparant à partir.

Il allait retourner au Derry Town House faire un petit somme. Tant qu'à rouler rue du Souvenir, il préférait encore les avenues de Los Angeles aux heures de pointe. La douleur de ses yeux n'était sans doute rien de plus qu'un signe d'épuisement dû au décalage horaire, à quoi s'ajoutait le choc de retrouver tout d'un coup son passé. Les chocs, les explorations de souvenirs, ça suffisait. Il n'aimait pas du tout la façon dont son esprit sautait d'un sujet à l'autre. Il était temps de piquer une ronflette et de reprendre du poil de la bête.

Comme il se levait, son regard tomba sur la marquise du Centre communautaire. Les jambes brusquement en coton, il se rassit sur le banc. Brutalement.

RICHIE TOZIER L'HOMME AUX MILLE VOIX
DE RETOUR À DERRY VILLE DES MILLE DANSES

EN L'HONNEUR DU RETOUR DE LA GRANDE GUEULE
LE CENTRE COMMUNAUTAIRE EST FIER DE PRÉSENTER
LE CONCERT ROCK DE
« RICHIE TOZIER, LES CLAMSÉS & CO »
AVEC
BUDDY HOLLY RICHIE VALENS
LE BIG BOPPER FRANKIE LYMON
GENE VINCENT MARVIN GAYE
ET
JIMI HENDRIX GUITARE SOLO
JOHN LENNON GUITARE D'ACCOMPAGNEMENT

252

PHIL LINOTT GUITARE BASSE
KEITH MOON PERCUSSIONS

CHANTEUR INVITÉ JIM MORRISON

BIENVENUE CHEZ TOI RICHIE !
TOI AUSSI TU ES CLAMSÉ !

Il eut l'impression de ne plus pouvoir respirer, comme si on lui avait volé son air... Puis il entendit de nouveau le chuintement, ce bruit qui était aussi une pression sur la peau et les tympans, ce froissement furtif homicide — *Swiiiipppppp !* Il roula du banc et tomba sur le gravier, se disant : *C'est donc ça que l'on appelle la sensation de déjà-vu, maintenant tu es au parfum, tu n'auras plus besoin de poser la question...*

Il heurta le sol de l'épaule et roula, levant les yeux sur la statue de Paul Bunyan — qui n'était plus Paul Bunyan. À sa place se tenait le clown, resplendissant et évident, fantastique avec ses six mètres de haut, tout de couleurs éclatantes, son visage peinturluré surmontant une fraise d'un comique sidéral. Des boutons orange en plastique, tous de la taille d'un ballon de volley, ornaient son costume argenté. Au lieu d'une hache, il tenait à la main une énorme grappe de ballons de plastique. Deux légendes étaient imprimées sur chacun : POUR MOI C'EST TOUJOURS LE ROCK et LES CLAMSÉS & CO DE RICHIE TOZIER.

Il partit à reculons, poussant des talons et de la paume des mains. Du gravier pénétra dans son pantalon à la hauteur de la ceinture. Il entendit se déchirer une couture de sa veste sport Rodeo Drive. Il roula sur lui-même, se remit sur ses pieds, tituba, regarda derrière lui. Le clown lui rendit son regard, les yeux roulant, humides, dans leurs orbites.

« T'aurais-je fichu la trouille, m-mec ? » gronda-t-il.

Et, en toute indépendance de son cerveau pétrifié,

Richie entendit sa bouche répondre : « De la roupie de sansonnet, Trucmuche, rien de plus. »

Le clown sourit et hocha la tête comme si c'était le genre de réaction qu'il attendait. Ses lèvres peintes d'un rouge sanguinolent s'écartèrent pour exhiber des dents comme des défenses, toutes aussi pointues que des alênes. « Je pourrais t'avoir tout de suite si je voulais, dit-il. Mais ça va être beaucoup plus drôle autrement.

— Drôle pour moi aussi, s'entendit rétorquer Richie. Et le plus drôle sera quand on te fera sauter la tête, mon gros. »

Le sourire du clown s'élargit encore davantage. Il leva une main gantée de blanc, et Richie sentit le vent du mouvement soulever les cheveux de son front, comme vingt-sept ans auparavant. L'index du clown pointa vers lui ; il avait la taille d'une poutre.

La taille d'une pou..., pensa Richie ; et de nouveau la douleur frappa. Elle enfonçait des pointes rouillées dans la molle gelée de ses yeux. Il hurla et se prit la tête dans les mains.

« Avant de vouloir enlever la paille dans l'œil de ton voisin, occupe-toi de la poutre qui est dans le tien », déclara solennellement le clown, la voix riche de grondements vibrants. Une fois de plus la puanteur de la chair en décomposition entoura Richie.

Il leva les yeux et fit une demi-douzaine de pas en arrière. Le clown se penchait, maintenant, les mains gantées posées sur les genoux. « Tu veux encore jouer avec moi, Richie ? Et si je pointais ton zizi du doigt et te collais le cancer de la prostate ? Je pourrais aussi te refiler une bonne tumeur au cerveau, même si certains ne manqueraient pas de remarquer que ça ne change-rait pas grand-chose. Je pourrais pointer mon doigt sur ta langue, et elle ne serait plus qu'une plaie purulente, aussi bien pendue qu'elle soit. Je le peux, Richie. Veux-tu voir ? »

Ses yeux s'agrandissaient, s'agrandissaient, et dans ces pupilles noires grandes comme des soucoupes, Richie crut apercevoir les démentielles ténèbres qui doivent exister au-delà des limites de l'univers ; un bonheur ignoble qui, il le savait, finirait par le rendre fou. À ce moment-là, il comprit que Ça pouvait faire ce qu'il disait, et bien plus encore.

Et il entendit une fois de plus parler sa bouche ; mais pour le coup, ce n'était pas sa voix, ni aucune de ses voix inventées, actuelles ou passées ; non, une voix qu'il n'avait jamais entendue. Plus tard, il raconterait aux autres, en hésitant, que c'était une sorte de voix négro-Trouduc, forte et orgueilleuse, criarde, s'autoparodiant. « Ti'e-toi de chez moi, espèce de g'os vieux clown bouffi ! cria-t-il, se mettant soudain à rire. A'ête tes conne'ies, mon kiki ! J' peux ma'cher, j' peux pa'ler et j'ai une g'osse queue pou' bien baiser ! Et si tu m' fais chier, c'est toi qui se'as dans la me'de ! T'as pigé ça, t'ouduc ? »

Richie crut voir le clown se recroqueviller, mais il ne traîna pas dans le secteur pour vérifier. Il courut, coudes au corps, les pans de sa veste battant comme deux ailes dans son dos, sans se soucier de ce papa qui s'était arrêté avec son bambin pour admirer la statue de Paul Bunyan et qui le regardait, l'air inquiet, comme s'il le prenait pour un fou. *À dire vrai, les amis, j'ai bien l'impression d'être devenu cinglé. Dieu m'en préserve ! Et sans doute ai-je fait la super-super-imitation de toute l'histoire, puisque le truc a marché, d'une manière ou d'une autre...,* pensa Richie.

C'est alors que gronda et tonna la voix du clown. Le père du petit garçon ne l'entendit pas, mais le visage du gamin se contracta et il commença à sangloter. L'homme prit l'enfant dans ses bras, affolé, et l'étreignit ; en dépit de sa propre terreur, Richie observa parfaitement le déroulement de ce drame secondaire. Peut-être la voix du clown dénotait-elle une joyeuse colère, peut-être seulement de la colère : « *On garde un œil sur toi, Richie, tu m'entends ? L'homme qui rampe. Si tu ne veux pas voler, si tu ne veux pas dire au revoir, viens donc un peu faire un tour en dessous de la ville, saluer un certain grand œil ! Viens quand tu veux. Vraiment quand tu veux. Tu m'entends, Richie ? Amène ton yo-yo. Arrange-toi pour que Beverly porte une grosse jupe avec quatre ou cinq jupons en dessous ; qu'elle mette l'anneau de son époux autour du cou ! Qu'Eddie porte ses godasses à semelles de crêpe ! On jouera quelques be-bop, Richie ! On jouera TOUS LES TUUUBES !* »

En atteignant le trottoir, Richie osa regarder par-dessus son épaule, et ce qu'il vit ne le rassura pas. Il n'y avait ni statue de Paul Bunyan, ni clown sur le socle. À la place s'élevait la statue de Buddy Holly, faisant six mètres de haut ; il arborait un badge sur le revers étroit de sa veste à carreaux. FESTIVAL ROCK RICHIE TOZIER LES CLAMSÉS & CO, lisait-on sur le badge.

L'une des branches des lunettes de Buddy avait été réparée avec du sparadrap.

Le petit garçon continuait de pousser des cris hystériques dans les bras de son père, lequel se dirigea à grands pas vers le centre-ville, après avoir contourné Richie à distance.

Richie se mit en mouvement
(je ne m'emmêle pas les pinceaux, maintenant)
en essayant de ne pas penser
(on jouera tous les TUUUBES !)
à ce qui venait de se passer. Il ne voulait penser qu'à une seule chose, la monstrueuse lampée de scotch qu'il allait s'envoyer une fois de retour à l'hôtel, avant d'aller faire sa sieste.

La simple idée d'un verre — même du modèle le plus courant — le fit se sentir légèrement mieux. Il regarda une dernière fois par-dessus son épaule et le fait de voir Paul Bunyan de retour à sa place, souriant au ciel, la hache de plastique à l'épaule, le fit se sentir encore mieux. Richie commença à marcher plus vite, sans demander son reste, histoire de mettre la plus grande distance possible entre lui et la statue. Il en était déjà à envisager l'hypothèse d'une hallucination quand la douleur le frappa de nouveau aux yeux, violente, angoissante, lui arrachant un cri rauque. Une jolie jeune fille qui marchait devant lui, rêveuse, les yeux perdus dans les nuages, se retourna, hésita, puis se précipita vers lui.

« Quelque chose ne va pas, monsieur ?

— Ce sont mes verres de contact, répondit-il d'une voix tendue. Mes foutus verres de contact — oh, mon Dieu, ça fait mal ! »

Cette fois-ci, il approcha si vivement ses doigts qu'il faillit se les mettre dans les yeux. Il baissa les paupières inférieures et pensa : *Je vais être capable de les faire sortir, c'est ça qui va se passer, je ne vais pas être foutu de les faire tomber et ça va simplement continuer à me faire, à me faire mal, à me faire mal jusqu'à ce que je devienne aveugle devienne aveugle aveugle...*

Mais le clignement de paupières fonctionna comme il avait toujours fonctionné. L'image aiguë et bien définie du monde, avec ses couleurs qui restaient exactement dans leurs limites et où les choses que l'on voyait avaient la limpidité précise de l'évidence, se brouilla complètement. À la place, il n'y eut plus que des bandes floues couleur pastel. Et en dépit de ses efforts et de ceux de la jeune étudiante, qui se montra pleine de bonne volonté et serviable, aucun des deux ne put retrouver les lentilles ; après avoir scruté tous les recoins du trottoir et du caniveau, ils abandonnèrent les recherches au bout d'un quart d'heure.

Tout au fond de sa tête, Richie crut entendre le rire du clown.

5

Bill Denbrough voit un fantôme

Bill ne vit pas Grippe-Sou cet après-midi-là ; en revanche, il vit un fantôme. Un vrai fantôme. C'est du moins ce que crut Bill sur le coup, et rien, plus tard, ne put le faire changer d'avis.

Il avait remonté Witcham Street et s'était arrêté un moment auprès de la bouche d'égout qui avait servi de cadre à la fin tragique de George, par une journée pluvieuse d'octobre 1957. Il s'accroupit et scruta l'ouverture pratiquée dans le rebord du trottoir. Son cœur battait à grands coups, mais il regarda tout de même.

« Sors donc d'ici, de qui as-tu peur ? » dit-il à voix basse, avec l'idée (pas si insensée que cela) que ses paroles volaient le long de galeries noires et dégoulinantes d'eau, sans mourir, et continuaient à progresser toujours plus loin et plus profond, rebondissant d'écho en écho, s'en nourrissant, parmi des murs couverts de mousse et des machines rouillées depuis longtemps. Il les sentait flotter au-dessus d'eaux croupies paresseuses, et peut-être même faiblement ressortir de cent autres bouches d'égout dans les autres quartiers de la ville.

« Sors donc de là, ou bien c'est nous qui irons te dé-dé-loger. »

Il attendit nerveusement une réponse, accroupi, les mains pendant entre les cuisses comme un receveur, au base-ball, entre deux lancers. Il n'y eut aucune réaction.

Il était sur le point de se relever quand une ombre passa sur lui.

Bill releva vivement la tête, en alerte, prêt à tout... mais ce n'était qu'un garçonnet de dix ou onze ans tout au plus. Il portait un short de boy-scout élimé qui mettait ses genoux écorchés bien en vue. Il tenait une glace à l'eau d'une main et de l'autre une planche à roulettes en fibre de verre qui paraissait aussi mal en point que ses rotules. La glace à l'eau était d'un orange fluo éclatant, la planche d'un vert fluo non moins vif.

« Vous avez l'habitude de parler aux égouts, m'sieur ? demanda le garçon.

— Seulement à Derry », répondit Bill.

Ils se regardèrent pendant quelques instants solennellement, puis éclatèrent de rire en même temps.

« J'aimerais te poser u-une question un peu s-stupide, reprit Bill.

— D'accord, dit le garçon.

— As-tu jamais entendu quelque chose qui venait de là-dedans ? »

L'enfant regarda Bill comme si ce dernier venait de perdre les pédales.

« D'accord, ou-oublie que je te l'ai de-demandé. »

Il se releva et s'était éloigné d'une douzaine de pas, tout au plus (en direction de la colline avec la vague idée d'aller revoir la maison de son enfance), lorsque le gamin le rappela : « Hé, monsieur ! »

Bill se retourna. Il avait enlevé sa veste, qu'il tenait par un doigt sur son épaule. Son col était défait, sa cravate desserrée. Le gamin l'examinait attentivement, comme s'il regrettait déjà son envie de parler. Puis il haussa les épaules, comme s'il se disait : *Oh, et après tout !*

« Ouais.

— Ouais ?

— Ouais.

— Qu'est-ce que ça disait ?

— Je sais pas. C'était une langue étrangère. Je l'ai entendu qui sortait d'une des stations de pompage, en bas dans les Friches. Vous savez, ces stations de pompage ? On dirait des tuyaux qui sortent de terre...

— Je sais ce que tu veux dire. Est-ce que c'est un gosse que tu as entendu ?

— Oui, c'était un gosse, au début. Après on aurait dit un homme. (Le garçonnet se tut un instant.) J'ai eu la frousse. Je suis rentré en courant à la maison et je l'ai raconté à mon père. Il m'a dit que c'était peut-être un écho, ou un truc comme ça, venu d'une maison par les égouts.

— Tu l'as cru ? » fit Bill qui s'était rapproché de quelques pas.

Le garçon lui adressa un adorable sourire. « J'ai lu dans mon livre, vous savez, *Croyez-le ou non*, l'histoire de ce type qui faisait de la musique avec ses dents. C'était une radio. Il avait des fausses dents qui faisaient transistor. Je me dis que si je crois cette histoire, je peux bien croire n'importe quoi.

— Évidemment. Mais est-ce que tu l'as vraiment cru ? »

À contrecœur, l'enfant secoua la tête.

« T'est-il arrivé d'entendre encore ces voix ?

— Une fois, pendant que je prenais un bain. Une voix de fille. Elle pleurait, c'est tout. J'avais peur de vider la baignoire quand j'ai eu fini. Vous comprenez, j'aurais pu la noyer, peut-être. »

Bill acquiesça de nouveau.

L'enfant regardait maintenant Bill ouvertement, le regard brillant, l'air fasciné. « Vous savez quelque chose sur ces voix, m'sieur ?

— Je les ai entendues. Il y a très, très longtemps. Connaissais-tu l'un des gosses qui ont été... assassinés, fiston ? »

Dans les yeux du garçon, l'éclat disparut, remplacé par la méfiance et l'inquiétude. « Mon père dit que je ne dois pas parler aux étrangers. Il dit que n'importe qui peut être le tueur. » Du coup il s'éloigna de Bill de quelques pas, se réfugiant à l'ombre d'un orme contre lequel Bill avait foncé à bicyclette vingt-sept ans auparavant. Il était tombé et avait tordu son guidon.

« Pas moi, fiston, se défendit Bill. J'étais en Angleterre au cours des quatre derniers mois. Je suis arrivé hier à Derry.

— Je ne dois tout de même pas vous parler.

— C'est vrai. Nous s-sommes dans un pays li-libre. »

L'enfant ne répondit pas tout de suite. « J'avais l'habitude de jouer avec Johnny Feury, de temps en temps. Il était gentil. J'ai pleuré », ajouta-t-il froidement. Sur quoi il engloutit le reste de sa glace puis, au bout d'un instant, sortit une langue d'un orange éclatant pour lécher les gouttes tombées sur son poignet.

« Reste éloigné des égouts et des tuyaux, dit calmement Bill. N'approche pas des endroits vides ou déserts. Ne va pas à la gare de triage. Mais avant tout, fuis tout ce qui est égout et canalisation souterraine. »

L'œil du garçon retrouva son éclat, et il resta silencieux pendant un très long moment. Puis : « M'sieur ? Vous voulez que je vous dise quelque chose de marrant ?

— Bien sûr.

— Vous connaissez ce film avec le grand requin qui mange les gens, non ?

— Comme tout le monde, oui, *Les Dents de la mer*.

— Eh bien, j'ai un copain. Il s'appelle Tommy Vicananza, et il n'est pas très malin. Il a une araignée dans le plafond, si vous voyez ce que je veux dire.

— Ouais, je vois.

— Il croit qu'il a vu ce requin dans le canal. Il était tout seul dans Bassey Park, il y a deux semaines à peu près, et il dit qu'il a vu son aileron. Il dit aussi qu'il faisait dans les trois mètres de haut, cet aileron, vous vous rendez compte ? Rien que l'aileron ! Et il a dit : " C'est ce qui a tué Johnny et les autres gosses. C'était le Grand Requin. Je le sais parce que je l'ai vu. " Alors je lui ai répondu : " Le canal est tellement pollué que rien ne peut y vivre, pas même un poisson-chat. Et tu nous racontes que tu as vu le Grand Requin dedans ! Tu as une araignée dans le plafond, Tommy. " Mais Tommy a même ajouté que le Grand Requin était sorti de l'eau comme à la fin du film et qu'il avait essayé de l'attraper, mais qu'il s'était reculé juste à temps. C'est tout de même marrant, non, m'sieur ?

— Très marrant, admit Bill.

— Une araignée dans le plafond, non ? »

Bill hésita. « Reste tout de même à l'écart du canal, c'est plus prudent.

— Vous voulez dire que vous croyez ça ? »

Bill hésita ; son intention était de hausser les épaules. Au lieu de cela, il acquiesça.

Le gosse laissa échapper un long soupir sifflant. Il se tenait tête basse, comme s'il avait honte. « Ouais. Parfois je me dis que c'est moi qui dois avoir une araignée dans le plafond.

— Je comprends ce que tu veux dire, le rassura Bill en s'avançant vers le garçon, qui cette fois ne s'éloigna pas de lui mais le regarda, l'air sérieux. Tu te démolis les genoux sur cette planche, fiston. »

Le gamin eut un coup d'œil pour ses écorchures et sourit. « Ouais, on dirait. Il m'arrive de prendre des vols planés.

— Est-ce que je peux essayer ? » demanda soudain Bill.

Le garçonnet le regarda, bouche bée, puis éclata de rire. « Ça serait marrant, dit-il. Je n'ai jamais vu un adulte sur un skate.

— Je te donnerai vingt-cinq cents.

— Mon père dit...

— De ne jamais a-accepter d'argent ou de bonbons d'un in-inconnu. Excellent conseil. Je te donnerai tout de même la pièce. Qu'est-ce que tu en dis ? Pas plus l-loin que le coin avec Jackson Street.

— Laissez tomber la pièce, fit le gamin en éclatant

de nouveau de rire — un son joyeux et simple. J'en ai pas besoin. J'ai déjà deux dollars. En somme, je suis riche. Mais j'ai bien envie de voir ça. Pourtant, ne m'en voulez pas si vous vous cassez quelque chose.

— Ne t'en fais pas, je suis assuré. »

Il lança l'une des roulettes du bout des doigts, s'émerveillant de l'aisance et de la rapidité avec lesquelles elle tournait : on aurait dit qu'elle était montée sur un million de billes. Le bruit était agréable et évoquait quelque chose de très ancien qui serrait la poitrine de Bill. Un désir aussi chaud qu'un manque, aussi délicieux que l'amour. Il sourit.

« À quoi pensez-vous ? demanda l'enfant.

— Que je v-vais me tuer », répondit Bill, ce qui fit rire le garçon.

Bill mit le skate sur le trottoir et y posa un pied précautionneux, le faisant aller et revenir sous l'œil du gosse. Bill s'imagina en train de dévaler la pente de Witcham sur la planche vert avocat du gamin, basques au vent, son crâne chauve brillant au soleil, les genoux ployés dans cette position incertaine des apprentis skieurs qui, dans leur tête, sont déjà tombés. Il était prêt à parier que le garçonnet ne se tenait pas comme ça. Prêt à parier qu'il fonçait

(pour battre le diable)

comme s'il n'y avait pas de lendemain.

L'agréable sentiment disparut de sa poitrine. Il ne vit que trop clairement la planche valser sous ses pieds, filer tout droit dans la pente, il se vit lui-même tombant sur les fesses, voire sur le dos. Hôpital. La moitié du corps plâtré. Arrivée d'un docteur qui lui dit : « Vous avez commis deux erreurs majeures, Mr. Denbrough. La première, mauvais pilotage d'un skateboard. La deuxième : oublier que maintenant, vous approchez de la quarantaine. »

Il se baissa, ramassa l'engin et le tendit au gamin. « Je pense qu'il vaut mieux pas.

— Poule mouillée, fit le garçon sans méchanceté. Bon, il faut que je rentre à la maison.

— Sois prudent là-dessus.

— On ne peut pas être prudent sur une planche! » répliqua l'enfant avec un regard pour Bill, comme si c'était ce dernier qui avait une araignée dans le plafond.

« Exact. D'accord. Comme on dit dans les studios de ciné, bien reçu. Mais ne t'approche pas des égouts et des canalisations. Et reste avec tes copains. »

Le garçon acquiesça. « Je suis juste à côté de chez moi. »

Mon frère aussi était juste à côté de chez nous.

« Ce sera de toute façon bientôt fini, dit Bill.

— Vous croyez?

— Je le crois.

— Très bien. À la prochaine... poule mouillée! »

Comme Bill l'avait soupçonné, le gamin fonçait avec une aisance parfaite et à une vitesse suicidaire. Bill éprouva un soudain amour pour ce petit garçon, une jubilation, le désir d'être cet enfant et en même temps une terreur qui le suffoquait presque. Le gamin roulait comme si la mort et le fait de vieillir n'existaient pas. Il y avait quelque chose d'éternel et d'inéluctable dans ce garçon en short de boy-scout kaki et tennis effilochées, sans chaussettes, les chevilles crasseuses, les cheveux virevoltant derrière lui.

Fais gaffe, môme, tu vas rater ton virage! pensa Bill, inquiet. Mais l'enfant eut un mouvement des hanches, ses orteils pivotèrent sur la planche en fibre de verre, et il négocia sans effort l'angle de Jackson Street, supposant simplement qu'il n'y aurait personne sur son chemin, de l'autre côté. *Ce ne sera pas toujours comme ça, môme,* songea Bill.

Il poussa jusqu'à son ancien domicile mais ne s'arrêta pas, se contentant de ralentir le pas. Il y avait des gens sur la pelouse : une maman dans un transat, un bébé endormi dans les bras, surveillant deux enfants, dix et huit ans, peut-être, qui jouaient au badminton sur l'herbe encore mouillée de la pluie du matin. Le plus jeune, un garçon, réussit à renvoyer le volant par-dessus le filet. « Bien joué, Sean ! » lança la femme.

La maison était toujours du même vert foncé, avec toujours la même imposte au-dessus de la porte d'entrée, mais le parterre de fleurs de sa mère avait disparu. Ainsi, autant qu'il pouvait en juger, que le portique que son père leur avait fabriqué avec des tuyaux de récupération.

Il vit ce qui était resté, ce qui avait disparu. L'idée lui traversa l'esprit d'aller dire à cette femme qu'il avait habité dans cette maison, mais que lui deman-der ? Est-ce que la tête qu'il avait soigneusement gravée dans l'une des poutres du grenier (qui avait parfois servi de cible aux fléchettes de Georgie) était toujours là ? Oui, il l'aurait pu, mais il sentit qu'il allait se mettre à bégayer horriblement s'il tentait de se montrer charmant. Et voulait-il connaître les réponses à ses questions ? Un froid glacial s'était abattu sur cette maison après la mort de Georgie, et s'il était revenu à Derry, ce n'était pas pour la revoir.

Il repartit, et ne s'arrêta qu'une fois qu'il fut à la hauteur de la barrière qui surplombait les Friches-Mortes. La barrière était un peu plus branlante, les Friches avaient le même aspect... peut-être plus touffu. Seules différences : l'épaisse fumée noire qui montait de la décharge avait disparu (on avait installé une usine moderne de retraitement des ordures) et une boucle d'accès sur pilotis à l'autoroute mordait sur l'un des flancs.

Non, les Friches n'avaient guère changé, odeurs comprises. Le lourd parfum des plantes en pleine croissance de printemps n'arrivait toujours pas à masquer complètement l'odeur de déchets et d'excré-ments humains. Odeur presque imperceptible, mais sans équivoque. Odeur de corruption ; une bouffée du monde d'en dessous.

C'est là que ça s'est terminé autrefois, et c'est là que ça va se terminer cette fois. Là-dedans. Sous la ville, songea Bill.

Il n'arrivait pas à repartir, convaincu qu'il allait être le témoin d'une manifestation quelconque de l'horreur qu'il était revenu combattre. Rien. Il entendait l'eau babiller, le vent chuchoter dans les buissons et le haut des arbres qu'il agitait, c'était tout. Pas de signe, vraiment rien. Il reprit sa marche, toujours en direction du centre-ville.

Un autre enfant croisa son chemin, une fillette cette fois, en pantalon de velours côtelé à taille haute et blouse rouge passé. Elle faisait rebondir une balle d'une main et tenait, par les cheveux, une poupée blonde de l'autre.

« Hé ! dit Bill.

— Quoi ? dit-elle en levant les yeux.

— Quelle est la meilleure boutique de Derry ? »

Elle réfléchit. « Pour moi, ou pour n'importe qui ?

— Pour toi.

— Rose Doccaze, vêtements d'occase, répondit-elle sans hésiter un instant.

— Je te demande pardon ?

— Vous demandez quoi ?

— Je veux dire... ce n'est pas un nom de magasin, ça.

— Bien sûr que si », dit-elle avec un regard apitoyé pour ce faible d'esprit. « Rose Doccaze, vêtements d'occase, ça rime. Ma mère dit que c'est un broc minable, mais je l'aime bien. On y trouve des vieilles choses, comme des disques qu'on n'a jamais entendus. Des cartes postales, aussi. Ça sent le grenier. Il faut que je rentre à la maison maintenant. Salut ! »

Elle s'éloigna sans regarder en arrière, faisant rebondir sa balle, ballottant sa poupée.

« Hé ! » lui lança-t-il.

Elle se retourna et le regarda d'un air intrigué. « Je vous demande comme-vous-dites ?

— Le magasin, où est-il ?

— Tout droit. Juste en bas de Up-Mile Hill. »

Bill eut le sentiment du passé qui se repliait sur lui-même, qui se repliait sur lui. Il n'avait pas eu l'intention de demander quoi que ce soit à la fillette lorsqu'il l'avait interpellée ; la question avait jailli de ses lèvres comme un bouchon de bouteille de champagne.

Pas mal de choses avaient changé au carrefour de Up-Mile Hill ; à la place de l'annexe des frères Tracker, on lisait une enseigne en caractères anciens : ROSE DOCCAZE VÊTEMENTS D'OCCASE. La peinture jaune des briques datait d'une bonne dizaine d'années, et avait atteint le stade du jaune pipi, comme disait Audra.

Bill se dirigea lentement vers la boutique, de nouveau étreint par un sentiment de déjà-vu. Il raconta plus tard aux autres qu'il savait quel genre de fantôme il allait voir avant de l'avoir réellement vu.

La vitrine de Rose Doccaze était plus que pisseuse : crasseuse. Rien à voir avec un magasin d'antiquités chic, plein d'objets délicats éclairés de spots invisibles. « Un vrai mont-de-piété », aurait dit sa mère avec un parfait mépris. Il y régnait le plus grand désordre, les affaires s'y entassaient n'importe comment ; vêtements en piles, guitares pendues par le cou comme des criminels ; boîtes bourrées de 45 tours (10 CTS LE DISQUE, DOUZE POUR 1 DOLLAR, disait une affichette. ANDREWS SISTERS, PERRY COMO, JIMMY ROGERS, DIVERS) ; vêtements d'enfants et chaussures d'aspect sinistre (USAGÉES MAIS ENCORE BONNES ! 1 DOLLAR LA PAIRE) ; des télés qui avaient essuyé les plâtres des premières émissions de l'histoire (l'une d'elles, allumée, donnait une image d'un gris presque uniforme) ; une boîte de livres de poche aux couvertures arrachées (DEUX POUR 25 CTS, DIX POUR 1 DOLLAR, SÉRIE

« OSÉE » À L'INTÉRIEUR) posée sur un énorme poste de radio ; des fleurs en plastique dans des vases sales...

Mais toutes ces choses ne constituaient que l'arrière-plan chaotique de l'objet sur lequel les yeux de Bill s'étaient immédiatement fixés, sans pouvoir s'en détacher, une expression d'incrédulité sur le visage. Des ondes de chair de poule lui parcouraient le corps ; il avait le front brûlant, les mains glacées, et pendant un instant, il crut que toutes ses portes intérieures allaient s'ouvrir en grand et qu'il se souviendrait de tout.

Dans la partie droite de la vitrine trônait Silver.

La bicyclette ne possédait toujours pas de béquille et la rouille avait envahi ses garde-boue, mais la trompe était toujours accrochée au guidon, son bulbe de caoutchouc tout fendillé. Le pavillon de la trompe, que Bill avait toujours soigneusement entretenu et fait briller, était terne et piqué. Le porte-bagages plat qui avait souvent servi de siège de passager à Richie se trouvait toujours au-dessus du garde-boue arrière, mais tordu et maintenant en place par un seul boulon. Quelqu'un l'avait recouvert de fausse peau de panthère, mais le tissu était tellement usé et effiloché qu'on en distinguait à peine les motifs.

Silver.

Inconsciemment, Bill, de la main, essuya les larmes qui coulaient sur ses joues. Après avoir complété ce débarbouillage avec son mouchoir, il pénétra dans le magasin.

Le temps et l'humidité donnaient à Rose Doccaze vêtements d'occase une puissante odeur de renfermé. C'était bien, comme l'avait dit la fillette, une odeur de grenier, mais pas une bonne odeur de grenier, comme il en existe. Ce n'était pas celle de l'huile de lin dont on a frotté une ancienne table, ni celle de la peluche ou du velours d'un antique canapé. Non, c'était l'odeur des reliures de livres en décomposition, des coussins en vinyle à demi cuits par la chaleur des étés, de la poussière, des crottes de souris.

De la télé de la vitrine montait le caquet d'un animateur, qui devait lutter avec la voix d'un disc-jockey en provenance d'une radio — lequel se présentait comme « votre copain Bobby Russel » et promettait le nouvel album de Prince au premier auditeur qui pourrait donner le nom de l'acteur qui avait joué Wally dans *Leave it to Beaver*. Bill le savait (Tony Dow) mais se fichait de l'album de Prince. La radio était posée tout en haut d'une étagère, parmi des portraits du siècle passé. Le propriétaire était assis en dessous. C'était un homme dans la quarantaine, d'une maigreur à faire peur, portant un jean de marque et un T-shirt en mailles de filet. Les cheveux soigneusement peignés en arrière, les pieds sur son bureau, il était à demi dissimulé par une pile de gros livres de compte et une ancienne caisse enregistreuse ornée de motifs. Il lisait un roman qui n'avait jamais dû être en compétition pour le prix Pulitzer, *Les Étalons du bâtiment*. Sur le sol, devant le bureau, se dressait l'une de ces enseignes tournantes de coiffeur, dont les bandes de couleurs différentes semblent se dérouler à l'infini. Son cordon électrique effiloché allait se raccorder à une prise de la plinthe comme un serpent fatigué. Le carton, posé contre sa base, proclamait : UNE ESPÈCE EN VOIE DE DISPARITON ! 250 DOLLARS.

Au tintement de la clochette placée sur la porte, l'homme avait marqué la page de son livre avec une pochette d'allumettes et levé les yeux. « J' peux vous aider ?

— Oui », répondit Bill, ouvrant la bouche pour demander le prix de la bicyclette de la vitrine. Mais avant qu'il ait pu parler, son esprit se trouva envahi par une seule phrase entêtante, des mots qui chassaient toute autre pensée :

*Les chemises de l'archiduchesse sont-elles sèches,
archi-sèches, pour les six spectres ?*

Mais au nom du ciel, qu'est-ce que...

(archi-sèches)

« Vous cherchez quelque chose de particulier ? »
demanda le propriétaire. Son ton était parfaitement
courtois, mais il observait attentivement Bill.

*Il me regarde comme si j'avais fumé de cette herbe qui
fait planer les musiciens*, pensa Bill, amusé en dépit de
sa détresse.

« Oui, je m'in-intéresse à-à-à...

(archi-sèches pour les six spectres)

— à ce sp-sp...

— À cette enseigne de barbier ? » Il y avait maintenant dans l'œil de l'homme cette expression que,
même dans son état présent de confusion, Bill n'avait
pas oubliée depuis son enfance et qu'il détestait :
l'anxiété de quelqu'un qui est obligé d'écouter parler
un bègue, le besoin de finir ses phrases pour lui et de
couper court aux bafouillements du malheureux. *Mais
je ne bégaie plus ! J'en suis venu à bout ! JE NE BÉGAIE
PLUS, BORDEL ! JE...*

(les chemises de l'archiduchesse)

Les mots avaient une telle clarté dans sa tête que l'on
aurait dit que quelqu'un d'autre les prononçait, qu'il
était comme cet homme de la Bible possédé des démons,
envahi par quelque présence venue de l'Extérieur. Et
cependant, il reconnaissait la voix : c'était la sienne. Il
sentit des gouttes chaudes de sueur jaillir sur son visage.

« Je pourrais vous faire

(les six spectres)

un prix sur cette enseigne, disait le propriétaire. À
dire la vérité, personne n'en veut à ce prix. Je vous la
laisse à cent soixante-quinze. Qu'est-ce que vous en
dites ? C'est la seule véritable antiquité de la maison.

— SPECTRE, cria presque Bill, ce n'est pas le sp...
l'enseigne qui m'intéresse ! »

Le propriétaire eut un petit mouvement de recul. « Est-ce que vous vous sentez bien, monsieur ? » L'inquiétude du regard démentait la sollicitude du ton, et Bill vit la main de l'homme quitter le bureau. Il comprit, dans un éclair de lucidité qui relevait plus de la déduction que de l'intuition, qu'il y avait un tiroir entrouvert invisible pour lui et que le propriétaire venait certainement de poser la main sur un revolver ou une arme quelconque. Il craignait peut-être les voleurs ; plus vraisemblablement, il avait tout simplement peur. Après tout, il était manifestement homosexuel, et on était dans la ville où des jeunes gens avaient fait prendre un bain mortel à Adrian Mellon.

(Les chemises de l'archiduchesse sont-elles sèches, archi-sèches pour les six spectres ?)

La litanie repoussait toute pensée ; c'était comme s'il devenait fou. D'où cela sortait-il ?

Et ça se répétait, se répétait.

Par un effort surhumain, Bill s'y attaqua, s'obligeant pour cela à traduire en français la phrase venue d'ailleurs. C'était de cette manière qu'il avait vaincu son bégaiement quand il était adolescent. Au fur et à mesure que les mots défilaient dans son esprit, il les changeait... et il sentit soudain se détendre l'étreinte du bégaiement.

Il se rendit compte que le propriétaire venait de dire quelque chose.

« Ex-excusez-moi ?

— Je dis que si vous devez piquer une crise, allez faire ça dehors. Je n'ai pas besoin de conneries comme celles-là ici. »

Bill prit une profonde inspiration.

« On re-repart à zéro, dit-il. Faites comme si-si je venais j-juste d'entrer.

— Entendu, fit le propriétaire, sans se fâcher davantage. Vous venez d'entrer. Et maintenant ?

— La bé-bécane dans la vitrine. Combien voulez-vous pour cette bécane ?

— Disons vingt dollars. » L'homme paraissait maintenant plus à l'aise, mais sa main gauche n'avait toujours pas reparu. « C'était une Schwinn à l'origine, je crois, mais elle s'est un peu abâtardie. » De l'œil, il évalua la taille de Bill. « Une grande bicyclette, mais vous pourriez la monter. »

Pensant au skate vert fluo du gamin, Bill répondit : « J'ai bien peur d'avoir fait déjà mon temps comme cycliste, vous sa-savez. »

L'homme haussa les épaules. Sa main gauche, finalement, revint sur le bureau. « Vous avez un garçon ?

— Ou-oui.

— De quel âge ?

— Onze ans.

— Un peu haute pour un gamin de onze ans.

— Accepterez-vous un chèque de voyage ?

— S'il fait dix dollars de plus que le montant de vos achats.

— Je vous en ferai un de vingt. Me permettez-vous de passer un coup de fil ?

— Aucun problème tant que c'est en ville.

— C'est le cas.

— Je vous en prie. »

Bill appela la bibliothèque municipale. Mike s'y trouvait.

« Où es-tu, Bill ? demanda-t-il avant d'ajouter presque immédiatement : Tout va bien, au moins ?

— Très bien. As-tu des nouvelles des autres ?

— Non. On se reverra ce soir. » Il y eut un bref silence. « C'est-à-dire... je le suppose. Qu'est-ce que je peux faire pour toi, Grand Bill ?

— Je suis en train d'acheter une bicyclette, Mike, expliqua calmement Bill. Je me demandais si je ne pourrais pas la pousser jusqu'à chez toi. As-tu un garage ou un coin où je pourrais la ranger ? »

Il y eut un silence qui se prolongea.

« Mike ? Tu m'entends ?

— Je suis toujours là. C'est Silver ? »

Bill regarda le propriétaire de la boutique. Il était de nouveau plongé dans sa lecture... ou peut-être faisait-il semblant et était-il tout ouïe.

« Oui, dit-il.

— Où es-tu ?

— Un magasin qui s'appelle Rose Doccaze, vêtements d'occase.

— Très bien. J'habite au 61, Palmer Lane. Tu n'as qu'à remonter Main Street...

— Je trouverai.

— D'accord. Je t'attendrai là. Veux-tu que je m'occupe du dîner ?

— Ce serait une bonne idée. Peux-tu quitter ton travail ?

— Aucun problème. Carole me remplacera. » Mike eut un instant d'hésitation. « Elle m'a dit qu'un type était venu, environ une heure avant mon retour, et qu'il avait l'air d'un fantôme. Je lui ai demandé de me le décrire. C'était Ben.

— T'es sûr ?

— Oui. C'est comme la bécane. Ça fait partie du tout, non ?

— Vaut mieux pas se poser la question, répondit Bill, un œil sur le propriétaire qui paraissait toujours aussi absorbé par son livre.

— On se retrouve donc chez moi, reprit Mike. Le 61, n'oublie pas.

— Je n'oublierai pas. Merci, Mike.

— Dieu te bénisse, Grand Bill. »

Bill raccrocha. L'homme referma aussitôt son livre. « Vous vous êtes trouvé un coin pour la remiser, l'ami ?

— Ouais. » Bill prit un chèque de voyage, le signa. Le vendeur compara les signatures avec un soin qu'en

273

d'autres circonstances Bill aurait trouvé plutôt insultant.

Puis il alla chercher la bicyclette, et quand Bill posa la main sur le guidon pour l'aider, il fut pris d'un nouveau frisson. Silver. Encore une fois. C'était Silver qu'il tenait à la main et

(Les chemises de l'archiduchesse sont-elles sèches archi-sèches pour les six spectres ?)

il dut repousser cette pensée car elle le faisait se sentir affaibli et bizarre.

« Le pneu arrière est un peu dégonflé », dit l'homme (il était en réalité plat comme une crêpe ; le pneu avant avait meilleure mine, même s'il était usé au point de laisser apparaître la corde).

« Pas de problème, dit Bill.

— Vous pouvez y aller à pied depuis ici ?

— Il me semble. Merci beaucoup.

— Il n'y a pas de quoi. Et si cette enseigne de barbier vous intéresse, revenez quand vous voulez. »

L'homme lui tint la porte. Bill s'engagea dans la rue, poussant Silver, sous le regard amusé et curieux des passants.

La chaîne est rouillée, pensa-t-il. *Celui qui l'avait n'a guère fait d'efforts pour l'entretenir.*

Il s'arrêta quelques instants, sourcils froncés (de plus il faisait chaud et pousser un engin comme Silver quand on a la quarantaine essoufflée n'était pas si facile que ça), se demandant ce que la bicyclette était devenue. L'avait-il vendue ? donnée ? perdue, peut-être ? Impossible de s'en souvenir. Au lieu de cela, la phrase absurde

(Les chemises de l'archiduchesse sont-elles sèches)

refit surface, aussi étrange et déplacée qu'une chaise percée sur un champ de bataille, un tourne-disque dans une cheminée, une rangée de crayons dépassant d'un trottoir en ciment.

Bill secoua la tête, et la phrase se dispersa comme de la fumée. Puis il poussa Silver jusqu'à chez Mike.

6

Mike Hanlon établit un rapport

Mike arriva dans Palmer Lane en même temps que Bill, au volant d'une vieille Ford aux flancs mangés de rouille et à la vitre arrière craquelée ; Bill se souvint alors de ce que Mike leur avait calmement fait remarquer : aucun des six membres du Club des Ratés qui avaient quitté Derry n'était resté un raté. Demeuré sur place, Mike était le seul à tirer le diable par la queue.

Bill fit rouler Silver dans le garage de Mike ; comme le reste de la maison, il était impeccable. Des outils s'alignaient, accrochés à des clous. Fichées dans des boîtes de conserve, des ampoules donnaient un éclairage de salle de billard. Bill appuya Silver contre un mur. Les deux hommes regardèrent l'engin pendant un moment, sans rien dire.

C'est Mike qui rompit le premier le silence : « C'est bien Silver. J'ai tout d'abord pensé que tu avais pu te tromper. Mais c'est bien ton vélo. Que vas-tu en faire ?

— Du diable si je le sais ! As-tu une pompe ?

— Ouais. Et aussi une trousse de réparation, il me semble. Est-ce que ce sont des pneus sans chambre ?

— Depuis toujours. » Bill se pencha pour examiner le pneu à plat. « Oui. Sans chambre.

— Prêt à remonter dessus ?

— Bien sûr que non ! fit vivement Bill. Mais j'ai horreur de la voir dans c-cet état.

— Comme tu voudras, Bill. C'est toi le patron. »

Bill tourna brusquement la tête sur cette réplique, mais Mike était déjà parti chercher une pompe à vélo au fond du garage. Dans un petit placard, il retrouva la trousse dont il avait parlé et la tendit à Bill, qui l'examina avec curiosité. Il avait conservé, depuis son enfance, le souvenir de ce genre d'objet : une petite boîte de métal à peu près de la même taille que celles dans lesquelles certains fumeurs placent les cigarettes qu'ils roulent eux-mêmes, si ce n'était le couvercle, qui faisait office de râpe afin de rendre rugueux le caoutchouc autour du trou à reboucher. La boîte avait l'air flambant neuf et portait encore l'étiquette du prix : $ 7,23. Il croyait se rappeler qu'elles ne valaient qu'un peu plus d'un dollar quand il était enfant.

« Ce n'est pas un hasard si tu avais ça là, constata Bill.

— Non. Je l'ai achetée la semaine dernière, dans une boutique du centre commercial.

— As-tu une bicyclette ?

— Non, répondit Mike, dont le regard croisa celui de Bill.

— Tu as acheté cette trousse. Comme ça.

— J'en ai éprouvé le besoin, admit Mike, sans quitter son ami des yeux. Je me suis réveillé en pensant que ça pourrait me servir, et ça m'a trotté dans l'esprit toute la journée. Alors... je l'ai achetée. Et toi tu vas t'en servir.

— Et moi je vais m'en servir, répéta Bill. Mais comme on dit dans tous les romans de gare, qu'est-ce que tout cela signifie, cher ami ?

— Demande aux autres, ce soir.

— Crois-tu qu'ils viendront tous ?

— Je ne sais pas, Grand Bill. » Il se tut un instant et ajouta : « Il me semble qu'il y a peu de chances qu'ils soient tous là. Un ou deux vont peut-être filer à l'anglaise. Ou... » Il haussa les épaules.

« Et alors, que ferons-nous ?

— Je l'ignore. » Mike montra la trousse de réparation du doigt. « J'ai sorti sept billets pour ce truc. Vas-tu en faire quelque chose ou continuer à le regarder ? »

Bill accrocha soigneusement sa veste à l'un des clous

libres du mur, puis plaça Silver à l'envers, sur la selle et le guidon. Il fit tourner lentement la roue arrière. Le grincement rouillé du moyeu lui déplut, et il se souvint du chuintement presque inaudible des roulements à billes du skate du gamin. *Une bonne giclée d'huile arrangera ça*, pensa-t-il. *Ça ne fera pas de mal à la chaîne, non plus. Elle est couverte de rouille... Et les cartes à jouer ! Il faut mettre des cartes à jouer contre les rayons. Je parie que Mike en a. Des bonnes. Celles avec ce revêtement qui les rend si rigides et glissantes qu'elles échappent la première fois qu'on essaye de les mélanger. Des cartes à jouer, maintenues par des pinces à linge, bien sûr...*

Il s'arrêta, pris d'une soudaine sueur froide.

Au nom du ciel, à quoi es-tu en train de penser ?

« Quelque chose ne va pas, Bill ? demanda doucement Mike.

— Non, rien. » Ses doigts touchèrent quelque chose de petit, rond et dur. Il glissa deux ongles dessous et tira. Un clou minuscule sortit du pneu. « Voilà le coucoupable », dit-il, tandis que de nouveau s'élevait dans son esprit la voix, étrange, inattendue et puissante : *Les chemises de l'archiduchesse sont-elles sèches, archisèches pour les six spectres ?* Mais cette fois-ci, la voix, sa voix, fut suivie de celle de sa mère disant : *Essaie encore, Billy. Tu y es presque arrivé cette fois.*

Il frissonna, puis secoua la tête. *Même maintenant je ne pourrais pas répéter ça sans bégayer*, pensa-t-il. Et pendant un bref instant, il fut sur le point de comprendre ce que tout cela signifiait. Puis la lueur de compréhension disparut.

Il ouvrit le nécessaire et se mit au travail. Cela lui prit pas mal de temps. Mike restait appuyé au mur dans un rayon de soleil oblique de fin d'après-midi, les manches de chemise roulées, la cravate desserrée, sifflant un air que Bill finit par identifier : *She Blinded Me with Science.*

En attendant que la colle sèche, Bill entreprit (simplement pour avoir quelque chose à faire, se dit-il) de huiler la chaîne, les pignons et les moyeux de Silver. Le vélo n'en avait pas meilleure mine, mais le grincement disparut et les roues tournèrent bien. De toute façon, Silver n'était pas faite pour les prix de beauté. Sa seule vertu était d'être capable de filer comme le vent.

À ce moment-là (vers cinq heures trente), il avait presque oublié la présence de Mike, tant il s'était absorbé dans les tâches infimes mais infiniment satisfaisantes de l'entretien. Il vissa l'embout souple de la pompe sur la valve du pneu arrière, qu'il gonfla au jugé. Il eut la satisfaction de constater que la pièce tenait bien.

Il était sur le point de redresser Silver, lorsqu'il entendit derrière lui un bruit de cartes que l'on battait rapidement. Il se retourna si vivement qu'il faillit renverser la bicyclette.

Mike était là, un jeu de cartes à dos bleu à la main. « Tu les veux ? »

Bill laissa échapper un long soupir haletant. « J'imagine que tu as aussi des épingles à linge ?

— Ouais, un truc dans le genre. »

Bill prit les cartes et voulut les faire claquer, mais ses mains tremblaient et il ne réussit qu'à les répandre sur le sol. Il y en avait partout, mais deux seulement retombèrent à l'endroit. Bill les regarda, puis regarda Mike, dont les yeux restaient fixés sur le jeu éparpillé. Sa bouche, tirée en arrière par un rictus, découvrait ses dents.

Deux as de pique.

« C'est impossible, murmura Mike. Je viens juste de l'ouvrir, regarde. » Bill vit l'emballage de cellophane déchiré, posé sur l'établi. « Comment un paquet de cartes neuf peut-il avoir deux as de pique ? »

Bill se pencha et les ramassa. « Comment peut-on, en faisant tomber un paquet de cartes, n'en retrouver que deux à l'endroit ? demanda-t-il. La question est encore meil... »

Il venait de retourner les cartes. L'une avait le dos bleu, l'autre rouge. Il les montra à Mike.

« Seigneur Jésus ! Dans quelle aventure nous sommes-nous fourrés, Mikey ?

— Qu'est-ce que tu vas en faire ? demanda Mike, la voix éteinte.

— Les mettre en place, pardi ! répondit Bill en éclatant soudain de rire. C'est bien ce que je suis censé faire, non ? S'il faut certaines conditions préalables à la magie, celles-ci doivent inévitablement se mettre en place d'elles-mêmes. Tu ne crois pas ? »

Mike ne répliqua pas. Il regarda Bill fixer les cartes à la fourche de la roue arrière ; ses mains tremblaient encore et il lui fallut un certain temps, mais il finit par y arriver. Il prit alors une profonde inspiration et lança la roue ; les cartes crépitèrent bruyamment contre les rayons dans le silence du garage.

« Allez, viens, dit Mike doucement. Viens, Grand Bill. Je vais faire la bouffe. »

Après le dîner — hamburgers, champignons et salade —, ils restèrent assis à fumer, en regardant le crépuscule céder la place à la nuit dans la cour à l'arrière de la maison. Bill sortit son portefeuille, prit une carte de visite, et écrivit dessus la phrase qui l'avait poursuivi depuis qu'il avait vu Silver dans la vitrine de Rose Doccaze. Il la montra à Mike qui la lut attentivement, une moue aux lèvres.

« Est-ce que ça te dit quelque chose ? demanda Bill.

— Les chemises de l'archiduchesse sont-elles sèches, archi-sèches pour les six spectres... » Il acquiesça.

« Eh bien, dis-le-moi... à moins que tu me sortes encore ton ba-baratin comme quoi je dois trouver tout seul ?

— Non, dit Mike. En l'occurrence, je crois que je

peux te le dire. C'est une phrase difficile à prononcer qui est devenue un exercice pour les bègues et les zézayeurs. Ta mère essayait de te la faire dire au cours de cet été-là. L'été 1958. Ça t'arrivait de t'exercer à voix basse devant nous.

— Ah bon ? dit Bill, qui ajouta bientôt lentement, répondant à sa propre question : Oui, c'est vrai.

— Tu devais beaucoup tenir à lui faire plaisir. »

Bill, qui se rendit compte qu'il était sur le point de pleurer, n'osa pas parler et se contenta de hocher la tête.

« Tu n'y es jamais arrivé, reprit Mike, je m'en souviens. Ce n'est pas faute d'avoir essayé, mais tu t'emmêlais toujours les pinceaux.

— Et pourtant je l'ai dite, répliqua Bill, je l'ai dite au moins une fois.

— Quand ? »

Bill abattit si violemment les poings sur la petite table qu'il se fit mal. « Je l'ai oublié ! » cria-t-il. Puis, d'un air morne, il répéta : « Je l'ai complètement oublié. »

CHAPITRE 12

Trois qui s'invitent

1

Le lendemain du jour où Mike Hanlon passa ses coups de fil, Henry Bowers commença à entendre des voix. Elles lui parlèrent toute la journée. À un moment donné, Henry crut comprendre qu'elles venaient de la lune. À la fin de l'après-midi, lorsqu'il leva les yeux vers le ciel bleu clair depuis l'endroit où il binait la terre, il la vit, petite et pâle. Une lune fantôme.

C'est pour cela qu'il crut qu'elle lui parlait ; seule une lune fantôme pouvait parler avec des voix de fantômes — les voix de ses vieux copains et les voix de ces petits morveux qui, il y avait bien longtemps, jouaient dans les Friches. Plus une autre voix, qu'il n'osait pas nommer.

Victor Criss fut le premier qui parla de la lune. *Ils reviennent, Henry, ils reviennent tous, mec. Ils reviennent à Derry.*

C'est ensuite Huggins le Roteur qui parla de la lune, peut-être depuis sa face cachée. *Tu es le seul qui reste, Henry. Le seul d'entre nous. Faut que tu te les fasses pour moi et Vic. Ce ne sont pas des morveux comme ça qui vont nous marcher sur les pieds, hein ? Hé ! Un jour, j'ai frappé une balle chez les frères Tracker, et Tony a dit qu'elle serait sortie du Yankee Stadium!*

Il continua de biner, les yeux levés vers la lune fantôme dans le ciel, et au bout d'un moment, Fogarty arriva et lui flanqua un coup sur la nuque qui l'envoya la tête dans la terre.

« Hé ! T'es en train d'arracher les pois en même temps que les mauvaises herbes, taré ! »

Henry se releva, essuya la terre de son visage, secoua celle de ses cheveux. Fogarty se tenait devant lui, un grand costaud en veste et pantalon blancs, le tissu tendu par sa bedaine. Il était interdit aux gardiens (qu'ici, à Juniper Hill, on appelait « conseillers ») de porter des matraques ; c'est pourquoi quelques-uns — les pires étaient Fogarty, Adler et Koontz — se baladaient avec de gros rouleaux de pièces de vingt-cinq cents dans la poche. Ils frappaient presque toujours au même endroit, à la nuque. Aucun règlement n'interdisait les rouleaux de pièces ; on ne les classait pas parmi les armes mortelles à Juniper Hill, institution pour les dérangés d'esprit sise dans la banlieue d'Augusta, près de Sidney.

« Je m'excuse, Mr. Fogarty », dit Henry en grimaçant un sourire qui exhiba une rangée de dents jaunes et irrégulières. On aurait dit les derniers piquets d'une barrière de maison hantée ; Henry avait commencé à perdre ses dents à l'âge de quatorze ans environ.

« Ouais, tu peux t'excuser, répondit Fogarty, et que je t'y reprenne pas, Henry.

— Oui, chef, oui, Mr. Fogarty. »

L'homme s'éloigna, laissant de grandes empreintes brunes dans la terre du jardin. Henry profita de ce qu'il avait le dos tourné pour regarder subrepticement autour de lui. On les avait expédiés au jardin pour biner dès que les nuages s'étaient levés, tous ceux du pavillon bleu. On était au pavillon bleu quand on s'était montré particulièrement dangereux et qu'on l'était un peu moins ; l'installation était conçue pour les fous criminels. Henry s'y trouvait après avoir été reconnu coupable du meurtre de son père en 1958, à la fin de l'automne. Une année fameuse pour les procès criminels, 1958, un cru exceptionnel.

Sauf qu'on ne le soupçonnait pas d'avoir tué seulement son père ; auquel cas il n'aurait pas passé vingt ans à l'hôpital psychiatrique de l'État, à Augusta, la plupart du temps dans une camisole de force — ou une camisole chimique. Non, pas seulement son père ; les autorités étaient convaincues qu'il les avait tous tués, ou du moins qu'il était l'auteur de la majorité des crimes commis cet été-là.

À la suite du verdict, le *Derry News* avait publié un éditorial intitulé « La fin de la longue nuit ». On y récapitulait les faits saillants de l'affaire : la ceinture de Patrick Hockstetter, l'un des disparus, retrouvée dans le bureau de Henry ; la pile de livres scolaires, certains appartenant à Huggins et d'autres à Victor Criss, l'un et l'autre également disparus et les meilleurs amis connus du fils Bowers, découverte dans sa penderie ; et, plus accablant encore, la petite culotte formellement identifiée par une marque de laverie comme ayant appartenu à feu Veronica Grogan et qui était dissimulée dans le matelas du garçon, fendu à cet effet.

Henry Bowers, concluait le journal, était bien le monstre qui avait hanté Derry au cours du printemps et de l'été 1958.

Mais le *Derry News* avait eu beau proclamer la fin de la « longue nuit » en première page, le 6 décembre 1958, même un demeuré comme Henry savait qu'à Derry, la nuit ne s'achevait jamais.

On l'avait matraqué de questions, mis dans un cercle de doigts accusateurs. Par deux fois, le chef de la police l'avait giflé, et un enquêteur du nom de Lottman l'avait frappé au ventre, lui intimant de se mettre à table, et en vitesse.

« Il y a des gens là-dehors qui ne sont pas très contents, lui avait déclaré ce Lottman. Ça fait longtemps qu'il n'y a pas eu de lynchage à Derry, ce qui ne veut pas dire qu'il ne pourrait pas y en avoir un. »

Ils l'auraient harcelé aussi longtemps que nécessaire, non parce qu'ils redoutaient de voir les braves gens de Derry envahir le poste de police pour s'emparer de Henry et le pendre à la première branche venue, mais parce qu'ils ressentaient un besoin désespéré de refermer le livre d'horreur et de sang ouvert au début de l'été. Oui, ils ne l'auraient pas lâché, et Henry le savait. Ils voulaient le voir tout avouer, comprit-il au bout d'un moment. Henry s'en fichait. Après ce qu'il avait vécu dans les égouts, après ce qui était arrivé à Huggins et à Victor, il paraissait se ficher de tout. Oui, admit-il, c'est vrai, j'ai tué mon père. C'était exact. Ou, j'ai tué Victor Criss et Huggins le Roteur. C'était vrai au sens où il les avait conduits dans les boyaux où ils avaient été massacrés. Ou, j'ai tué Patrick ; oui, Veronica aussi. Oui, celui-ci ; oui, tous. Faux, mais ça n'avait pas d'importance. Il fallait bien que quelqu'un porte la responsabilité de ces crimes. C'est peut-être pour cela qu'il avait été épargné. Alors que s'il avait refusé...

Pour la ceinture de Patrick, il comprenait : il l'avait gagnée à la suite d'un pari avec lui en avril, s'était aperçu qu'elle ne lui allait pas et l'avait jetée dans son bureau. Pour les livres aussi, il comprenait : ils étaient toujours fourrés ensemble, tous les trois, et ils se foutaient autant de leurs livres de classe d'été que des autres — c'est-à-dire complètement. Leurs placards devaient certainement contenir des livres à lui, et les flics ne l'ignoraient probablement pas.

Mais la petite culotte... non, il n'avait aucune idée de la façon dont elle s'était retrouvée dans son matelas.

Il pensait cependant savoir qui — ou quoi — s'en était occupé.

Autant ne rien dire de ce genre de choses.

Valait mieux jouer les idiots.

C'est ainsi qu'on l'avait envoyé à Augusta et qu'en 1979, on l'avait transféré à Juniper Hill. Henry n'y avait eu des ennuis qu'en une seule occasion, et encore, parce que personne n'avait compris. Un type avait essayé d'éteindre sa veilleuse nocturne. Elle représentait Donald Duck en train de soulever sa coiffure de marin. Sans lumière, des *choses* pouvaient entrer. Barbelés et serrures ne les arrêtaient pas. Elles pénétraient comme une brume. *Des choses.* Elles parlaient, elles riaient... et parfois elles vous agrippaient. Des *choses* poilues, ou lisses, avec des yeux. Ces *choses* mêmes qui avaient tué Vic et le Roteur, lorsqu'ils avaient pourchassé les mômes, tous les trois, dans les boyaux en dessous de Derry en août 1958.

Autour de lui se tenaient les autres occupants du pavillon bleu. George DeVille, qui avait massacré sa femme et ses quatre enfants une nuit d'hiver, en 1962. Tête servilement baissée, ses cheveux blancs agités par la brise, il binait, faisant danser et osciller son gros crucifix de bois ; de la morve lui coulait du nez. Jimmy Donlin, dont les journaux avaient simplement rapporté qu'il avait tué sa mère à Portland en 1965, omettant d'ajouter qu'il avait expérimenté une méthode nouvelle pour se débarrasser du corps : il en avait dévoré plus de la moitié (dont la cervelle) au moment de son arrestation. « Ça m'a rendu deux fois plus intelligent », avait-il confié un jour à Bowers après l'extinction des feux (moins la veilleuse).

Derrière Jimmy, binant avec frénésie et chantonnant toujours la même mélodie, se trouvait Benny Beaulieu, un petit Français pyromane. Le refrain qu'il répétait inlassablement était des Doors : « *Try to set the night on fire, try to set the night on fire, try to set...* (J'ai essayé d'embraser la nuit...) »

Ça finissait rapidement par vous taper sur les nerfs.

Venait ensuite Franklin D'Cruz, auteur de plus de cinquante viols ; ses victimes avaient entre trois et quatre-vingts ans. Pas très regardant, F. D'Cruz. Puis Arlen Weston, pour qui la houe était un objet de contemplation bien plus qu'un outil de travail. Le trio des conseillers avait employé sur lui le rouleau de pièces pour le convaincre de se bouger un peu, mais un jour, Koontz avait dû le frapper un peu fort, car il avait saigné non seulement du nez mais des oreilles et avait été pris de convulsions le soir même. Oh, pas très longtemps. Mais depuis, Arlen n'avait fait que dériver un peu plus avant dans ses ténèbres intérieures, et c'était maintenant un cas désespéré, presque totalement déconnecté du monde réel. Enfin, il y avait...

« Alors, Henry, tu t'y mets ou tu veux un autre coup de main ! » aboya Fogarty. Bowers se mit à biner précipitamment. Il ne voulait pas avoir de convulsions, et finir comme Arlen.

Bientôt les voix recommencèrent. Mais c'était cette fois les voix des autres, celles des gosses qui l'avaient entraîné là-dedans, et qui murmuraient depuis la lune fantôme.

T'étais même pas capable d'attraper un gros plein de soupe, Bowers, lui susurra l'une d'elles. *Maintenant je suis riche, et toi tu bines les pois. Deux ah-ah pour toi, trouduc !*

T'é-étais m-même pas ca-capable d'attraper un rh-rhume, Bowers ! As-t-tu lu quelque ch-chose de bien depuis que t'es là-là-dedans ? J'ai é-écrit des t-tas de bouquins. Je suis ri-riche et t-toi, t'es à J-Ju-Juniper Hill ! Deux ah-ah pour toi, espèce de stupide trouduc !

« La ferme ! » murmura Bowers à l'intention des voix fantômes, binant plus vite, et arrachant de nouveau des jeunes pousses de pois en même temps que les mauvaises herbes. De la sueur roulait sur ses joues comme des larmes. « On aurait pu vous avoir. On aurait pu. »

On a réussi à te faire enfermer, hé, trouduc ! ricana une autre voix. *Tu m'as couru aux trousses et t'as pas été foutu de me rattraper moi non plus, et maintenant je suis riche ! T'as toujours tes pompes en peau de banane, mec ?*

« La ferme ! grogna Henry à voix contenue. Allez-vous la fermer, à la fin ? »

En voulais-tu à ma petite culotte ? vint le taquiner une quatrième voix. *C'est trop bête ! J'ai laissé tous les autres me baiser, j'étais une vraie pute, mais maintenant, moi aussi je suis riche et nous sommes de nouveau tous réunis, on n'arrête pas de le faire ensemble, mais toi tu ne pourrais pas, même si j'étais d'accord, parce que tu ne pourrais pas bander, alors deux ah-ah pour toi, Henry, ah-ah pour toi !...*

Il se mit à biner frénétiquement, faisant voler la terre, les plants de pois et les mauvaises herbes ; les voix fantômes de la lune fantôme parlaient maintenant très fort, résonnant dans sa tête tandis que Fogarty courait vers lui en poussant des beuglements — mais Henry ne l'entendait pas. À cause des voix.

Même pas fichu de choper un négro comme moi, hein ? On vous a écrasés, les mecs, dans cette bataille de cailloux, on vous a salement écrasés, bande d'enfoirés ! Ah-ah ! ah-ah pour vous ! Encore une autre voix moqueuse qui lui carillonnait dans la tête.

Puis toutes se mirent à jacasser ensemble, riant de lui, le traitant de tout, lui demandant s'il avait aimé les électrochocs, au pavillon rouge, au début de son séjour, s'il se plaisait à Ju-Juniper Hill, le houspillant, riant, le houspillant, riant : Henry laissa tomber sa houe, et se mit à crier vers la lune fantôme dans le ciel bleu, des hurlements de fureur, tout d'abord, et c'est alors que la lune elle-même changea pour se transformer en visage de clown, un visage comme du fromage blanc raviné et pourri, les yeux réduits à deux trous noirs, son sourire rouge sanguinolent transformé en un ricanement si ingénument obscène qu'il en était insupportable...

Henry cria alors non plus de fureur, mais d'épouvante, une épouvante mortelle, car le clown se mit à parler depuis la lune fantôme et voici ce qu'il disait : *Il faut que tu y retournes, Henry. Il faut que tu y retournes et que tu finisses ton travail. Il faut que tu retournes à Derry et que tu les tues tous. Pour moi. Pour...*

C'est alors que Fogarty, qui se tenait à côté de Henry depuis près de deux minutes, aboyant des ordres (tandis que les autres détenus s'étaient immobilisés dans leurs rangées, le manche de la houe à la main comme autant de phallus comiques, l'expression non pas exactement intéressée mais, oui, presque songeuse, comme s'ils comprenaient que ce n'était qu'une partie du mystère qui les avait fait se retrouver tous ici, que la trouille bleue qui venait de saisir brutalement Bowers dans le jardin avait un intérêt plus que technique), c'est alors que Fogarty, donc, en eut assez de hurler inutilement et porta à Henry un coup à assommer un bœuf ; Henry Bowers dégringola comme une tonne de briques, la voix du clown le poursuivant dans ce tourbillon d'obscurité, dans ce trou d'épouvante, répétant son refrain, inlassable : *Tous les tuer, Henry, tous les tuer, Henry, tous les tuer, Henry.*

2

Henry Bowers était étendu, réveillé.

La lune s'était couchée et il en ressentait un immense sentiment de gratitude. Elle était moins fantomatique la nuit, plus réelle, et s'il avait dû revoir cette abominable tête de clown dans le ciel, voguant sur les collines, les champs et les bois, il se disait qu'il en serait mort d'épouvante.

Il était étendu sur le côté, sans quitter des yeux sa veilleuse. Donald Duck avait fini par claquer ; il avait été remplacé par Mickey Mouse, lequel avait été remplacé par Oscar de *Sesame Street*, lequel avait cédé la place, l'année précédente, à Fozzie Bear. Henry mesurait son temps d'internement en termes de veilleuses claquées.

À exactement 2 h 04 le matin du 30 mai, sa veilleuse s'éteignit. Un petit gémissement lui échappa, rien de plus. Cette nuit-là, Koontz était de garde à la porte du pavillon bleu. Koontz, le pire du lot, pire même que Fogarty, celui qui l'avait frappé tellement fort l'après-midi même qu'il avait du mal à tourner la tête.

Autour de lui dormaient les autres détenus du pavillon. Benny Beaulieu dans une camisole élastique. On l'avait malencontreusement autorisé à assister à une rediffusion de *La Tour infernale* dans la salle de télé, après la séance de binage, et vers six heures, il avait commencé à s'agiter et à s'égosiller — « *Try to set the night on fire, try to set the night on fire, try to set the night on fire !* » — sans la moindre interruption. On l'avait bourré de tranquillisants, ce qui l'avait calmé pendant quatre heures, après quoi il avait recommencé. Re-tranquillisants et camisole de force. Maintenant il dormait, son petit visage aussi grave, dans la pénombre, que celui d'Aristote.

Des lits environnants provenaient des ronflements, légers ou bruyants, des grognements et, de temps en temps, des pets. Il entendait respirer Jimmy Donlin ; même à cinq lits de là, on ne s'y trompait pas. Rapide, légèrement sifflante, sa respiration évoquait pour Bowers une machine à coudre. D'au-delà de la porte lui parvenait le son affaibli de la télé de Koontz, qui regardait le dernier bulletin d'informations sur Canal 38, en buvant de la bière pour accompagner ses sandwichs. Il aimait en particulier ceux au beurre de cacahuète (une couche épaisse) et aux oignons. En apprenant cela, Henry s'était dit que tous les fous n'étaient pas enfermés.

Cette fois-ci, la voix n'arriva pas de la lune.

Mais d'en dessous du lit.

Il la reconnut immédiatement. C'était celle de Victor Criss, qui avait eu la tête arrachée quelque part sous Derry, vingt-sept ans auparavant. Arrachée par le monstre à la Frankenstein. Henry avait assisté à la scène ; après quoi les yeux du monstre étaient venus poser leur regard jaune et aqueux sur lui. Oui, le monstre à la Frankenstein avait tué Vic puis le Roteur, mais Vic était de nouveau ici, comme une rediffusion fantomatique en noir et blanc des foutues années 50, quand le Président était chauve et les Buick agrémentées d'espèces de sabords.

Et maintenant que c'était arrivé, que les voix étaient revenues, Henry se rendit compte qu'il était calme et n'avait plus peur. Qu'il était même soulagé.

« Henry ! dit Victor.

— Vic ! s'exclama Henry, qu'est-ce que tu fous là-dessous ? »

Benny Beaulieu ronfla et grommela dans son sommeil. Le bruit nasal et net de machine à coudre de Jimmy s'interrompit quelques instants. De l'autre côté de la porte, le volume du son de la télé baissa, et Henry imagina Koontz, une main sur le bouton du Sony portatif, l'autre s'approchant du cylindre de pièces, l'oreille aux aguets.

« Tu n'as pas besoin de parler à voix haute, Henry, dit Vic. Je peux t'entendre simplement si tu penses. Et eux ne peuvent pas du tout m'entendre. »

Qu'est-ce que tu veux, Vic ? demanda Henry.

La réponse tarda à venir. Henry pensa que Vic était peut-être parti. Derrière la porte, le volume du son de la télé remonta. Il y eut un bruit de frottement venant d'en dessous du lit ; les ressorts grincèrent légèrement et une ombre noire en sortit. Vic leva la tête vers lui et sourit. Henry lui rendit son sourire, mal à l'aise. Ces jours-ci, Vic ressemblait lui-même un peu au monstre de Frankenstein. Une cicatrice comme en ont les pendus lui entourait le cou. Henry se dit qu'on lui avait sans doute recousu la tête. Ses yeux avaient une couleur gris-vert étrange, et leur cornée paraissait flotter sur une substance visqueuse et aqueuse.

Vic avait toujours douze ans.

« Je veux la même chose que toi, dit Vic. Leur rendre la monnaie de leur pièce. »

Leur rendre la monnaie de leur pièce, répéta rêveusement Henry.

« Mais il faut sortir d'ici pour ça, reprit Vic. Il faut que tu retournes à Derry. J'ai besoin de toi, Henry. Nous avons tous besoin de toi. »

Ils ne peuvent pas te faire de mal, fit Henry, comprenant qu'il ne parlait pas seulement à Vic.

« Ils ne peuvent pas me faire de mal s'ils n'y croient qu'à moitié. Mais il y a eu quelques signes inquiétants, Henry. On ne les aurait jamais crus capables de nous battre, alors. Et pourtant, le gros plein de soupe t'a échappé dans les Friches. Le gros, la grande gueule et la pute nous ont échappé une autre fois à la sortie du ciné. Et la bataille à coups de cailloux, quand ils ont sauvé le négro... »

Parle pas de ça ! cria Henry à Vic, et pendant un instant il y eut dans son intonation toute la dureté péremptoire qui avait fait de lui leur chef. Puis il s'aplatit, dans la crainte que Vic ne lui fît mal — il devait pouvoir faire ce qu'il voulait puisqu'il était un fantôme — mais l'apparition se contenta de sourire.

« Je peux m'en occuper s'ils croient seulement à moitié, dit-il, mais tu es vivant, toi. Qu'ils croient complètement, à moitié ou pas du tout, tu peux les avoir. Un par un ou tous ensemble. Leur rendre la monnaie de la pièce. »

Leur rendre la monnaie de la pièce, répéta Henry. Puis il regarda de nouveau Vic d'un air dubitatif. Mais je ne peux pas sortir d'ici, Vic. Il y a des barreaux aux fenêtres et Koontz est de garde cette nuit. Koontz, c'est le pire. La nuit prochaine, peut-être...

« Ne t'en fais pas pour Koontz », dit Vic en se mettant debout. Henry s'aperçut qu'il portait toujours le jean qu'il avait ce jour-là, tout éclaboussé de la merde des égouts. « Koontz, j'en fais mon affaire. » Vic tendit la main.

Au bout de quelques instants, Henry la saisit. Tous deux s'avancèrent vers la porte. Ils y étaient presque lorsque Jimmy Donlin, l'homme qui avait dévoré la cervelle de sa mère, s'éveilla. Ses yeux s'agrandirent lorsqu'il vit le visiteur nocturne de Henry. C'était sa mère. Sa combinaison dépassait un peu, comme elle l'avait toujours fait ; il lui manquait le sommet du crâne ; ses yeux, horriblement rouges, se tournèrent vers lui, et quand elle sourit, Jimmy vit les traces de rouge à lèvres qui avaient taché ses dents jaunes, comme toujours. Jimmy se mit à hurler : « Non, M'man ! Non, M'man ! Non, M'man ! »

La télé s'arrêta brusquement et la porte s'ouvrit en claquant avant que les autres aient eu le temps de bouger. « D'accord, trouduc, fit Koontz, prépare-toi à rattraper ta tête au rebond. J'en ai ma claque.

— Non, M'man ! Non M'man ! Je t'en supplie. Non, M'man ! »

Koontz fonça. Il vit tout d'abord Bowers, grand, bedonnant et assez ridicule avec ses caleçons longs, ses chairs molles comme de la pâte à beignets dans la lumière qui arrivait du corridor. Puis il regarda plus à gauche et s'époumona en silence sur un cri en verre filé. À côté de Bowers se tenait une créature en costume de clown. Elle faisait bien deux mètres cinquante de haut. De gros pompons orange couraient sur sa tenue argentée et il portait aux pieds des chaussures ridicules, beaucoup trop grandes. Mais sa tête n'était pas celle d'un homme ou d'un clown : c'était celle d'un doberman, le seul animal de la terre capable de faire peur à John Koontz. Ses yeux étaient rouges et ses babines retroussées laissaient apparaître d'énormes crocs blancs.

Le rouleau de pièces tomba des doigts sans force de Koontz, qui avala de l'air pour essayer de crier de nouveau, tandis que le clown se déplaçait pesamment vers lui.

« C'est l'heure de la parade ! » lança le clown d'une voix grondante, tandis que sa main gantée de blanc s'abattait sur l'épaule du conseiller.

Si ce n'est qu'à l'intérieur du gant, la main donnait l'impression d'une patte.

3

Tom Rogan avait appelé Kay McCall vers midi, c'est-à-dire quelques heures après que Beverly eut pris le bus en toute sécurité. Il voulait savoir, dit-il, si Kay avait vu Beverly. Il paraissait calme, raisonnable, nullement bouleversé. Kay lui répondit que cela faisait deux semaines qu'elle ne l'avait pas vue. Tom la remercia et raccrocha.

Vers une heure, on sonna à la porte, pendant qu'elle écrivait à son bureau.

« Qui est là ? demanda-t-elle avant d'ouvrir.

— Le fleuriste, madame », fit une voix aiguë — mon Dieu, qu'elle avait été bête de ne pas se rendre compte qu'il s'agissait de Tom ayant pris une mauvaise voix de fausset, qu'elle avait été bête de croire que Tom pût abandonner aussi facilement, qu'elle avait été bête d'ôter la chaîne avant d'ouvrir !

Il était entré, et elle n'avait pas pu dire autre chose que « Fiche le camp d'i... », avant que le poing de Tom ne surgisse de nulle part, l'atteignant violemment à l'œil droit. L'œil se ferma, et un éclair de douleur abominable lui traversa la tête. Elle était partie à reculons dans l'entrée, essayant de se raccrocher aux objets pour ne pas tomber; un vase délicat avait explosé sur le carrelage et un portemanteau s'était renversé. Elle se remettait sur ses pieds au moment où Tom fermait la porte derrière lui.

« Fous le camp d'ici, lui avait-elle crié.

— Dès que tu m'auras dit où elle se trouve », répondit Tom en se dirigeant vers elle. Elle se rendit vaguement compte qu'il n'avait pas l'air très bien (qu'il avait l'air salement amoché aurait été une estimation plus juste) et elle eut le temps d'éprouver une fugitive mais féroce satisfaction. Beverly l'avait manifestement remboursé avec intérêts de ce qu'il avait bien pu lui faire. De quoi le mettre hors de combat pendant une journée — et il paraissait encore sérieusement mal en point.

Mais il paraissait également fou de rage et animé des pires intentions.

Kay battit en retraite, sans le quitter des yeux — comme on regarde une bête féroce échappée d'une cage.

« Je t'ai dit que je ne l'avais pas vue et c'est la vérité, dit-elle. Et maintenant, fiche le camp avant que j'appelle la police.

— Tu l'as vue », répondit Tom. Ses lèvres tuméfiées esquissaient un sourire. Elle vit que ses dents n'étaient plus rangées comme d'habitude. Celles de devant étaient en partie cassées. « Je te téléphone, reprit-il, pour dire que je ne sais pas où elle est. Et tu réponds que tu ne l'as pas vue depuis quinze jours. Pas une seule question. Même pas une réflexion sarcastique, alors que je sais très bien que tu me hais. Où est-elle, espèce de sale connasse ? Dis-le-moi. »

Kay fit alors brusquement demi-tour et courut jusqu'à l'autre bout du couloir avec l'idée d'entrer dans le salon, de repousser la porte coulissante sur ses rails et de mettre le verrou. Elle y arriva avant lui — il boitait

— mais il avait engagé une partie de son corps dans l'entrée avant qu'elle ait pu fermer le battant. D'une poussée convulsive, il se dégagea. Elle se tourna pour courir de nouveau, mais il l'attrapa par sa robe et tira si violemment qu'il la déchira de la nuque jusqu'à la taille. *C'est ta femme qui a conçu cette robe*, pensa-t-elle absurdement, tandis qu'il la faisait tourner.

« Où est-elle ? » hurla-t-il.

Kay leva la main pour parer une claque monumentale qui renvoya sa tête en arrière et fit saigner de nouveau la coupure qu'elle avait à la joue gauche. Il la saisit par les cheveux et son poing vint s'abattre sur sa figure. Elle eut l'impression, pendant un instant, que son nez venait d'exploser. Elle hurla, avala une goulée d'air pour crier encore et commença à cracher son propre sang, prise d'une quinte de toux. Elle était complètement terrorisée, maintenant ; jamais elle aurait cru que l'on pouvait éprouver un tel sentiment d'épouvante. Cette espèce de salopard allait la tuer.

Elle hurla, hurla, et son poing s'abattit sur son ventre, lui coupant le souffle et réduisant sa respiration à un faible hoquet. Elle toussait et respirait à petits coups en même temps et elle fut convaincue, pendant quelques secondes terrifiantes, qu'elle allait étouffer.

« Où est-elle ?! »

Kay secoua la tête. « Je ne l'ai... pas vue... Police... t'iras en taule... trou-du-cul... », gargouilla-t-elle.

Il la remit brutalement sur ses pieds et elle sentit quelque chose se rompre dans son épaule. La douleur fut tellement forte qu'elle eut envie de vomir. Il la fit tournoyer, la maintenant par un bras, et le lui tordit dans le dos ; elle se mordit la lèvre inférieure, se promettant de ne plus crier.

Où est-elle ?!

Kay secoua la tête silencieusement.

Il tordit un peu plus son bras, avec un tel effort

qu'elle l'entendit grogner. Des bouffées de son haleine chaude chatouillaient son oreille. Elle sentit son propre poing venir heurter son omoplate et cria de nouveau ; dans son épaule, ça se cassait un peu plus.

« Où est-elle ?

— ... s'pas...

— Comment ?

— *Je ne SAIS PAS !* »

Il la lâcha d'une bourrade. Elle s'effondra sur le sol, en sanglots, un mélange de morve et de sang coulant de son nez. Elle entendit alors un craquement, un son presque musical, et quand elle releva la tête, Tom se penchait sur elle. Il avait brisé un autre vase, un cristal de Waterford, cette fois. Il le tenait par la base ; les éclats ébréchés de ce qu'il en restait étaient à quelques centimètres de son visage. Elle les regardait, hypnotisée.

« Laisse-moi t'expliquer quelque chose, fit-il, les mots lui arrivant par petites bouffées haletantes d'air chaud. Tu vas me dire où elle est allée, sinon tu vas ramasser les morceaux de ta gueule à la petite cuiller. Tu as trois secondes pour ça, peut-être moins. On dirait que le temps passe beaucoup plus vite quand je suis en pétard. »

Ma figure, pensa-t-elle — et c'est finalement cette idée qui la fit flancher... ou plutôt s'effondrer : l'image de ce monstre entaillant son visage avec les éclats pointus du Waterford.

« Elle est retournée chez elle, sanglota Kay. Dans sa ville natale. À Derry, un patelin dans le Maine.

— Comment est-elle partie ?

— Elle a pris un car jusqu'à-à-à Milwaukee. Elle de-devait prendre un avion de là.

— La sale petite connasse ! » gronda Tom en se relevant. Il se mit à décrire des cercles, marchant sans but ; ses cheveux, dans lesquels il passait machinalement les mains, se dressaient en mèches hirsutes.

« Cette conne, cette pétasse, cette espèce de salope ! » Il s'empara d'une délicate sculpture en bois (un homme et une femme faisant l'amour, un objet qu'elle possédait depuis des années) et la projeta dans la cheminée, où elle vola en morceaux. Il se retrouva à un moment donné face à son image, dans le miroir au-dessus du foyer, et resta là, les yeux écarquillés, comme s'il voyait un fantôme. Puis il prit quelque chose dans la poche de sa veste qui se révéla être, à la grande stupéfaction de Kay, un roman en livre de poche. La couverture était presque complètement noire, en dehors du titre en lettres rouges et d'une image qui représentait un groupe de personnes debout sur un promontoire dominant une rivière. *Les Rapides des ténèbres.*

« Qui c'est, cet enculé ?

— Hein ? Quoi ?

— Denbrough, Denbrough ! » répondit-il en secouant avec impatience le livre sous son nez ; puis il la frappa soudain avec. Une flambée de douleur envahit sa joue avant de se réduire à une simple brûlure, comme un feu qui couve. « Qui c'est, ce type ? »

Elle commença à comprendre.

« Ils étaient amis. Quand ils étaient enfants. À Derry. »

Il la gifla de nouveau avec le livre, cette fois sur l'autre joue.

« Je t'en supplie, pleurnicha-t-elle, Tom, je t'en supplie. »

Il saisit une chaise de style colonial américain, de celles qui ont des pieds délicats en bois, la retourna, et s'assit dessus à califourchon, coudes sur le dossier. Sa tête bouffie de guignol la surplombait.

« Écoute-moi bien, dit-il. Écoute bien Tonton Tommy. Tu dois pouvoir faire ça, espèce de brûleuse de soutiens-gorge, non ? »

Elle acquiesça. Chaud, cuivré, le goût du sang lui

emplissait la gorge. Elle avait l'épaule en feu ; elle priait pour qu'elle ne soit que luxée et non pas cassée. Mais ce n'était pas le pire. *Mon visage... il était sur le point de me défigurer...*

« Si tu appelles la police et leur racontes que j'étais ici, je le nierai. Tu ne peux rien prouver, rien du tout. C'est le jour de congé de la bonne, et nous sommes tout seuls. Bien entendu, ils pourraient tout de même m'arrêter, c'est toujours possible, hein ? »

Elle acquiesça de nouveau machinalement, comme si des ficelles faisaient bouger sa tête.

« Si ça arrive, je paye ma caution et je reviens tout droit ici. On retrouvera tes nichons sur la table de la cuisine et tes yeux dans le bocal à poissons. Suis-je assez clair ? On a bien compris Tonton Tommy ? »

Kay éclata de nouveau en sanglots. Les ficelles attachées à sa tête fonctionnaient toujours et l'affligeaient d'un hochement permanent.

« Pourquoi ?

— Quoi ? Je... je ne...

— Réveille-toi, bon sang ! Pourquoi est-elle retournée là-bas ?

— Je n'en sais rien ! » fit Kay, hurlant presque.

Il agita le morceau de vase brisé devant elle.

« Je n'en sais rien, reprit-elle à voix plus basse. C'est vrai. Elle n'a rien voulu me dire. Je t'en supplie, ne me fais pas mal. »

Il jeta le vase dans une corbeille à papiers et se leva.

Il partit sans se retourner, tête basse, d'une pesante démarche de plantigrade.

Elle se précipita derrière lui pour fermer à clef, puis elle fonça dans la cuisine pour en verrouiller aussi la porte. Après quoi elle se traîna jusqu'au premier (aussi vite que son ventre douloureux le lui permit) et alla fermer à clef les portes-fenêtres qui donnaient sur la véranda — on ne pouvait exclure la possibilité qu'il grimpe le long d'un pilier. Il était blessé, mais il était aussi cinglé.

Elle se rendit alors auprès du téléphone, mais à peine avait-elle posé la main dessus qu'elle se souvint de ce qu'il avait dit.

Je paye ma caution... les seins sur la table de la cuisine... les yeux dans le bocal à poissons...

Elle lâcha le téléphone.

Elle se rendit dans la salle de bains et contempla son nez en patate qui dégoulinait et son œil au beurre noir. Elle ne pleurait plus ; la honte et l'horreur qu'elle ressentait allaient au-delà des larmes. *Oh, Bev, j'ai fait ce que j'ai pu, ma chérie... mais ma figure... il a dit qu'il voulait me couper la figure,* pensa-t-elle.

Elle avait du Darvon et du Valium dans l'armoire à pharmacie. Elle hésita, et en avala finalement un de chaque. Puis elle se rendit à Assistance-femmes battues pour se faire soigner ; elle connaissait le Dr Geffin qui, sur le moment, lui parut le seul représentant du sexe masculin qu'elle regretterait, au cas où tous les hommes disparaîtraient de la surface de la planète.

Puis elle revint chez elle en clopinant.

Par la fenêtre de la chambre, elle vit que le soleil était bas sur l'horizon. Le crépuscule devait s'achever sur la côte Est, où il était sans doute à peu près sept heures.

Pour les flics, on verra plus tard. L'important, pour l'instant, c'est d'avertir Beverly.

Les choses seraient bougrement plus faciles si tu m'avais dit où tu descendais, Beverly chérie. Mais je suppose que tu ne le savais pas toi-même.

Elle avait arrêté de fumer deux ans auparavant ; néanmoins, elle avait conservé un paquet de Pall Mall pour les cas d'urgence dans le tiroir de son bureau. Elle prit une cigarette, l'alluma, fit la grimace. Elle était encore plus moisie que le projet sur l'Égalité des Droits dans les tiroirs du sénat de l'Illinois. Elle ne l'en fuma pas moins, une paupière à demi fermée par la fumée, l'autre à demi fermée, point. Délicatesse de Tom Rogan.

De la main gauche (ce salopard lui avait disloqué le bras droit), elle composa maladroitement le numéro de l'assistance à l'annuaire du Maine, et demanda le nom et le numéro de téléphone de tous les hôtels et motels de Derry.

« Ça risque de prendre un certain temps, madame, répondit l'opératrice.

— Plus encore que vous ne pensez, petite sœur, car je vais écrire de la main gauche. La droite est en congé maladie.

— Il n'est pas dans nos attributions de...

— Écoutez un instant, la coupa Kay, mais sans se fâcher. Je vous appelle de Chicago et j'essaie de joindre l'une de mes amies qui vient juste de quitter son mari et est retournée à Derry, où elle a passé son enfance. Son mari a obtenu cette information de moi en me battant comme plâtre. Cet individu est psychopathe. Il faut absolument qu'elle sache qu'il est à ses trousses. »

Il y eut un long silence, puis l'opératrice, d'un ton nettement plus humain, répondit : « J'ai l'impression que c'est du numéro de la police dont vous avez le plus besoin.

— Juste. Je vais aussi le prendre. Mais il faut qu'elle soit prévenue. Et... (elle pensa aux joues entaillées de Tom, à ses bosses, au front et à la tempe, à ses lèvres affreusement enflées, à sa claudication) si elle sait qu'il vient, ça suffira. »

Il y eut encore un silence.

« Vous êtes toujours en ligne, petite sœur ?

— Arlington Motor Lodge, répondit l'opératrice, 643-8146. Bassey Park Inn, 648-4083. Bunyan Motor Court...

— Un peu moins vite, s'il vous plaît », demanda-t-elle, griffonnant furieusement. Du regard, elle chercha un cendrier, n'en vit pas, et écrasa le mégot sur le buvard du sous-main. « OK, continuez.

— Clarendon Inn... »

4

La chance lui sourit, partiellement, à son cinquième appel. Beverly était descendue au Derry Town House, mais elle n'était pas à l'hôtel. Elle laissa son nom, son numéro et un message : que Beverly la rappelle, quelle que soit l'heure, dès son retour.

L'employé répéta le message. Kay remonta dans sa chambre, prit un autre Valium et s'allongea, attendant la venue du sommeil. Mais il ne vint pas. *Je suis navrée, Bev*, pensa-t-elle, les yeux perdus dans le noir, flottant sur le nuage de la drogue. *Ce qu'il menaçait de faire à mon visage... Je n'ai pas pu le supporter. Appelle vite, Bev. Je t'en prie, appelle vite. Et fais gaffe au fils de pute que tu as épousé.*

5

Le fils de pute que Bev avait épousé se débrouilla mieux que Beverly la veille, en matière de correspondances, car il partit d'O'Hare, plaque tournante de l'aviation commerciale des États-Unis. Pendant le vol, il lut à plusieurs reprises la courte note biographique sur l'auteur, au dos du livre avec lequel il avait giflé Kay. Natif de la Nouvelle-Angleterre, disait-elle, William Denbrough était l'auteur de trois autres romans ; lui et son épouse, l'actrice Audra Phillips, vivaient en Californie ; il avait un autre roman en cours. L'édition de poche datant de 1976, Tom supposa que ce type devait en avoir écrit d'autres depuis.

Audra Phillips... il l'avait vue au cinéma, non ? Il

remarquait rarement les actrices (il n'aimait que les films policiers et d'horreur, ou les westerns), mais si cette môme était celle à laquelle il pensait, elle avait attiré son attention à cause de sa grande ressemblance avec Beverly : de longs cheveux roux, des yeux verts et des nénés qui tenaient en place.

Il se redressa un peu sur son siège en se tapotant la cuisse avec le livre de poche, essayant d'ignorer sa bouche et sa tête qui lui faisaient mal. Oui, il en était sûr. Audra Phillips était cette rouquine avec de beaux nénés. Il l'avait vue dans un film avec Clint Eastwood, puis un an plus tard dans un film d'horreur. Beverly était venue avec lui, et en sortant de la salle, il avait fait la remarque que l'actrice lui ressemblait : « Je ne trouve pas, avait répondu Bev. Je suis plus grande, mais elle est plus jolie. J'ai aussi les cheveux plus clairs. » C'était tout. Depuis, il n'y avait plus repensé.

Tom avait un certain sens spontané de la psychologie ; il s'en était servi pour manipuler sa femme depuis qu'ils étaient mariés. Et maintenant, quelque chose de désagréable commençait à le titiller, plus une impression qu'une pensée. Ça partait du fait qu'enfants, Bev et ce Denbrough avaient joué ensemble, et que Denbrough avait plus tard épousé une femme qui, en dépit des dénégations de Beverly, ressemblait de manière époustouflante à Mrs. Tom Rogan.

À quel jeu avaient donc joué Denbrough et Beverly quand ils étaient petits ? À la marchande ? Au Monopoly ?

Ou à autre chose ?

Une fois à Bangor, il eut beau faire tous les comptoirs de location de voitures, il n'en trouva pas une seule ; les hôtesses jetaient des coups d'œil inquiets à son visage ravagé à l'expression sinistre en lui répondant qu'elles étaient désolées.

Tom alla acheter un journal de Bangor et l'ouvrit aux petites annonces, sans se soucier des regards que les gens lui jetaient. Il en repéra trois, et tomba dans le mille à son second appel.

« Vous dites dans votre annonce que vous avez un break LTD 76. Pour quatorze cents billets.

— Oui, en effet.

— Écoutez, dit Tom en touchant inconsciemment son portefeuille, qui contenait six mille dollars en liquide. Vous me l'amenez à l'aéroport, et on traite l'affaire sur place. Vous me laissez la voiture avec un acte de vente et la carte grise. Je vous paierai en liquide. »

Le type à la Ford LTD resta un instant silencieux puis dit : « Il va falloir que j'enlève mes plaques.

— Oui, bien sûr.

— Comment vous reconnaîtrai-je, Mr.... ?

— Mr. Barr. » Tom avait les yeux sur le guichet des BAR HARBOR AIRLINES. « Je serai près de la dernière porte. Vous n'aurez pas de mal à me reconnaître, car j'ai pris hier une gamelle terrible en patins à roulettes. C'est surtout la figure qui a pris.

— Je suis désolé, Mr. Barr.

— Oh, ça guérira. Vous m'amenez la voiture, mon vieux. »

Le vendeur de la LTD était un tout jeune homme. L'affaire conclue, il enleva ses plaques et Tom lui donna trois dollars de mieux pour son tournevis. La voiture était une vraie casserole : la transmission grinçait, la carrosserie gémissait de partout, les freins étaient ramollis.

Peu importait. Tom se rendit dans le parking longue durée et se gara à côté d'une Subaru couverte de poussière. Avec le tournevis du jeune homme, il en dévissa les plaques et les posa sur la LTD tout en fredonnant.

À dix heures, il était déjà sur la route numéro 2, une carte routière ouverte à côté de lui. La radio de la LTD ne fonctionnait pas et il roulait donc en silence. C'était parfait. Il devait réfléchir à beaucoup de choses. À toutes les choses merveilleuses qu'il allait faire à Beverly lorsqu'il l'aurait retrouvée, par exemple.

Il était sûr, au fond de lui-même, tout à fait sûr que Beverly n'était pas loin.

En train de fumer.

Oh, ma petite, tu as commis une grave erreur le jour où tu as couché avec Tom Rogan. Et la question est la suivante : que va-t-on faire de toi, au juste ?

La Ford avançait pesamment dans la nuit, pleins phares. Le temps d'arriver à Newport, Tom savait. Il trouva un bar tabac encore ouvert sur l'artère principale, où il acheta une cartouche de Camel, qu'il jeta sur le siège arrière avant de repartir. Puis il s'engagea sur la route numéro 7, lentement, pour ne pas manquer l'embranchement : HAVEN 21 DERRY 15, lisait-on sur le panneau, celui qui précédait la route numéro 3. Il tourna et accéléra.

Il eut un coup d'œil pour la cartouche de cigarettes et sourit. Dans la lumière verte du tableau de bord, sa tête, avec ses bosses et ses ecchymoses, avait quelque chose d'étrange et de macabre.

Je t'ai amené des sèches, Bev, dit-il en lui-même tandis que défilaient pins et sapins de part et d'autre de la route de Derry, sur laquelle il roulait à un peu plus de cent à l'heure. *Oh, bon Dieu, oui ! Toute une cartouche. Et quand je te retrouverai, mon amour, je te les ferai bouffer une à une. Et si ce mec, Denbrough, a besoin de se faire tirer les oreilles, tu peux aussi compter sur moi, Bevvie. Je m'en occuperai.*

Pour la première fois depuis que cette foutue salope l'avait traité en péquenot et s'était tirée, Tom commença à se sentir mieux.

Audra Denbrough eut la chance de trouver une place en première classe sur un vol de la British Airways qui faisait une escale technique à... Bangor, pour faire le plein avant de rejoindre sa destination finale, Los Angeles.

La journée avait été un cauchemar délirant. Freddie Firestone, le producteur d'*Attic Room*, avait bien entendu réclamé la présence de Bill. Il y avait eu une embrouille avec la cascadeuse qui devait remplacer Audra pour une chute dans un escalier. Elle avait fait son quota de cascades pour la semaine et son syndicat voulait qu'elle soit payée double tarif, ou qu'on prenne une autre cascadeuse. Il n'y en avait pas de la taille d'Audra. Un homme avec une perruque ? Non. Discrimination sexuelle.

Dans le monde du cinéma, le mauvais caractère de Freddie était célèbre. Le représentant syndical était grand et gros, mais Freddie était très costaud : le gros s'était fait virer avec perte et fracas. Revenu méditer dans son bureau, Freddie en était ressorti vingt minutes plus tard en réclamant Bill à cor et à cri. Il avait décidé de lui faire réécrire toute la scène et de sucrer la chute dans l'escalier. C'est ainsi qu'Audra fut obligée de lui avouer que son écrivain d'époux n'était plus en Angleterre. Ni même en Grande-Bretagne.

« Quoi ? beugla Freddie, qui resta quelques instants la bouche grande ouverte. Je n'ai pas dû comprendre.

— On l'a rappelé aux États-Unis. Tu as bien entendu. »

Le producteur parut sur le point de l'empoigner et la jeune femme eut un mouvement de recul. Freddy baissa les yeux sur ses mains qu'il mit dans ses poches au bout d'un instant ; puis il regarda de nouveau Audra.

« Je suis désolée, Freddie, fit-elle d'une toute petite voix. Vraiment. »

Elle se leva et alla se préparer une tasse de café à la machine du bureau. Ses mains tremblaient légèrement. En se rasseyant, elle entendit la voix amplifiée de Freddie sur les haut-parleurs du studio. Il renvoyait tout le monde pour la journée. Audra grimaça. Vingt mille livres de foutues en l'air, au bas mot.

Freddie coupa la communication sur l'intercom, se leva pour aller lui aussi se préparer une tasse de café. Puis il se rassit et tendit à Audra son paquet de cigarettes.

La jeune femme secoua la tête.

Freddie en prit une, l'alluma et se mit à la regarder, les yeux plissés à cause de la fumée. « C'est sérieux, alors ?

— Oui, fit Audra, s'efforçant de rester aussi maîtresse d'elle-même que possible.

— Qu'est-ce qui s'est passé ? »

Et comme elle aimait sincèrement Freddie, comme elle lui faisait sincèrement confiance, elle lui raconta tout ce qu'elle savait. Il l'écouta avec attention, l'air grave. Elle eut vite fait ; les portes claquaient et les moteurs tournaient déjà dans le parking, en bas, quand elle eut terminé.

Le producteur garda un moment le silence, le regard perdu. Puis ses yeux revinrent sur elle. « Il a dû faire une sorte de dépression nerveuse. »

Audra secoua la tête. « Non. Ce n'était pas ça. Il n'était pas comme ça. » Elle avala sa salive et ajouta : « Peut-être aurais-tu dû être là. »

Freddie eut un sourire torve. « Tu devrais savoir que les adultes se sentent rarement obligés d'honorer des promesses faites lorsqu'ils étaient enfants. Tu as lu les bouquins de Bill ; tu sais combien il y parle souvent de l'enfance et qu'il le fait rudement bien. Avec beaucoup de justesse. L'idée qu'il aurait pu oublier tout ce qui lui est arrivé alors est absurde.

— Mais les cicatrices sur ses mains... Jamais je ne les avais vues avant ce matin.

— Foutaises ! Tu ne les avais tout simplement jamais remarquées. »

Elle eut un haussement d'épaules d'impuissance. « Je les aurais vues. »

Elle se rendait compte qu'il ne la croyait pas.

« Qu'est-ce qu'on va faire ? » lui demanda Freddie ; elle ne put que secouer la tête. Il alluma une autre cigarette sur le mégot de la précédente. « Je peux me rabibocher avec le représentant syndical, peut-être ; pour l'instant, il préférerait me voir crever que de me donner un seul cascadeur. J'enverrai Teddy Rowland faire le siège de son bureau. Teddy est un empaffé, mais il pourrait faire descendre un oiseau d'un arbre rien qu'en lui parlant. Mais après ? Il nous reste quatre semaines de tournage et voilà que ton homme a filé au Massachusetts...

— Non, dans le Maine.

— Peu importe, fit-il avec un geste de la main. Et comment vas-tu t'en sortir sans lui ?

— Je...

— Je t'aime bien Audra, la coupa-t-il en se penchant en avant. Vraiment. Et j'aime aussi beaucoup Bill, même en dépit de tout ce bordel. Je crois qu'on peut s'en tirer. S'il faut remanier le script, je suis capable de le remanier. J'en ai rapetassé plus d'un dans le temps, crois-moi... S'il n'aime pas mon boulot, il ne pourra s'en prendre qu'à lui. Je peux m'en tirer sans Bill, mais pas sans toi. Je ne peux pas te laisser courir après ton bonhomme aux États-Unis, et il faut en plus que tu sortes tes tripes pour ce film. Le pourras-tu ?

— Je ne sais pas.

— Moi non plus. Je voudrais cependant que tu réfléchisses à ceci. On peut arranger tout ça sans faire de vagues, peut-être même jusqu'à la fin du tournage, si tu tiens le coup comme un brave petit soldat et fais ton boulot. Mais si tu pars, des vagues, il y en aura. Je peux être chiant, mais je ne suis pas vindicatif de nature, et je ne vais pas te raconter que plus jamais tu ne trouveras un bon rôle si tu files maintenant. Mais tu dois savoir que c'est finalement ce qui arrivera si tu te tailles une réputation de fille capricieuse. Je te morigène comme un vieil oncle, je sais. M'en veux-tu ?

— Non », répondit-elle, apathique. En vérité, peu lui importait. Elle ne pouvait penser qu'à une chose : Bill. Freddie était bien gentil, mais il ne comprenait pas. En dernière analyse, gentil ou pas, il n'y avait qu'une chose qui le préoccupait, le sort de son film. Il n'avait pas vu ce regard dans les yeux de Bill... il ne l'avait pas entendu bégayer.

« Bon. Il se leva. Allons faire un tour au Hare and Hounds. Un verre ne nous fera pas de mal. »

Elle secoua la tête. « C'est la dernière chose dont j'aie besoin. Je vais chez moi réfléchir à tout ça.

— Je fais venir une voiture.

— Non, j'irai en train. »

Il la regarda fixement, une main sur le téléphone. « À mon avis, tu as l'intention de lui courir après. Je me permets de te signaler que c'est une grave erreur, ma chère enfant. Il a un grain, je veux bien, mais dans le fond, c'est un gars solide. Il va se reprendre et il reviendra quand ça ira mieux. S'il avait voulu que tu viennes, il te l'aurait dit.

— Je n'ai encore rien décidé. » Elle mentait ; en fait, sa décision était prise, avant même que la voiture ne soit venue la chercher, le matin.

« Prends soin de toi, ma chérie, dit Freddie. Ne fais rien que tu puisses regretter plus tard. »

Elle sentit la puissance de sa personnalité peser de tout son poids sur elle, exigeant qu'elle abandonnât, respectât son contrat, fît son travail, attendît patiemment le retour de Bill... ou sa disparition dans ce trou du passé d'où il avait surgi.

Elle s'approcha du producteur et l'embrassa légèrement sur la joue. « À bientôt, Freddie. »

Elle retourna chez elle et appela la British Airways. Elle expliqua à l'employée qu'elle désirait gagner une petite ville du Maine du nom de Derry, si c'était possible. Il y eut un silence, le temps que la femme consulte son terminal... puis arriva la nouvelle, comme un signe venu du ciel : le vol BA n° 23 s'arrêtait à Bangor, à quatre-vingts kilomètres de Derry.

« Dois-je vous réserver une place, madame ? »

Audra ferma les yeux et revit le visage buriné à l'expression sérieuse mais fondamentalement sympathique de Freddie. *Prends soin de toi, ma chérie. Ne fais rien que tu puisses regretter plus tard.*

Freddie ne voulait pas la laisser partir ; Bill n'avait pas voulu d'elle ; pourquoi donc quelque chose dans son cœur lui criait-il qu'il fallait partir ? *Seigneur, je suis tellement perdue...*

« Allô ? Êtes-vous toujours en ligne, madame ?

— Réservez-la-moi... », dit Audra, prise d'une dernière hésitation. Peut-être devrait-elle se reposer, et mettre un peu de distance entre elle-même et toute cette histoire de fous. Elle se mit à fouiller dans son sac, à la recherche de sa carte de crédit. « Pour demain matin. En première classe, s'il vous en reste, sinon, n'importe quoi. » *Et si je change d'avis, je peux annuler. C'est sans doute ce que je ferai. J'aurai retrouvé mes esprits quand je me réveillerai, et tout sera clair.*

Mais le lendemain matin, tout était toujours aussi embrouillé, et son cœur lui commandait plus que jamais de partir ; son sommeil n'avait été qu'une suite ininterrompue de cauchemars. Elle avait alors appelé Freddie, avec l'impression qu'elle lui devait bien ça. Elle n'eut pas le temps d'en lire long — elle essaya maladroitement de lui expliquer combien, elle en était sûre, Bill devait avoir besoin d'elle — car le *clic !* d'un téléphone qu'on raccroche lui parvint tout de suite de l'autre bout de la ligne. Il avait coupé la communication sans ajouter un mot à son bonjour initial.

D'une certaine manière, ce petit *clic !* disait tout ce qu'il y avait à dire.

7

L'avion atterrit à Bangor à 7 h 09, heure locale. Audra fut la seule passagère à débarquer et les autres la regardèrent avec une sorte de curiosité songeuse, se demandant qui pouvait bien avoir à faire dans ce trou perdu. Audra eut envie de leur crier : *Je cherche mon mari, c'est tout. Il est revenu dans une petite ville proche d'ici car l'un de ses copains d'école lui a passé un coup de fil et lui a rappelé une promesse qu'il avait complètement oubliée. Il s'est du coup rendu compte qu'il n'avait pas pensé une seule fois en vingt-sept ans à son frère mort. Oh oui : il s'est remis à bégayer... et des cicatrices blanches marrantes sont apparues dans ses mains.*

Après quoi, se dit-elle, les douaniers ne tarderaient pas à faire venir dare-dare les hommes en blouse blanche.

Elle alla prendre son unique valise — qui avait l'air bien seule sur le carrousel — et s'approcha des comptoirs de location de voitures, comme Tom Rogan allait le faire une heure plus tard. Mais elle eut plus de chance que lui, et trouva une Datsun chez National Car Rental.

L'hôtesse remplit le contrat et Audra le signa.

« Il me semblait bien que c'était vous, fit timidement la jeune fille. Pourrais-je avoir un autographe ? »

Audra le lui donna au dos d'un formulaire et pensa : *Profites-en tant que tu peux, ma fille. Si Freddie Firestone a raison, elle ne vaudra pas un clou dans cinq ans d'ici, cette signature.*

Non sans un sentiment d'amusement, elle remarqua qu'elle n'était pas depuis une heure sur le sol américain que déjà elle pensait de nouveau en Américaine.

Elle se procura une carte routière et la jeune fille, qui pouvait à peine parler, victime du syndrome de la star, réussit à lui indiquer l'itinéraire pour rejoindre Derry.

Dix minutes plus tard, elle était sur la route, obligée de faire un effort à chaque carrefour pour ne pas rouler à gauche ; il s'agissait de ne pas se faire virer de la chaussée.

Et tout en conduisant, elle se rendit compte qu'elle n'avait jamais éprouvé une telle peur de sa vie.

8

Par l'un de ces étranges caprices du destin, ou l'une de ces coïncidences qui se produisent parfois (et qui, en vérité se produisent plus souvent à Derry qu'ailleurs), Tom avait pris une chambre au Koala Inn, sur Outer Jackson Street, et Audra au Holiday Inn ; les deux établissements étaient côte à côte et un simple trottoir surélevé séparait les deux parkings. La Datsun de location d'Audra et la Ford LTD de Tom se retrouvèrent garées nez à nez, uniquement séparées par ce trottoir. Tous deux dormaient à présent, Audra sur le côté, silencieuse, et Tom sur le dos, ronflant tellement fort qu'il faisait claquer ses lèvres tuméfiées.

9

Henry passa ce jour-là à se cacher — dans les fourrés qui longeaient la route numéro 9. Par moments, il dormait. À d'autres, il regardait passer les voitures de police qui patrouillaient comme des chiens de garde. Pendant que les Ratés déjeunaient, Henry entendit des voix lui parler de la lune.

Et lorsque la nuit tomba, il sortit des buissons et tendit le pouce.

Au bout d'un moment, un pauvre inconscient s'arrêta et l'embarqua.

DERRY

TROISIÈME INTERMÈDE

_____

Un oiseau descendit l'allée
— Il ne me savait pas là à regarder —
Il coupa un lombric en deux
Et dévora la bestiole, crue.

Emily Dickinson
« *Un oiseau descendit l'allée* »

L'incendie du Black Spot eut lieu à la fin de l'automne, en 1930. Autant que je puisse en juger, cet incendie — celui dont mon père avait réchappé de justesse — mit un terme au cycle des meurtres et des disparitions des années 1920-1930, de même que l'explosion des aciéries avait mis un terme au cycle précédent. Comme s'il fallait un sacrifice monstrueux à la fin de chacun pour apaiser la terrible puissance à l'œuvre ici... pour envoyer Ça dormir pendant un nouveau quart de siècle.

Mais si un sacrifice est nécessaire pour mettre un terme à chaque cycle, on dirait qu'un événement du même ordre est indispensable pour les mettre en branle.

Ce qui m'amène à l'affaire de la bande à Bradley.

Leur exécution eut lieu à l'embranchement de trois rues : Canal, Main et Kansas —, à peu de distance, en fait, de l'endroit où avait été prise la photo de Bill, celle qui s'était animée sous ses yeux et ceux de Richie, un certain jour de juin 1958 — environ treize mois avant l'incendie du Black Spot en octobre 1929, quelques jours avant le krach boursier.

De nombreux habitants de Derry affectent, comme pour l'incendie du Black Spot, de ne pas se souvenir de cette affaire. Ils n'étaient justement pas en ville ce jour-là ; ils faisaient la sieste et n'ont appris la nouvelle qu'à la radio... ou ils vous regardent bien en face et vous sortent un gros mensonge.

Les registres de la police indiquent que ce jour-là, le chef Sullivan n'était pas à Derry (*Sûr que je m'en souviens*, m'a dit Aloysius Nell, installé dans son fauteuil sur la terrasse ensoleillée de la maison de retraite Paulson, à Bangor. *C'était ma première année dans la police, je ne risque pas de l'oublier. Le chef était quelque part dans le Maine, à la chasse. On avait emballé et emporté les corps le temps qu'il revienne. J' l'ai jamais vu aussi furax !*) ; néanmoins, j'ai trouvé une photo dans un ouvrage de référence sur les gangsters où l'on voit un homme souriant à côté du cadavre criblé de balles d'Al Bradley, à la morgue, et si ce type n'est pas le chef Sullivan, c'est qu'il a un frère jumeau.

C'est finalement de Mr. Keene que j'ai obtenu ce que je crois être la version authentique de l'histoire — Norbert Keene, qui fut propriétaire de la pharmacie de Center Street de 1925 à 1975. Il se confia très volontiers mais, comme le père de Betty Ripsom, il me fit arrêter mon magnétophone avant de déballer son histoire (c'est d'ailleurs sans importance ; je peux encore entendre sa voix fragile — encore une voix *a cappella* dans le fichu chœur de la ville).

« Pourquoi ne pas te le dire ? commença-t-il. Personne ne l'imprimera et de toute façon, personne ne le croirait. » Le vieil homme me tendit un antique pot de pharmacie. « Tu veux des réglisses, Mikey ? Si je me souviens bien, tu avais un petit faible pour les rouges. »

J'en pris une. « Le chef Sullivan était-il sur place, ce jour-là ? » demandai-je.

Mr. Keene rit, et prit à son tour une bande de réglisse. « Tu te poses la question, hein ?

— Je me la pose », dus-je admettre en mâchant un morceau de réglisse rouge. C'était ma première depuis l'enfance, depuis l'époque où je tendais mes piécettes à un Mr. Keene nettement plus jeune et fringuant. C'était toujours aussi délicieux.

« Tu es trop jeune pour te souvenir du jour où Bobby Thomson a frappé son coup de circuit pour les Giants de New York, en 1951, reprit Mr. Keene. Toujours est-il qu'un article parut dans le journal, deux ou trois ans plus tard, et à les en croire, au moins un million de New-Yorkais se trouvaient dans le stade ce jour-là. » Mr. Keene se mit à mâcher sa réglisse et un peu de salive noire coula du coin de sa bouche ; il s'essuya méticuleusement le menton. Nous étions assis dans le bureau, à l'arrière de la pharmacie, car il avait beau avoir quatre-vingt-cinq ans et être à la retraite depuis dix ans, il tenait toujours la comptabilité de son petit-fils.

« Eh bien, c'est tout le contraire pour la bande à Bradley ! » Il sourit, mais l'expression n'avait rien d'agréable : elle était cynique et trahissait la froideur du souvenir. « Derry devait bien compter vingt mille habitants, à l'époque. Main Street et Canal Street étaient asphaltées depuis quatre ans, mais Kansas Street était encore en terre. Des nuages de poussière l'été, des fondrières en mars et en novembre.

— Vingt mille personnes vivaient donc en ville, me hâtai-je d'intervenir.

— Oh..., ah oui. Sur ces vingt mille, il y en a bien la moitié qui sont morts, sinon davantage ; c'est long, cinquante ans. Et les gens ont une curieuse façon de mourir à Derry. C'est l'air, peut-être. Mais parmi ceux qui restent, je te parie que tu n'en trouveras pas plus de douze pour admettre qu'ils étaient là le jour où la bande à Bradley s'est fait cueillir. Si, Butch Rowden le boucher, qui avait mis une photo de l'une de leurs voitures sur le mur de sa boutique ; ou encore Char-

lotte Littlefield, à condition de la prendre dans son bon
jour ; elle enseigne au lycée et même si elle ne devait
avoir que dix ou douze ans à l'époque, je suis sûr
qu'elle se rappelle un tas de choses. Carl Snow...
Aubrey Stacey... Eben Stampnell... et ce vieil original
qui passe ses soirées à picoler au Wally's — Pickman, si
je ne me trompe pas —, ils s'en souviendraient. Ils
étaient tous là... »

Sa voix mourut tandis qu'il contemplait le reste de
réglisse dans sa main. Je fus tenté de le relancer mais
finalement m'en abstins.

« La plupart des autres mentiraient, reprit-il au bout
d'un moment, comme tous ceux qui se vantaient
d'avoir assisté au coup de circuit de Thomson, c'est ce
que je veux dire. Mais les uns mentent parce qu'ils
auraient aimé voir ce coup ; les autres parce qu'ils
auraient préféré être ailleurs qu'à Derry. Tu comprends, fiston ? »

J'acquiesçai.

« Tu es sûr de vouloir entendre la suite ? Je te trouve
l'air un peu tendu, Mikey.

— Mais non. De toute façon, autant la connaître,
non ?

— D'accord », répondit doucement Mr. Keene. Pour
les souvenirs, c'était ma journée ; comme il me tendait
de nouveau le pot aux réglisses, je me rappelai soudain
un programme de radio qu'écoutaient ma mère et mon
père quand j'étais tout gosse : *Mr. Keene, l'homme qui
retrouve les personnes perdues.*

« Le shérif était bien là le jour en question. Il devait
aller à la chasse, mais il a changé bougrement vite
d'idée quand Lal Machen est venu lui dire qu'il
s'attendait à avoir la visite d'Al Bradley l'après-midi
même.

— Comment Lal Machen le savait-il ?

— En elle-même, l'histoire est instructive, me
répondit Mr. Keene, le visage plissé par le même

318

sourire cynique. Bradley n'a jamais été l'ennemi public n° 1, mais cela faisait un an ou deux que le FBI aurait tout de même bien aimé mettre la main sur lui. Ne serait-ce que pour montrer qu'il pouvait faire quelque chose. Al Bradley et son frère George avaient attaqué six ou sept banques du Middle West et enlevé un banquier contre rançon. La rançon a été payée — trente mille dollars, une belle somme pour l'époque — mais ils ont tout de même tué le banquier.

« Du coup, la région était devenue un terrain miné pour eux, si bien qu'avec les jeunes chiens fous qui les suivaient, les deux frères se sont repliés vers le nord-ouest, c'est-à-dire par ici. Ils ont loué une grosse ferme juste à l'extérieur de la ville, à Newport, pas loin de là où se trouve encore la ferme Rhulin.

« Je ne me souviens plus si c'était en juillet ou août, ou peut-être au début septembre... en tout cas, c'était l'été. Ils étaient huit en tout : Al et George Bradley, Joe Conklin et son frère Cal, un Irlandais du nom d'Arthur Malloy dit " la Taupe " parce qu'il était myope et ne mettait ses lunettes qu'en cas de nécessité absolue, et Patrick Caudy, un jeune type de Chicago qui passait pour un fou de la gâchette, mais qui était beau comme un Adonis. Plus deux femmes : Kitty Donahue, épouse légitime de George Bradley, et Marie Hauser, qui appartenait à Caudy mais que les autres se partageaient aussi de temps en temps, d'après ce qui se racontait.

« Ils ont commis une erreur de jugement quand ils ont débarqué dans le coin, fiston : ils se sont crus assez loin de l'Indiana pour être en sécurité.

« Ils sont restés discrets pendant un moment, puis ils ont commencé à s'ennuyer. Alors ils ont décidé d'aller chasser. Ils possédaient un véritable arsenal, mais étaient à court de munitions. À partir de là, je connais les dates. Le 7 octobre, ils se sont tous ramenés à Derry, dans deux voitures. Patrick Caudy est allé faire les boutiques avec les deux femmes tandis que les autres se présentaient au magasin de sport de Machen. Kitty Donahue est morte deux jours plus tard dans la robe qu'elle avait achetée ce jour-là chez Freese's.

« C'est Lal Machen qui s'est occupé en personne de ses clients. Il est mort en 1959. Obèse. Il avait toujours été trop gros. Cependant il avait le coup d'œil, et il disait qu'au bout de dix minutes, il savait qu'il avait affaire à Al Bradley. Il a cru reconnaître les autres, sauf Malloy, qu'il n'a identifié que lorsqu'il a mis ses lunettes pour regarder des couteaux dans une vitrine.

« Al Bradley lui a dit : " On aimerait acheter quelques munitions. — Vous êtes venus au bon endroit ", lui a répondu Machen.

« Bradley lui a tendu un papier et Lal l'a lu. Il a été perdu, pour autant que je le sache, mais Lal disait que ça faisait froid dans le dos. Ils voulaient cinq cents cartouches de calibre 38, huit cents de calibre 45, soixante de calibre 50 — un calibre qui n'existe même plus —, des cartouches à plombs pour le petit et le gros gibier, mille cartouches de 22 long, mille de 22 court. Plus — accroche-toi bien — seize mille cartouches de pistolet-mitrailleur de 45.

— Nom de Dieu ! » m'exclamai-je.

Mr. Keene eut de nouveau son sourire cynique et me tendit encore le pot aux réglisses. Je secouai tout d'abord la tête mais finis par en prendre une de plus.

« " Dans le genre liste de commissions, c'est pas mal, les gars, leur a dit Lal. — Tu vois bien, Al, a dit Malloy la Taupe, je t'avais dit qu'on ne trouverait rien dans un bled pareil. Allons à Bangor. Ils n'auront sans doute rien là-bas non plus, mais ça nous fera faire un tour. — On se calme, les gars, a dit Lal, aussi froid qu'un pain de glace. C'est une sacrée bonne commande et ça me ferait mal de la laisser à ce Juif de Bangor. Je peux vous donner tout de suite les 22 et les cartouches pour le gibier. Plus cent cartouches de 38 et cent de 45. Je pourrai avoir le reste... (j'imagine très bien Lal, les yeux mi-clos, faisant semblant de calculer) après-demain. Qu'est-ce que vous en pensez ?. "

« Bradley a dit que c'était parfait pour lui. Cal Conklin voulait encore aller à Bangor, mais l'avis des autres a prévalu.

« " Maintenant, si vous n'êtes pas sûr de pouvoir nous livrer, autant le dire tout de suite, a fait Al Bradley. Parce que je suis très gentil, mais quand je me fâche, vaut mieux pas faire le malin avec moi. Vous m' suivez ? — Très bien, a répondu Lal, je vous aurai toutes les munitions que vous pouvez souhaiter, monsieur... ? — Rader, a dit Bradley. Richard D. Rader. "

« Il a tendu la main et Lal la lui a serrée avec un grand sourire. " Ravie de faire votre connaissance, monsieur Rader. "

« Bradley lui a alors demandé à quel moment passer et Lal Machen lui a proposé deux heures de l'après-midi. Quand ils sont repartis, Lal les a observés tandis qu'ils retrouvaient les deux femmes et Caudy, qu'il a reconnu également.

« Et qu'est-ce que tu crois que Lal a fait ? me demanda alors Mr. Keene, le regard brillant. À ton avis, il a appelé la police ?

— J'en doute, vu la manière dont ça s'est passé. Moi, je me serais cassé une jambe en sautant sur le téléphone.

— Peut-être que oui, peut-être que non », dit Mr. Keene avec toujours ce même sourire cynique intense ; et je frissonnai car je savais ce qu'il voulait dire... et il savait que je le savais. Une fois que quelque chose de bien lourd commence à rouler, on ne peut pas l'arrêter ; ça continue sa course jusqu'à ce que ça arrive sur un terrain assez plat et assez long pour perdre tout élan. On peut se mettre en travers : on n'y gagne qu'à se faire aplatir, sans l'arrêter pour autant.

« Peut-être que oui, peut-être que non, répéta

Mr. Keene. Mais je peux te dire ce qu'a fait Lal Machen. Pendant le reste de la journée et tout le lendemain, dès qu'un client venait — un homme —, eh bien, il leur disait qu'il savait qui on avait entendu dans les bois, près de la ligne Derry-Newport, en train de tirer sur des daims et des perdrix et Dieu seul sait quoi encore avec des machines à écrire à gâchette. C'était la bande à Bradley. Il en était sûr, car il les avait reconnus. Et il leur disait que Bradley et ses hommes devaient revenir le surlendemain (ou le lendemain) vers deux heures pour prendre le reste de leurs munitions. Il ajoutait qu'il leur avait promis toutes les munitions qu'ils voulaient, et que c'était une promesse qu'il entendait bien tenir.

— Combien ? » demandai-je. Je me sentais hypnotisé par ce regard brillant. Soudain, l'odeur de cette arrière-boutique, odeur de drogues, de sirops, de poudres, d'onguents, de cataplasmes, me parut suffocante. Mais je n'aurais pas pu davantage la quitter que j'aurais pu me suicider en retenant ma respiration.

« À combien d'hommes Lal a passé le mot ? » demanda Mr. Keene.

J'acquiesçai.

« Je ne sais pas exactement. Je n'y ai pas monté la garde, pendant ces deux jours. Tous ceux en qui il sentait pouvoir avoir confiance, sans doute. Moi, je suis passé le lendemain matin, pour voir si mon rouleau de photos avait été développé (Lal s'en occupait, à cette époque) ; mais j'ai décidé de prendre quelques munitions pour ma Winchester par la même occasion. Lal, qui venait de me confier son histoire, m'a demandé ce que je comptais en faire.

« " Oh, juste pour tirer sur quelques nuisibles ", je lui ai dit, et ça nous a fait rigoler. » Mr. Keene éclata de rire à ce souvenir et se tapa sur les cuisses, comme s'il s'agissait de la meilleure plaisanterie qu'il ait jamais entendue. Puis il s'inclina vers moi et me tapota le genou. « Tout ce que je veux dire, fiston, c'est que seuls ceux qui avaient besoin d'être au courant ont été au courant. C'est ça, une petite ville. Parle à qui il faut, et le mot passera comme il faut... Tu me suis, Mikey ? Encore une réglisse ? »

J'en pris une, les doigts comme engourdis.

« Ça fait grossir », fit Mr. Keene avec un rire caquetant. Il eut l'air vieux, soudain... Extrêmement vieux, avec ses lunettes à double foyer qui glissaient sur l'arête étique de son nez et sa peau tellement émaciée aux joues qu'elle n'avait pas de rides.

« Le lendemain, je suis venu à la pharmacie avec mon fusil. Bob Tanner, le meilleur assistant que j'aie jamais eu, est arrivé comme par hasard avec le fusil de chasse de son paternel. Vers onze heures, Gregory Cole est entré prendre du bicarbonate de soude, et que je sois pendu s'il n'avait pas un colt 45 passé à la ceinture.

« " Te fais pas sauter les valseuses avec ça, Greg, je lui ai dit. — J'arrive tout droit du fond des bois pour ça et j'ai un foutu mal au crâne, a répondu Greg. J' crois bien que je vais faire sauter les valseuses de quelqu'un avant le coucher du soleil. "

« Vers une heure et demie, j'ai mis le panneau DE RETOUR DANS DIX MINUTES, VEUILLEZ PATIENTER sur la porte, j'ai pris mon fusil et je suis passé par l'allée de derrière. J'ai demandé à Bob Tanner s'il voulait m'accompagner, mais il préférait terminer l'ordonnance qu'il avait en cours. " Je vous rejoins dans un moment, il m'a dit. Tâchez de m'en laisser un vivant. " Mais je ne pouvais rien lui promettre.

« Il n'y avait pas grand monde sur Canal Street, à pied comme en voiture. Un camion de livraison passait de temps en temps, et c'était à peu près tout. J'ai vu Jake Pinnette traverser, un fusil dans chaque main. Il a rejoint Andy Criss, et tous les deux, ils se sont installés sur l'un des bancs à côté de l'ancien monument aux morts, tu sais, à l'endroit où le canal devient souterrain.

« Petie Vanness, Al Nell et Jimmy Gordon étaient assis sur les marches du palais de justice, en train de manger leur casse-croûte en échangeant des morceaux, exactement comme des gosses. Tous étaient armés. Jimmy Gordon, je m'en souviens, avait un Springfield de la Première Guerre mondiale qui paraissait plus grand que lui.

« J'ai vu un gosse prendre en direction de Up-Mile Hill ; il me semble bien qu'il s'agissait de Zack Denbrough, le père de ton vieux copain, celui qui est devenu écrivain, et Kenny Borton, qui se trouvait dans le bâtiment de la Christian Science, lui a lancé par une fenêtre : " Tire-toi de là, le môme, va y avoir des coups de fusil. " Zack lui a jeté un coup d'œil et a détalé comme un lapin.

« Il y avait des hommes partout, tous avec des armes, dans les entrées, sur les marches des porches, derrière les fenêtres. Greg Cole, le 45 sur les genoux, dans une porte. Bruce Jagermeyer et Olaf Theramenius, le Suédois, sous la marquise du Bijou, dans l'ombre. »

Mr. Keene me regarda, ou plutôt regarda à travers moi. À présent, son regard avait perdu tout brillant ; il était au contraire tout embrumé de souvenirs, et avait cette douceur qu'ont les yeux des hommes quand ils évoquent l'un des meilleurs moments de leur vie — la première truite qu'ils ont pêchée, la première femme qui a bien voulu faire l'amour avec eux.

« Je me rappelle, fiston... Le vent soufflait, reprit-il rêveusement, et j'ai entendu sonner deux heures à l'horloge du tribunal. Bob Tanner est arrivé derrière moi, et j'étais tellement nerveux que j'ai failli le descendre.

« Il m'a juste fait un signe de tête et il a traversé

324

pour aller dans la boutique de Vannock, traînant son ombre derrière lui.

« On aurait pu penser qu'à deux heures dix, puis deux heures vingt, les types en auraient eu assez et seraient partis, non ? Mais ça ne s'est pas passé comme ça du tout. Personne n'a bougé. Parce que...

— Parce que vous étiez sûrs qu'ils allaient venir, dis-je. La question ne se posait même pas. »

Mr. Keene me fit un grand sourire de prof satisfait d'une bonne réponse. « Exactement ! Nous en étions sûrs. Personne n'en avait parlé, personne n'a dit : " Bon, dans cinq minutes, s'ils ne sont pas là, j'ai du boulot qui m'attend. " Tout le monde est resté bien tranquille et vers deux heures vingt-cinq, deux voitures, une rouge et une bleu foncé, sont arrivées par Up-Mile Hill vers l'intersection. Il y avait une Chevrolet et une La Salle. Les frères Conklin, Patrick Caudy et Marie Hauser étaient dans la Chevrolet ; les Bradley, Malloy et Kitty Donahue dans la La Salle.

« Ils se sont engagés dans le carrefour et c'est alors qu'Al Bradley a freiné tellement brutalement que Caudy a bien failli lui rentrer dedans. La rue était trop calme et Bradley l'avait remarqué. Ce n'était qu'une brute, une bête, mais un rien met une bête en alerte quand elle a été poursuivie pendant quatre ans comme une belette dans le blé.

« Il a ouvert la porte de la La Salle et il est resté quelques instants debout sur le marchepied. Il a jeté un coup d'œil circulaire puis fait signe à Caudy de faire demi-tour. Caudy a dit : " Pourquoi, patron ? " Je l'ai entendu parfaitement ; c'est d'ailleurs la seule chose que je leur aie entendu dire, ce jour-là. Il y a eu aussi un reflet de soleil, je me rappelle ce détail : il venait du miroir du poudrier de la fille Hauser qui se remaquillait.

« À ce moment-là, Lal Machen et son aide, Biff Marlow, sont sortis en courant du magasin de Machen.

" Bras en l'air, Bradley, t'es pris au piège ! " lui crie Lal ; mais avant que Bradley ait le temps de tourner la tête, Lal se met à canarder. N'importe comment, au début, puis il réussit à lui en loger une dans l'épaule. Le raisiné s'est mis aussitôt à couler. Bradley a plongé dans la voiture, passé une vitesse et c'est alors que tout le monde a commencé à tirer.

« L'affaire n'a pas duré plus de quatre ou cinq minutes, et pourtant, on aurait dit que ça n'en finissait pas. Petie, Al et Jimmy Gordon, toujours assis sur les marches du palais de justice, tiraient sur l'arrière de la Chevrolet. J'ai vu Bob Tanner à genoux, qui faisait feu et manœuvrait la culasse de son vieux Springfield comme un fou. Jagermeyer et Theramenius mitraillaient le côté droit de la La Salle de dessous la marquise du cinéma et Greg Cole, debout dans le caniveau, tenait son gros automatique 45 à deux mains et appuyait sur la détente aussi vite qu'il pouvait.

« Il devait bien y avoir cinquante ou soixante types qui tiraient en même temps. Après, Lal Machen a compté les balles qui s'étaient fichées dans les murs de brique de son magasin : trente-six. Et encore, c'était trois jours plus tard, et tous les garnements de la ville étaient déjà venus arracher un trophée à coups de canif. À un moment donné, on aurait cru la bataille de la Marne. Je ne te dis pas le nombre de vitres cassées autour de la boutique de Machen.

« Bradley a fait faire le demi-tour le plus rapide de sa vie à la La Salle, mais c'était sur quatre pneus crevés. Les phares étaient réduits en miettes, le pare-brise avait explosé. Malloy la Taupe et George Bradley étaient chacun à l'une des vitres arrière, et tiraient au revolver. J'ai vu une balle pénétrer dans le cou de Malloy et le déchiqueter complètement ; il a eu le temps de tirer encore deux fois avant de s'écrouler, les bras pendant par la portière.

« Caudy a essayé de faire la même manœuvre avec la

Chevrolet, mais n'a réussi qu'à enfoncer l'arrière de la La Salle. Ç'a été le commencement de la fin pour eux, fiston. Le pare-chocs avant de la Chevrolet s'est coincé sous celui de la La Salle, et je ne vois pas comment ils auraient pu s'en tirer.

« Joe Conklin a bondi de l'arrière et, debout au milieu du carrefour, un pistolet dans chaque main, il a commencé à tirer en direction de Jack Pinnette et d'Andy Criss. Ils sont tombés tous les deux de leurs bancs et Andy Criss s'est mis à hurler : " Il m'a eu ! Il m'a eu ! " sans s'arrêter, alors qu'il n'avait même pas une égratignure, pas plus que Jack, d'ailleurs.

« Ce Joe Conklin, eh bien, il a eu le temps de vider ses deux chargeurs avant d'être lui-même touché. Sa veste claquait comme un drapeau et ses pantalons s'agitaient comme si une femme invisible lui refaisait un ourlet. Il portait un chapeau de paille qui s'est envolé de sa tête, et on a vu qu'il avait la raie au milieu. Il avait l'un de ses pétards sous le bras et tentait de recharger l'autre quand quelqu'un l'a atteint aux jambes. Il s'est écroulé ; Kenny Borton a prétendu plus tard que c'était lui qui l'avait eu, mais il n'y avait aucun moyen de savoir.

« Le frère de Conklin, Cal, est sorti aussitôt pour venir le chercher, mais il s'est écroulé à son tour comme une tonne de briques, un trou dans la tête.

« Alors Marie Hauser aussi est sortie. Peut-être voulait-elle se rendre, je ne sais pas. Elle tenait encore son poudrier à la main. Je crois qu'elle criait, mais c'était dur d'entendre quelque chose. Elle a reculé vers la voiture après avoir reçu une balle à la hanche, et elle a réussi à ramper à l'intérieur, je ne sais pas trop comment.

« Bradley a mis toute la gomme avec La Salle, et a fini par la faire avancer. Elle a tiré la Chevrolet sur trois ou quatre mètres avant que l'un des pare-chocs ne soit arraché.

« Les garçons ont commencé à la mitrailler. Toutes les vitres ont sauté. L'une des ailes est tombée dans la rue. Malloy, toujours pendu à sa portière, était bien mort, mais les deux frères Bradley toujours en vie. George tirait de l'arrière, avec à côté de lui sa femme morte, un trou à la place d'un œil.

« Al Bradley a réussi à arriver jusqu'au carrefour, mais l'auto est montée sur le trottoir et n'en a plus bougé. Il est sorti de derrière son volant et s'est engouffré dans Canal Street. Il a été criblé de balles.

« Patrick Caudy est alors sorti de la Chevrolet. Pendant un moment, il a eu l'air de vouloir se rendre, puis il a saisi un .38 qu'il cachait dans un holster, sous sa veste. Il a eu le temps de tirer peut-être trois fois, au hasard, puis sa chemise a explosé, brûlant littéralement. Il a glissé le long de la Chevy et s'est retrouvé assis sur le marchepied. Il a tiré encore une fois et pour autant que je sache, c'est la seule de leurs balles qui ait fait mouche ; en ricochant, elle est allée égratigner le dos de la main de Greg Cole. Elle lui a laissé une cicatrice qu'il exhibait quand il avait bu un coup de trop, jusqu'au jour où quelqu'un — peut-être bien Al Nell — l'a pris à part pour lui dire que ce serait sans doute une bonne idée s'il fermait sa gueule sur ce qui s'était passé avec la bande à Bradley.

« La fille Hauser est sortie et là, il n'y avait aucun doute qu'elle voulait se rendre, car elle avait les mains en l'air. Peut-être que personne n'avait l'intention de la tuer, mais elle s'est avancée dans un tir croisé.

« George Bradley a pu courir jusqu'au banc à côté du monument aux morts, puis quelqu'un lui a réduit le crâne en bouillie d'un coup de chevrotines. Il est tombé raide mort, les pantalons mouillés de pisse... »

Inconsciemment ou presque, je piochai dans le pot aux réglisses.

« Ils ont canardé les deux voitures pendant encore une bonne minute avant de se calmer, reprit

Mr. Keene. Quand les hommes ont le sang qui leur monte à la tête, la pression ne redescend pas vite. C'est à ce moment-là que j'ai aperçu le chef Sullivan derrière les autres, sur les marches du tribunal, qui tirait sur la pauvre Chevy avec une Remington à pompe. Que personne ne vienne te raconter qu'il n'était pas là ; tu as devant toi Norbert Keene qui te dit qu'il l'a vu de ses propres yeux.

« Quand la fusillade s'est enfin arrêtée, les deux voitures étaient méconnaissables, de vrais tas de ferraille avec du verre partout autour. Personne ne parlait. On entendait que le vent et le bruit du verre écrasé par les pieds. C'est à ce moment-là qu'on a commencé à prendre des photos : ça voulait dire que c'était bel et bien fini, comme tu devrais le savoir, fiston. »

Mr. Keene fit balancer sa chaise à bascule, ses pantoufles venant rebondir avec placidité sur le plancher, et me regarda.

« Je n'ai rien vu de tel dans le *Derry News* », dis-je, incapable de trouver autre chose. Le lendemain, il titrait en effet : BATAILLE RANGÉE ENTRE LA BANDE À BRADLEY ET LE FBI ET LA POLICE D'ÉTAT. Avec en sous-titre : La police locale leur a prêté main-forte.

« Bien sûr que non ! me répondit Mr. Keene avec un petit rire. J'ai vu le directeur, Mack Laughlin, tirer deux fois sur Joe Conklin.

— Seigneur !

— As-tu eu ton content de réglisse, fiston ?

— Tout à fait, dis-je en me léchant les lèvres. Mais Mr. Keene, comment a-t-on pu... camoufler... une affaire d'une telle ampleur ?

— Il n'y a pas eu camouflage, me répondit-il, l'air honnêtement surpris. Simplement, personne n'en a beaucoup parlé. Et au fond, qui s'en souciait ? Ce n'était pas le Président ou Mr. Hoover qui s'était fait descendre, ce jour-là. Ce n'était pas pire que d'avoir abattu des chiens enragés qui, eux, n'auraient pas hésité à tuer pour le moindre prétexte.

— Mais les femmes ?

— Deux putes, c'est tout, dit-il, indifférent. En plus, ça s'est passé à Derry, pas à New York ou à Chicago. L'endroit compte autant que la nouvelle, fiston. C'est pourquoi les manchettes sont plus grosses quand un tremblement de terre tue douze personnes à Los Angeles que lorsqu'il tue trois mille païens quelque part en Orient. »

En plus, ça s'est passé à Derry.

C'était une phrase que j'avais déjà entendue, et je suppose que je l'entendrai encore si je poursuis cette enquête. Encore et encore... On vous l'a dit comme si on s'adressait à un demeuré ; comme on répondrait : « À cause de la gravité », si on demandait pourquoi on reste cloué au sol quand on marche. Comme si c'était une loi naturelle que tout homme sensé devrait comprendre. Et le pire, c'est bien entendu que je comprends très bien.

J'avais encore une question à poser à Norbert Keene.

« Avez-vous vu quelqu'un ce jour-là que vous ne connaissiez absolument pas, avant la fusillade ? »

La réponse de Mr. Keene vint si rapidement que la température de mon sang me donna l'impression d'avoir baissé d'un seul coup de cinq degrés. « Tu veux dire le clown ? Comment en as-tu entendu parler, fiston ?

— Oh, je ne sais plus très bien.

— C'est à peine si je l'ai aperçu. Quand les choses ont commencé à chauffer, je me suis surtout occupé de mes propres affaires. À un moment donné, j'ai jeté un coup d'œil de côté et je l'ai vu dans la rue, un peu après les Suédois planqués sous la marquise du Bijou. Il n'était absolument pas habillé en clown ; il portait une salopette de fermier avec une chemise en coton en dessous. Mais il avait le visage maquillé avec cette espèce d'emplâtre blanc dont ils se servent, et un grand sourire rouge de clown peint par-dessus. Et ces touffes de faux cheveux, tu sais. Orange. Assez marrantes.

« Lal Machen ne l'a pas vu, mais Biff, si. Sauf qu'il devait être un peu embrouillé, car il croyait l'avoir aperçu à l'une des fenêtres d'un appartement, sur ma gauche. Une fois, j'ai demandé à Jimmy Gordon — il est mort à Pearl Harbor, il a coulé avec son bateau —, pour lui, le type était derrière le monument aux morts. »

Mr. Keene secoua la tête avec un léger sourire.

« C'est marrant de voir comment sont les gens pendant un truc comme ça, et de voir ce dont ils se souviennent après. On peut te le raconter seize fois, tu auras seize histoires différentes qui ne concorderont pas entre elles. Tiens, par exemple, le coup du fusil de ce clown...

— Le fusil ? Il tirait, lui aussi ?

— Pardi ! La fois où je lui ai jeté ce coup d'œil, on aurait bien dit qu'il tenait une Winchester, celle à réarmement par le pontet. Ce n'est que bien plus tard que je me suis dit que je l'avais cru parce que c'était l'arme que j'avais, moi. Biff a cru voir une Remington, et il en avait une. Quant à Jimmy, il était sûr qu'il tirait avec un vieux Springfield, tout comme lui. Marrant, non ?

— Marrant, réussis-je à articuler. Mr. Keene... est-ce qu'aucun de vous ne s'est jamais demandé ce qu'un clown, un clown habillé en plus en salopette de fermier, pouvait bien diable fabriquer là ?

— Bien sûr. On en a parlé, mais l'explication est simple, c'était sans doute quelqu'un qui ne voulait pas être reconnu. Peut-être un membre du conseil municipal. Un type comme Horst Mueller ou peut-être même Trace Naugler, qui était maire, à l'époque. Ou un médecin ou un avocat qui ne voulait pas être vu. Je n'aurais pas reconnu mon propre père dans un accoutrement pareil. »

Il rit un peu, et je lui demandai ce qu'il trouvait drôle.

« Si ça se trouve, c'était peut-être un clown véritable. Dans les années 20 et 30, la foire du comté d'Esty avait lieu beaucoup plus tôt dans la saison, et elle battait son plein au moment de l'affaire Bradley. Or, il y avait des clowns à cette foire. L'un d'eux a peut-être entendu parler de notre petit carnaval et a eu envie de venir faire un tour. »

Il m'adressa un sourire froid.

« J'ai à peu près tout dit, reprit-il, mais il y a une chose que je voudrais ajouter, parce que tu m'as l'air vraiment intéressé et que tu écoutes bien. C'est quelque chose que Biff Marlow m'a confié un jour qu'on prenait un verre, bien quinze ans plus tard, au Pilot's, à Bangor. Il m'a raconté ça comme ça. Il m'a dit que le clown était tellement penché à la fenêtre qu'il ne comprenait pas pourquoi il ne tombait pas. Il n'y avait pas que sa tête et ses épaules qui dépassaient, disait Biff, mais tout le corps jusqu'aux genoux, suspendu en l'air, tirant d'en haut sur les voitures dans lesquelles était venue la bande à Bradley, avec ce grand sourire rouge barbouillé sur la figure. " Il était attifé comme une citrouille de Halloween entaillée de travers ", ce sont exactement ses mots.

— Comme s'il flottait, en somme.

— Tout juste. Et Biff a dit qu'il y avait aussi quelque chose d'autre, quelque chose qui l'a turlupiné pendant des semaines après l'affaire. Quelque chose d'anormal qu'il n'arrivait pas à se figurer, comme ces mots qu'on a sur le bout de la langue et que l'on n'arrive pas à trouver. Et ça lui est finalement venu une nuit, alors qu'il s'était levé pour se soulager la vessie. Il était là, en train de pisser dans le bol, sans penser à rien de particulier, quand ça lui est venu d'un seul coup : il était deux heures vingt-cinq, ce jour-là, quand la fusillade a commencé ; le soleil brillait, mais le clown ne projetait aucune ombre. Pas la moindre. »

QUATRIÈME PARTIE

———

JUILLET 1958

Toi léthargique, qui m'attends, qui attends
le feu et moi
      qui m'occupe de toi, secoué par ta beauté
Secoué par ta beauté

Secoué.

William Carlos Williams, *Paterson*
(Tr. J. Saunier-Ollier, Aubier-Montaigne, 1981)

CHAPITRE 13

Une apocalyptique bataille de cailloux

1

Bill est là le premier. Il est assis sur l'une des chaises de la salle de lecture, et observe Mikey qui s'occupe des quelques derniers abonnés de la soirée — une vieille dame avec tout un assortiment de livres de poche sur le Moyen Âge, un homme qui tient un énorme volume sur la Guerre civile et un adolescent maigrichon avec un roman d'où dépasse le titre de prêt de sept jours. Sans la moindre impression qu'il s'agisse là d'un hasard extraordinaire, Bill constate que ce livre est son dernier roman. Il a le sentiment qu'il est au-delà de toute surprise, que les coïncidences stupéfiantes sont des réalités auxquelles on veut bien croire et qui se révèlent n'être que des rêves.

Une jolie jeune fille, sa jupe écossaise maintenue fermée par une grosse épingle de sûreté dorée (Seigneur, cela fait des années que je n'en ai pas vu, reviendraient-elles à la mode ? *songe-t-il*), *alimente en pièces un photocopieur et reproduit des tirés à part, un œil sur la pendule placée derrière le bureau. Ce ne sont que bruits étouffés et rassurants de bibliothèque, chuintement des semelles sur le lino noir et rouge, battement régulier de l'horloge qui égrène les secondes à coups secs, ronronnement de petit félin du photocopieur.*

Le garçon prend son roman de William Denbrough et va rejoindre la jeune fille en jupe écossaise; elle vient de finir, et il range les pages photocopiées.

« Tu n'as qu'à laisser ce tiré à part sur mon bureau, Mary, lui dit Mike. Je le rangerai. »

Elle lui adresse un beau sourire. « Merci, Mr. Hanlon.

— Bonsoir, Mary, bonsoir, Billy. Rentrez directement chez vous, les enfants.

— Le père Fouettard vous attrapera si vous ne faites pas attention! chantonne Billy, le maigrichon, en passant un bras de propriétaire autour de la taille mince de la jeune fille.

— Il ne voudrait sûrement pas d'un couple aussi moche que vous, rétorque Mike, mais faites tout de même attention.

— Nous ferons attention, Mr. Hanlon, répond Mary sérieusement, en donnant un léger coup de poing à l'épaule de son compagnon. Allez, viens, espèce d'affreux », ajoute-t-elle avec un petit rire. Son geste la transforme : elle n'est plus tout à fait la collégienne mignonne et vaguement désirable d'il y a un instant, mais plutôt la pouliche nullement gauche qu'était Beverly Marsh à onze ans... et quand ils passent, Bill est troublé par sa beauté..., il a peur; il voudrait dire au garçon, très sérieusement, qu'il ne doit passer que par des rues bien éclairées et ne répondre à aucune voix en rentrant chez lui.

On ne peut pas être prudent sur un skate, m'sieur, murmure une voix fantôme dans sa tête. Et Bill a un sourire d'adulte, un sourire lugubre.

Le garçon tient la porte ouverte pour la jeune fille. Ils passent dans le vestibule, se rapprochant, et Bill est prêt à parier ses droits d'auteur sur le livre que ce Billy tient sous le bras, qu'il lui a volé un baiser avant de gagner la porte d'entrée. Bien fou si tu ne l'as pas fait, mon petit Billy. Et maintenant, ramène-la chez elle sans traîner. Sans traîner!

Mike l'interpelle : « Dans une minute je suis à toi, Grand Bill. Je finis de ranger ça. »

Bill acquiesce et croise les jambes. Sur ses genoux, le sac en papier fait un bruit de froissement. Il contient une pinte de bourbon ; jamais il n'a autant eu envie d'un verre de toute sa vie, se rend-il compte. Mike aura bien de l'eau, sinon de la glace. De toute façon, très peu d'eau suffira, vu son humeur.

Il pense à Silver, qu'il a laissée appuyée contre le mur du garage de Mike. De fil en aiguille, il pense à cette journée où ils s'étaient tous retrouvés (à l'exception de Mike) dans les Friches, et où chacun avait de nouveau raconté son histoire : le lépreux sous le porche, la momie qui marchait sur la glace, le sang dans le lavabo, les enfants morts du château d'eau, les photos qui s'animaient, le loup-garou qui poursuivait les petits garçons dans les rues désertes.

Ils s'étaient enfoncés plus profondément dans les Friches, se souvient-il, en cette veille de fête nationale du 4 Juillet. Il faisait chaud en ville, mais plus frais à l'ombre de la végétation luxuriante de la rive est de la Kenduskeag. Il se rappelle qu'il y avait à proximité l'un de ces cylindres de béton qui bourdonnait pour lui-même, comme la photocopieuse venait de ronronner pour la jolie jeune fille à l'instant. Il évoque tout cela et aussi comment, une fois les récits terminés, tous se sont tournés vers lui.

Ils avaient attendu de lui qu'il leur dise ce qu'ils devaient faire, comment procéder ; et lui n'en savait rien. Son ignorance l'avait rempli d'un sentiment de désespoir.

Bill voit l'ombre démesurée que projette Mike, maintenant dans la salle du catalogue, et il est brusquement envahi d'une certitude : il ne savait rien alors, parce qu'ils n'étaient pas encore au complet, ce 3 juillet. Ils ne le furent que plus tard, dans la gravière abandonnée, au-delà de la décharge, d'où l'on pouvait facilement quitter les Friches, soit par Kansas Street, soit par Merit Street.

Exactement dans le coin au-dessus duquel passe mainte-
nant la nationale. La gravière n'avait pas de nom; elle
était ancienne, et ses pentes rugueuses étaient envahies
d'herbes et de buissons. Mais les munitions n'y man-
quaient pas : de quoi se lancer dans une apocalyptique
bataille de cailloux.

Mais avant cela, sur la rive de la Kenduskeag, il n'avait
su que dire — qu'attendaient-ils qu'il dise ? Il se souvient
de les avoir regardés les uns après les autres : Ben, Bev,
Eddie, Stan, Richie. Et la musique lui revient. Little
Richard. « Whomp-bomp-a-lomp-bomp... »

2

Richie avait accroché son transistor à la branche la
plus basse de l'arbre auquel il était adossé. L'eau de la
Kenduskeag renvoyait le soleil sur les chromes de
l'appareil, et de là, dans les yeux de Bill.

« En-enlève ce t-t-truc de là, R-Richie, dit Bill. Ça
m'a-aveugle.

— Bien sûr, Bill », répondit aussitôt Richie, sans
faire la moindre réflexion. Il décrocha le transistor et le
coupa. Bill aurait préféré laisser la musique ; le silence,
que ne rompaient que le clapotis de l'eau et le lointain
ronronnement des stations de pompage, devenait
oppressant. Tous les yeux étaient tournés vers lui ; il
avait envie de leur dire de regarder ailleurs ; que
croyaient-ils qu'il était, un monstre ?

Évidemment il n'en était pas question, car ils attendaient simplement de lui un verdict sur la conduite à
tenir. Ils venaient de faire connaissance avec l'horreur
et ils avaient besoin de savoir comment agir. *Pourquoi
moi ?* aurait-il voulu leur crier ; mais bien sûr, là
encore, il connaissait la réponse. Que cela lui plût ou
non, il avait été choisi pour occuper ce poste. Parce
qu'il était le type avec des idées, celui qui avait perdu

un frère du fait de la chose, quelle qu'elle soit, mais surtout parce qu'il était devenu, par des détours obscurs qu'il ne comprendrait jamais tout à fait, le Grand Bill.

Il jeta un coup d'œil à Beverly et détourna rapidement les yeux de ce regard plein d'une confiance calme. Il se sentait tout drôle au creux de l'estomac quand il la regardait.

« On p-peut pas a-aller à la po-police », dit-il finalement. Sa voix avait quelque chose de rude et d'un peu trop fort, même à ses propres oreilles. « On p-peut rien di-dire n-non plus à n-nos pa-parents. À moins... » Une note d'espoir dans le regard, il se tourna vers Richie. « Si on en p-parlait aux t-tiens, Quat-Zyeux ? Ils ont l'air p-particulièrement c-corrects.

— Mon brave monsieur (voix de Toodles le maître d'hôtel), vous ne comprenez de toute évidence rien à Monsieur mon père et Madame ma mère. Ils...

— Parle américain, Richie », lança Eddie, assis à côté de Ben. Il avait choisi cet endroit pour la simple raison que l'ombre de Ben était suffisamment vaste pour l'abriter. Son petit visage, pincé et inquiet, lui donnait l'air vieux. Il tenait son inhalateur de la main droite.

« Ils me croiraient prêt pour un séjour à Juniper Hill », corrigea Richie. Il portait ce jour-là une vieille paire de lunettes. La veille, un copain de Henry Bowers, un certain Gard Jagermeyer, était arrivé dans le dos de Richie au moment où il sortait du Derry Ice Cream Bar, une glace à la pistache à la main.

« Touché, c'est à toi ! » avait crié ce Jagermeyer, qui rendait près de vingt kilos à Richie, en lui donnant une bourrade à deux mains dans le dos. Richie était allé atterrir dans le caniveau, dans lequel étaient tombées aussi ses lunettes et la glace à la pistache. Le verre gauche s'était brisé, et sa mère, qui accordait peu de foi aux explications de Richie, était furieuse. Elle n'avait rien voulu savoir, lui avait rappelé combien son père travaillait dur, et l'avait abandonné, tout malheureux, dans la cuisine, tandis qu'elle mettait la télé un peu trop fort dans le séjour.

C'est ce souvenir qui fit que Richie secoua de nouveau la tête. « Mes parents sont très bien, mais jamais ils n'avaleront une histoire comme ça.

— Et l-les autres mô-mô-mes ? »

Tous regardèrent autour d'eux, se souvint Bill des années plus tard, comme à la recherche d'un absent.

« Qui donc ? demanda Stan, dubitatif. Je ne vois personne à qui on peut faire confiance.

— C'est c-comme m-moi... », dit Bill d'un ton troublé. Le silence se fit, tandis que Bill se creusait la tête pour savoir ce qu'il allait bien pouvoir dire ensuite.

3

Si on le lui avait demandé, Ben aurait assuré que Henry Bowers le détestait plus que n'importe qui du Club des Ratés, non seulement à cause de la dégringolade dans les Friches, de la manière dont il lui avait échappé avec Bev et Richie, à la sortie du cinéma, mais surtout parce que, l'ayant empêché de copier pendant les examens, Ben avait en quelque sorte envoyé Henry en classe d'été. Et Henry avait dû faire face à la fureur de son père, Butch Bowers, qui passait pour cinglé.

Richie Tozier aurait pour sa part répondu que c'était lui que Henry détestait le plus, à cause du jour où il les avait semés, lui et ses mousquetaires, dans les rayons de Freese's.

Même chose pour Stan Uris qui aurait argué du fait qu'il était juif (quand Stan était en huitième, Henry l'avait une fois frotté avec de la neige jusqu'à le faire saigner, tandis qu'il pleurait hystériquement de peur et de douleur).

Bill Denbrough pensait que Henry le détestait plus que les autres parce qu'il était maigre, parce qu'il bégayait et parce qu'il aimait bien s'habiller. (« Re-re-re-gardez-moi ce f-f-foutu pé-pédé! » s'était exclamé Henry le jour des Carrières et Métiers de l'école, en avril, pour lequel Bill était venu avec une cravate; avant la fin de la journée, elle lui avait été arrachée et s'était retrouvée accrochée à une branche d'arbre.)

Il les haïssait tous les quatre, mais le garçon de Derry qui était en tête de liste dans le carnet personnel des haines inexpiables de Henry Bowers n'appartenait pas au Club des Ratés en ce 3 juillet; il s'agissait d'un jeune Noir du nom de Mike Hanlon, qui vivait dans une ferme à cinq cents mètres de celle des Bowers.

Le père de Henry, qui était absolument aussi cinglé qu'il en avait la réputation, s'appelait Oscar, « Butch » de son surnom. Butch Bowers attribuait son déclin financier, physique et mental à la famille Hanlon en général et au père de Mike en particulier. Will Hanlon, aimait-il à rappeler à ses rares amis et à son fils, était l'homme qui l'avait fait jeter en prison à cause de quelques poulets crevés. « Comme ça, il a pu avoir l'argent de l'assurance, ajoutait Butch avec un regard de défi pour son auditoire. Il a été soutenu par les mensonges de ses copains et c'est comme ça que j'ai été obligé de vendre la Mercury. »

« Qui c'était, ses copains, Papa? » avait demandé Henry quand il avait huit ans, outré de l'injustice faite à son père. Il s'était dit que quand il serait grand, il trouverait tous ces faux témoins, les enduirait de miel et les attacherait sur des fourmilières, comme dans certains de ces westerns qu'on projetait au Bijou le samedi après-midi.

Et comme en tant qu'auditoire, Henry était infatigable, Papa Bowers avait rebattu les oreilles de son fils avec la litanie de ses coups du sort et de ses haines. Il lui expliqua que bien que tous les nègres fussent stupides, certains étaient aussi très malins et détestaient les hommes blancs au fond d'eux-mêmes, ne rêvant que de baiser les femmes blanches. Ce n'était peut-être pas seulement pour l'argent de l'assurance après tout, disait Butch ; peut-être Hanlon jalousait-il son éventaire de fruits et légumes en bordure de route. Toujours est-il qu'il l'avait fait mettre en taule, et que tout un tas de nègres blancs en ville avaient fait de faux témoignages en sa faveur, le menaçant de la prison d'État au cas où il ne rembourserait pas ce négro. « Et pourquoi pas, hein ? demandait Butch à son fils qui le regardait en silence, les yeux ronds, le cou crasseux. Pourquoi pas ? Moi je ne suis qu'un homme qui a combattu les Japs pendant la guerre. Des types comme moi, il y en a des tas ; mais lui était le seul nègre du comté. »

L'affaire des poulets n'avait été que le premier d'une succession d'incidents malheureux ; le tracteur avait coulé une bielle ; sa meilleure charrue s'était brisée contre un rocher ; un bouton à son cou s'était infecté, il avait fallu l'inciser, mais il s'était de nouveau infecté et une intervention chirurgicale s'était avérée nécessaire ; le négro s'était mis à se servir de son argent mal acquis pour faire des prix plus bas que Butch, lui faisant perdre sa clientèle.

Pour Henry, c'était la litanie quotidienne : le nègre, le négro, le nègre, le négro. Tout était de la faute du nègre. Le nègre avait une jolie maison blanche à étage avec un poêle à mazout alors que Butch, sa femme et son fils vivaient dans une baraque qui n'aurait pas déparé un bidonville. Quand Butch ne gagnait pas assez d'argent avec la ferme et qu'il était obligé d'aller couper du bois en forêt, c'était la faute du nègre. Quand son puits se trouva à sec en 1956, c'était évidemment la faute du nègre.

Plus tard, cette même année, alors que Henry avait dix ans, il commença à donner des restes à Mr. Chips, le chien de Mike. Bientôt, Mr. Chips remuait la queue et accourait quand Henry l'appelait. Quand l'animal fut bien habitué à ces bons traitements, Henry l'appela un jour et lui donna une livre de steak haché à laquelle il avait mêlé du poison pour les insectes. Il avait trouvé l'insecticide au fond du hangar et économisé sou à sou pendant trois semaines pour acheter la viande chez Costello's.

Mr. Chips avait mangé la moitié de la viande empoisonnée et s'était arrêté. « Allez, finis ton festin, Clébard-de-Nègre », lui avait dit Henry. Mr. Chips remua la queue ; comme Henry l'appelait toujours comme ça, il pensait que c'était son surnom. Quand les douleurs commencèrent, Henry sortit du fil à linge et attacha Mr. Chips à un bouleau pour qu'il n'allât pas se réfugier chez lui. Puis il s'assit sur un rocher plat qu'avait chauffé le soleil et regarda mourir le chien, le menton appuyé dans la paume des mains. Cela prit un certain temps ; du point de vue de Henry, ce temps ne fut pas perdu. À la fin, Mr. Chips fut pris de convulsions et une bave verte se mit à couler de ses mâchoires.

« Alors, ça te plaît, Clébard-de-Nègre ? » lui demanda Henry. Au son de cette voix, le chien roula des yeux mourants et essaya de remuer la queue. « As-tu aimé ton déjeuner, sale cabot merdeux ? »

Quand le chien fut mort, Henry le détacha, revint chez lui et raconta son exploit à son père. Oscar Bowers atteignait les ultimes degrés de la folie à cette époque ; moins d'un an après, sa femme le quittait après qu'il l'eut presque tuée en la battant. Henry redoutait aussi son père et il lui arrivait parfois d'éprouver pour lui une haine terrible ; mais il l'aimait, pourtant. Et cet après-midi-là, après avoir parlé, il se rendit compte qu'il avait trouvé la clef qui lui ouvrait le cœur de son père, car celui-ci lui avait donné une claque dans le dos (si brutale que Henry avait failli tomber), puis l'avait emmené dans le séjour pour partager une bière avec lui. C'était sa première, et pendant tout le reste de sa vie, il allait associer la bière avec des émotions positives : triomphe et amour.

« Voilà du beau boulot bien fait », lui avait dit ce cinglé de Butch. Ils trinquèrent en entrechoquant leurs bouteilles et burent. Pour autant que Henry le sût, les nègres n'avaient jamais découvert qui avait tué leur chien, mais il supposait qu'ils avaient des soupçons. En fait, il l'espérait.

Ceux du Club des Ratés connaissaient Mike de vue — le contraire eût été étonnant dans une ville où il était le seul enfant noir — mais c'était tout, car Mike n'allait pas à l'école élémentaire de Derry. Baptiste dévote, sa mère l'envoyait à l'école confessionnelle de Neibolt Street. Entre les leçons de géographie, de lecture et d'arithmétique, on commentait la Bible ou on leur exposait des sujets comme la signification des dix commandements dans un monde sans Dieu ; il y avait aussi des discussions sur la façon d'aborder les problèmes moraux quotidiens (si on surprenait un copain à voler à l'étalage, par exemple, ou si on entendait un professeur invoquer hors de propos le nom de Dieu).

Mike ne voyait pas d'objection à fréquenter cette école. Il y avait bien des moments où il soupçonnait vaguement qu'il lui manquait certaines choses — plus de contacts avec des gosses de son âge, par exemple —, mais il était prêt à attendre le lycée pour que cela se produisît. Cette perspective le rendait un peu nerveux parce qu'il avait la peau brune, mais son père et sa mère avaient été traités correctement dans cette ville, autant que Mike pouvait en juger, et il pensait qu'il serait bien traité s'il traitait les autres bien.

L'exception à cette règle, bien entendu, s'appelait Henry Bowers.

Il avait beau s'efforcer de le dissimuler de son mieux, Mike vivait dans la terreur permanente de Henry. En

346

1958, il était mince et bien bâti, plus grand que Stan Uris mais pas autant que Bill Denbrough. Il était rapide et agile, ce qui lui avait permis déjà d'échapper à plusieurs corrections ; et, bien sûr, il fréquentait une autre école que celle de son ennemi. De ce fait et vu la différence d'âge, leurs chemins se croisaient rarement, et Mike prenait grand soin d'éviter toute rencontre. L'ironie du sort voulait que, bien que haï le plus par Henry Bowers, Mike était de tous celui qui avait eu le moins à souffrir de ses sévices.

Oh, il y avait bien eu quelques escarmouches. Le printemps qui suivit le meurtre de Mr. Chips, Henry bondit un jour des buissons alors que Mike partait à pied pour la bibliothèque. On était à la fin mars et il faisait assez doux pour prendre la bicyclette, mais à cette époque, Witcham Road n'était plus goudronnée après la ferme Bowers, ce qui signifiait qu'elle se transformait en vrai bourbier en cette saison. Mauvais pour les vélos.

« Salut, négro ! » lui avait lancé Henry en surgissant des buissons, sourire aux lèvres.

Mike recula, jetant des coups d'œil inquiets à droite et à gauche, à l'affût de la moindre chance de s'échapper. Il savait que s'il arrivait à feinter Henry, il pourrait le distancer. Henry était gros, Henry était costaud, mais Henry était lent.

« J' vais me faire un bébé-goudron, reprit Henry en s'avançant sur le petit garçon. Tu n'es pas assez noir, je vais t'arranger ça. »

Mike eut un bref coup d'œil à gauche, suivi d'un mouvement du corps dans la même direction. Henry mordit à l'hameçon et rompit de ce côté — avec trop d'énergie pour se reprendre. Mike, en revanche, dégagea avec aisance et rapidité sur la droite. Il aurait facilement semé Henry s'il n'y avait eu la boue, dans laquelle il tomba à genoux. Avant qu'il eût pu se relever, Henry était sur lui.

« *Négronégronégro !* » se mit à hurler Henry, pris d'une véritable extase religieuse en renversant Mike. De la boue passa par le col de la chemise de Mike et descendit jusque dans son pantalon ; il la sentait qui se glissait aussi, poisseuse, dans ses chaussures. Mais il ne commença à crier que lorsque Henry entreprit de lui jeter de la boue à la figure, lui bouchant les narines.

« Voilà, tu es noir, maintenant ! vociféra joyeusement Henry en lui frottant les cheveux de boue. Maintenant, tu es vraiment-vraiment noir ! » Il releva en la déchirant la veste de popeline et le T-shirt du garçonnet et lança un gros paquet de boue à la hauteur de son nombril. « Maintenant, tu es aussi noir qu'à minuit dans un tunnel ! » Henry hurla de triomphe et jeta encore de la boue dans les oreilles de Mike. Puis il se releva et passa ses mains encrassées dans sa ceinture. « *J'ai tué ton clébard, noiraud !* » hurla-t-il. Mais Mike ne l'entendit pas à cause de la terre qu'il avait dans les oreilles et de ses propres sanglots d'épouvante.

D'un coup de pied, Henry lança une dernière giclée de boue à Mike et repartit chez lui sans se retourner. Au bout d'un moment, le jeune Hanlon se leva et fit de même, toujours en larmes.

Évidemment furieuse, sa mère aurait voulu que Will Hanlon appelle le chef Borton ; que ce dernier vienne chez les Bowers avant le coucher du soleil : « Ce n'est pas la première fois qu'il attaque Mikey. » Il était assis dans le baquet de la salle d'eau, tandis que ses parents étaient dans la cuisine. C'était son deuxième bain, le premier était devenu tout noir dès qu'il y avait mis les pieds et s'y était assis. Dans sa colère, sa mère recourait à un épais patois texan et c'est à peine si Mike la comprenait : « Tu lui mets la loi dessus, Will Hanlon ! Ce chien enragé et son chiot ! La loi sur eux, tu m'entends ? »

Will entendit mais ne fit pas ce que lui demandait sa femme. Finalement, quand elle fut calmée (deux heures plus tard, Mike dormait déjà), il la mit en face de quelques vérités. Le chef Borton n'était pas le chef Sullivan. Si Borton avait été shérif lors de l'affaire des poulets empoisonnés, Will n'aurait jamais touché ses deux cents dollars. Certains hommes vous soutiennent, d'autres non. Borton était en fait mou comme une méduse.

« D'accord, Mike a déjà eu des ennuis avec ce morveux, dit-il à Jessica. Mais pas tant que ça ; il se méfie de ce Henry Bowers. Maintenant, il se méfiera encore plus. Je me doute bien que Bowers a raconté à son fils les ennuis qu'il a eus avec moi, et le gamin nous hait à cause de ça et aussi parce qu'il lui a dit qu'il était normal de haïr les nègres. Tout est là. Notre fils est un Noir et il devra faire avec pendant tout le reste de sa vie, comme toi et moi nous l'avons fait. Jusque dans cette école baptiste à laquelle tu tiens tant, on le lui rappelle. Un professeur leur a dit que les Noirs n'étaient pas aussi bien que les Blancs parce que le fils de Noé, Cham, a regardé son père pendant qu'il était ivre et nu, alors que les autres ont détourné les yeux. C'est pourquoi les fils de Cham ont été condamnés à rester coupeurs de bois ou porteurs d'eau, a-t-elle expliqué. Et, d'après le gosse, elle regardait Mikey en racontant son histoire. »

Jessica regardait son mari, muette et malheureuse. Deux grosses larmes coulèrent de ses yeux et roulèrent lentement sur ses joues. « N'y aura-t-il donc jamais moyen d'en sortir ? »

Il répondit avec douceur, mais implacablement ; c'était un temps où les épouses croyaient leur mari, et Jessica n'avait aucune raison de douter de son Will.

« Non, jamais. Le mot " nègre " nous colle à la peau. Non, pas dans le monde où nous vivons, toi et moi. Dans le Maine, les paysans noirs sont des nègres comme ailleurs. Il m'arrive de me dire que je suis revenu à Derry parce que c'était le meilleur endroit pour ne pas l'oublier. J'en parlerai à Mikey. »

Le lendemain, il appela son fils dans la grange. Will était assis sur le joug de sa charrue et invita Mike à prendre place à côté de lui.

« Ce que tu veux, c'est ne pas avoir affaire à ce Henry Bowers, hein ? »

Mike acquiesça.

« Son père est cinglé. »

Mike acquiesça de nouveau. C'était ce qu'on disait partout. Ce jugement n'avait fait que se renforcer les rares fois où il avait aperçu Mr. Bowers.

« Pas simplement un peu barjot, reprit Will en allumant une cigarette roulée à la main, avec un regard pour son fils. Il n'a qu'un pas à faire pour se retrouver à Juniper Hill. Il est revenu comme ça de la guerre.

— Henry aussi est cinglé, je crois », dit Mike. Il avait parlé à voix basse mais sans hésiter, et cela avait donné du courage à Will... bien qu'il fût, même après une vie émaillée d'incidents (y compris celui d'avoir failli brûler vif dans un clandé appelé le Black Spot), incapable de croire qu'un gosse comme Henry pût être cinglé.

« Qu'est-ce que tu veux, il a trop écouté son père, mais c'est bien naturel », répondit Will. Son fils, cependant, était plus proche de la vérité. Que ce fût la fréquentation constante de son père ou pour quelque raison plus profonde, Henry était en train de devenir cinglé, lentement mais sûrement.

« Je ne tiens pas à ce que tu passes ta vie à fuir, reprit Will, mais comme tu es un nègre, tu cours plus qu'un autre le risque de te faire malmener. Tu vois ce que je veux dire ?

— Oui, Papa. »

Mike pensa à son copain d'école Bob Gautier, qui avait tenté de lui expliquer que « nègre » n'était pas un

350

mot péjoratif parce que son père l'employait tout le temps. En fait, avait-il continué, c'est même un très bon mot. Quand un type, dans une série policière à la télé, prenait une bonne raclée mais restait tout de même debout, son père disait : « Il a la tête aussi dure que celle d'un nègre » ; quand quelqu'un travaillait d'arrache-pied, son père disait : « Il travaille comme un nègre. » « Et mon père est tout aussi chrétien que le tien », avait conclu Bob. Mike n'avait pas oublié le petit visage blanc, pincé et sérieux de Bob, encadré par le capuchon de sa parka bordée de fourrure mitée : il n'avait pas ressenti de colère, mais une insondable tristesse qui lui avait donné envie de pleurer. Il avait lu honnêteté et bonnes intentions sur le visage de Bob, mais il n'avait éprouvé que solitude et déréliction, comme un grand vide entre lui-même et l'autre garçon.

« Je vois que tu comprends ce que je veux dire, dit Will en ébouriffant les cheveux de son fils. La conclusion, c'est que tu dois faire attention où tu mets les pieds. Il faut te demander si par exemple le jeu en vaut la chandelle avec Henry Bowers.

— Non, je ne crois pas », répondit Mike. Il allait falloir attendre le 3 juillet 1958, en fait, pour qu'il change d'idée.

4

Pendant que Henry Bowers, Huggins le Roteur, Victor Criss, Peter Gordon et un lycéen légèrement retardé du nom de Steve Sadler, dit « Moose », poursuivaient un Mike Hanlon hors d'haleine du dépôt de chemin de fer jusqu'aux Friches sur près d'un kilomètre, Bill et le reste du Club des Ratés étaient toujours assis au bord de la Kenduskeag, penchés sur le même cauchemardesque problème.

« Je s-sais où Ça s-se-se p-planque, déclara Bill, rompant enfin le silence.

— Dans les égouts », dit Stan. Il y eut un bruit soudain, une sorte de raclement brutal, et tous sursautèrent. Eddie eut un sourire embarrassé en reposant l'inhalateur sur ses genoux.

Bill acquiesça. « J'en ai-ai p-parlé avec mon p-père, il y a quelques j-jours. »

« À l'origine, lui avait expliqué Zack Denbrough, cette zone était entièrement marécageuse, et les fondateurs de la ville se sont arrangés pour placer le centre dans la pire partie. La section du canal qui passe sous Center et Main et débouche dans Bassey Park n'est qu'une évacuation qui sert aussi à faire couler les eaux de la Kenduskeag. Les canalisations sont presque vides pendant l'essentiel de l'année, mais elles jouent un rôle important au moment de la fonte des neiges et des inondations... (il s'était tu un instant à ce moment-là, songeant peut-être que c'était lors de la dernière inondation, à l'automne, qu'il avait perdu son plus jeune fils) à cause des pompes, termina-t-il.

— Des p-pompes ? » demanda Bill tout en détournant la tête sans même y penser. Quand il achoppait sur des occlusives, il envoyait des postillons.

« Oui, celles du système de drainage, dans les Friches. Des manchons de béton qui dépassent d'environ un mètre du sol...

— B-B-Ben Hanscom les appelle des t-trous de M-Morlock », le coupa Bill avec un sourire.

Son père lui rendit ce sourire... mais ce n'était plus que l'ombre de son ancien sourire. La scène se déroulait dans l'atelier de Zack, où celui-ci tournait des barreaux de chaise sans beaucoup s'y intéresser. « Ce ne sont que des pompes de puisard, mon gars. Elles sont placées dans des cylindres, environ à trois mètres sous terre. Elles pompent les eaux usées là où il n'y a pas de pente ou une pente négative. Ce sont de vieilles machines, et la ville devrait les faire remplacer, mais le conseil municipal ne trouve jamais le budget. Si on m'avait donné un dollar à chaque fois que j'ai été en rafistoler une, dans le caca jusqu'aux genoux... mais ça ne doit pas t'intéresser tellement, Billy. Pourquoi ne vas-tu pas regarder la télé ?

— S-Si, ça m'in-intéresse, avait répondu Bill, et pas seulement parce qu'il en était arrivé à la conclusion que quelque chose d'effroyable se terrait en dessous de Derry.

— Qu'est-ce que tu veux que je te raconte à propos d'un tas de pompes à merde ?

— Un-un ex-exposé pour l'é-école, expliqua précipitamment Bill.

— Mais vous êtes en vacances !

— C'est pour la r-r-rentrée.

— Ce n'est pas bien drôle comme sujet. Ton prof va sans doute te donner un cinq sur vingt pour l'avoir fait dormir. Regarde, voici la Kenduskeag (il traça une ligne droite dans la sciure de son établi), et là les Friches. Comme le centre-ville est plus bas que les quartiers résidentiels, il faut pomper la plupart de ses déchets pour les rejeter dans la rivière. Les eaux usées des maisons, de leur côté, s'écoulent à peu près toutes seules dans les Friches. Tu vois ?

— Ou-Oui, dit Bill en se rapprochant légèrement de son père, assez près pour que son épaule vienne lui toucher le bras.

— Un jour, on finira par arrêter de pomper les déchets bruts de cette façon. Mais pour le moment, ce sont ces pompes que nous avons dans les..., comment appelle-t-il ça, ton copain ?

— Des trous de Morlock, répondit Bill sans bégayer, ce que ni lui ni son père ne remarquèrent.

— Ouais. C'est à ça que servent les pompes des trous de Morlock, et elles s'en tirent pas mal, sauf quand il a trop plu et que les rivières débordent. Parce que, même si en principe drainage par gravité et drainage par pompage sont des systèmes indépendants, en réalité ils s'entrecroisent partout. Tu vois ? » Il traça une série de X qui coupaient la Kenduskeag, et Bill acquiesça. « Il n'y a qu'une chose à savoir sur le drainage de l'eau : elle coule là où elle peut. Quand le niveau monte, elle remplit les canalisations aussi bien que les égouts ; quand elle est assez haute, dans les canalisations, pour atteindre ces pompes, elle les bloque. C'est là que commencent mes ennuis, car je dois les réparer.

— Dis, Papa, qu-quelle est la t-taille des é-égouts et des ca-canalisations ?

— Tu veux parler de leur diamètre ? »

Bill acquiesça.

« Les principaux collecteurs font un peu plus d'un mètre quatre-vingts de diamètre ; les égouts secondaires, ceux des quartiers résidentiels, entre un mètre et un mètre vingt, je crois. Certains sont peut-être un peu plus gros. Et crois-moi, Bill, et tu pourras le répéter à tes amis : n'allez jamais là-dedans, au grand jamais, ni pour jouer, ni pour faire les malins, jamais.

— Pourquoi ?

— Ce système a été construit sous douze conseils municipaux successifs depuis 1885, à peu près. Pendant la Crise, on a installé tout un réseau secondaire et tertiaire, à une époque où il y avait beaucoup d'argent pour les travaux publics. Mais le type qui avait dirigé les travaux est mort pendant la Deuxième Guerre mondiale, et cinq ans plus tard, le Service des eaux s'est aperçu que l'essentiel des plans avait disparu. Ce sont cinq kilos de plans qui se sont ainsi évaporés entre 1937 et 1950. Ce que je veux dire, c'est que plus personne ne sait où vont tous ces conduits souterrains.

« Tant qu'ils fonctionnent, tout le monde s'en fiche. Quand ça coince, ce sont trois ou quatre ploucs du Service des eaux qui doivent se débrouiller pour trouver la pompe en rideau ou le bouchon. Et quand ils descendent là-dedans, ils n'oublient pas le casse-croûte. Il fait noir, ça pue, et il y a des rats. Autant de bonnes raisons de ne pas y aller : mais la meilleure des raisons, c'est qu'on risque de s'y perdre. C'est déjà arrivé. »

Perdu sous Derry. Perdu dans les égouts. Perdu dans le noir. Il y avait quelque chose de si lugubre et inquiétant dans cette idée que Bill resta un moment silencieux. Puis il dit : « Mais est-ce qu'on a en-envoyé p-personne faire le p-plan de...

— Il faut que je finisse ces barreaux, le coupa abruptement Zack en lui tournant le dos. Va donc voir ce qu'il y a à la télé.

— Mais, Papa...

— Laisse-moi, Bill. » Et Bill sentit retomber l'habituelle chape glaciale. Ce froid qui transformait les repas en séances de torture, comme s'ils avaient mangé des aliments congelés sans les avoir fait passer par le four. Parfois, ensuite, il allait dans sa chambre et pensait, des crampes à l'estomac : *Les chemises de l'archiduchesse sont-elles sèches, archi-sèches.* Il se répétait souvent la phrase que sa mère lui avait apprise par jeu, il se la répétait souvent depuis la mort de Georgie. Son rêve secret (que pour tout l'or du monde, il n'aurait avoué à personne) était d'aller la lui réciter d'une traite. Sa mère lui sourirait, serait contente, elle se réveillerait comme la Belle au Bois dormant après le baiser du Prince Charmant.

Mais ce 3 juillet, il raconta simplement à ses amis ce que son père lui avait appris sur les égouts et le drainage de Derry. C'était un garçon à l'esprit inventif (qui trouvait même parfois plus facile d'inventer que de dire la vérité) et la scène qu'il dépeignit était assez différente de la réalité : lui et son paternel regardaient la télévision en prenant le café.

« Ton père te permet de boire du café ? demanda Eddie.

— Bien s-sûr.

— Eh bien ! Ma mère ne voudrait jamais. Elle dit qu'il y a de la caféine dedans et que c'est dangereux. » Il marqua une pause. « Pourtant elle en boit pas mal.

— Mon père me laisse boire du café quand je veux, intervint Beverly, mais il me tuerait s'il savait que je fume.

— Comment êtes-vous aussi sûrs que Ça se trouve dans les égouts ? demanda Richie en regardant tour à tour Bill et Stan pour revenir à Bill.

— On retombe tou-toujours d-dessus, dit Bill. Les v-voix de Be-Beverly venaient de là. Et le s-sang. Quand le c-clown nous a p-poursuivis, les b-boutons orange étaient à-à côté d'une bouche d'é-égout. Et Ge-George...

— Ce n'était pas un clown, Grand Bill, l'interrompit Richie, je te l'ai déjà dit. Je sais bien que c'est fou, mais c'était un loup-garou. » Il regarda les autres, sur la défensive. « Je ne blague pas. Je l'ai vu.

— C'était u-un l-loup-garou p-pour toi.

— Quoi ?

— Tu comprends pas ? C-C'était un l-loup-garou p-pour toi, parce que tu-tu as v-vu ce f-film stupide à l'A-A-Aladdin.

— Je pige pas.

— Moi si, je crois, fit Ben doucement.

— J'ai été à-à la b-bibliothèque et j-j'ai cherché. Je crois que c-c'est un gl-gl (il s'arrêta, la gorge serrée par l'effort) un *glamour*, finit-il par cracher.

— Un glammer ? demanda dubitativement Eddie.

— Non, g-g-glamour », répondit Bill qui épela le mot. D'après les renseignements qu'il avait glanés, c'était le nom gaélique de la créature qui hantait Derry ; d'autres races et d'autres cultures lui donnaient d'autres noms, mais tous signifiaient la même chose. Pour les Indiens des plaines, c'était un manitou, qui pouvait prendre la forme d'un lion des montagnes, d'un élan ou d'un aigle ; ils croyaient que l'esprit d'un manitou pouvait les posséder ; ils étaient alors capables de donner aux nuages la forme des animaux d'après lesquels ils désignaient leurs demeures. Dans l'Himalaya, c'était un *tallus* ou *tællus*, un esprit mauvais ayant le pouvoir de lire dans vos pensées et de prendre la forme de la chose qui vous effrayait le plus. En Europe centrale, on parlait d'*eylak*, frère du *vurderlak*, ou vampire. Et si en France on disait « loup-garou », il pouvait en fait aussi bien prendre la forme d'un faucon, d'un mouton ou même d'un insecte que d'un loup.

« Expliquait-on dans tes bouquins comment battre un glamour ? » demanda Beverly.

Bill acquiesça, mais son expression ne fut pas rassurante. « Les Hi-Himalayens ont un ri-rituel pour s'en dé-débarrasser, mais c'est plutôt ré-répugnant. »

Tous le regardèrent, ne désirant l'écouter qu'à contrecœur.

« Ça s'a-appelle le r-ri-rituel de *Chü-Chüd* », reprit Bill, qui expliqua comment les chamans de l'Himalaya traquaient un tællus : le tællus tirait la langue ; le chaman la tirait à son tour ; les deux langues se superposaient, les deux protagonistes s'avançant l'un vers l'autre en mordant dedans, et bientôt se trouvaient en quelque sorte agrafés ensemble, œil contre œil.

« Oh, je crois que je vais dégueuler », fit Beverly en roulant sur elle-même. Ben lui tapota timidement le dos, puis regarda autour de lui pour voir si on l'avait observé, mais les autres, hypnotisés, ne quittaient pas Bill des yeux.

« Et alors ? demanda Eddie.

— Eh bien, ç-ça paraît i-idiot, mais le l-livre dit qu'ils co-commençaient alors à ra-raconter des b-blagues et à p-poser des de-devinettes.

— Quoi ? » s'exclama Stan.

Bill confirma d'un hochement de tête, avec l'expression de quelqu'un qui ne fait que rapporter une information et n'est pour rien dedans. « Si-si. T-Tout d'abord le m-monstre en dit u-une, après le ch-chaman en dit u-une, et ça c-continue comme ça, ch-chacun à-à son tour. »

Beverly se redressa et s'assit genoux contre la poitrine, mains aux chevilles. « Je ne vois pas comment les gens pourraient parler avec leurs langues... euh, clouées ensemble ! »

Richie tira immédiatement la langue, l'attrapa avec les doigts et s'écria : « Mon père travaille à la pompe à merde ! » ce qui les fit tous éclater de rire pendant un moment, même si c'était une blague de bébé.

« P-Peut-être est-ce p-par té-télépathie, dit Bill. Bref, s-si l'homme r-rit le p-premier en dé-dépit de la d-d-d-d...

— Douleur ? » proposa Stan.

Bill acquiesça. « Alors le tællus le t-t-tue et le m-mange. En-enfin son â-âme, je crois. Mais s-si l'ho-homme f-fait rire le t-tællus le p-premier, il d-doit disparaître p-pour c-cent ans.

— Est-ce que le livre disait d'où pouvait venir une chose pareille ? » demanda Ben.

Bill secoua la tête.

« Est-ce que t'y crois ? » demanda à son tour Stan — on aurait dit qu'il voulait en rire sans arriver à en trouver le courage ou la force.

Bill haussa les épaules et répondit : « P-Presque. » Il eut l'air de vouloir ajouter quelque chose mais garda le silence.

« Ça explique beaucoup de choses, fit Eddie, songeur. Le clown, le lépreux, le loup-garou... » Il regarda Stan. « Les garçons morts aussi, il me semble.

— Ça m'a tout l'air d'un boulot pour Richie Tozier, lança Richie avec la voix du speaker des actualités. L'homme aux mille blagues et aux six mille devinettes.

« — Si c'est toi qu'on envoie, répliqua Ben, on claquera tous. Lentement, en souffrant beaucoup. » Cette repartie provoqua un nouvel accès de rire.

« En conclusion, qu'est-ce qu'on fait ? » demanda impérativement Stan ; mais une fois de plus, Bill ne put que secouer la tête... avec l'impression qu'il le savait presque. Stan se leva. « Allons donc ailleurs, je commence à avoir mal aux fesses.

— Moi, j'aime bien ce coin, objecta Beverly. Il y a de l'ombre, il est agréable. » Elle jeta un coup d'œil à Stan. « Je suppose que tu as envie de faire des bêtises de gosse, comme casser des bouteilles à coups de cailloux.

— J'adore casser des bouteilles à coups de cailloux, intervint Richie en ralliant Stan. C'est le voyou qui sommeille en moi. » Il releva son col et se mit à marcher comme James Dean dans *La Fureur de vivre*.

« J'ai des pétards », dit Stan. Et du coup, ils oublièrent glamours, manitous et autres mauvaises imitations de Richie comme Stan exhibait un paquet de Black Cats. Bill lui-même était impressionné.

« S-Seigneur Jé-Jésus, S-Stan, où les a-as-tu dénichés ?

— Je les ai échangés contre un lot de Superman et de Little Lulu. Au gros avec qui je vais parfois à la synagogue.

— Allons les faire péter ! s'écria Richie, quasiment apoplectique de joie. Allons les faire péter ! Stanny, je te promets que je ne dirai plus jamais que toi et ton paternel, vous avez tué le Christ, qu'est-ce que tu dis de ça, hein ? Je dirai que tu as un petit nez, Stanny ! Je dirai que tu n'es pas circoncis ! »

Là-dessus, Beverly se mit à hurler de rire, le visage écarlate avant d'avoir pu le cacher dans ses mains. Bill rit aussi, bientôt imité par Eddie, puis par Stan lui-même. Ce son joyeux traversa le cours large mais peu profond de la Kenduskeag à cet endroit, en cette veille du 4 Juillet, un son estival, aussi éclatant que les rayons lumineux qui rebondissaient sur l'eau comme des flèches ; et aucun d'eux ne vit les deux yeux orange qui les observaient depuis un fouillis de buissons et de ronciers sans mûres, sur leur gauche. Ce taillis occupait toute la rive de la Kenduskeag sur une dizaine de mètres, avec au centre l'un des trous de Morlock. C'était de ce cylindre vertical de béton que les yeux, espacés de plus de soixante centimètres, les observaient.

5

Ce fut précisément parce que le lendemain était le glorieux 4 Juillet que le 3, Mike tomba sur Henry Bowers et sa bande de lurons pas si joyeux que ça. L'école baptiste s'enorgueillissait d'une clique dans laquelle Mike jouait du trombone. La clique devait participer à la parade annuelle et jouer *L'Hymne de bataille de la République, En avant, soldats du Christ*, et *Amérique la Belle*. Cela faisait plus d'un mois que Mike en rêvait. Il se rendait à pied à l'ultime répétition, car il avait cassé la chaîne de son vélo. La répétition ne devait avoir lieu qu'à deux heures et demie mais il était parti en avance car il voulait polir son instrument, remisé dans la salle de musique de l'école, jusqu'à ce qu'il fût éclatant. Il avait un flacon de Miror dans une poche et deux ou trois chiffons qui dépassaient d'une autre. Jamais Henry Bowers n'avait été aussi loin de ses pensées.

Un seul coup d'œil par-dessus son épaule au moment où il approchait de Neibolt Street lui aurait immédiatement rendu le sens des réalités : Henry, Victor, le Roteur, Peter Gordon et Moose Sadler occupaient toute la largeur de route derrière lui. Auraient-ils quitté la ferme Bowers cinq minutes plus tard, Mike aurait été hors de vue à cause d'un mouvement de terrain ; l'apocalyptique bataille de cailloux n'aurait pas eu lieu, et tout ce qui s'ensuivit se serait déroulé différemment, ou pas du tout.

C'est cependant Mike lui-même qui, des années plus tard, émit l'idée qu'aucun d'eux, peut-être, n'avait été le maître des événements au cours de cet été-là ; et que si la chance et le libre arbitre avaient joué un rôle, les leurs avaient alors été bien circonscrits. Au déjeuner des retrouvailles, il avait fait remarquer aux autres un certain nombre de ces étonnantes coïncidences, mais il en était au moins une dont il n'avait pas conscience. La réunion dans les Friches, ce jour-là, s'interrompit lorsque Stan Uris sortit des Black Cats et que le Club des Ratés se dirigea vers la décharge pour les faire sauter. De leur côté, Victor et les autres s'étaient rendus à la ferme Bowers, parce que Henry détenait non seulement des pétards ordinaires, mais aussi des « bombes-cerises » et des M-80 (qui furent frappés d'interdiction quelques années plus tard). La bande à Bowers envisageait de descendre de l'autre côté du tas de charbon du dépôt pour faire exploser les trésors de Henry.

Aucun d'eux, pas même le Roteur, ne venait d'ordinaire à la ferme — tout d'abord à cause du cinglé de père de Henry, mais aussi parce qu'ils se trouvaient toujours embrigadés pour aider Henry dans ses corvées, désherber, enlever sans fin les cailloux, ranger le bois, tirer de l'eau, rentrer le foin, cueillir ce qui était mûr à ce moment-là, pois, concombres, tomates ou pommes de terre. Ces garçons n'étaient pas vraiment allergiques au travail, mais ils ne manquaient pas de corvées chez eux et n'éprouvaient aucun besoin, en plus, de suer pour le père de Henry qui frappait facilement au hasard. Recevoir une bûche de bouleau (c'était arrivé à Victor pour avoir renversé un panier de tomates) dans les jambes était déjà assez désagréable ;

mais le pire était que Butch Bowers s'était mis à hululer : « Je vais tuer tous les Japs ! Je vais tuer tous ces salauds de Japs ! » après avoir lancé la bûche.

Aussi bête qu'il fût, c'était Huggins qui avait le mieux exprimé son sentiment. « Je fais pas joujou avec des cinglés », avait-il déclaré à Victor deux ans auparavant. Ce dernier avait ri et acquiescé.

Mais le parfum de ces pétards avait exercé un attrait trop puissant.

« On se retrouve au tas de charbon à une heure, si tu veux, avait répondu Victor lorsque Henry l'avait invité, vers neuf heures du matin.

— Pointe-toi là à une heure, et tu me verras pas. J'ai trop de corvées. Si t'arrives au tas de charbon à trois heures, j'y serai. Et mon premier M-80 sera pour tes fesses, mon pote. »

Vic hésita, puis accepta de venir l'aider à terminer ses corvées.

Les autres vinrent aussi, et à cinq, tous de solides gaillards se démenant comme des diables, ils en avaient terminé en tout début d'après-midi. Lorsque Henry demanda à son père la permission de s'en aller, Bowers l'aîné eut un simple geste languide de la main pour son fils. Retranché sous le porche arrière, une bouteille de lait pleine d'un cidre maison quasiment aussi fort que du calva, le poste de radio portatif à portée de la main, il attendait sur sa chaise berçante la retransmission d'un match qui promettait : les Red Sox contre les Washington Senators. En travers de ses genoux, était dégainé un sabre japonais, souvenir de guerre qu'il prétendait avoir saisi sur un Japonais mourant, dans l'île de Tarawa, mais qu'il avait en réalité échangé à Honolulu contre six bouteilles de bière et trois joints. Depuis quelque temps, Butch Bowers sortait presque toujours son sabre quand il buvait. Et étant donné que les garçons, y compris Henry, étaient secrètement convaincus qu'il finirait un jour ou l'autre par s'en servir sur quelqu'un, il valait mieux être loin de là quand l'arme apparaissait sur ses genoux.

À peine les garçons avaient-ils mis le pied sur la route que Henry remarqua Mike, à quelque distance devant eux. « Hé, c'est le nègre ! » lança-t-il, ses yeux s'allumant comme ceux d'un enfant qui attend l'arrivée imminente du Père Noël le 24 décembre.

« Le nègre ? » Huggins eut l'air perplexe. Il n'avait vu les Hanlon qu'à de rares occasions ; puis un peu de lumière se fit dans son regard éteint. « Ah, oui ! Le nègre ! On se le fait, Henry ? »

Huggins voulut partir sans attendre, imité par les autres, mais Henry le saisit au collet. Henry avait plus d'expérience qu'eux dans la chasse au Hanlon, et savait que l'attraper était plus facile à dire qu'à faire. Un vrai lièvre, ce négrillon.

« Il ne nous a pas vus. Marchons simplement rapidement, jusqu'à ce qu'on soit le plus près possible de lui. »

Ce qu'ils firent. Un observateur aurait été amusé : on aurait dit que tous les cinq s'étaient lancés dans une compétition de marche à pied. La considérable bedaine de Moose Sadler rebondissait sous son T-shirt aux armes du lycée de Derry. De la sueur coulait sur le visage du Roteur, de plus en plus rouge. Mais la distance qui les séparait de Mike diminuait. Deux cents mètres, cent cinquante, cent — et jusqu'ici le petit Bamboula n'avait pas jeté un regard en arrière. Ils l'entendaient siffler.

« Qu'est-ce que tu vas lui faire, Henry ? » demanda Victor Criss à voix basse. Il avait l'air simplement intéressé, mais en réalité il était mal à l'aise. Depuis quelque temps, Henry l'inquiétait. Il lui était égal que Henry veuille flanquer une raclée au petit Hanlon, voire même lui déchirer la chemise, et jeter son pantalon et ses sous-vêtements dans un arbre ; il craignait que Henry n'ait pas que ça en tête. Un certain nombre d'affrontements désagréables avaient eu lieu cette année avec les gosses de l'école élémentaire de Derry, désignés comme « les petits merdeux » par Henry. Ce dernier avait l'habitude de les terroriser, mais depuis mars, il avait été tenu en échec à plusieurs reprises. Henry et ses copains avaient poursuivi l'un d'eux, Quat-Zyeux Tozier, jusqu'à chez Freese's et l'avaient perdu au moment où ils étaient sur le point de le coincer. Puis le dernier jour d'école, le môme Hanscom...

Mais Victor n'aimait pas y penser.

Ce qui l'inquiétait s'énonçait simplement : Henry risquait d'aller TROP LOIN. Victor n'aimait pas trop penser à ce que ce « TROP LOIN » pouvait être... mais un sentiment de malaise lui avait fait se poser la question.

« On va le choper et l'amener au tas de charbon, dit Henry. On mettra une paire de pétards dans ses chaussures pour voir s'il sait danser.

— Mais pas des M-80, tout de même ? »

Si c'était ce qu'envisageait Henry, Victor préférait prendre la poudre d'escampette. Un M-80 dans chaque chaussure arracherait les pieds du nègre, et ça, c'était aller TROP LOIN.

« Je n'en ai que quatre », répondit Henry sans quitter des yeux le dos de Mike Hanlon. Ils n'étaient plus qu'à quelque soixante-quinze mètres de lui, et il parlait aussi à voix basse. « Tu ne crois pas que je vais en gaspiller deux sur un foutu négro ?

— Non, Henry, évidemment.

— On foutra juste une paire de Black Cats dans ses pompes. Puis on le mettra cul nu et on enverra ses fringues dans les Friches. Pour qu'il se brûle les fesses sur le lierre-poison.

— On devrait aussi le rouler dans le charbon, fit le Roteur, son regard jusqu'ici atone devenu tout brillant. D'accord, Henry ? C'est pas chouette ?

— Très chouette, répondit Henry sur un ton détaché qui ne plut pas à Victor. On le roulera dans le charbon, comme je l'avais roulé dans la boue l'autre fois. Et... (Henry sourit, exhibant des dents qui commençaient à pourrir alors qu'il n'avait que douze ans) j'ai quelque chose à lui dire. Je crois qu'il n'a pas entendu la première fois.

— C'est quoi, Henry ? » demanda Peter Gordon, intéressé et excité. Peter appartenait à l'une des « bonnes familles » de Derry ; il vivait à West Broadway et dans deux ans, irait au lycée de Groton — c'était du moins ce qu'il croyait en ce 3 juillet. Il était plus intelligent que Victor, mais n'avait pas suffisamment fréquenté Henry pour se rendre compte à quel point il se dégradait.

« Tu le verras bien, répondit Henry. Maintenant la ferme. On se rapproche. »

Ils étaient à vingt-cinq mètres derrière Mike et Henry était sur le point de donner l'ordre de charger quand Moose Sadler fit partir le premier pétard de la journée. Il avait descendu trois assiettes de haricots la veille, et le pet fut une véritable détonation d'arme à feu.

Mike tourna la tête. Henry vit ses yeux s'agrandir.

« Chopez-le ! » hurla-t-il.

Mike resta un instant pétrifié ; puis il démarra, courant pour sauver sa peau.

6

Les Ratés suivaient un itinéraire sinueux parmi les bambous des Friches, dans cet ordre : Bill, Richie, Beverly (mince et gracieuse dans son jean et sa blouse blanche sans manches, sandales aux pieds), Ben (s'efforçant de ne pas souffler trop fort ; en dépit des vingt-six degrés qu'affichait le thermomètre, il portait l'un de ses volumineux hauts de survêt), Stan; Eddie fermait la marche, l'embout de son inhalateur dépassant de la poche droite de son pantalon.

Comme cela lui arrivait souvent dans cette partie des Friches, Bill avait décidé qu'ils étaient en safari dans la jungle. Hauts et blancs, les bambous limitaient la visibilité sur le sentier qu'ils avaient fini par ouvrir. La terre était noire et s'enfonçait avec un bruit de succion sous le pied, avec des flaques tellement détrempées qu'il fallait les franchir d'un bond pour ne pas avoir de boue dans les chaussures. Ces flaques présentaient d'étranges arcs-en-ciel aplatis. Une odeur lourde flottait, mélange des effluves de la décharge et de la végétation pourrissante.

Bill s'arrêta à un coude et se tourna vers Richie. « Un t-tigre devant, T-To-Tozier. »

Richie acquiesça et se tourna vers Beverly. « Tigre, souffla-t-il.

— Tigre, dit-elle à Ben.

— Mangeur d'hommes? demanda Ben en déployant des efforts pour ne pas haleter.

— Il est tout couvert de sang, répondit Beverly.

— Tigre mangeur d'hommes », murmura Ben à Stan, lequel transmit l'information à Eddie dont le petit visage était empourpré d'excitation.

Ils se fondirent parmi les bambous, laissant magiquement vierge le sentier boueux qui serpentait dans cette jungle. Le tigre passa devant eux et ils le virent presque : lourd (deux cents kilos, peut-être), sa musculature jouant avec grâce et puissance sous son pelage rayé à l'aspect soyeux. Ils virent presque ses yeux verts, les taches de sang sur son museau datant de son dernier repas, une poignée de Pygmées qu'il avait dévorés vivants.

Les bambous s'entrechoquèrent légèrement, un son à la fois musical et fantastique et de nouveau tout fut calme. Ce pouvait être le passage d'une bouffée de brise estivale... ou celui d'un tigre africain.

« Parti ! » dit Bill, qui laissa échapper une profonde expiration et retourna sur le chemin, suivi des autres.

Richie était le seul à être venu armé (d'un pistolet à bouchon à la détente réparée à l'adhésif). « J'aurais pu l'avoir si tu n'avais pas bougé, Grand Bill », dit-il, maussade. Il repoussa ses vieilles lunettes sur le haut de son nez.

« Il y a des cannibales dans le s-secteur. V-Veux-tu nous f-faire re-repérer ?

— Oh ! » dit Richie, convaincu.

Bill leur fit signe d'avancer, et ils reprirent leur marche sur le chemin qui se rétrécissait. Puis ils retrouvèrent la rive de la Kenduskeag, qu'ils franchirent sur une série de pierres ; Ben leur avait montré comment les disposer.

« Bill ! s'écria Beverly, au milieu de la rivière.

— Quoi ? dit Bill, s'immobilisant sur sa pierre, bras écartés, sans se retourner.

— Y a des piranhas ! Je les ai vus dévorer une vache entière, il y a deux jours. Une minute après, il ne restait plus que les os. Ne tombe pas !

— Bien, dit Bill. Faites attention, les mecs. »

Avec des mouvements d'équilibristes sur un fil, ils poursuivirent leur progression. Un train de marchandises passa sur le remblai de la voie ferrée, et son brutal coup de sifflet fit sursauter Eddie, alors à mi-chemin. Presque déséquilibré, il regarda dans l'eau brillante et pendant un instant, entre les flèches aiguës que lui lançaient les reflets du soleil, il vit vraiment les piranhas qui rôdaient. Ils ne faisaient pas partie de la fiction inventée par Bill, il en était sûr. Les poissons qu'il aperçut ressemblaient à des poissons rouges géants avec les énormes affreuses mâchoires des poissons-chats ou des mérous. Des crocs en dents de scie dépassaient de leurs lèvres épaisses et ils avaient la même nuance orange que les poissons rouges. Orange comme les pompons duveteux qui ornaient parfois le costume des clowns.

Ils décrivaient des cercles dans l'eau peu profonde, claquant des dents.

Eddie se mit à faire des moulinets avec les bras. *Je vais me ficher à l'eau*, pensa-t-il, *et ils vont me bouffer vivant...*

Mais Stan Uris le rattrapa fermement par un poignet et le remit d'aplomb.

« C'était moins une, dit Stan. Si jamais t'étais tombé, qu'est-ce que ta mère t'aurait passé ! »

Pour une fois, sa mère était la dernière de ses préoccupations. Les autres, déjà sur la rive, comptaient les wagons du train. Eddie jeta un regard affolé à Stan, puis se tourna de nouveau vers l'eau. Il vit un sachet de chips vide passer en bouchonnant, et rien d'autre. Il leva les yeux vers Stan.

« Stan, j'ai vu...

— Quoi ? »

Eddie secoua la tête. « Oh rien, je crois. Je suis juste un peu

(mais ils y étaient oui ils y étaient et ils m'auraient bouffé vivant)

nerveux. C'est l'histoire du tigre, sans doute. Continuons. »

Cette rive occidentale de la Kenduskeag (rive d'Old Cape) devenait une vraie fondrière en période de pluie ou de fonte des neiges, mais il n'avait presque pas plu depuis plus de quinze jours et elle s'était transformée en une espèce de sol lunaire vitrifié et craquelé, d'où sortaient plusieurs cylindres de béton, jetant leur ombre sinistre. À une vingtaine de mètres, un conduit de ciment qui surplombait la rivière rejetait un filet régulier d'une eau brune à l'aspect peu engageant.

D'un ton calme, Ben dit : « Ça fiche la trouille, ici », et les autres acquiescèrent.

Sous la conduite de Bill, ils quittèrent la rive pour s'enfoncer dans l'épaisseur des broussailles où les insectes bourdonnaient et stridulaient. De temps en temps, un brusque et puissant battement d'ailes signalait l'envol d'un oiseau. Un écureuil leur coupa à un moment donné le chemin et, cinq minutes plus tard, alors qu'ils se rapprochaient du talus bas qui ceinturait la décharge, à l'arrière, ils virent passer un rat, un morceau de cellophane encore pris dans la moustache, trottinant sur son itinéraire secret vers sa propre jungle microscopique.

Les relents des détritus s'imposaient maintenant avec force ; une colonne de fumée noire s'élevait dans le ciel. En dépit de la végétation, toujours dense (sauf sur leur étroite sente), le sol était de plus en plus couvert de débris. (« La tête de la décharge a des pellicules », avait déclaré Bill au grand ravissement de Richie, qui lui avait conseillé de noter ça.)

Pris dans les branches, des papiers s'agitaient et claquaient comme des drapeaux au rabais ; des boîtes de conserve renvoyaient un reflet argenté du fond d'un trou envahi d'herbes ; une bouteille de bière brisée lançait un rayon aveuglant. Beverly aperçut une poupée, dont la peau de celluloïd était tellement rose qu'elle avait l'air ébouillantée. Elle la ramassa puis la relâcha avec un petit cri en voyant les bestioles grisâtres qui grouillaient sous son jupon moisi et le long de ses jambes en décomposition. Elle s'essuya les doigts sur son jean.

Ils grimpèrent sur le talus et regardèrent en contrebas, vers la décharge.

« Oh, merde ! » dit Bill, qui enfonça les mains dans ses poches tandis que les autres se regroupaient autour de lui.

On faisait brûler le secteur nord ce jour-là, mais ici, de leur côté, Armando Fazio (frère célibataire du concierge de l'école élémentaire de Derry), le responsable de la décharge, était en train de bricoler son vieux bulldozer datant de la Deuxième Guerre mondiale. Il avait enlevé sa chemise, et sa radio sur piles, posée sous la toile qui protégeait le siège de l'engin du soleil, débitait bruyamment des informations sur le match imminent entre les Red Sox et les Senators ; Fazio était dur d'oreille.

« On peut pas y descendre », conclut Ben. Mandy Fazio n'était pas un mauvais bougre, mais il chassait impitoyablement de la décharge tous les enfants qu'il voyait — à cause des rats, à cause du poison qu'il répandait régulièrement pour limiter la population des rongeurs, à cause des risques de coupure, de chute, de brûlure... mais avant tout parce qu'il estimait que la décharge publique n'était pas un terrain de jeux pour des enfants.

« On peut vraiment pas. Va falloir changer de programme », admit Richie.

Ils restèrent quelque temps à regarder Mandy réparer son bulldozer, dans l'espoir qu'il y renoncerait et s'en irait, mais sans y croire vraiment : la présence du poste de radio attestait qu'il avait prévu d'y passer l'après-midi. De quoi faire chier le pape, pensa Bill. Il n'y avait pas de meilleur endroit, pour les pétards, que la décharge. On les plaçait dans des boîtes de conserve que l'explosion envoyait valdinguer, ou bien dans des bouteilles — après quoi il fallait courir comme un dératé. Les bouteilles n'éclataient pas toujours, mais presque.

« Si seulement on avait des M-80 ! soupira Richie, loin de se douter qu'il n'allait pas tarder à en recevoir un sous peu à la tête.

— Ma mère dit que les gens devraient se trouver heureux de ce qu'ils ont », fit Eddie d'un ton tellement sentencieux qu'ils éclatèrent tous de rire.

Quand les rires s'arrêtèrent, tous regardèrent de nouveau vers Bill.

370

Bill réfléchit pendant quelques instants et dit : « J-Je connais un c-coin. Il y a u-une an-ancienne gra-gravière dans les F-Friches, à côté du d-dépôt de ch-chemin de f-fer...

— Ouais ! s'exclama Stan, bondissant sur ses pieds. Je la connais aussi ! T'es un génie, Bill !

— On peut être sûr qu'il y aura de l'écho, remarqua Beverly.

— Eh bien, allons-y », conclut Richie.

Tous les six — le nombre magique, à un près — partirent à la queue leu leu le long du talus qui contournait la décharge. Mandy Fazio leva une fois le nez et vit leurs silhouettes d'Indiens sur le sentier de la guerre se découper sur le ciel bleu. Il fut sur le point de les apostropher — les Friches n'étaient pas un endroit pour des gosses — mais au lieu de cela il se remit à son moteur. Au moins n'étaient-ils pas dans la décharge.

7

Mike Hanlon passa en courant devant l'école baptiste et fonça dans Neibolt Street, en direction de la gare de Derry. Il y avait bien un concierge à l'école, mais il était vieux et encore plus sourd que Mandy Fazio. En plus, il aimait à faire la sieste par les chaudes journées d'été dans la fraîcheur du sous-sol, alors que la chaudière était silencieuse, installé dans un vieux fauteuil inclinable, son journal sur les genoux. Mike aurait pu rester des heures à cogner à la porte, et Bowers et sa bande auraient eu tout le temps de le rattraper et de lui tordre le cou.

C'est pourquoi Mike ne ralentit même pas.

Mais il ne donnait pas tout ce qu'il pouvait ; il essayait d'adopter un rythme régulier et de contrôler sa respiration. Henry, Huggins et Sadler ne présentaient aucun problème ; même relativement frais, ils couraient comme des bisons blessés. Criss et Gordon, en revanche, étaient rapides. En passant devant la maison où Bill et Richie avaient vu le clown — ou le loup-garou —, il jeta un coup d'œil derrière lui et constata avec angoisse que Peter Gordon se rapprochait dangereusement. Il arborait un sourire joyeux — sourire de vainqueur de course ou de match, sourire devant un spectacle réussi — et Mike se dit : *Je me demande s'il sourirait comme ça s'il savait ce qui va se passer, au cas où ils m'attraperaient... Est-ce qu'il croit que Henry va juste dire : « Touché, c'est à toi ! » et repartir dans l'autre sens ?*

Une fois en vue du portail du dépôt (PROPRIÉTÉ PRIVÉE LES CONTREVENANTS SERONT POURSUIVIS), Mike se vit forcé de mettre toute la gomme. Il n'avait pas mal ; sa respiration, rapide, restait contrôlée. Mais il savait qu'il allait souffrir s'il lui fallait garder ce rythme trop longtemps.

Le portail était entrouvert. Il jeta un autre coup d'œil en arrière et vit qu'il avait repris un peu de terrain par rapport à Peter. Victor était à une dizaine de pas derrière lui, et les autres à quarante ou cinquante mètres en arrière. Ce bref coup d'œil suffit à Mike pour lire une colère noire sur le visage de Henry.

Il se glissa dans l'entrebâillement, et claqua le portail derrière lui ; il entendit le *clic !* du verrou. L'instant suivant, Peter se heurtait au grillage, bientôt suivi de Criss. Peter ne souriait plus et affichait une expression boudeuse et contrariée. Le loquet était à l'intérieur, et ils ne pouvaient pas ouvrir.

Il eut le culot de dire : « Allons, le môme, ouvre ce portail. Ce n'est pas du jeu. »

— C'est quoi pour toi, du jeu ? À cinq contre un ? demanda Mike.

— Ce n'est pas du jeu », répéta Peter, comme s'il n'avait pas entendu la question de Mike.

Mike regarda Victor, et vit dans son regard qu'il était

troublé. Il voulut parler, mais les autres arrivèrent à ce moment-là.

« Ouvre-moi ça, négro ! » vociféra Henry. Il se mit à secouer le grillage avec une telle férocité que Peter le regarda, inquiet. « Ouvre ça tout de suite, t'entends ?

— J'ouvrirai pas, répliqua Mike tranquillement.

— Ouvre ! hurla le Roteur. Ouvre donc, espèce de foutu bamboula ! »

Mike recula, le cœur cognant dans la poitrine. Jamais il n'avait eu aussi peur, jamais il n'avait été aussi bouleversé. Ils étaient alignés le long du grillage du portail, criant, lui jetant des épithètes méprisantes pour sa négritude qu'il n'aurait jamais soupçonnées — Oubangui, as de pique, panier de mûres, rat de jungle, sac de café. À peine se rendit-il compte que Henry tirait un objet de sa poche, enflammait une allumette avec l'ongle et que quelque chose de rond et rouge volait vers lui à travers le grillage ; il s'écarta instinctivement et la bombe-cerise alla exploser à sa gauche, en soulevant de la poussière.

La détonation les fit taire quelques instants ; Mike les regardait à travers le grillage, incrédule, et eux lui rendaient son regard. Peter Gordon avait l'air complètement sous le choc, et la stupéfaction se lisait jusque sur le visage du Roteur.

Ils ont peur de lui, maintenant, se rendit-il brusquement compte, et une voix nouvelle s'éleva en lui, peut-être pour la première fois, une voix adulte au point d'en être inquiétante. *Ils en ont peur, mais ce n'est pas ça qui va les arrêter. Il faut que tu fiches le camp, Mikey, ou ça va mal tourner. Tous ne veulent peut-être pas que ça tourne mal, Victor, par exemple, Peter Gordon sans doute, mais ça tournera mal tout de même parce que Henry fera tout pour ça. Alors fiche le camp, Mikey, fiche le camp très vite.*

Il recula de nouveau de deux ou trois pas, et c'est alors que Henry Bowers lâcha : « C'est moi qui ai tué ton clébard, négro. »

Mike resta pétrifié, avec l'impression d'avoir été atteint à l'estomac par une boule de bowling. Il scruta le regard de Henry et comprit qu'il disait la vérité : il avait tué Mr. Chips.

Cet instant parut se prolonger indéfiniment pour Mike ; tandis qu'il contemplait les yeux fous, auréolés de sueur, et l'expression brûlante de haine de Henry, il lui sembla que d'innombrables choses, tout d'un coup, s'éclairaient pour la première fois, et le fait que Henry était bien plus cinglé que tout ce qu'il avait pu imaginer n'était pas le moindre. Il prit par-dessus tout conscience que le monde était sans tendresse et ce fut surtout cette prise de conscience qui lui arracha ce cri : « Espèce de salopard de bâtard de Blanc ! »

Henry poussa un hurlement de rage et se jeta sur la barrière, à laquelle il monta avec une terrifiante vigueur de brute. Mike attendit encore un instant, voulant savoir si la voix adulte qui avait parlé en lui était bien réelle ; et effectivement, après la plus légère des hésitations, les autres commencèrent l'escalade.

Mike fit demi-tour et repartit en courant, sprintant au milieu des voies de triage, suivi d'une ombre courte. Le train qu'avaient vu les Ratés depuis les Friches était maintenant loin, et les seuls bruits qui parvenaient aux oreilles de Mike étaient sa propre respiration et les grincements du grillage sous le poids de Henry et des autres.

Mike traversa ainsi trois voies, ses tennis soulevant des scories de charbon. Il trébucha sur la deuxième, et une douleur, vive et passagère, monta de sa cheville. Il se releva et repartit. Il entendit le bruit mat produit par Henry Bowers, retombé de l'autre côté de la grille. « Attends un peu que je t'attrape, négro ! » hurla-t-il.

Ce qui raisonnait encore logiquement dans Mike avait décidé que sa seule chance de salut restait les Friches. S'il arrivait à se cacher dans l'épaisseur des fourrés ou parmi les bambous... ou si la situation devenait désespérée, il pourrait toujours chercher refuge dans une canalisation et attendre.

Il y arriverait peut-être... mais il avait sur le cœur un charbon ardent de rage qui n'avait rien à voir avec le raisonnement. Il comprenait à la rigueur que Henry le poursuive à l'occasion, mais Mr. Chips?... Pourquoi tuer Mr. Chips? *Mon chien n'était pas un négro, espèce de fumier de bâtard!* pensa Mike tout en courant : sa colère ne fit que se déchaîner.

Il entendait maintenant une autre voix, celle de son père. *Je ne tiens pas à ce que tu passes ta vie à fuir... La conclusion, c'est que tu dois faire attention où tu mets les pieds. Il faut te demander si par exemple le jeu en vaut la chandelle avec Henry Bowers...*

Mike avait couru en ligne droite vers les entrepôts, derrière lesquels un autre grillage séparait le dépôt de chemin de fer des Friches. Il avait tout d'abord pensé escalader cette barrière pour sauter de l'autre côté ; mais au lieu de cela, il obliqua brusquement à droite, en direction du trou de la gravière.

Celui-ci avait servi à remiser le charbon jusqu'en 1935, environ ; Derry était alors un point de ravitaillement pour les trains qui y transitaient. Puis vinrent les moteurs diesel, puis les locomotives électriques. Le charbon disparut (ce qu'il en restait fut pillé par les possesseurs de poêles à charbon) ; un entrepreneur reprit l'exploitation de la grave, puis déposa son bilan en 1955. Elle fut ensuite abandonnée ; l'embranchement qui y conduisait existait toujours, mais les rails rouillaient et l'herbe poussait entre les traverses qui pourrissaient. Ces mêmes herbes folles prospéraient dans la gravière elle-même, en compétition avec les solidagos et les tournesols à la tête inclinée. Les scories de charbon abondaient encore au milieu de cette végétation.

Tout en courant, Mike ôta sa chemise. Une fois en bordure du trou, il regarda derrière lui. Henry commençait de traverser les voies, entouré de ses copains. Peut-être pas si mal, au fond.

Aussi vite qu'il put, avec sa chemise comme sac, Mike ramassa une demi-douzaine de poignées de mâchefer bien dur. Puis il retourna jusqu'au grillage qui dominait les Friches, tenant sa chemise par les manches. Mais au lieu d'escalader la barrière, il s'y adossa, fit rouler les petits blocs de mâchefer en tas, se baissa et en prit un dans chaque main.

Henry ne vit pas les projectiles : simplement que le nègre était acculé au grillage. Il courut sur lui en hurlant.

Celui-là est pour mon chien, salopard! cria Mike sans même s'en rendre compte. Il lança le morceau de mâchefer, qui suivit une trajectoire tendue et vint frapper Henry au front avec un *bonk!* sonore et rebondit en l'air. Henry tomba à genoux et porta les mains à la tête. Du sang se mit à couler entre ses doigts, comme par magie.

Les autres freinèrent brutalement et s'immobilisèrent, une expression d'incrédulité sur le visage. Henry poussa un terrible cri de douleur et se releva, se tenant toujours la tête. Mike lui lança un deuxième projectile, qu'il repoussa d'une main, presque nonchalamment. Il souriait, maintenant.

« Tu vas voir un peu la surprise qui t'attend, dit-il. Oh, mon Dieu! » Henry voulut ajouter quelque chose, mais ne réussit à émettre que des gargouillis.

Mike l'avait bombardé une troisième fois et atteint directement à la gorge. Henry retomba à genoux. Peter Gordon poussa un soupir d'effroi. Moose Sadler avait le front tout plissé, comme s'il essayait de résoudre un difficile problème de math.

Mais qu'est-ce que vous attendez, les mecs? arriva à articuler Henry, tandis que le sang continuait de couler entre ses doigts. Il avait une voix étrange, rouillée. « Mais attrapez-le ! Attrapez-moi ce petit fumier ! »

Mike n'attendit pas de voir s'ils obéissaient ou non. Il abandonna sa chemise et se lança sur le grillage. Il était sur le point d'arriver en haut, lorsque des mains le saisirent rudement par un pied. Abaissant les yeux, il vit le visage déformé de Henry, couvert de sang et de débris charbonneux. Mike tira sur sa jambe et sa chaussure de tennis resta entre les mains de Henry. Alors il lança son pied nu au visage de celui qui avait tué son chien, et entendit un bruit de craquement. Henry poussa de nouveau un hurlement affreux, et tituba en arrière, tenant cette fois-ci son nez dégoulinant.

Une autre main — celle de Huggins — s'accrocha un instant à l'ourlet de son jean, mais là aussi il put se libérer. Il lança une jambe par-dessus le grillage et quelque chose le frappa alors sur le côté du visage avec une force qui l'aveugla. Un liquide chaud coula sur sa joue. Quelque chose d'autre le frappa à la hanche, à l'avant-bras, à la cuisse. Ils lui lançaient ses propres munitions.

Il resta un instant suspendu par les mains puis se laissa tomber, roulant deux fois sur lui-même. À cet endroit, le terrain broussailleux était en pente, ce qui lui sauva la vue et peut-être même la vie ; Henry s'était de nouveau approché de la barrière et lançait par-dessus l'un de ses M-80. Il explosa avec une détonation terrifiante dont l'écho se répercuta, et mit un grand cercle de sol à nu.

Des tintements dans les oreilles, Mike roula cul par-dessus tête et se remit avec peine sur ses pieds. Il était maintenant dans une végétation plus haute, à la limite des Friches. La main qu'il passa sur sa joue se couvrit de sang. Ce sang ne l'inquiétait pas particulièrement ; il ne s'était pas attendu à s'en sortir intact.

Henry lança une bombe-cerise, mais Mike la vit venir et s'en éloigna facilement.

« Chopons-le ! rugit Henry qui entreprit d'escalader le grillage.

— Bon sang, Henry, je ne sais pas si... » Les choses étaient allées trop loin pour Peter Gordon, qui jamais ne s'était trouvé dans une situation d'une telle sauvagerie. Normalement, le sang n'aurait pas dû couler — au moins pour son équipe, qui avait la supériorité du nombre et de la force.

« Fallait y penser avant ! » gronda Henry, déjà à mi-hauteur de la barrière. Il restait accroché là comme une araignée humaine venimeuse, congestionnée. Il jeta un regard sinistre à Peter, le tour des yeux rouge de sang. Le coup de pied de Mike lui avait cassé le nez, mais il lui faudrait quelque temps pour s'en apercevoir. « Fallait y penser avant, ou c'est moi qui vais m'occuper de toi, après, espèce d'enfoiré minable ! »

Les autres se mirent à escalader le grillage, Peter et Victor à contrecœur, Huggins et Moose toujours aussi bêtement ravis de l'aventure.

Mike n'attendit pas d'en savoir davantage. Il fit demi-tour et s'enfonça dans les broussailles, tandis que Henry beuglait derrière lui : « Je te trouverai, négro ! Je te trouverai ! »

8

Les Ratés venaient d'atteindre le côté opposé de la gravière qui, trois ans après l'enlèvement du dernier chargement de cailloux, n'était plus qu'une vaste dépression herbeuse. Ils entouraient Stan, examinant en connaisseurs son paquet de Black Cats, lorsque se produisit la première détonation. Eddie sursauta : il était toujours sous l'effet des piranhas qu'il croyait avoir vus (il ignorait à quoi ressemblaient de vrais piranhas, mais sûrement pas, à son avis, à des poissons rouges géants munis de dents).

Ils étaient tous excités à la perspective de faire sauter les pétards et supposèrent que d'autres gamins avaient eu la même idée qu'eux. « Ouvre-les, dit Beverly. J'ai des allumettes. »

Stan procéda avec précaution. Des caractères chinois exotiques figuraient sur l'étiquette noire, ainsi qu'un laconique avertissement en anglais qui fit pouffer de nouveau Richie. « Ne pas garder à la main après allumage », disait-il.

« Ils font bien de m'avertir, gloussa Richie. Moi qui croyais que ça servait à se débarrasser des doigts qu'on a en trop. »

Lentement, presque religieusement, Stan retira l'enveloppe de cellophane rouge et posa dans le creux de sa main le bloc de petits tubes rouges, bleus et verts ; leurs mèches étaient tressées ensemble.

« Je vais défaire les... », commença Stan, lorsqu'il y eut une deuxième détonation, beaucoup plus forte, dont l'écho se répercuta dans les Friches. Un nuage de mouettes s'éleva côté est de la décharge, avec de véhémentes protestations. Cette fois-ci, ils sursautèrent tous. Stan lâcha les pétards et dut les ramasser.

« Est-ce que c'était de la dynamite ? » demanda nerveusement Beverly. Elle regardait Bill qui, la tête redressée, les yeux grands ouverts, ne lui avait jamais paru aussi beau — avec cependant quelque chose de trop tendu dans son attitude. Comme un daim humant l'odeur de l'incendie.

« Je crois que c'était un M-80, fit calmement Ben. Le 4 Juillet dernier, j'étais dans le parc, et des grands en ont mis un dans une poubelle en acier. C'était le même bruit.

— Je parie que la poubelle a été trouée, Meule de Foin, dit Richie.

— Non, mais un côté s'est déformé. Comme si

379

quelqu'un avait donné un coup de poing dedans. Ils se sont enfuis.

— La deuxième explosion était plus proche, remarqua Eddie, lui aussi tourné vers Bill.

— Dites, les gars, est-ce que vous voulez qu'on lance ceux-là ou non ? » demanda Stan. Il venait de préparer une douzaine de pétards et avait remis le reste dans le papier ciré.

« Bien sûr, dit Richie.

— Non, r-range-les. »

Tous regardèrent Bill, intrigués et un peu effrayés — plus par son ton abrupt que par ce qu'il avait dit.

« J-Je t'ai d-dit de les r-r-ranger », répéta Bill, le visage déformé par l'effort qu'il faisait pour cracher les mots. Des postillons volaient de sa bouche. « I-Il v-va se p-p-produire quel-quel-quelque chose. »

Eddie se passa la langue sur les lèvres, Richie repoussa ses lunettes du pouce sur l'arête en sueur de son nez et Ben se rapprocha de Beverly sans même y penser.

Stan ouvrit la bouche pour dire quelque chose lorsque se produisit une troisième explosion, plus faible, celle d'une bombe-cerise.

« Des c-cailloux, dit Bill.

— Quoi ? demanda Stan.

— C-Cailloux. Mu-Munitions. » Bill se mit aussitôt à ramasser des cailloux, qui bientôt gonflèrent ses poches. Les autres le regardaient comme s'il était devenu fou... et Eddie sentit la sueur qui perlait à son front. Il sut tout d'un coup à quoi ressemblait une attaque de malaria. Il avait ressenti quelque chose du même genre le jour où Bill avait rencontré Ben (que lui aussi commençait à appeler Meule de Foin), et où Henry Bowers l'avait fait saigner du nez : mais aujourd'hui c'était pire. Comme si l'heure d'Hiroshima était arrivée pour les Friches.

Ben se mit à son tour à ramasser des cailloux, imité

par Richie ; ils faisaient vite, en silence. Les lunettes de Richie dévalèrent la pente de son nez et tombèrent sans se casser sur les graviers ; il les ramassa machinalement et les glissa dans la poche de sa chemise.

« Pourquoi tu fais ça ? lui demanda Beverly d'une petite voix un peu trop tendue.

— J' sais pas, la môme, dit Richie en continuant de sélectionner des cailloux.

— Beverly ? fit Ben. Il vaudrait peut-être mieux que, euh, tu retournes vers la décharge.

— Tu peux toujours courir, Ben Hanscom », répondit-elle en se mettant elle-même à ramasser des munitions.

Stan les regardait, l'air pensif, comme si c'étaient des paysans fous cueillant des pierres. Puis il s'y mit lui-même, lèvres serrées, imité au bout d'un instant par Eddie. *Pas cette fois, pas si mes amis ont besoin de moi*, songeait-il, tandis que se manifestait la sensation familière de son gosier se réduisant à un trou d'épingle.

9

Henry Bowers avait grandi trop vite pour pouvoir faire preuve de vitesse et d'agilité dans des circonstances ordinaires. Mais celles-ci ne l'étaient pas. Il était pris d'une véritable frénésie, faite de douleur et de rage, ce qui décupla brièvement ses forces physiques. Toute pensée consciente avait été bannie de son esprit, devenu comme ces crépuscules rose-rouge et gris de fumée lors des incendies de prairie, à la fin de l'été. Il fonça vers Mike Hanlon comme un taureau sur un chiffon rouge. Mike suivait un sentier rudimentaire sur l'un des bords de la gravière, sentier qui finirait par le conduire à la décharge, mais Henry n'en était plus au stade où l'on se soucie d'un sentier : il chargeait en ligne droite au travers des buissons et des ronces, sans sentir ni les minuscules coups d'aiguilles des épines ni les gifles des jeunes rameaux qui lui fouettaient le visage, le cou et les bras. Une seule chose comptait, la tête de ce sale nègre qui se rapprochait. Henry tenait un M-80 de la main droite et une allumette de la main gauche. Quand il aurait attrapé le nègre, il allumerait le gros pétard et le lui fourrerait dans son pantalon.

Mike savait que Henry gagnait du terrain, sans compter que les autres étaient sur ses talons. Il essaya d'accélérer. Il était maintenant terrifié, et devait déployer de terribles efforts de volonté pour ne pas être pris de panique. Il s'était fait bien plus mal à la cheville, en traversant les voies, qu'il ne l'avait cru sur le moment, et il commençait à traîner la jambe. Les craquements et froissements qui signalaient la progression de Henry lui donnaient la désagréable impression d'être poursuivi par un chien dressé pour tuer ou par un ours solitaire.

Le sentier s'ouvrit juste devant lui, et Mike tomba plutôt qu'il ne courut dans la gravière. Il roula jusqu'au fond, se remit sur ses pieds et l'avait déjà à moitié traversée lorsqu'il se rendit compte qu'il y avait d'autres gosses, six en tout, alignés, avec une curieuse expression sur le visage. Ce ne fut que plus tard, lorsqu'il eut le temps de revenir sur ce qui s'était passé, qu'il comprit ce qu'il y avait eu de si curieux dans cette expression : on aurait dit qu'ils l'attendaient.

« Aidez-moi ! » haleta Mike tout en boitillant vers eux. Instinctivement, il s'adressa au plus grand, celui aux cheveux roux. « Des grands, des costauds... »

C'est à ce moment-là que Henry déboucha dans la gravière. Il aperçut le groupe et s'arrêta en dérapant. Il manifesta un instant de l'incertitude et regarda pardessus son épaule. Il vit ses troupes, et quand il se tourna de nouveau vers les Ratés (Mike se tenait maintenant à côté et légèrement en arrière de Bill Denbrough), il avait le sourire.

« Je te connais, morveux, dit-il en s'adressant à Bill. Et toi aussi. Où sont tes lunettes, Quat-Zyeux ? » Et avant que Richie ait pu lui répondre, il vit Ben. « Fils de pute ! Y a aussi le gros lard et le juif ! C'est ta petite amie, gros lard ? »

Ben tressaillit devant cette obscénité.

Peter Gordon arriva alors à hauteur de Henry, suivi de Victor qui se plaça de l'autre côté de son chef, puis de Huggins et Moose Sadler. Les deux groupes se faisaient maintenant face, alignés comme à la parade ou presque.

Hors d'haleine, avec encore quelque chose d'un minotaure, Henry leur lança par à-coups : « J'ai des comptes — à régler — avec pas mal d'entre vous — mais ça peut — attendre. C'est le nègre — que je veux — aujourd'hui. Alors — tirez-vous — petits merdeux ! »

— Ouais, tirez-vous ! parada le Roteur.

— Il a tué mon chien ! cria Mike d'une voix suraiguë et brisée. C'est lui qui l'a dit !

— Toi, tu te ramènes — tout de suite, lui dit Henry. Et peut-être que je te tuerai pas. »

Mike tremblait mais ne bougeait pas.

Parlant sans forcer mais clairement, Bill intervint : « Les Friches, c-c'est notre t-territoire. C'est v-vous qui allez vous barrer. »

Les yeux de Henry s'agrandirent, comme s'il venait d'être frappé de manière inattendue.

« Et qui va nous virer ? demanda-t-il. Toi peut-être, gros malin ?

— O-Ou-Oui. On en a-a notre c-claque de tes c-conneries, B-Bowers. Ti-Tire-toi.

— Espèce de bégayeur à la con ! » repartit Henry, qui baissa la tête et chargea. Bill tenait une poignée de cailloux ; tous en tenaient une, sauf Beverly, qui n'avait qu'un caillou à la main, et Mike, qui n'en avait aucun. Bill commença à les lancer vers Henry, sans précipitation, mais avec vigueur et une belle précision, sauf pour le premier, qui le rata de peu. Le deuxième l'atteignit à l'épaule, et le troisième à la tête. Si ce dernier l'avait manqué, peut-être Henry aurait-il eu le temps d'arriver jusqu'à Bill et de le jeter à terre.

Henry poussa un cri de surprise et de douleur, leva les yeux... et reçut une volée de quatre pierres : une de Richie Tozier à la poitrine, une d'Eddie qui ricocha sur son épaule, une de Stan au tibia, et celle de Beverly qui l'atteignit au ventre.

Il les regardait, incrédule, et soudain l'air fut plein de missiles. Henry s'effondra en arrière, avec toujours la même expression de souffrance et d'incrédulité sur le visage. « Hé, les mecs ! hurla-t-il. Venez m'aider !

— On ch-charge ! » dit Bill à voix basse. Sans attendre de voir s'il serait ou non obéi, il fonça.

Tous le suivirent, lançant leurs cailloux non seulement à Henry mais aux autres ; ceux-ci s'étaient penchés, cherchant frénétiquement des munitions, mais ils furent bombardés avant d'avoir pu en rassembler beaucoup. Peter Gordon poussa un cri : un caillou lancé par Ben venait de rebondir sur sa pommette et le sang coulait. Il recula de quelques pas, lançant à son tour un ou deux cailloux sans conviction... puis s'enfuit. Il en avait son content. Ce n'était pas ainsi que se passaient les choses, sur West Broadway.

Henry, gêné par le M-80 qu'il tenait toujours, rassembla en balayant du bras un monceau de munitions qui, heureusement pour les Ratés, était surtout constitué de petits galets. Il jeta l'un des plus gros sur Beverly et lui entailla le bras ; elle poussa un cri.

Avec un mugissement, Ben fondit sur Bowers, qui eut le temps de le voir arriver mais pas de sortir de son chemin. Henry n'était pas bien calé sur ses jambes et Ben dépassait déjà les soixante-dix kilos. Résultat inévitable : Henry ne s'étala pas, il vola, atterrit sur le dos et glissa. Ben courut de nouveau sur lui, n'ayant que vaguement conscience d'une sensation douloureuse montant de son oreille, que venait de toucher un projectile de la taille d'une balle de golf, lancé par le Roteur.

Henry se remettait en chancelant sur ses genoux lorsque Ben le rejoignit et lui allongea un coup de pied violent qui le heurta à la hanche. Il foudroya Ben du regard.

« On ne lance pas de cailloux à une fille ! » rugit Ben. Il ne se souvenait pas d'avoir jamais été autant scandalisé de sa vie. « Tu ne... »

C'est alors qu'il vit une flamme dans la main de Henry, qui venait de gratter son allumette. Il enflamma le gros cordon du M-80 et jeta l'explosif à la tête de Ben. Instinctivement, Ben repoussa l'engin de la paume de la main, comme un volant avec une raquette de badminton. La grenade — le mot n'est pas trop fort — retomba. Henry la vit venir. Ses yeux s'élargirent, et il plongea pour s'en écarter. Le M-80 explosa une fraction de seconde plus tard, noircissant le dos de la chemise de Henry et la lui déchirant.

L'instant suivant, un caillou lancé par Moose Sadler touchait Ben, qui tomba à genoux. Ses dents se refermèrent sur sa langue, qui se mit à saigner. Sonné, il regarda autour de lui. Moose se précipitait vers lui, mais avant d'avoir pu l'atteindre, Bill arrivait par-derrière et bombardait le gros garçon de cailloux. Moose pivota et vociféra. « Tu m'as frappé par-derrière, espèce de ventre-jaune ! Espèce de lâche ! »

Il s'apprêtait à charger Bill, lorsque Richie intervint et lui lança une rafale de projectiles. La rhétorique de Sadler sur le comportement des ventres-jaunes n'impressionna pas Richie ; il avait vu cinq gros gaillards lancés aux trousses d'un gosse affolé, et il n'y avait pas là, à son avis, de quoi le faire admettre à la Table ronde du Roi Arthur. L'un des cailloux de Richie ouvrit l'arcade sourcilière de Moose, lequel poussa un hurlement.

Eddie et Stan arrivèrent à la rescousse, suivis de Beverly, dont le bras saignait, mais dont le regard brillait de détermination. Les cailloux volèrent. Huggins cria quand l'un d'eux l'atteignit à la pointe du coude ; il se mit à danser comme un ours, se frottant le bras. Henry se releva, le dos de sa chemise en haillons, mais la peau, en dessous, miraculeusement intacte. Cependant, avant d'avoir fini son mouvement, Ben Hanscom le touchait à la nuque et il retomba à genoux.

C'est finalement Victor Criss qui fit le plus de dégâts parmi les Ratés, en partie parce qu'il était bon lanceur, mais surtout — paradoxalement — parce qu'il était de tous les assaillants celui qui s'impliquait le moins dans les événements. Il avait de plus en plus envie d'être ailleurs. On pouvait se blesser sérieusement dans une bataille de cailloux, avoir le crâne fendu, des dents cassées, même perdre un œil. Mais tant qu'à s'y trouver, il entendait bien ne pas se laisser faire.

Son sang-froid lui avait donné trente secondes de plus pour ramasser une poignée de pierres de bonne taille. Il en lança une à Eddie qui l'atteignit au tibia, au moment où les Ratés se regroupaient. Eddie tomba en pleurant ; le sang se mit à couler tout de suite. Ben se tourna vers lui mais Eddie se relevait déjà, les yeux plissés, son sang brillant avec un éclat affreux sur sa peau pâle.

Victor s'attaqua à Richie et l'atteignit à la poitrine ; Richie répliqua, mais Vic évita facilement le caillou et en lança un autre à Bill Denbrough. Ce dernier rejeta la tête de côté, mais pas tout à fait assez vite ; le projectile lui ouvrit la joue.

Bill se tourna vers Victor ; leurs regards se croisèrent et Vic lut dans le regard du Bègue quelque chose qui l'épouvanta. Bêtement, les mots *Pouce, je dis pouce !* lui vinrent aux lèvres... sauf que ce n'était pas ce qu'on disait à de petits morveux. Pas si l'on refusait d'être relégué au banc d'infamie par ses copains.

Bill commença alors à s'avancer vers Victor, et Victor à marcher vers Bill. Au même instant, comme sur le déclenchement d'un signal télépathique, ils commencèrent à se lancer des cailloux, toujours en se rapprochant l'un de l'autre. Autour d'eux, la bataille fléchit au fur et à mesure que les autres se tournaient pour regarder. Henry lui-même tourna la tête.

Victor esquivait, sautillait ; Bill, non. Les cailloux de Victor vinrent l'atteindre à la poitrine, à l'épaule, à l'estomac ; un autre lui frôla l'oreille. Indifférent en apparence à ce bombardement, Bill lançait pierre après pierre, en y mettant toute sa force. La troisième toucha Victor au genou ; il y eut un craquement sec. Victor laissa échapper un gémissement étouffé ; il était à court de munitions, alors qu'il restait un caillou dans la main de Bill. Il était lisse et blanc, avec des éclats de quartz, et à peu près de la taille d'un œuf de cane. Il paraissait extrêmement dur.

Bill était maintenant à moins de deux mètres de Criss.

« V-Vous v-vous barrez d'ici, t-tout de suite, ou-bien j-je te fends le c-crâne. Je-Je suis s-sérieux. »

Victor vit dans son regard que Bill était en effet sérieux. Sans un mot, il fit demi-tour et déguerpit par le même chemin qu'avait emprunté Peter Gordon.

Huggins et Moose Sadler jetaient des coups d'œil incertains autour d'eux. Le premier saignait abondamment du cuir chevelu, le second du coin de la bouche.

Les lèvres de Henry bougèrent, mais il n'émit aucun son.

Bill se tourna alors vers lui. « B-Barre-toi, dit-il.

— Sinon ? » demanda Henry, s'efforçant de prendre un ton menaçant, mais Bill lut quelque chose de différent dans ses yeux. Il avait la frousse et il allait partir. Bill aurait dû s'en réjouir, éprouver même un sentiment de triomphe — mais il ne se sentait que fatigué.

« Si-Sinon, c'est n-nous qui a-a-allons te t-t-omber dessus. À n-nous six, on se-sera b-bien capables de t-t-t'envoyer à-à-à l'hosto.

— Nous sept », le corrigea Mike, qui venait de rejoindre le groupe des Ratés. Il tenait dans chaque main une pierre de la taille d'une balle de base-ball. « Amène-toi donc, Bowers. J'adorerais ça.

— Espèce de fumier de nègre ! » Les vociférations de Henry s'étranglèrent, comme s'il allait pleurer. Ce timbre de voix fit perdre à Huggins et à Moose leur reste de combativité ; ils battirent en retraite, laissant tomber les cailloux qu'ils tenaient encore. Le Roteur regarda autour de lui, comme s'il ne savait pas exactement où il se trouvait.

« Barrez-vous de notre coin ! dit Beverly.

— La ferme, connasse ! gronda Henry. Tu... » Quatre cailloux volèrent en même temps et frappèrent Henry en quatre endroits différents. Il hurla et recula frénétiquement, à quatre pattes sur le sol où poussaient quelques rares touffes d'herbe, les restes de sa chemise lui battaient les flancs. Il regarda les visages enfantins vieillis d'une expression sinistre, puis se tourna vers ceux, pleins d'effroi, du Roteur et de Moose. Aucune aide à attendre de là, aucune. Gêné, Moose se détourna.

Henry se remit sur ses pieds, sanglotant et reniflant comme il pouvait par son nez cassé. « Je vous tuerai tous ! » dit-il, prenant tout d'un coup le pas de course en direction du sentier. En quelques instants, il avait disparu.

« F-Fiche le camp ! dit Bill à Huggins. Di-Disparaissez et n-ne remettez p-plus les pieds i-ici. Les F-Friches sont à n-nous.

— Vous allez regretter d'avoir foutu Henry en colère, les mômes, répondit le Roteur. Allez, viens », ajouta-t-il à l'intention de Moose.

Ils s'éloignèrent, la tête basse, sans regarder derrière eux.

Ils se tenaient tous les sept en un demi-cercle approximatif ; aucun sans plaie saignante sur le corps. L'apocalyptique bataille de cailloux avait duré moins de quatre minutes, mais Bill se sentait comme s'il venait de faire la Deuxième Guerre mondiale sur les deux fronts, sans une seule permission.

Les hoquets et les râles d'Eddie Kaspbrak à la recherche de son air rompirent le silence. Ben se dirigea vers lui, puis sentit l'assortiment de confiseries (trois Twinky et quatre Ding-Dong) qu'il avait englouti en chemin sur la route des Friches qui se mettait à jouer au yo-yo dans son estomac ; il courut alors jusqu'aux buissons où il vomit de manière aussi privée et discrète que possible.

Mais Richie et Bev entouraient déjà Eddie. Beverly passa un bras autour de la taille mince du garçonnet, tandis que Richie extrayait l'inhalateur de sa poche. « Mords là-dedans, Eddie », dit Richie. Et Eddie prit une aspiration entrecoupée et hoquetante, tandis que Richie appuyait sur la détente.

« Merci », réussit à dire Eddie.

Ben ressortit des buissons, écarlate, s'essuyant la bouche du pan de son survêt. Beverly s'approcha de lui et lui prit les mains.

« Merci pour ce que tu as fait pour moi », dit-elle.

Ben acquiesça, les yeux sur la pointe de ses tennis toutes sales. « À ton service, môme », répondit-il.

Les uns après les autres, ils se tournèrent vers Mike, Mike et sa peau noire. Ils l'observaient avec soin et prudence, songeurs. Mike avait déjà été l'objet d'une telle curiosité (en réalité, il en avait toujours été ainsi) et il leur rendit leurs regards en toute candeur.

Bill se tourna vers Richie ; leurs yeux se rencontrèrent. Et Bill crut presque entendre le *clic !* qui signalait que l'ultime pièce d'une machine aux fonctions inconnues venait de se mettre en place. Il sentit de petites pointes de glace lui picorer le dos. *Nous voici tous réunis, maintenant*, pensa-t-il ; cette idée détenait une telle force, une telle *justesse*, que pendant un instant il ne sut plus s'il l'avait ou non exprimée à voix haute. Mais il n'y avait bien sûr nul besoin de parler ; il lisait la même chose dans les yeux de Richie, dans ceux de Ben, dans ceux d'Eddie, dans ceux de Beverly, dans ceux de Stan.

Nous voici tous réunis, maintenant, songea-t-il à nouveau. *Que Dieu nous vienne en aide. Maintenant ça commence vraiment. Je t'en supplie, mon Dieu, aide-nous !*

« Comment tu t'appelles, petit ? demanda Beverly.

— Mike Hanlon.

— T'as pas envie de faire sauter des pétards avec nous ? » intervint alors Stan. Le sourire que leur adressa Mike répondait assez pour lui.

CHAPITRE 14

L'Album

1

Bill n'est pas le seul à avoir apporté de l'alcool : tout le monde a eu la même idée.

Outre la bouteille de bourbon de Bill, il y a celle de Ben, la vodka (plus le jus d'orange) de Beverly, le pack de bières de Richie, ainsi que celui qui est déjà dans le petit frigo de la salle du personnel de Mike.

Eddie arrive le dernier, tenant lui aussi un sac en papier brun.

« Que caches-tu là-dedans, Eddie ? lui demande Richie. Sirop pour la toux ou infusions ? »

Avec un sourire nerveux, Eddie en tire tout d'abord une bouteille de gin, puis une de jus de prune.

Dans le silence foudroyant qui s'ensuit, s'élève, calme, la voix de Richie : « Il faut appeler d'urgence les hommes en blouse blanche. Eddie Kaspbrak a fini par basculer.

— Il se trouve que le gin au jus de prune est très bon pour la santé », réplique Eddie, sur la défensive... puis ils éclatent tous d'un rire tonitruant qui se répercute en interminables échos dans la bibliothèque silencieuse, et roule, par le couloir en plexi, jusqu'à la bibliothèque des enfants.

« Tu pars au quart de tour, Eddie, au quart de tour, dit

Ben en essuyant les larmes qui lui coulent des yeux. Prêt à parier que ça te débourre aussi les intestins. »

Sourire aux lèvres, Eddie remplit une tasse en carton, aux trois quarts, de jus de prune, auquel il ajoute parcimonieusement deux bouchons de gin.

« Oh, Eddie je t'adore ! » lui dit Beverly ; Eddie lève les yeux, surpris, mais toujours souriant. Du regard, elle fait le tour de la table. « Je vous aime TOUS, ajoute-t-elle.

— N-Nous t'aimons au-aussi, B-Bev, murmure Bill.

— Oui, convient Ben, nous t'aimons. » Ses yeux s'agrandissent légèrement, et il rit. « Je crois que nous nous aimons tous les uns les autres... Imaginez-vous à quel point ce doit être rare ? »

Il y a un moment de silence, et Mike constate sans surprise que Richie porte des lunettes.

« Mes lentilles ont commencé à me brûler et j'ai dû les enlever, répond brièvement Richie à la question de Mike. Si on passait aux choses sérieuses ? »

Tous se tournent alors vers Ben, comme ils avaient fait dans la gravière, et Mike pense : Ils regardent Bill quand ils ont besoin d'un chef, Eddie quand ils ont besoin d'un navigateur. Passer aux choses sérieuses, voilà une sacrée expression. Dois-je leur dire que les corps d'enfants qui ont été retrouvés ici et là n'avaient subi aucun sévice sexuel, qu'ils n'étaient même pas vraiment mutilés mais partiellement dévorés ? Que j'ai sept casques de mineurs, de ceux qui sont dotés d'une puissante lampe électrique, rangés chez moi et dont l'un était destiné à Stan Uris, le type qui a raté son entrée en scène ? Ou suffit-il de les envoyer se coucher pour prendre une bonne nuit de sommeil, car tout sera terminé demain, au plus tard dans la nuit — pour Ça ou pour nous ?

Peut-être rien de tout cela n'est-il indispensable à déclarer, et pour une raison déjà avancée : ils s'aiment toujours tous. Bien des choses ont changé, au cours des vingt-sept dernières années, mais cela, miraculeusement, *est demeuré.* Voilà, *songe Mike,* notre seul véritable espoir.

Reste seulement à en finir avec Ça, à achever notre tâche, à faire se refermer le présent sur le passé, à boucler cette boucle mal foutue. Oui, *pense Mike,* c'est ça. Notre boulot, ce soir, c'est de reconstituer cette boucle ; nous verrons demain si elle tourne toujours... comme elle a tourné quand on a chassé les grands de la gravière, dans les Friches.

« *Le reste t'est-il revenu ?* » demande Mike à Richie.

Richie avale un peu de bière et secoue la tête. « Je me suis souvenu du jour où tu nous as parlé de l'oiseau... et de la cheminée. » *Un sourire apparaît sur le visage de Richie.* « Je m'en suis souvenu en venant ici à pied ce soir, avec Bev et Ben. Un véritable film d'horreur...

— Bip-bip », *fait Beverly avec un sourire.*

Richie sourit aussi, et repousse les lunettes sur son nez d'un geste qui évoque surnaturellement le Richie d'autrefois. Il cligne de l'œil en direction de Mike. « Toi et moi, pas vrai, Mikey ? »

Mike a un grognement de rire et acquiesce.

« *Miss Sca'lett, Miss Sca'lett ! Y commence à fai're un peu chaud là-dedans, Miss Sca'lett !* » *s'écrie Richie de sa voix négrillon du Sud.*

En riant, Bill dit : « *Encore un triomphe architectural et technologique de Ben Hanscom.* »

Beverly acquiesce à son tour. « On était en train de creuser le trou pour le Club, quand tu as apporté l'album de photos de ton père, Mike.

— Oh, Seigneur !* s'exclame Bill, se redressant soudain, droit comme un I. Et les photos... »*

Richie hoche la tête, sinistre. « Le même truc que dans la chambre de Georgie. Sauf que cette fois, nous l'avons tous vu. »

Ben dit alors : « Je me souviens de ce qui est arrivé au dollar d'argent qui manquait. »

Tous se tournent et le regardent.

« J'ai donné les trois autres à un ami avant de venir ici, explique calmement Ben. Pour ses gosses. Je savais qu'il y en avait eu un quatrième, mais impossible de me rappeler ce qu'il était devenu. Maintenant, c'est revenu. » Il regarde en direction de Bill. « Nous en avons fait une balle d'argent, hein ? Toi, moi et Richie. »

Bill acquiesce lentement. Le souvenir s'est mis naturellement à sa place, et il entend encore le même clic ! bas mais distinct à ce moment-là. On se rapproche, songe-t-il.

« Nous sommes retournés sur Neibolt Street, reprend Richie. Tous.

— Tu m'as sauvé la vie, Grand Bill, dit soudain Ben, mais Bill secoue la tête. Si, pourtant », insiste Ben. Et cette fois-ci, Bill ne bouge pas. Ça ne lui paraît pas impossible, mais il ne se souvient pas encore... et était-ce bien lui ? Il pense que peut-être Beverly... mais on n'en est pas encore là.

« Excusez-moi un instant, dit Mike. J'ai un pack de six dans mon frigo.

— Prends une des miennes, lui propose Richie.

— Hanlon pas boi'e la biè'e de l'homme blanc, parodie Mike. Pas la tienne en pa'ticulier, G'ande Gueule.

— Bip-bip, Mikey ! » dit solennellement Richie, et Mike part chercher sa bière sur la houle chaude de leurs rires.

Il allume la lumière dans la salle du personnel, une petite pièce minable aux sièges fatigués, équipée d'un réchaud auquel un coup de paille de fer ferait le plus grand bien, et d'un tableau d'informations où sont épinglés vieilles notices, horaires et dessins humoristiques aux coins racornis découpés dans le New Yorker. Il ouvre le petit frigo et sent le coup s'enfoncer en lui et le glacer à blanc jusqu'aux os — comme glace février quand on a l'impression qu'avril ne viendra jamais. Des ballons orange et bleus surgissent à la douzaine, par grappes entières, et au milieu de sa terreur, lui vient absurdement l'idée qu'ils n'ont besoin que d'une chose, Guy Lombardo susurrant **Auld Lang Syne**. *Ils effleurent son visage et montent vers le plafond. Il essaie de crier, ne peut pas, car il voit ce qui a été placé derrière les ballons, ce que Ça a fait surgir derrière ses bières, comme pour un casse-croûte nocturne, après que ses vauriens d'amis auront raconté leurs histoires insignifiantes avant de regagner leur lit de location dans cette ville natale qui n'est plus la leur.*

Mike recule d'un pas, portant les mains au visage pour ne plus voir. Il trébuche sur une chaise, manque de tomber de peu et ses mains quittent ses yeux ; toujours là, Ça. La tête de Stan Uris, coupée, posée à côté des six canettes de bière, non pas la tête d'un homme, mais celle d'un garçon de onze ans, dont la bouche est ouverte sur un cri silencieux. Mike n'y voit ni dents ni langue, car elle a été bourrée de plumes brun clair d'une taille aberrante. Il ne sait que trop bien de quel oiseau elles proviennent. Oh oui ! Il l'a vu en mai 1958, tous l'ont vu au début août, cette même année, et, bien des années plus tard, sur son lit de mort, son père lui a confié l'avoir vu aussi, au moment de l'incendie du Black Spot. Le sang du cou déchiqueté de Stan a dégouliné et s'est figé en une mare sur l'étagère la plus basse du frigo. Il luit, rubis sombre, dans la lumière brutale qui éclaire l'intérieur de l'appareil.

« Euh... euh... euh... », réussit, en tout et pour tout, à articuler Mike. La tête alors ouvre les yeux ; ce sont ceux, argentés, de Grippe-Sou le Clown. Ils roulent dans sa direction et les lèvres de la bouche se tortillent autour du paquet de plumes. Il essaie de parler, il tente peut-être de prophétiser, comme l'oracle d'une tragédie grecque.

Je viens juste de penser que je devais me joindre à vous, Mike ; vous ne pouvez pas gagner sans moi. Vous auriez eu une chance si j'étais venu, mais mon cerveau américain grand teint n'a pas pu supporter la tension, si tu vois ce que je veux dire, mon mignon. Tout ce que vous pourrez faire tous les six, c'est remâcher vos vieux souvenirs et aller ensuite à l'abattoir. Alors je me suis dit que vous auriez besoin d'une tête pour vous diriger. Une tête ! Drôle, non ? T'as pigé, vieille branche ? T'as pigé, espèce d'immonde négro ?

Tu n'es pas réel ! *crie-t-il, mais aucun son ne sort de sa bouche, comme lorsque le volume du son, à la télé, est ramené à zéro.*

Grotesque, insupportable, la tête lui adresse un clin d'œil.

Je suis tout ce qu'il y a de plus réel. Et tu sais de quoi je parle, Mikey. Vous savez ce que vous faites, tous les six ? Vous essayez de faire décoller un avion sans train d'atterrissage. Stupide de prendre l'air si on ne peut pas redescendre, non ? Stupide de se poser si on ne peut redécoller, aussi. Jamais vous ne trouverez les bonnes blagues et les bonnes devinettes. Jamais vous ne me ferez rire, Mikey. Vous avez oublié comment crier à l'envers. Bip-bip, Mikey, qu'est-ce que t'en dis ? Tu te souviens de l'oiseau ? Un simple moineau, ouais, mais tu parles d'un morceau ! Grand comme une grange, comme un monstre dans ces films japonais imbéciles qui te faisaient peur, quand tu étais petit. L'époque où tu as su détourner cet oiseau de ta porte est révolue pour toujours. Crois-moi, Mikey. Si vous savez vous servir de votre tête, vous allez ficher le camp de Derry sur-le-champ. Et si vous ne savez pas, vous terminerez comme celle-là. Aujourd'hui, le panneau indicateur sur la grand-route de ta vie te dit : Sers-t'en avant de la perdre, bonhomme.

La tête s'effondre sur elle-même (avec un affreux bruit d'écrasement des plumes dans la bouche) et tombe du frigo ; elle fait un bruit mat sur le sol et roule vers lui comme une abominable boule de bowling, cheveux poisseux de sang, visage grimaçant un sourire ; elle roule vers lui en laissant une traînée de sang gluant et des fragments de plumes, tandis que s'agite la bouche.

Bip-bip, Mikey ! *crie-t-elle, tandis que Mike bat en*

retraite, affolé, mains tendues devant lui comme pour l'écarter. Bip-bip, bip-bip, bip-bip, bordel de bip-bip !

Bruit soudain de bouchon de bouteille de mousseux bon marché. La tête disparaît (réelle, elle était réelle, rien de surnaturel dans ce bruit, celui de l'air qui remplit un espace soudain vide, se dit Mike, horrifié). Un filet de gouttelettes de sang reste suspendu en l'air et retombe. Inutile de nettoyer la salle ; Carole ne verra rien quand elle viendra demain, même si elle doit s'ouvrir un chemin au milieu des ballons pour aller jusqu'au réchaud préparer sa première tasse de café. Comme c'est pratique ! Il part d'un rire suraigu.

Il lève les yeux : les ballons sont toujours là. On lit sur les bleus : LES NÈGRES DE DERRY SIFFLÉS PAR L'OISEAU. Et sur les orange : LES RATÉS RATENT TOUJOURS MAIS STAN URIS NE S'EST PAS RATÉ.

Absurde de s'envoler si l'on ne peut atterrir et d'atterrir si l'on ne peut s'envoler, a affirmé la tête qui parlait. Il repense soudain aux casques de mineurs. Puis à ce premier jour où il est retourné dans les Friches après la bataille de cailloux. Le 6 juillet, deux jours après avoir défilé pour la parade du 4 Juillet, deux jours après avoir vu Grippe-Sou le Clown en personne pour la première fois. Ce fut après cette journée dans les Friches, après avoir écouté leurs histoires puis, avec hésitation, raconté la sienne, qu'il était revenu chez lui et avait demandé à son père s'il pouvait regarder son album de photos.

Pourquoi exactement était-il retourné dans les Friches, ce 6 juillet ? Savait-il qu'il les y trouverait ? Il le lui semblait ; et pas seulement qu'ils y seraient, mais où. Ils avaient mentionné un lieu, le Club, lui donnant l'impression qu'ils en parlaient à cause de quelque chose d'autre qu'ils ne savaient comment aborder.

Mike lève la tête vers les ballons, qu'il ne voit plus réellement, essayant de se souvenir de ce qui s'est précisément passé ce jour-là, alors qu'il faisait si chaud. Il lui paraît tout d'un coup très important de se rappeler tout dans le moindre détail, jusqu'à l'état d'esprit dans lequel il se trouvait.

Car c'est à ce moment-là que les choses sérieuses avaient commencé. Auparavant, les autres avaient bien parlé de tuer Ça, mais sans plan, sans début d'action. Avec l'arrivée de Mike, le cercle s'était refermé, la roue avait commencé à rouler. Ce fut plus tard, ce même jour, que Bill, Richie et Ben se rendirent à la bibliothèque et entreprirent de sérieuses recherches à partir d'une idée qu'avait eue Bill — un jour, une semaine ou un mois auparavant. Tout avait com...

« Mike ? lance Richie depuis la salle du catalogue où les autres sont réunis. T'es mort ou quoi ? »

Presque, pense Mike, contemplant les ballons, le sang et les plumes restées dans le frigo.

Il répond : « Je crois, les gars, que vous feriez mieux de venir faire un tour ici. »

Frottements de chaises repoussées, murmures de voix. Richie : « Ô Seigneur ! Qu'est-ce qui arrive encore ? » Et une autre oreille, celle de sa mémoire, entend Richie dire quelque chose d'autre : soudain, il se souvient de ce qu'il cherchait ; mieux, il comprend pourquoi cela lui échappait. La réaction des autres lorsqu'il s'était avancé dans la petite clairière, au milieu de la partie la plus touffue et la plus inextricable des Friches, avait été... une absence de réaction. Pas de surprise, aucune question sur la manière dont il les avait trouvés. Bill mangeait un Twinkie, Bev et Richie fumaient, Bill était allongé sur le dos, mains derrière la tête, perdu dans la contemplation du ciel, et Eddie et Stan regardaient, dubitatifs, les cordes reliées à des piquets, qui délimitaient un carré d'environ un mètre cinquante de côté.

Ils n'en avaient pas fait tout un plat. Il s'était montré, on l'avait accepté. Comme si, sans même le savoir, ils l'attendaient. Et dans cette oreille supplémentaire de la mémoire, il entendit s'élever la voix négrillon du

2

enco'e ce petit Noi'! Doux Jésus, n'impo'te qui f'équente les F'iches, de nos jou's! » Bill ne détourna même pas la tête. Il continua sa contemplation rêveuse des gros nuages d'été qui défilaient dans le ciel. Richie ne s'en offensa pas et il fallut un « Bip-bip! » énergique de Ben, entre deux bouchées de Twinkie, pour le faire taire.

« Salut! » dit Mike d'un ton peu rassuré. Son cœur battait un peu trop fort, mais il était déterminé à ne pas reculer. Il leur devait des remerciements, et son père disait qu'il fallait toujours payer ses dettes — et le plus tôt possible, avant que les intérêts ne deviennent trop élevés.

Stan leva la tête. « Salut! » Puis il revint aux cordes fichées par leurs piquets au centre de la clairière. « Es-tu sûr que ça va marcher, Ben?

— Oui, dit Ben. Salut, Mike.

— Tu veux une cigarette? demanda Beverly. Il m'en reste deux.

— Non, merci. » Il prit une profonde inspiration. « Je voulais tous vous remercier pour votre aide, l'autre jour. Ces types étaient prêts à m'amocher sérieusement. Je suis désolé de ce que vous avez pris pour moi. »

D'un geste de la main, Bill rejeta ces explications. « N-Ne t'en f-fais pas pour ça. Ils s-sont a-après nous de-depuis u-un an au m-moins. » Il se rassit, et regarda Mike, une soudaine lueur d'intérêt dans les yeux. « Est-ce q-que je p-peux te de-demander que-quelque chose?

— Ouais, bien sûr », répondit Mike. Il s'assit avec précaution. Il avait déjà entendu ce genre de préambule. Le gars Denbrough allait lui demander quel effet ça fait d'être noir.

Mais au lieu de cela, Bill dit : « Quand Larsen a fait s-son coup fa-fameux dans les s-séries m-mondiales, il y a d-deux ans, crois-tu que c'était j-juste un coup de p-p-pot ? »

Richie tira une grosse bouffée sur sa cigarette et se mit à tousser. Beverly lui tapa sans façon dans le dos. « T'es un débutant, Richie, ça viendra.

— J'ai peur que ça s'écroule, déclara Eddie d'un ton inquiet, en regardant les piquets. Je peux pas dire que l'idée d'être enterré vivant me tente beaucoup.

— Tu ne seras pas enterré vivant, dit Ben. Sinon, t'auras qu'à sucer ton foutu inhalateur jusqu'à ce qu'on vienne te chercher, c'est tout ! »

Cette repartie parut délicieusement comique à Stan Uris qui, appuyé sur un coude, se mit à rire à gorge déployée, la tête tournée vers le ciel, jusqu'à ce qu'Eddie, d'un coup de pied dans le tibia, le fît taire.

« Le pot, finit par dire Mike. Dans ce genre de coup, il y a plus de chance que d'adresse, c'est ce que je pense.

— M-Moi aussi », approuva Bill. Mike attendit la suite, mais Bill avait l'air satisfait et s'allongea de nouveau, mains croisées sous la nuque, et se remit à l'étude des nuages.

« Qu'est-ce que vous mijotez, les gars ? demanda Mike en examinant le carré délimité par les ficelles.

— Oh, c'est la trouvaille de la semaine de Ben, expliqua Richie. La dernière fois, il a inondé les Friches, c'était assez réussi ; mais ça, c'est le grand jeu ! Creusez vous-mêmes votre Club, et...

— T'as p-pas besoin de te m-moquer de B-Ben, le coupa Bill, les yeux toujours au ciel. C'est u-une bonne i-idée. »

Ben expliqua alors son plan à Mike : creuser un trou de pas plus d'un mètre cinquante (pour ne pas tomber sur la nappe phréatique), renforcer les parois (coup d'œil à Eddie, l'air toujours aussi inquiet), fabriquer un plafond solide avec une trappe, et camoufler le tout sous de la terre et des aiguilles de pin. « On pourra s'y cacher, termina-t-il, et les gens — des gens comme Henry Bowers — pourront marcher dessus sans savoir que nous y sommes.

— C'est toi qui as trouvé ça ? s'exclama Mike. Bon sang, c'est fantastique ! »

Ben sourit — et rougit.

Bill se mit soudain sur son séant et regarda Mike. « Tu es d'a-d'accord pour nous ai-aider ?

— Oui... bien sûr. Ça sera marrant. »

Les autres échangèrent des regards que Mike sentit autant qu'il les vit. *Voici que nous sommes sept, ici*, pensa-t-il. Sans raison aucune, il frissonna.

« Quand est-ce qu'on attaque ?

— Dans pas longtemps », répondit Bill, et Mike comprit — très clairement — qu'il ne parlait pas seulement du Club souterrain de Ben. Ce dernier le comprit aussi, comme Richie, Beverly et Eddie. Stan Uris, souriant l'instant d'avant, redevint sérieux. « On v-va lancer c-ce projet d-dans t-t-très bientôt. »

Il y eut un silence, et Mike prit conscience qu'ils voulaient lui dire quelque chose..., quelque chose qu'il était loin d'être sûr de vouloir entendre. Ben avait ramassé un bout de bois et griffonnait dans la terre, le visage caché par les cheveux. Richie se rongeait les ongles, pourtant déjà bien entamés. Seul Bill regardait directement Mike.

« Quelque chose ne va pas ? » demanda le garçon.

Parlant très lentement, Bill répondit : « N-Nous sommes un c-club. T-Tu peux en f-faire partie si tu v-veux, mais t-tu dois ga-garder nos s-secrets.

— Comme l'emplacement du Club ? fit Mike, plus mal à l'aise que jamais. Bien sûr, je...

— On a un autre secret, môme, intervint Richie,

sans regarder Mike. Et ce que veut dire le Grand Bill, c'est que nous aurons des choses plus importantes à faire, cet été, que de creuser des clubs souterrains.

— C'est exact », confirma Ben.

Il y eut un hoquet sifflant et soudain Mike sursauta. Ce n'était qu'Eddie qui s'envoyait une giclée. Il eut une expression pour s'excuser, haussa les épaules et acquiesça.

« Eh bien, dit Mike, ne me faites pas languir. Parlez. »

Bill regarda les autres. « Y a-t-il qu-quelqu'un qui n-ne le v-veut pas au Club ? »

Personne ne répondit ni ne leva la main.

« Qui v-veut p-parler ? » demanda Bill.

Il y eut un silence prolongé et cette fois-ci, Bill ne le rompit pas. Beverly finit par pousser un soupir et leva les yeux vers Mike.

« Les gosses qui ont été tués, dit-elle. On sait qui a fait ça. Ce n'est pas un être humain. »

3

Ils lui racontèrent un par un : le clown sur la glace, le lépreux sous le porche, le sang et les voix des évacuations, les gamins morts du château d'eau. Richie parla de ce qui s'était passé lorsqu'il était revenu avec Bill sur Neibolt Street et Bill prit la parole en dernier pour expliquer l'histoire des photos, celle qui s'était animée, celle dans laquelle il avait mis la main. Il finit par expliquer comment Ça avait tué son frère Georgie et que le Club des Ratés s'était voué à la destruction du monstre... quel qu'il fût en réalité.

En rentrant chez lui ce soir-là, Mike se dit qu'il aurait dû les écouter avec une incrédulité grandissante, puis avec horreur et finalement prendre ses jambes à son cou sans un regard en arrière, convaincu soit d'être mené en bateau par une bande de morveux blancs n'aimant pas les Noirs, soit d'être la victime de six authentiques cinglés à la folie communicative, virulente comme une grippe dans une classe.

Mais il ne s'était pas enfui, car en dépit de l'horreur, il éprouvait un étrange sentiment de soulagement. Et quelque chose de plus fondamental : l'impression d'être enfin chez soi. *Voici que nous sommes sept, ici,* pensa-t-il de nouveau lorsque Bill se tut.

Il ouvrit la bouche sans trop savoir encore ce qu'il allait dire.

« J'ai vu le clown, déclara-t-il.

— Quoi ? demandèrent en chœur Richie et Stan, tandis que Beverly tournait la tête si vivement que sa queue de cheval passa d'une épaule à l'autre.

— Le 4 Juillet », reprit Mike lentement. Il garda quelques instants de silence, pensant à part lui : *Mais je le connaissais. Je le connaissais car ce n'était pas la première fois que je le voyais. Et ce n'était pas la première fois que je voyais quelque chose... quelque chose qui clochait.*

Il pensa alors à l'oiseau ; ce fut la première fois qu'il s'y autorisa (ses cauchemars exceptés) depuis le mois de mai. Il avait cru avoir une crise de folie. Ce fut un soulagement de voir qu'il n'était pas fou, mais un soulagement peu rassurant, à la vérité. Le regard aigu et concentré de Bill ne le quittait pas, exigeant qu'il continuât. Il se mouilla les lèvres.

« Vas-y, dit Bev, impatiente. Dépêche-toi.

— Eh bien voilà. J'étais dans la parade. Je...

— Je t'ai vu, le coupa Eddie. Tu jouais du saxophone.

— Non, en fait, du trombone. Je joue dans la clique de l'école baptiste de Derry, l'école de Neibolt Street. Bref, j'ai vu le clown. Il donnait des ballons aux gosses au carrefour des trois rues, dans le centre-ville. Il était exactement comme Ben et Bill ont dit. Costume argenté, boutons orange, maquillage blanc sur la figure, grand sourire rouge. Je ne sais pas si c'était du rouge à lèvres ou du maquillage, mais on aurait dit du sang. »

Les autres acquiesçaient, tout excités à présent, mais Bill continuait d'observer attentivement Mike. « Des t-touffes de cheveux o-range ? » lui demanda-t-il, avec un geste de la main inconscient au-dessus de la tête.

Mike hocha la tête.

« À le voir comme ça, j'ai eu peur... Et tandis que je le regardais, il s'est tourné et m'a fait signe de la main, comme s'il avait lu dans mes pensées, ou dans mes sentiments, comme vous voulez. Je ne savais pas pourquoi, à ce moment-là, mais il m'a flanqué une telle frousse que pendant deux ou trois secondes, je n'ai pas pu souffler dans mon trombone. Je n'avais plus une goutte de salive dans la bouche et j'ai senti... »

Il eut un bref coup d'œil pour Beverly. Il se souvenait de tout, maintenant, avec la plus grande clarté ; comment le soleil lui avait paru brusquement aveuglant et insupportable sur le laiton de son instrument et les chromes des voitures, la musique trop bruyante, le ciel trop bleu. Le clown avait soulevé une main gantée de blanc (l'autre retenait une grappe de ballons) et l'avait agitée lentement d'avant en arrière, son sourire ensanglanté trop rouge et trop épanoui, comme un cri inversé. La peau de ses testicules s'était mise à se plisser, une impression de chaleur et de relâchement était montée de son ventre comme s'il allait négligemment faire caca dans son pantalon. C'était cependant des choses qu'il ne pouvait raconter devant Beverly. Des choses à ne pas dire en présence des filles, même quand elles sont du genre devant lesquelles on s'autorise à jurer. « ... Je me suis senti effrayé », conclut-il, se rendant compte que cette répétition était un peu faible, mais ne sachant pas comment expliquer le reste. Tous acquiesçaient, néanmoins, comme s'ils avaient compris et une indescriptible impression de soulagement le balaya. D'une certaine manière, voir ce clown le regarder, avec son sourire ensanglanté, sa main agitée d'un mouvement ralenti de pendule... avait été pire que d'être poursuivi par Henry Bowers et sa bande. Bien pire.

« Puis on l'a dépassé, poursuivit Mike. Nous avons remonté Main Street Hill. En haut, je l'ai revu, qui tendait des ballons aux gosses ; sauf que la plupart ne voulaient pas les prendre. Les plus petits pleuraient, parfois. Je n'arrivais pas à comprendre comment il avait pu arriver si vite. Je me suis dit qu'en réalité il devait y avoir deux clowns habillés de la même manière. Une équipe. Mais quand il s'est tourné et m'a encore salué de la main, j'ai bien vu que c'était lui. Le même homme.

— Ce n'est pas un homme », dit Richie, et Beverly frissonna. Bill passa un bras autour de ses épaules et elle le regarda avec gratitude.

« Il m'a fait signe... puis il a cligné de l'œil. Comme si nous avions un secret. Ou peut-être... comme s'il savait que je l'avais reconnu. »

Bill abandonna l'épaule de Beverly. « Tu l'as re-re-reconnu ?

— Je crois. Il faut que je vérifie quelque chose avant de dire que j'en suis sûr. Mon père a quelques photos... il les collectionne... écoutez, les gars, vous jouez souvent ici, non ?

— Bien sûr, répondit Ben. C'est pour ça qu'on veut construire le Club souterrain. »

Mike acquiesça. « Je vérifierai pour voir si j'ai raison. Si j'ai raison, je pourrai amener les photos.

— De v-v-vieilles photos ?

— Oui.

— Et q-quoi en-encore ? »

Mike ouvrit la bouche, puis la referma. Il les regarda, une expression d'incertitude sur le visage.

« Vous allez vous dire que je suis cinglé. Ou que je mens.

— Est-ce que t-tu crois que n-nous so-sommes cin-glés ? »

Mike secoua la tête.

« Pas un poil, dit Eddie. J'ai bien des trucs qui vont de travers, mais je n'ai pas d'araignée dans le plafond, je ne crois pas.

— Je ne le crois pas non plus, dit Mike.

— Eh bien, on-on n-ne croira pas que t'es ci-cin-cin... fou, nous n-non plus. »

Mike les regarda à nouveau, s'éclaircit la gorge et dit : « J'ai vu un oiseau. Il y a deux ou trois mois. Un oiseau. »

Stan Uris leva la tête. « Quel genre d'oiseau ? »

Parlant plus à contrecœur que jamais, Mike répon-dit : « On aurait dit un moineau, au fond, ou un rouge-gorge ; il avait la poitrine orange.

— Mais qu'est-ce qu'il avait de spécial ? demanda Ben. On trouve plein d'oiseaux comme ça à Derry. » Il se sentait cependant mal à l'aise et, en regardant Stan, il eut la certitude que ce dernier se souvenait de ce qui s'était passé dans le château d'eau, comment il avait réussi à arrêter ce qui était en train de se produire en criant des noms d'oiseaux. Mais il oublia tout cela et le reste quand Mike reprit la parole.

« Cet oiseau était plus grand qu'un camion », dit-il.

Le choc et la stupéfaction se peignirent sur les visages. Il attendit leurs rires, mais rien ne vint. Stan avait l'air d'avoir reçu une brique sur la tête. Il avait la couleur d'un soleil voilé de novembre tant il était pâle.

« Je jure que c'est vrai, reprit Mike. C'était un oiseau géant, comme dans les films avec des monstres de la préhistoire.

— Ouais, comme dans *The Giant Claw*, dit Richie.

— Sauf qu'il n'avait pas l'air préhistorique du tout.

Ni d'un de ces oiseaux de la mythologie grecque ou romaine, sais plus comment on les appelle...

— Oi-Oiseau r-roc ? proposa Bill.

— Oui, il me semble. Eh bien, pas du tout comme ça. Un mélange de moineau et de rouge-gorge, les deux oiseaux les plus communs..., ajouta-t-il avec un petit rire nerveux.

— Où-Où... ? commença Bill.

— Raconte », dit simplement Beverly. Mike réfléchit quelques instants et entreprit son récit ; et de voir leurs visages qui devenaient de plus en plus inquiets et effrayés au lieu d'afficher de l'incrédulité et de la dérision au fur et à mesure qu'il parlait, il sentit un poids formidable ôté de sa poitrine. Comme Ben avec sa momie, Eddie avec son lépreux ou Stan avec les petits noyés, il avait vu quelque chose qui aurait rendu un adulte fou, non pas simplement de terreur, mais du fait d'un sentiment d'irréalité d'une puissance fracassante, impossible à ignorer comme à expliquer de façon rationnelle. La lumière de Dieu avait noirci le visage d'Élie ; c'était du moins ce que Mike avait lu. Mais Élie était vieux, à ce moment-là, et peut-être cela faisait-il une différence. Mais est-ce qu'il n'y avait pas un autre type dans la Bible, à peine plus grand qu'un gamin, qui s'était battu avec un ange ?

Il l'avait vu et avait poursuivi son existence ; le souvenir s'était intégré à sa vision du monde. Du fait de sa jeunesse, le champ de cette vision demeurait encore très vaste. Mais ce qui s'était passé ce jour-là n'en avait pas moins hanté les recoins les plus sombres de son esprit, et parfois, dans ses rêves, il lui arrivait de fuir cet oiseau grotesque dont l'ombre venait le recouvrir. Il gardait le souvenir de certains de ses rêves, pas de tous ; cependant ils étaient là, comme des ombres qui se seraient déplacées d'elles-mêmes.

À quel point il l'avait peu oublié et à quel point il en avait été troublé (alors qu'il accomplissait ses tâches quotidiennes, coups de main à son père, école, courses pour sa mère, attente des groupes noirs dans l'émission de jazz) ne pouvait peut-être se mesurer que d'une façon : à l'intensité du soulagement qu'il ressentait en partageant ce souvenir avec les autres. Il s'aperçut que c'était la première fois qu'il s'autorisait à l'évoquer sans réserve, depuis ce jour où, tôt le matin, il avait vu les étranges empreintes... et le sang.

4

Mike raconta l'histoire de l'oiseau dans la vieille aciérie et comment il s'était réfugié dans un conduit de cheminée pour y échapper. Un peu plus tard, trois des Ratés — Ben, Richie, Bill — partirent pour la bibliothèque de Derry. Ben et Richie étaient sur leurs gardes, redoutant Bowers et Compagnie, mais Bill restait perdu, sourcils froncés, dans la contemplation du trottoir. Mike les avait quittés environ une heure après avoir fait son récit, disant que son père l'attendait à quatre heures pour récolter des pois. Beverly avait des courses à faire et devait préparer le dîner de son père, Eddie et Stan leurs propres obligations. Mais avant de se séparer, ils commencèrent à creuser ce qui allait devenir, si les calculs de Ben étaient justes, leur Club souterrain. Un acte symbolique, songea Bill, qui soupçonna les autres d'avoir eu la même idée que lui. Ils avaient commencé. Quoi que ce fût qu'ils eussent à faire en tant que groupe, en tant qu'unité, le départ était pris.

Ben demanda à Bill s'il croyait à l'histoire de Mike Hanlon. Ils passaient devant la maison communautaire de Derry et la bibliothèque n'était plus très loin, vaisseau de pierre dans l'ombre agréable d'ormes centenaires que n'avait pas encore atteints la maladie.

« Ouais, dit Bill. Je c-crois que c'était v-vrai. Dé-Dément, mais vrai. Et t-toi, Ri-Richie ?

— Moi aussi. Ça me fait horreur d'y croire, si vous voyez ce que je veux dire, mais je ne peux pas m'en empêcher. Vous vous souvenez de ce qu'il a dit à propos de la langue de l'oiseau ? »

Bill et Ben acquiescèrent. Des pompons orange dessus.

« C'est l'indice, reprit Richie. Comme le méchant dans une BD. Il laisse toujours une carte de visite. »

Bill hocha la tête, songeur. Comme un méchant de BD. Parce qu'ils le voyaient ainsi ? L'imaginaient ainsi ? Oui, peut-être. C'étaient des mômeries, mais il semblait bien que c'était grâce à des mômeries que la chose prospérait.

Ils traversèrent la rue, en direction de la bibliothèque.

« J'ai de-demandé à Stan s'il a-avait jamais entendu p-parler d'oiseaux c-comme ça. Pas f-f-forcément aussi gros, mais...

— Un véritable oiseau ? suggéra Richie.

— Oui. Il a dit p-peut-être en A-Amérique du Sud ou en Afrique, m-mais pas p-par ici.

— Il ne l'a pas cru, alors ?

— Si. » Puis Bill lui parla d'une idée qui était venue à Stan, et dont il lui avait parlé lorsqu'il l'avait accompagné à l'endroit où il avait laissé sa bicyclette. Pour Stan, personne n'aurait pu voir cet oiseau avant Mike ; c'était son monstre personnel, en quelque sorte. Mais maintenant, cet oiseau était la propriété de tout le Club des Ratés, non ? N'importe qui d'entre eux pouvait le voir. Pas forcément sous la même forme, mais voir un oiseau géant. Bill avait alors fait remarquer à Stan que dans ce cas tous pourraient voir le lépreux d'Eddie, la momie de Ben, ou même les enfants morts.

« Ce qui veut dire qu'on a intérêt à agir vite si on veut arriver à quelque chose, avait répondu Stan. Ça est au courant...

— Qu-quoi ? avait protesté Bill. De t-tout ce que nous sa-savons ?

— Bon Dieu, si Ça est au courant, on est foutus, avait répondu Stan. Mais tu peux parier que Ça sait que nous sommes au courant de son existence. Je pense qu'il va essayer de nous avoir. Tu n'as pas oublié ce dont nous avons parlé hier ?

— Non.

— Je voudrais pouvoir vous accompagner.

— Il y aura B-Ben et R-Ri-Richie. B-Ben est v-vraiment bien et Ri-Richie aussi, quand il n-ne fait pas l'i-idiot. »

Maintenant, juste devant la porte de la bibliothèque, Richie demandait à Bill ce qu'il avait exactement en tête. Bill le leur expliqua, parlant lentement afin de ne pas trop bafouiller. L'idée lui trottait dans la tête depuis deux semaines, mais l'histoire de l'oiseau de Mike l'avait en quelque sorte cristallisée.

Que faire pour se débarrasser d'un oiseau ?

Un coup de fusil paraissait une solution radicale.

Que faire pour se débarrasser d'un monstre ?

D'après les films, lui tirer dessus une balle en argent était une solution radicale.

Ben et Richie prêtèrent une oreille attentive à Bill. Puis Richie lui demanda : « Et comment se procure-t-on une balle en argent, Grand Bill ? Par correspondance ?

— T-Très drôle. Il f-faudra la fa-fabriquer nous-mêmes.

— Comment ?

— Je suppose que c'est pour ça que nous sommes à la bibliothèque », dit Ben.

Richie acquiesça et repoussa ses lunettes sur son nez. Il avait une expression concentrée et songeuse... mais aussi dubitative, jugea Ben. Lui-même était assailli de doutes. Au moins ne lisait-on pas de folie dans le regard de Richie ; c'était déjà ça.

« Tu es en train de penser au Walther de ton père ? demanda Richie. Celui que nous avons amené à Neibolt Street ?

— Oui, dit Bill.

— Admettons que nous sachions fabriquer une balle en argent, objecta Richie. Où allons-nous trouver le métal ?

— Ça, je m'en occupe, dit calmement Ben.

— Ah... parfait. On laisse Meule de Foin s'en occuper. Et ensuite ? Neibolt Street ? »

Bill acquiesça. « Oui. On re-retourne sur N-N-Neibolt Street et on l-lui fait sau-sauter la t-t-tête. »

Ils restèrent immobiles encore quelques instants, se regardant solennellement, puis ils pénétrèrent dans la bibliothèque.

5

Une semaine venait de s'écouler ; on était presque à la mi-juillet, et le Club souterrain était en bonne voie.

Quand Mike Hanlon arriva, en début d'après-midi, il trouva Ben qui étayait le trou et Richie qui faisait une pause cigarette. (« Mais tu n'as pas de cigarettes », avait objecté Ben. « Ça ne change rien au principe », avait rétorqué Richie.)

Mike tenait l'album de photos de son père sous le bras. « Où sont les autres ? » demanda-t-il. Il savait que Bill au moins devait être dans les parages, ayant laissé sa bicyclette rangée sous le pont à côté de Silver.

« Bill et Eddie sont partis pour la décharge tâcher de dégoter d'autres planches, expliqua Richie, et Stannie et Bev sont à la quincaillerie. Pour les gonds. Je ne sais pas ce que mijote Meule de Foin, mais ce doit être un sacré potage — mijoter, potage, t'as pigé ? Ah-ah ! Il faut garder un œil sur lui, tu comprends. Au fait, tu nous dois vingt-trois cents si tu veux toujours faire partie du Club. Participation pour les gonds. »

La cotisation payée, il restait en tout et pour tout dix cents à Mike, qui s'avança jusqu'au trou et l'examina.

Mais ce n'était plus un vulgaire trou. Les côtés étaient bien droits et avaient été étayés. Les planches étaient toutes de récupération, mais Bill, Ben et Stan les avaient très bien retaillées aux bonnes dimensions grâce aux outils de l'atelier de Zack Denbrough (outils que Bill ramenait scrupuleusement tous les soirs après les avoir nettoyés). Ben et Beverly avaient cloué des entretoises. Le trou rendait encore Eddie un peu nerveux, mais Eddie était nerveux de nature. Soigneusement rangées de côté, il y avait des mottes de terre engazonnées ; elles seraient plus tard collées sur le toit.

« Je suppose que vous savez ce que vous faites, les gars, dit Mike.

— Bien sûr, répondit Ben qui montra l'album. C'est quoi, ce truc ?

— L'album que mon père a fait sur Derry. Il collectionne les vieux documents et les articles sur la ville. C'est son passe-temps. Je vous avais dit qu'il me semblait y avoir vu le clown. Il y est bien, j'ai vérifié. Alors je vous l'ai amené. » Il eut honte d'ajouter qu'il n'avait pas osé demander la permission à son père pour cela. Redoutant les questions que cette requête aurait pu susciter, il l'avait sorti de la maison pendant que son père était au champ et que sa mère étendait du linge dans la cour de derrière. « J'ai pensé que ça vous intéresserait.

— Eh bien, voyons, dit Richie.

— Je préférerais attendre que tout le monde soit là. Je crois qu'il vaut mieux.

— D'accord. » À la vérité, Richie ne tenait pas tellement à voir encore des images de Derry, pas après ce qui s'était passé dans la chambre de Georgie. « Veux-tu nous aider à finir le talus ?

— Et comment ! » Mike posa l'album sur un endroit propre suffisamment loin du trou pour être à l'abri d'une malencontreuse pelletée de terre et s'empara de la pelle de Ben.

« Creuse juste ici, dit Ben en lui montrant un emplacement, sur trente centimètres à peu près. Après quoi je tiendrai une planche bien serrée contre le bord pendant que tu remettras la terre.

— Astucieux, mec », commenta Richie avec componction. Il était assis au bord de l'excavation, les pieds pendants.

« Qu'est-ce qui t'arrive ? lui demanda Mike.

— Un os. J'ai un os dans la jambe, répondit-il, imperturbable.

— Et ton projet avec Bill ? » Mike s'interrompit, le temps de retirer sa chemise, puis se mit à creuser. Il faisait chaud, même ici, au fond des Friches. Les grillons stridulaient paresseusement dans les broussailles, comme des réveils d'été mal remontés.

« Eh bien... pas trop mal », dit Richie. Mike eut l'impression qu'il lançait à Ben un regard plus ou moins de mise en garde. « Enfin, je crois.

— Pourquoi tu branches pas ta radio, Richie ? demanda Ben en mettant une planche en place.

— Les piles sont fichues. J'ai dû te refiler mes derniers vingt-cinq cents pour les gonds. Cruel Meule de Foin, très cruel ! Après tout ce que j'ai fait pour toi. Et puis tout ce que j'attrape, c'est la WABI et son rock à la gomme.

— Hein ? fit Mike.

— Meule de Foin s'imagine que Tommy Sands et Pat Boone jouent du rock, mais c'est parce qu'il est malade. Elvis chante du rock ; Ernie K. Doe, Carl Perkins, Bobby Darin, Buddy Holly chantent du rock. " *Ah-oh, Peggyyyy... my Peggyyyy Su-uh-oo...* "

— Richie, arrête ! dit Ben.

— Y a aussi Fats Domino, fit Mike en s'appuyant sur

sa pelle, Chuck Berry, Little Richard, Shep et les Limelights, LaVerne Baker, Frankie Lymon, Hank Ballard, les Coasters, les frères Isley, les Crests, les Chords, Stick McGhee... »

Ils le regardaient avec une telle expression de stupéfaction qu'il éclata de rire.

« Tu m'as largué après Little Richard », admit Richie. Il l'aimait bien, mais son héros secret de rock, cet été-là, c'était Jerry Lee Lewis. Il fit retomber ses cheveux devant sa figure et commença à chanter : « *Come on over Baby all the cats are at the high school rocking...* »

Ben se mit à tituber au bord du trou, mains sur le ventre comme s'il allait vomir. Mike se pinçait le nez, mais riait tellement fort que les larmes lui coulaient des yeux.

« Qu'est-ce qui cloche, les gars ? demanda Richie. Qu'est-ce qui vous prend ? C'était bien, vraiment très bien, pourtant !

— Oh, mon vieux, hoqueta Mike, presque incapable de parler, ça n'avait pas de prix... aucun prix !

— Les nègres n'ont aucun goût, renifla Richie. Je crois même que c'est écrit dans la Bible.

— Oui, Maman ! » dit Mike, se tenant toujours les côtes. Lorsque Mike, sincèrement étonné, lui demanda ce qu'il voulait dire, Mike s'assit lourdement et commença à se balancer d'avant en arrière, hurlant de rire.

« Tu t'imagines que je suis jaloux, dit Richie. Tu crois que je voudrais être un nègre. »

Ce fut au tour de Ben de s'effondrer en s'esclaffant de manière irrépressible. Tout son corps ondulait et tressautait de manière alarmante. Les yeux lui sortaient de la tête. « Arrête, Richie, réussit-il à dire, je vais faire dans mon froc ! Je vais crever si t'arrêtes pas...

— Je n'ai aucune envie d'être un nègre, reprit Richie. Qui voudrait habiter Boston, porter des panta-

414

lons roses et acheter des pizzas en tranches ? Je veux être juif comme Stan. J'ouvrirais une brocante et je vendrais aux gens des crans d'arrêt, des crottes de chien en plastique et des guitares cassées. »

Ils étaient maintenant deux à hurler de rire. Des rires dont les échos se répercutaient dans les frondaisons et les ravines broussailleuses des Friches les mal nommées ; les oiseaux s'envolaient, les écureuils se pétrifiaient sur leur branche. C'était un son jeune, vif, pénétrant, vivant, sans apprêt, libre. Tout ou presque de ce qui était en vie aux alentours y réagit de la même manière ; cependant, la chose que cracha un gros collecteur qui se déversait dans la Kenduskeag n'était pas vivante. La veille, s'était produit un orage violent (qui n'avait guère affecté le futur Club souterrain, protégé par une bâche subtilisée derrière le Wally's Spa) et le niveau avait monté pendant deux ou trois heures dans les canalisations, en dessous de Derry. C'était un bref mascaret qui avait poussé le déplaisant colis au soleil, pour la plus grande joie des mouches.

Il s'agissait du corps de Jimmy Cullum, neuf ans. À part le nez, il n'avait plus de visage, remplacé par un magma sanglant. Ses chairs à vif étaient couvertes de profondes marques noires que seul, sans doute, Stan Uris aurait identifiées : des coups de bec. Des coups d'un très gros bec.

L'eau ruisselait sur le pantalon boueux de Jimmy. Ses mains blanches flottaient comme des poissons morts. Elles avaient aussi été picorées, quoique un peu moins. Sa chemise à motifs se gonflait et s'affaissait, se gonflait et s'affaissait, comme une vessie.

Bill et Eddie, chargés des planches qu'ils avaient barbotées dans la décharge, traversèrent la rivière sur les pierres à moins de quarante mètres de là. Ils entendirent Mike, Ben et Richie qui riaient à gorge déployée, sourirent et pressèrent le pas, sans voir ce qui restait de Jimmy Cullum, afin d'apprendre ce qu'il y avait de si drôle.

6

Ils riaient encore lorsque Bill et Eddie arrivèrent dans la clairière, en sueur sous leur chargement. Même Eddie, dont le teint était généralement plus proche du fromage blanc, avait des couleurs aux joues. Ils laissèrent tomber les nouvelles planches sur le peu qui restait de la réserve. Ben sortit du trou pour les inspecter.

« Bien joué, les gars ! Ouah ! Excellent ! »

Ben avait apporté son propre outillage et se mit aussitôt à inspecter le nouvel arrivage, arrachant les clous et retirant les vis. Il jeta l'une des planches parce qu'elle était fendue, une autre parce qu'elle rendait un son creux de bois pourri. Eddie l'observait, assis sur un tas de terre. Il prit une giclée de son inhalateur au moment où Ben retirait un clou rouillé avec le côté griffe de son marteau ; le clou protesta par un grincement, comme un petit animal que l'on aurait piétiné.

« Tu risques d'attraper le tétanos si tu te coupes avec un clou rouillé, déclara Eddie à l'intention de Ben.

— Ah oui ? dit Richie. Qu'est-ce que c'est, le téton-en-os ? On dirait une maladie de femme, plutôt.

— T'es un idiot. J'ai dit le " tétanos ", pas le " téton-en-os ". Ça veut dire " les mâchoires serrées ". Ce sont des microbes particuliers qui vivent dans la rouille et qui entrent dans ton corps si tu te coupes, et qui te bousillent les nerfs. » Eddie devint encore plus rouge et s'envoya une nouvelle giclée.

« Mâchoires serrées, Seigneur ! fit Richie, impressionné. Ça ne doit pas être marrant.

— Tu l'as dit. Au début, tu as les mâchoires tellement serrées que tu ne peux plus les ouvrir, même pas pour manger. On te fait un trou dans la joue pour t'alimenter avec des liquides, par un tuyau.

— Nom de Dieu ! » s'exclama Mike en se redressant dans la fosse du futur Club. Les yeux agrandis, la cornée en paraissait d'autant plus blanche à côté de sa peau brune. « Tu blagues pas ?

— Non, c'est ma mère qui me l'a dit. Après, c'est ta gorge qui se serre et tu ne peux plus du tout manger. Et tu meurs. »

En silence, ils songèrent à cette horrible perspective.

« Il n'y a aucun remède », dit Eddie pour parachever le tableau.

Nouveau silence.

« C'est pourquoi je fais toujours attention aux clous rouillés et aux saloperies comme ça, reprit Eddie. J'ai été une fois vacciné contre le tétanos et ça m'a fait drôlement mal.

— Dans ce cas, demanda Richie, pourquoi es-tu allé à la décharge pour chercher toutes ces cochonneries de planches ? »

Eddie eut un bref regard pour Bill, qui lui-même contemplait la fosse en train de prendre forme, et il y avait dans ce regard tout l'amour et toute l'adoration pour un héros qui suffisaient à répondre à la question. Mais Eddie ajouta doucement : « Il y a des trucs qu'il faut faire, même si c'est risqué. C'est la première chose importante que j'aie apprise et que je ne tienne pas de ma mère. »

Le silence qui suivit n'était pas du tout désagréable. Puis Ben se mit à écraser ou arracher les clous rouillés, et au bout d'un instant, Mike vint l'aider.

Le transistor de Richie, muet (du moins jusqu'à ce que Richie touche son argent de poche ou trouve une pelouse à tondre), se balançait au bout de sa branche, dans la brise légère. Bill songeait (il en avait le temps) à l'étrangeté de tout ceci ; à ce mélange d'étrangeté et de perfection : qu'ils soient tous ici ensemble, cet été.

Des gosses qu'ils connaissaient étaient allés chez des parents ; d'autres étaient en vacances à Disneyland ou à Cape Cod, voire même à des distances inimaginables dans le cas de l'un d'eux : à Gstaad. D'autres encore étaient en colo, en camp d'été, chez les scouts, en camp pour riches où l'on apprenait à jouer au golf ou au tennis, et à dire : « Bien joué ! » et non : « Espèce d'enfoiré ! » quand votre adversaire vous matraquait d'un service gagnant. Il y avait enfin des gosses que les parents avaient emmenés LOIN d'ici. Pour Bill, c'était compréhensible. Il connaissait des gamins ayant envie d'être LOIN d'ici par peur du père Fouettard qui patrouillait dans Derry cet été-là, mais soupçonnait que les parents qui le redoutaient étaient encore plus nombreux...

Et malgré tout, aucun de nous n'est parti LOIN d'ici, songea Bill tout en observant Ben et Mike qui débarrassaient de leurs vieux clous de vieilles planches tandis qu'Eddie allait faire un tour pour pisser (il faut y aller dès qu'on a envie, avait-il expliqué une fois à Bill, afin de ne pas fatiguer sa vessie, mais il fallait aussi faire attention au lierre-poison, parce que sur la quéquette...). *Nous sommes tous ici, à Derry. Pas de colos, pas de parents, pas de vacances, pas de LOIN d'ici. Tous bel et bien présents et prêts à participer.*

« Il y a une porte là-bas, dit Eddie qui revenait en remontant la fermeture de sa braguette.

— J'espère que tu l'as bien secouée, Eds, lança Richie. On attrape le cancer si on ne la secoue pas à chaque fois. C'est ce que m'a dit ma maman. »

Eddie parut surpris, légèrement inquiet, même, puis il vit le sourire de Richie. Il essaya de le traiter par le mépris et poursuivit son idée : « Elle était trop lourde pour être portée à deux. Mais Bill a dit qu'à tous on pouvait y arriver.

— Évidemment, on peut jamais se la secouer complètement, insista Richie. Tu veux savoir ce que m'a dit un jour un petit malin, Eds ?

— Non, et arrête de m'appeler Eds. Je ne t'appelle pas Rics, moi, et...

— Il m'a dit : " Secoue-la tant que tu veux, Oscar, la dernière goutte est pour le falzar ", et c'est pour ça qu'il y a tant de cancers dans le monde, Eddie mon chou.

— Non, c'est parce qu'il y a des crétins comme toi et Beverly Marsh qui fument des cigarettes, répliqua Eddie.

— Beverly n'est pas une crétine, intervint Ben d'un ton sans réplique. Fais gaffe à ce que tu dis, Eddie.

— Bip-bip, les mecs, fit Bill d'un ton absent. Et à propos de B-Beverly, elle est ru-rudement costaud. Elle p-pourrait nous d-donner un coup de m-main pour cette p-p-porte. »

Ben demanda quel genre de bois c'était.

« De l'a-a-acajou, je c-crois.

— Quelqu'un a balancé une porte *en acajou* ? » s'exclama Ben, estomaqué mais non incrédule.

« Les gens jettent absolument n'importe quoi, dit Mike. Moi, ça me tue d'aller dans cette décharge. Ça me tue vraiment.

— Ouais, convint Ben. Y a des tas de trucs qu'on pourrait facilement réparer. Et dire qu'il y a des gens en Asie et en Afrique qui n'ont rien ! C'est ce que dit ma mère.

— On trouve des gens qui n'ont rien ici, dans le Maine, mon bon monsieur, remarqua, très sérieux, Richie.

— Qu'est-ce que c-c'est q-que ce t-truc ? » demanda Bill qui venait d'apercevoir l'album. Mike le lui expliqua, et dit qu'il montrerait la photo où figurait le clown lorsque Stan et Beverly seraient de retour avec les gonds.

Bill et Richie échangèrent un regard.

« Qu'est-ce qu'il y a ? demanda Mike. C'est à cause de ce qui est arrivé dans la chambre de ton frère, Bill ?

— Ouais », répondit Bill qui ne s'expliqua pas davantage.

Ils travaillèrent chacun leur tour dans la fosse jusqu'au retour de Stan et Beverly. Pendant que Mike parlait, Ben resta assis en tailleur et bricola des trappes qui s'ouvraient dans deux des plus fortes planches. Seul Bill, peut-être, remarqua à quelle vitesse et avec quelle aisance bougeaient ses doigts ; ils avaient la précision et la sûreté de ceux d'un chirurgien. Bill était admiratif.

« Certaines de ces images remontent à plus de cent ans, d'après mon père, leur expliqua Mike, l'album ouvert sur les genoux. Il les trouve dans les ventes aux enchères que les gens font dans leur garage, ou chez des brocanteurs. Parfois il en échange avec d'autres collectionneurs. Il y en a même en relief, et il faut cet appareil comme des jumelles pour les voir.

— Qu'est-ce qui l'intéresse, là-dedans ? » demanda Beverly. Elle portait un jean ordinaire, si ce n'est qu'elle avait cousu deux bandes de tissu à motif aux revers, ce qui leur donnait un petit air fantaisie.

« Ouais, Derry, c'est plutôt la barbe, en général, dit Eddie.

— Eh bien, je ne sais pas exactement, mais je crois que c'est parce qu'il n'est pas né ici, répondit Mike, non sans hésiter. C'est un peu comme... tout est nouveau pour lui... vous comprenez, comme s'il était arrivé au milieu d'un film...

— On v-veut voir le dé-début, ouais, dit Bill.

— C'est ça. Il y a toute une histoire de Derry, vous savez. Moi aussi, ça m'intéresse. Et je crois que ça a quelque chose à voir avec la chose, le Ça, puisque vous voulez l'appeler ainsi. »

Il regarda vers Bill et celui-ci acquiesça, songeur.

420

« C'est pourquoi je l'ai regardé après la parade du 4 Juillet ; je savais. Tenez, regardez. »

Il ouvrit l'album, le feuilleta et le tendit à Ben, assis à sa droite.

« Ne t-touchez p-pas aux pages ! » s'écria Bill avec une telle intensité qu'il les fit tous sursauter. La main qui avait eu les doigts coupés était maintenant serrée en un poing, vit Richie. Un poing farouche, protecteur.

« Bill a raison », dit à son tour Richie. Le ton de sa voix lui ressemblait tellement peu qu'il parut d'autant plus convaincant. « Faites attention. C'est comme Stan l'a dit. Si nous l'avons vu se produire, vous pouvez le voir aussi.

— Le sentir », compléta Bill.

L'album passa de main en main, chacun le prenant avec la plus extrême précaution, comme un vieux paquet de dynamite qui aurait sué des gouttes de nitroglycérine.

Il revint à Mike, qui l'ouvrit sur l'une des premières pages.

« Papa dit qu'il n'y a aucun moyen de dater ce dessin, mais il remonte probablement au début du XVIIIe siècle, commença-t-il. Il a réparé la scie à ruban d'un type en échange d'une caisse pleine de vieux bouquins et d'images. C'est là qu'il l'a trouvé. Il dit qu'il vaut quarante billets, sinon plus. »

Il s'agissait d'une gravure sur bois, de la taille d'une grande carte postale. Quand ce fut au tour de Bill de l'examiner, il constata avec soulagement que le père de Mike, méticuleux, plaçait ses documents sous des feuilles de plastique transparent. Il regarda, fasciné, et pensa : *Eh bien, voilà. Je le vois — ou plutôt je vois Ça. Je le vois vraiment. C'est le visage de l'ennemi.*

La gravure montrait un type à l'allure comique qui jonglait avec des quilles géantes au milieu d'une rue boueuse, avec quelques maisons de part et d'autre et une poignée de baraques qui devaient être, supposa

Bill, des magasins ou des entreprôts commèrciaux, il ne savait plus comment on les appelait à l'époque. Ça ne ressemblait en rien à Derry, exception faite du canal ; il y était, pavé avec soin sur les deux bords. À l'arrière-plan, en haut, on voyait un attelage de mules sur le chemin de halage, en train de tirer une péniche.

Un groupe d'une demi-douzaine d'enfants, environ, entourait le personnage comique. L'un d'eux portait un chapeau de paille de paysan ; un autre tenait un cerceau avec le bâton pour le faire rouler — une simple branche d'arbre. On distinguait encore les nœuds de bois à vif, là où les branchettes avaient été coupées grossièrement. *Ce truc-là n'a pas été fabriqué au Japon ou à Taïwan*, songea Bill, fasciné à l'image de ce garçon qu'il aurait pu être, s'il était né quelques générations auparavant.

Le type marrant arborait un large sourire. On ne distinguait pas de maquillage (néanmoins pour Bill ce visage n'était que maquillage), mais il était chauve, à l'exception de deux touffes de cheveux qui se dressaient comme des cornes au-dessus de ses oreilles, et Bill n'eut pas de difficulté à l'identifier. *Deux cents ans, sinon davantage*, se dit-il, tandis qu'il était pris d'un brusque accès de terreur, de colère et d'excitation mêlées. Vingt-sept ans plus tard, dans la bibliothèque de Derry, évoquant ce premier coup d'œil à l'album du père de Mike, il se rendit compte qu'il avait ressenti ce que devait éprouver un chasseur en tombant sur les premières déjections récentes d'un vieux tigre mangeur d'hommes. *Deux cents ans... si longtemps, et Dieu seul sait depuis combien plus de temps encore.* Cela le conduisit à se demander depuis quand l'esprit de Grippe-Sou le Clown hantait Derry — mais il n'eut pas envie d'explorer davantage cette voie.

« Donne-le-moi, Bill ! » disait Richie ; mais Bill conserva l'album quelques instants de plus, ne pouvant détacher les yeux de la gravure, sûr qu'elle allait s'animer : les quilles (s'il s'agissait bien de quilles) allaient s'élever et retomber, les gamins s'esclafferaient et applaudiraient, les mules qui tiraient la péniche franchiraient la limite de l'image. Certains des enfants, loin de rire et d'applaudir, crieraient et s'enfuiraient, peut-être.

Mais rien ne se produisit, et Mike tendit l'album à Richie.

Quand il revint à Mike, celui-ci tourna d'autres pages. « Ici, dit-il. Celle-là date de 1856, quatre ans avant l'élection de Lincoln à la présidence. »

L'album circula de nouveau. Il s'agissait d'une image en couleurs — sorte de dessin humoristique — où l'on voyait un groupe d'ivrognes devant un saloon qui écoutaient un gros politicien aux favoris en côtelettes d'agneau, en train de discourir, juché sur une planche posée sur deux barriques. Il tenait une chope de bière débordant de mousse à la main ; la planche pliait considérablement sous son poids. À quelque distance, un groupe de femmes en bonnet contemplait avec réprobation cette démonstration d'intempérance et de bouffonnerie. En dessous, une légende disait : À DERRY LA POLITIQUE DONNE SOIF, DÉCLARE LE SÉNATEUR GARNER !

« Papa dit que ce genre d'images était très populaire avant la guerre de Sécession, dit Mike. On les appelait " cartes de fous " et les gens se les envoyaient. Elles étaient comme les blagues dans *Mad*, au fond.

— C'étaient des d-dessins sa-satiriques.

— Ouais. Mais regarde donc dans le coin de celui-ci. »

L'image rappelait également *Mad*, mais d'une autre manière ; elle était remplie de détails comme une page de Mort Drucker dans la partie cinéma du magazine. On voyait un gros bonhomme versant de la bière dans la gueule d'un chien tacheté ; une femme tombée sur le derrière au milieu d'une flaque ; deux petits voyous qui glissaient en douce des allumettes soufrées dans les semelles d'un homme d'affaires à la mine prospère ; une fille se balançant à un orme et qui exhibait ses sous-vêtements. Mais en dépit du fouillis de détails qui composaient ce dessin, Mike n'eut besoin de montrer à personne où se trouvait le clown. Habillé d'une pesante tenue à carreaux de tambour, il jouait au bonneteau avec un groupe de bûcherons ivres. Il clignait de l'œil à l'adresse de l'un d'eux, qui, à en juger par son expression étonnée et sa bouche grande ouverte, venait de soulever la mauvaise carte. Le clown-tambour se faisait donner une pièce.

« Encore lui, dit Ben. Environ... un siècle après, non ?

— À peu près, oui. Et en voici une autre de 1891. »

Il s'agissait cette fois d'une première page du *Derry News*. HOURRA ! proclamait avec exubérance la manchette. DÉMARRAGE DES ACIÉRIES ! En dessous, un sous-titre disait : *Toute la ville au pique-nique d'inauguration*. Le dessinateur avait immortalisé l'instant où avait été coupé le ruban à l'entrée des aciéries Kitchener. Un bonhomme en jaquette et haut-de-forme brandissait une paire d'énormes ciseaux au-dessus du ruban, en présence d'une foule d'environ cinq cents personnes. Sur la gauche se tenait un clown — leur clown — lancé dans une acrobatie devant un groupe d'enfants ; l'artiste l'avait saisi au moment où il rebondissait sur les mains, si bien que son sourire avait l'air d'un cri.

Bill passa rapidement le livre à Richie.

L'image suivante était une photo sous-titrée par Will Hanlon : FIN DE LA PROHIBITION À DERRY — 1933. Les garçons n'avaient qu'une vague idée de ce qu'avait été la prohibition, mais le document parlait de lui-même ; il avait été pris devant le Wally's Spa, dans le Demi-Arpent d'Enfer. Le débit était plein à craquer d'hommes en chemise blanche à col ouvert, d'autres en tenue de bûcheron, d'autres en costume de banquier. Tous brandissaient verres et bouteilles d'un air de victoire. Deux calicots annonçaient en grandes lettres : BIENVENUE FRÈRE GNÔLE et CE SOIR BIÈRE GRATUITE ! Le clown, habillé en mauvais garçon caricatural (chaussures blanches, guêtres, pantalon étroit), un pied sur le marchepied d'un coupé, buvait du champagne dans la chaussure à talon aiguille d'une femme.

« Mille neuf cent quarante-cinq », dit Mike.

De nouveau le *Derry News*. Manchette : REDDITION DU JAPON. FINI ! GRÂCE À DIEU, FINI ! Une parade zigzaguait le long de Main Street en direction de Up-Mile Hill. Le clown se trouvait au second plan, avec son costume d'argent aux boutons orange, immobilisé dans l'entrecroisement de points du bélino, et paraissait suggérer — au moins aux yeux de Bill — que rien n'était terminé, que personne ne s'était rendu, que rien n'était gagné, qu'on en était toujours au point zéro, et surtout, que tout était perdu d'avance.

Bill eut une impression de froid, de peur.

Soudain, les points de l'image disparurent et elle commença à bouger.

« R-regardez ! s'exclama Bill, le mot tombant de sa bouche comme un glaçon en train de fondre. *Tous ! R-Regardez-m-moi tous Ça !* »

Ils se massèrent autour de lui.

« Oh, mon Dieu ! murmura Beverly, épouvantée.

— C'est Ça ! » cria presque Richie en tambourinant du poing sur le dos de Bill, tant il était excité. Il regarda le visage blanc et tiré d'Eddie, celui, pétrifié, de Stan Uris. « C'est ce que nous avons vu dans la chambre de Georgie ! C'est exactement ce que...

— Chut ! dit Ben. Écoutez ! » Puis il ajouta, presque en sanglots : « On peut les entendre, Seigneur, on peut les entendre ! »

Et dans le silence que rompait à peine la brise légère de l'été, ils se rendirent tous compte que c'était vrai. La clique jouait un air martial, ténu à cause de la distance... ou du passage du temps... ou de quoi que ce fût. Les cris de la foule étaient comme le son qui sort d'un poste mal réglé. On entendait aussi de petits bruits secs, faisant penser à des claquements de doigts étouffés.

« Des pétards, murmura Beverly qui se passa devant les yeux des mains qui tremblaient. Ce sont des pétards, non ? »

Personne ne répondit. Ils scrutaient la photo, la figure mangée par les yeux.

La parade s'avançait vers eux, mais juste au moment où les premiers rangs allaient atteindre le point où ils auraient dû sortir du cadre et pénétrer dans un monde plus vieux de treize ans, ils disparurent, comme avalés par quelque courbe invisible. Les autres suivirent, tandis que la foule se déplaçait. Confettis et pages d'annuaire tombaient en pluie des immeubles de bureaux qui bordaient la rue. Le clown faisait des cabrioles et des sauts périlleux le long du défilé, mimant un tireur, un salut militaire. Et Bill, pour la première fois, remarqua que les gens s'écartaient de lui, non pas tout à fait comme s'ils l'avaient vu, mais plutôt comme s'ils avaient senti un courant d'air ou une mauvaise odeur.

Seuls les enfants le voyaient — et s'en éloignaient.

Ben tendit la main vers l'image mouvante, comme l'avait fait Bill dans la chambre de George.

« N-N-NON ! cria Bill.

— Je crois que ça ne risque rien, Bill. Regarde. » Et Ben posa quelques instants sa main sur le revêtement de plastique.

« Mais si on enlevait la protection... »

Beverly poussa un cri. Le clown avait abandonné son numéro quand Ben avait retiré sa main. Il se ruait vers eux, maintenant, sa bouche ensanglantée se tordant en grimaces et ricanements. Bill fit aussi la grimace mais ne s'écarta pas pour autant du livre, car il pensait que le clown allait disparaître comme la parade avec ses soldats, sa clique, ses scouts et la Cadillac exhibant Miss Derry 1945.

Mais il ne s'évanouit pas selon la courbe qui semblait délimiter cette ancienne existence. Au lieu de cela, il bondit avec une grâce effrayante sur un réverbère au tout premier plan de la photo, sur la gauche. Il l'escalada comme un singe et son visage vint soudain se presser contre la solide feuille de plastique qui recouvrait chacune des pages de l'album de Will Hanlon. Beverly cria de nouveau, imitée cette fois par Eddie qui ne poussa qu'un faible couinement. Le plastique se déforma : tous, plus tard, durent admettre l'avoir vu se gonfler. Le bulbe rouge de son nez s'aplatit, comme lorsque l'on s'appuie contre une vitre.

Le clown riait et criait : « *Tous vous tuer ! Essayez de m'arrêter et je vous tuerai tous ! Vous rendrai fou et vous tuerai tous ! Pouvez pas m'arrêter ! Je suis le bonhomme en pain d'épice ! Je suis le loup-garou des adolescents !* »

Et pendant un instant, il fut le loup-garou — une tête de lycanthrope argentée par le clair de lune les observant à la place de celle du clown, babines retroussées sur des crocs.

« *Pouvez pas m'arrêter, je suis le lépreux !* »

C'était maintenant le visage hanté et pelé du lépreux, couvert de plaies purulentes qui les regardait avec les yeux d'un mort-vivant.

« *Pouvez pas m'arrêter, je suis la momie !* »

Le visage du lépreux se mit à vieillir et à se couvrir de fissures. D'antiques bandelettes se détachèrent à moitié de sa peau et se pétrifièrent ainsi. Ben détourna à demi la tête, blanc comme un linge, une main collée à l'oreille.

« *Pouvez pas m'arrêter, je suis les garçons morts !* »

« *Non !* » hurla Stan Uris. Pris dans deux croissants de chair meurtrie, ses yeux s'exorbitèrent — *choc somatique*, pensa Bill, hagard. Il utiliserait l'expression dans un roman, douze ans plus tard, sans la moindre idée de son origine, se contentant de l'adopter comme le font les écrivains de ces cadeaux qui arrivent des espaces extérieurs

(autres espaces)

d'où viennent parfois les bonnes expressions.

Stan lui arracha l'album des mains et le referma sèchement, pressant si fort les deux couvertures que les tendons de ses avant-bras et de ses poignets saillaient. Il se mit à dévisager les autres avec dans les yeux quelque chose de presque dément. « Non, non, non, non, non », répéta-t-il rapidement.

Et Bill se rendit soudain compte que les dénégations répétées de Stan l'inquiétaient davantage que le clown ; il comprit que c'était précisément le genre de réaction que Ça cherchait à provoquer, parce que...

Parce qu'il a peut-être peur de nous... Ça a peut-être peur pour la première fois de sa longue, longue vie.

Il saisit Stan aux épaules et le secoua sèchement par deux fois, sans le lâcher. Les dents du garçon s'entre-choquèrent et il laissa échapper l'album. Mike le ramassa et le déposa plus loin, vivement, peu enclin à le toucher après ce qu'il avait vu. Mais ce n'en était pas moins la propriété de son père, et il comprenait, intuitivement, que celui-ci ne verrait jamais ce qu'il venait de voir lui-même.

« Non, dit Stan doucement.

— Si, dit Bill.

— Non.

— Si. Nous l'a-a...

— Non.

— a-vons t-tous vu, Stan, termina Bill en regardant les autres.

— Si, dit Ben.

— Si, dit Richie.

— Si, dit Mike, oh, si !

428

— Si, dit Beverly.

— Si », réussit à gargouiller Eddie avant que sa gorge ne se referme davantage.

Bill regarda Stan, l'obligeant à ne pas détourner les yeux. « Ne t-te laisse pas a-avoir par Ça, m-mec. T-Tu l'as vu, t-toi aussi.

— Je ne voulais pas ! » gémit Stan. Des perles de sueur huileuses brillaient à son front.

« Mais t-tu l'as v-vu. »

Stan les dévisagea tous, tour à tour. Il passa les mains dans ses cheveux courts et poussa un profond soupir tremblé. La pointe de folie qui avait tant inquiété Ben parut disparaître de son regard.

« Oui, dit-il, d'accord. Oui, c'est ce que vous voulez ? Oui. »

Bill pensa : *Nous sommes toujours ensemble. Ça ne nous a pas arrêtés. Nous pouvons toujours tuer Ça. Nous pouvons toujours le tuer... si nous sommes courageux.*

Bill parcourut à son tour les visages qui l'entouraient et découvrit quelque chose de l'hystérie de Stan dans chaque paire d'yeux. Pas aussi manifeste, mais là tout de même.

« Ou-Ouais », dit-il avec un sourire qui s'adressait à Stan. Au bout d'un instant, Stan lui rendit son sourire et ce qu'il y avait d'encore horrifié dans son regard disparut. « C'est ce-ce que n-nous voulons, espèce d'i-idiot.

— Bip-bip, gros malin », répliqua Stan, et tous éclatèrent de rire. Un rire nerveux et hystérique, certes, mais qui valait mieux que pas de rire du tout, admit Bill.

« A-Allons ! fit-il, parce qu'il fallait bien que quelqu'un dise quelque chose. Fi-Finissons le C-Club souterrain. D'a-accord ? »

Il lut de la gratitude dans leurs yeux, mais la joie qu'il en éprouva fut de peu d'effet sur l'horreur qu'il ressentait. En fait, il y avait dans cette gratitude quelque chose qui lui donnait envie de les haïr. Pourrait-il jamais exprimer sa propre terreur, sans risquer de faire sauter les fragiles soudures qui maintenaient leur cohésion ? Était-il seulement juste de penser cela ? Car, au moins dans une certaine mesure, il se servait d'eux, ses amis ; il risquait leur vie pour venger son frère mort. Mais n'y avait-il pas autre chose ? Si : car George était mort, et ce n'était qu'au nom des vivants qu'on pouvait exercer une vengeance. N'était-il donc pas, en fin de compte, qu'un simple petit morveux égoïste agitant son épée de bois et essayant de se faire passer pour le Roi Arthur ?

Ô Seigneur, grogna-t-il en lui-même, *si ce sont là les trucs auxquels pensent les adultes, je préfère ne jamais grandir !*

Sa détermination était toujours aussi forte, mais s'était chargée d'amertume.

Oui, d'amertume.

CHAPITRE 15

La cérémonie de la petite fumée

1

Richie Tozier repousse ses lunettes sur son nez (un geste qui déjà lui paraît parfaitement familier, même si cela fait vingt ans qu'il porte des verres de contact) et constate avec stupéfaction que l'atmosphère de la salle s'est transformée pendant que Mike leur rapportait ses mésaventures avec l'oiseau, dans l'aciérie en ruine, et leur rappelait comment la photo s'était animée dans l'album de son père.

Richie a senti une sorte d'énergie démente et roborative monter et croître. Il a pris de la cocaïne huit ou neuf fois au cours des deux dernières années — surtout pendant des soirées; il faut se méfier de la coke, en particulier quand on est un disc-jockey en vue — et la sensation était presque la même. Sauf que celle qu'il éprouve aujourd'hui lui semble plus pure, avoir quelque chose de plus fondamental; c'est comme une impression d'enfance, celle qu'il ressentait quotidiennement et qui lui paraissait alors aller de soi. Il suppose que s'il avait pu jamais s'interroger sur ce flux souterrain d'énergie, étant enfant (il ne se souvient pas l'avoir fait), il l'aurait considéré comme parfaitement naturel, comme la couleur de ses yeux et ses horribles doigts de pieds trop gros.

Mais cela ne s'est pas avéré. Cette énergie dans laquelle on puise avec tant de profusion quand on est enfant, cette énergie qui paraît inépuisable, elle disparaît en douce entre dix-huit et vingt-quatre ans pour être remplacée par quelque chose qui n'en a pas l'éclat, loin s'en faut, et d'aussi factice qu'une euphorie à la coke : des intentions ou des buts, peu importe le terme, c'est l'esprit chambre de commerce. Ça se passe sans histoires, la disparition n'est pas instantanée, elle ne s'accompagne d'aucun éclat. Et peut-être, se dit Richie, est-ce là ce qui fait le plus peur. Cette façon de ne pas arrêter d'un seul coup d'être un enfant, avec un gros boum ! *comme un de ces ballons de clown qui explosent pour les besoins d'un gag. L'enfant qui est en soi fuit comme crève un pneu sans chambre : lentement. Un jour, on se regarde dans un miroir, et c'est un adulte qui vous renvoie votre regard. On peut continuer à porter des blue-jeans, à écouter Bruce Springsteen, on peut se teindre les cheveux, mais dans le miroir, c'est toujours un adulte qui vous regarde. Peut-être que tout se passe pendant le sommeil, comme la visite de la petite souris, la fée des dents de lait.*

Non, *pense-t-il*, pas la fée des dents de lait, la fée de l'Âge.

Il rit de l'absurdité de cette image, tout fort, et lorsque Beverly l'interroge du regard, il agite la main. « Ce n'est rien, mon chou, juste une idée stupide. »

Mais maintenant cette énergie est de retour. Non, pas entièrement, mais en cours de reconstitution. Et il n'est pas seul en cause ; il la sent qui remplit la salle. Pour la première fois depuis ce déjeuner épouvantable où ils se sont tous retrouvés, Mike lui paraît aller bien. Lorsque Richie est arrivé dans la salle de réception du restaurant et qu'il y a vu Mike assis avec Ben et Eddie, il a ressenti un choc et s'est dit : Voici un homme en train de devenir fou, peut-être bientôt prêt à se suicider. *L'impression a disparu ; elle ne s'est pas simplement sublimée, elle a vraiment disparu. Assis ici, Richie vient*

de voir ce qu'il en restait s'évanouir au fur et à mesure
que Mike revivait les épisodes de l'oiseau et de l'album.
Ses batteries se sont rechargées. Il en est de même pour
tous. Cela se lit sur leur visage, dans leur voix, dans leurs
gestes.

Eddie se prépare un autre gin au jus de prune. Bill se
verse une nouvelle rasade de bourbon et Mike ouvre une
deuxième bière. Beverly jette un bref coup d'œil à la
grappe de ballons que Mike a attachée à l'appareil à
microfilms et finit hâtivement sa vodka-orange. Tous ont
bu avec enthousiasme, mais aucun n'est ivre. Richie
ignore d'où provient cette énergie, mais en tout cas ce
n'est pas de la bouteille.

LES NÈGRES DE DERRY SIFFLÉS PAR L'OISEAU : *bleus.*

LES RATÉS RATENT TOUJOURS MAIS STAN URIS NE S'EST PAS
RATÉ : *orange.*

C'est finalement Eddie qui rompt le silence. « Que
pensez-vous que Ça sache au juste de ce que nous
tramons ? *demande-t-il.*

— Ça... il était présent, non ? *dit Ben.*

— Je ne suis pas sûr que cela veuille dire quelque
chose », *répond Eddie.*

Bill acquiesce. « Ce ne sont que des images. Rien ne
prouve que Ça puisse nous voir, ou que Ça sache ce que
nous avons l'intention de faire. On peut voir un journa-
liste à la télé, mais lui ne peut pas nous voir.

— Ces ballons ne sont pas de simples images, *remarque Beverly avec un geste du pouce.* Ils sont bien réels.

— Et pourtant, ce n'est pas exact, *dit Richie ;* tous le
regardent. Les images sont réelles. Bien sûr. Elles... »

Et soudain, quelque chose se met en place — quelque
chose de nouveau — avec une telle force qu'il en porte les
mains aux oreilles. Derrière ses lunettes, ses yeux s'agran-
dissent.

« Oh, mon Dieu ! » *s'écrie-t-il. Il cherche à tâtons la*
table, se redresse à moitié puis retombe sur sa chaise,
lourdement. Il renverse sa bière en voulant la prendre, la

433

redresse, et boit ce qu'il en reste. Il se tourne vers Mike tandis que les autres le regardent avec inquiétude.

« La brûlure! crie-t-il presque. Les yeux qui me brûlaient! Mike, la brûlure... »

Mike hoche la tête, un demi-sourire aux lèvres.

« R-Richie? demande Bill. De q-quoi s'agit-il? »

Mais Richie l'entend à peine. La force du souvenir le balaie comme une vague, le faisant passer par des alternatives de chaud et de froid, et il comprend brusquement pour quelle raison ces souvenirs sont remontés un par un. Si tout lui était revenu d'un coup, il aurait subi l'équivalent psychologique d'une détonation d'arme à feu déclenchée à deux centimètres de son oreille — de quoi vous faire sauter le haut du crâne.

« On l'a vu venir, dit-il à Mike. On l'a vu venir, n'est-ce pas? Toi et moi... ou bien juste moi? (Il saisit la main de Mike, posée sur la table.) L'as-tu vu, toi aussi, ou moi seulement? L'incendie de forêt? Le cratère.

— Je l'ai vu », répond paisiblement Mike en serrant la main de Richie, qui ferme un instant les yeux. Il lui semble n'avoir jamais ressenti une aussi chaude et puissante impression de soulagement de sa vie, même pas quand le vol de la PSA, au décollage, a dérapé au-dehors de la piste et s'est arrêté là, sans casse; quelques bagages à main étaient simplement tombés des casiers. Il avait bondi jusqu'à la sortie d'urgence et aidé une femme à quitter l'avion. La femme s'était foulé une cheville en courant dans l'herbe; elle riait et n'arrêtait pas de dire : « Je n'arrive pas à croire que je suis vivante, je n'y arrive pas! » Sur quoi Richie, qui la portait à moitié d'un bras et qui de l'autre faisait signe aux pompiers, dont les gestes leur enjoignaient de s'éloigner de l'appareil, avait répondu : « D'accord, vous êtes morte, morte, est-ce que vous vous sentez mieux, maintenant? » Et tous deux avaient ri comme des fous... un rire de soulagement. Mais le soulagement qu'il éprouve en ce moment est encore plus grand.

434

« De quoi parlez-vous, les gars ? » demande Eddie en les regardant tour à tour.

Richie interroge Mike du regard, mais celui-ci secoue la tête. « C'est à toi, Richie. J'ai déjà assez parlé pour la soirée.

— Vous ne le savez pas ou vous l'avez oublié, car vous étiez partis, explique Richie aux autres. Mikey et moi avons été les deux derniers Injuns dans la petite fumée.

— La petite fumée, répète Bill songeur, le regard perdu.

— La sensation de brûlure dans mes yeux, sous mes lentilles de contact... je l'ai ressentie tout de suite après le coup de fil de Mike en Californie. J'ignorais alors ce que c'était, mais maintenant je le sais. C'était la fumée. Une fumée vieille de vingt-sept ans. » Il se tourne vers Mike. « Psychologique ? Psychosomatique ? Quelque chose remonté de l'inconscient ?

— Je ne dirais pas cela, répond tranquillement Mike. Mais plutôt que la sensation avait la même réalité que les ballons ou que la tête que j'ai vus dans le frigo, ou que le cadavre de Tony Tracker vu par Eddie. Explique-leur, Richie.

— C'était quatre ou cinq jours après l'incident de l'album du père de Mike. Peu après la mi-juillet, très probablement. Le Club souterrain était achevé. Mais... la petite fumée, c'était ton idée, Meule de Foin. Tu avais trouvé ça dans un de tes bouquins. »

Ben a un léger sourire et acquiesce.

Richie pense : Il faisait très gris ce jour-là ; pas de vent. De l'orage dans l'air. Comme le jour, un mois plus tard environ, où nous avons formé le cercle dans la rivière et où Stan a entaillé nos mains avec cet éclat d'une bouteille de Coke. L'atmosphère était comme écrasée au sol, dans l'attente d'un événement, et plus tard, Bill a dit que c'est devenu suffocant aussi rapidement parce qu'il n'y avait aucun appel d'air.

Le 17 juillet, oui, le 17. Le jour de la petite fumée. Un mois après le début des vacances et alors que le noyau des

Ratés — Bill, Eddie et Ben — s'était formé dans les Friches. Voyons..., *pense Richie*, les prévisions météo pour cette journée vieille de presque vingt-sept ans... Je peux dire ce qu'elles annonçaient avant de les avoir lues. Richard Tozier, ou le Grand Mentaliseur. « Chaud, humide, risque d'orages. Surveiller les visions qui peuvent naître de la petite fumée... »

Cela se passait deux jours après la découverte du corps de Jimmy Cullum, le lendemain du jour où Mr. Nell était redescendu dans les Friches et s'était assis juste au-dessus du Club sans s'en douter un instant car le toit avait été installé et Ben en personne avait veillé à son camouflage. À moins de se mettre à quatre pattes et de tout examiner à la loupe, jamais on n'aurait pu deviner quoi que ce fût. Comme le barrage, le Club souterrain de Ben avait été un succès retentissant, mais cette fois-ci, Mr. Nell n'en sut rien.

Il les avait interrogés avec soin, officiellement, notant toutes les réponses dans son carnet noir, mais ils n'avaient que peu de chose à déclarer — du moins en ce qui concernait Jimmy Cullum — et le policier était reparti en leur rappelant une fois de plus qu'ils ne devaient jamais venir jouer seuls dans les Friches, au grand jamais. Sans doute les en aurait-il chassés si on avait cru, au département de police de Derry, que le petit Cullum avait été tué ici ; mais tout le monde savait bien qu'avec ce système d'égouts et de canalisations, tout finissait par y être rejeté.

Mr. Nell était venu le 16, oui, par une journée également chaude et humide, mais ensoleillée. Le ciel s'était couvert le 17.

« Vas-tu nous parler ou non, Richie ? » demande Bev. Elle esquisse un sourire, les lèvres pleines, maquillées en rouge-rose pâle, le regard animé.

« Je me demandais par où commencer », répond-il en enlevant ses verres qu'il essuie sur un pan de chemise. Et tout d'un coup, il sait : au moment où le sol s'est ouvert *devant lui et Bill. Il connaissait pourtant le Club, mais ça l'impressionnait toujours de voir cette fente noire s'entre-bâiller dans la terre.*

Il se souvient que Bill l'avait pris sur le porte-bagages de Silver à leur point de rendez-vous habituel de Kansas Street, puis comme ils avaient rangé la bicyclette sous le pont. Il se souvient de leur marche jusqu'à la petite clairière, sur un sentier si étroit qu'il fallait avancer de profil par moments dans l'enchevêtrement des brous-sailles — on était en plein été et la végétation des Friches était à son apogée. Il se souvient des claques qu'il se donnait pour chasser les moustiques qui zonzonnaient à ses oreilles, de quoi rendre fou ; il se souvient même de Bill disant (oh, comme tout lui revient avec clarté, non pas comme si c'était arrivé hier, mais comme si c'était en train de se produire) : « B-Bouge pas, R-R-

2

« Richie, y a-a un g-gros ba-balèze sur ton c-cou.

— Oh, bon Dieu ! » s'exclama Richie qui détestait les moustiques. Des saloperies de petits vampires volants, pas autre chose. « Tue-le, Bill. »

La main de Bill s'abattit sur la nuque de son ami.

« Houlà !

— Re-regarde. »

Un moustique écrasé gisait au cœur d'une tache irrégulière de sang dans la paume de Bill. *Mon sang, que j'ai versé pour toi et pour bien d'autres*, pensa Richie. « Beurk, fit-il.

— T'en f-fais pas. Ce pe-petit b-branleur ne redan-sera p-plus jamais le t-tango. »

Ils poursuivirent leur chemin ponctué de gifles (pour les moustiques) et de moulinets (contre les nuages de mouches noires sans doute attirées par leur odeur de transpiration).

« Quand vas-tu parler aux autres des balles en argent, Bill ? » demanda Richie au moment où ils approchaient de la clairière. « Les autres » étaient en l'occurrence Bev, Eddie, Mike et Stan, même s'ils se doutaient que ce dernier soupçonnait quelque chose. Stan était brillant, trop brillant pour son propre bien, se disait parfois Richie. Il avait pratiquement paniqué le jour où Mike avait amené l'album de son père et Richie aurait parié, sur le coup, que le Club des Ratés allait perdre un membre et devenir un sextuor. Stan avait néanmoins fait sa réapparition, le lendemain, et Richie l'en respectait d'autant plus. « Tu vas leur dire aujourd'hui ?

— N-Non, pas aujourd'hui.

— T'as peur que ça ne marche pas, hein ? »

Bill haussa les épaules et Richie, qui fut peut-être celui qui comprit le mieux Bill Denbrough jusqu'à l'arrivée d'Audra Phillips dans la vie de ce dernier, eut l'intuition de tout ce qu'il lui aurait répondu s'il n'y avait eu la barrière de son bégaiement : que les gosses qui fondent des balles en argent, c'est des trucs romanesques, des trucs de BD, même... en un mot, que c'était que dale. Bien sûr, ils pouvaient toujours essayer. Dans un film, ça marcherait, ouais. Mais...

« Alors ?

— J'ai une i-i-idée. Plus s-simple. Mais seulement si B-Be-verly...

— Si Beverly quoi ?

— L-Laisse tomber. »

Et Bill n'en dit pas plus sur la question.

Ils pénétrèrent dans la clairière. En y regardant de près, on aurait peut-être remarqué que l'herbe avait un air légèrement piétiné ; on aurait pu même se dire qu'il y avait quelque chose d'artificiel — presque un peu trop bien disposé — dans la façon dont étaient éparpillées feuilles et aiguilles de pin sur le gazon. Bill ramassa l'emballage d'une confiserie (venant sans aucun doute de Ben) et le mit machinalement dans sa poche.

Au moment où les garçons allaient atteindre le milieu de la clairière, un fragment de sol d'une trentaine de centimètres se souleva dans un désagréable grincement de charnières, révélant une paupière noire. Des yeux apparurent sur ce fond de ténèbres et Richie ne put retenir un frisson. Mais ce n'étaient que ceux d'Eddie Kaspbrak, à qui il rendrait visite, une semaine plus tard, à l'hôpital, Eddie qui entonna d'une voix creuse : « Qui heurte si fort à ma porte ? »

Rires étouffés d'en dessous, bref éclair d'une lampe de poche.

« Cé sonne les *rurales*, Señor, répondit Richie (qui s'était accroupi et tortillait une moustache invisible) en prenant sa voix Pancho Vanilla.

— Ah oui ? fit Beverly. Montrez-nous vos insignes.

— Nos cent signès ? cria Richie, ravi. Nous n'avons pas béssoin, dé cent signès ! Ouné seul souffit !

— Va te faire foutre, Pancho ! » répliqua Eddie en refermant sèchement la grosse paupière. D'autres rires étouffés montèrent du sol.

« *Sortez tous les mains en l'air !* » gronda Bill d'une voix basse et autoritaire d'adulte. Il se mit à piétiner lourdement le toit de gazon du Club. C'est à peine si l'on voyait bouger le sol sur son passage ; ils avaient fait du bon travail. « *Vous n'avez pas l'ombre d'une chance !* » reprit-il sur le même ton, se voyant lui-même comme l'intrépide Joe Friday de la police de Los Angeles. « *Sortez tous de là, bande de rats ! Ou bien on ouvre le feu !* »

Il sauta lourdement sur place pour accentuer l'effet. Cris et rires d'en dessous. Bill souriait, sans se rendre compte que Richie l'observait attentivement — non pas comme un enfant regarde un autre enfant, mais, pendant un bref instant, comme un adulte regarde un enfant.

Il ne sait pas qu'il ne le fait pas toujours, pensa Richie.

« Laisse-les entrer, Ben, avant qu'ils démolissent tout », dit Bev. Bientôt s'ouvrit une trappe comme une écoutille de sous-marin. La tête de Ben apparut, toute rouge. Richie comprit aussitôt que Ben devait être assis à côté de Beverly.

Bill et Richie descendirent par la trappe que Ben referma. Ils étaient tous réunis, assis contre les parois de planches, genoux remontés, la lumière de la lampe de poche de Ben révélant mal les visages.

« A-Alors, qu'est-ce qui s-se p-pa-passe ? demanda Bill.

— Pas grand-chose », répondit Ben. Il était bien assis à côté de Beverly, et si sa figure était écarlate, il avait aussi l'air heureux. « On était juste...

— Dis-leur, Ben, l'interrompit Eddie. Dis-leur l'histoire ! Faut voir ce qu'ils en pensent.

— Ce ne serait pas recommandé pour ton asthme », remarqua Stan du ton il-faut-bien-qu'il-y-ait-quelqu'un-de-raisonnable-ici.

Richie était assis entre Mike et Ben, mains jointes aux genoux. L'endroit était délicieusement frais, et avait quelque chose de délicieusement secret. « De quoi parliez-vous ?

— Ben nous a raconté une histoire de cérémonie indienne, répondit Bev. Mais Stan a raison ; ça ne serait pas très bon pour ton asthme, Eddie.

— Ça me fera peut-être rien, objecta Eddie, d'un ton dont l'assurance, remarqua Richie, lui faisait honneur. En général, les crises se produisent quand je m'énerve. Je voudrais bien essayer, de toute façon.

— Mais es-essayer quoi ?

— La cérémonie de la petite fumée, dit Eddie.

— Qu'est-ce q-que c'est ?

— Eh bien, j'ai trouvé ça dans un livre de la bibliothèque, la semaine dernière, commença Ben. *Fantôme des Grandes Plaines*. Il parle des tribus indiennes qui vivaient dans l'Ouest, il y a cent cinquante ans. Les Paioutes, les Pawnees, les Kiowas, les Otoes, les Comanches. C'est vraiment un bon livre. Qu'est-ce que j'aimerais aller dans les États où ils vivaient, l'Iowa, le Nebraska, le Colorado, l'Utah...

— Arrête et parle-nous de la cérémonie de la petite fumée, fit Beverly en le poussant du coude.

— Oui, d'accord. » Et Richie se dit qu'il aurait répondu la même chose si Bev lui avait demandé de boire une fiole de poison.

« Presque tous ces Indiens avaient des cérémonies spéciales, et c'est notre Club souterrain qui m'y a fait penser. À chaque fois qu'ils avaient des décisions importantes à prendre — s'il fallait ou non suivre les troupeaux de bisons, trouver de nouvelles sources, ou faire la guerre à leurs ennemis —, ils creusaient un grand trou, qu'ils recouvraient de branches en laissant juste un petit passage pour la fumée. Quand l'installation était terminée, ils allumaient un feu dans la fosse. Ils se servaient de bois vert pour qu'il y ait beaucoup de fumée, et tous les braves s'asseyaient autour de ce feu. Le trou ne tardait pas à se remplir de fumée. Le livre dit que c'était une cérémonie religieuse, mais on peut aussi parler de compétition, je crois. Au bout d'une demi-journée, à peu près, la plupart des braves en sortaient à quatre pattes, ne pouvant plus supporter la fumée. Il en restait deux ou trois. Ceux-ci, dit-on, avaient des visions.

— Ouais, je crois que j'en aurais aussi si je respirais de la fumée pendant cinq ou six heures, remarqua Mike, ce qui les fit tous rire.

— En principe, ces visions expliquaient à la tribu ce qu'elle devait faire, reprit Ben. Et je ne sais pas si c'est vrai ou non, mais d'après le livre, elles faisaient presque toujours prendre la bonne décision. »

Il y eut un silence et Richie regarda Bill. Il se rendit compte qu'ils le regardaient tous et il eut l'impression, une fois de plus, que l'histoire de la petite fumée de Ben était quelque chose de plus qu'un exemple qu'on prend dans un livre pour ensuite jouer soi-même à l'apprenti chimiste ou magicien. Il le savait, tous le savaient. C'était quelque chose qu'ils étaient censés faire.

Ceux-ci, dit-on, avaient des visions... ces visions faisaient presque toujours prendre la bonne décision.

Richie pensa : *Je parie que si on lui demande, Ben nous dira que c'est tout juste si ce livre ne lui a pas sauté dans les mains. Comme si quelque chose avait voulu lui voir lire celui-ci et pas un autre, pour qu'il nous parle ensuite de la cérémonie de la petite fumée. Parce qu'il y a bien une tribu, ici, non ? Ouais. Nous. Et nous avons bougrement besoin de savoir ce que nous devons faire.*

Cette réflexion en amena une autre : *Tout cela était-il censé arriver ? Depuis le moment où Ben a eu l'idée du Club souterrain au lieu de la cabane dans les arbres, cela devait-il arriver ? Qu'est-ce qui relève de notre initiative, là-dedans, et qu'est-ce qui... vient d'ailleurs ?*

Il se dit que d'une certaine manière, cette idée avait quelque chose de réconfortant. Il était agréable d'imaginer que quelque chose de plus puissant que soi, de plus intelligent que soi, réfléchissait à votre place, comme les adultes font quand ils prévoient les repas, achètent les vêtements et organisent l'emploi du temps des enfants ; et Richie était convaincu que la force qui les avait rassemblés, celle qui s'était servie de Ben pour leur faire connaître la cérémonie de la petite fumée, n'était pas la même que celle qui tuait les enfants. C'était une sorte de contre-force qui s'opposait à... Ça. Néanmoins, il ne trouvait pas très agréable cette impression de ne pas contrôler ses propres actions, d'être dirigé, utilisé.

Tous regardaient Bill ; tous attendaient de voir ce qu'il allait dire.

« V-Vous savez, ça m'a-a l'air p-pas mal du t-tout. »

Beverly soupira et Stan s'agita, mal à l'aise ; ce fut tout.

« P-Pas m-mal du t-tout », répéta Bill en se regardant les mains. Peut-être cela tenait-il à la lumière vacillante de la lampe que Ben tenait à la main, mais Richie trouva que Bill, en dépit de son sourire, était un peu pâle et avait l'air d'avoir très peur ; c'était peut-être aussi son imagination. « U-Une vision peut n-nous être utile pour s-savoir quoi f-faire. »

Et si quelqu'un doit avoir une vision, pensa Richie, *ce sera Bill*. Mais sur ce point il se trompait.

Ben intervint : « Ça ne marche probablement que pour les Indiens, mais on peut toujours essayer.

— Ouais, on va sans doute tous s'évanouir à cause de la fumée et crever dans notre trou, fit Stan d'un ton sinistre. Ça vaudra vraiment le coup.

— Tu ne veux pas, Stan ? demanda Eddie.

— Si, même si je ne suis pas très enthousiaste. » Il soupira. « Vous êtes en train de me rendre cinglé, les mecs, savez-vous ? Quand ? ajouta-t-il en regardant Bill.

— Il ne f-faut ja-jamais remettre à-à plus t-tard... »

Il y eut un silence stupéfait, puis songeur. Finalement Richie se redressa et ouvrit la trappe, laissant pénétrer dans le Club la lumière grise et brillante de cette tranquille journée d'été.

« J'ai ma hachette, dit Ben en le suivant à l'extérieur. Qui veut m'aider à couper un peu de bois vert ? »

En fin de compte, tout le monde donna un coup de main.

3

Il leur fallut environ une heure pour être prêts. Ils coupèrent quatre ou cinq brassées de branchages que Ben débarrassa de leurs feuilles. « Pour fumer, ça devrait fumer, remarqua-t-il. Je me demande même si on arrivera à les faire brûler. »

Beverly et Richie se rendirent sur la rive de la Kenduskeag d'où ils ramenèrent plusieurs gros galets, la veste d'Eddie servant de sac. (Sa mère lui donnait toujours une veste, même s'il faisait plus de vingt-cinq degrés ; il pouvait pleuvoir, et avec une veste, le cher petit ne serait pas mouillé.) Au retour, une idée traversa l'esprit de Richie. « Tu ne peux pas participer à la cérémonie, Bev. Tu es une fille. Ben a dit que c'étaient les braves qui descendaient dans le trou, pas les squaws. »

Beverly s'arrêta, et regarda Richie avec une expression où se mêlaient l'amusement et l'irritation. Une mèche de cheveux s'était détachée de sa queue de cheval. Elle avança la lèvre inférieure et souffla, la chassant de son front.

« Je te prends à la lutte quand tu veux, Richie. Tu le sais parfaitement bien.

— Aucun 'appo't, Miss Sca'lett, fit Richie en ouvrant de grands yeux. V' sêtes toujou's une fille et vous se'ez toujou's une fille ! Jamais un b'ave Injun !

— Alors je serai une bravette. Et maintenant on ramène ces cailloux au Club, ou tu préfères que je démolisse ta sale caboche avec ? »

Richie n'avait été qu'à demi sérieux lorsqu'il avait parlé d'exclure Bev de la cérémonie du fait de son sexe, mais apparemment Bill l'était tout à fait.

Elle se tenait debout devant lui, mains sur les hanches, rouge de colère. « Tu ne vas pas t'en sortir comme ça, Bill le Bègue ! Ou je suis dans le coup, ou je ne fais plus partie de votre foutu Club ! »

Patiemment, Ben répondit : « Ce n'est p-pas co-comme ça, Be-Beverly, et t-tu le sais b-bien. Il faut q-que quelqu'un r-reste à-à l'extérieur.

— Pourquoi ? »

Bill voulut répondre, mais sentit son bégaiement

empirer; il se tourna vers Eddie pour chercher de l'aide.

« À cause de ce qu'a dit Stan, expliqua calmement Eddie, à propos de la fumée. Bill dit que ça peut réellement arriver. Qu'on s'évanouisse tous, et qu'on meure. Il dit que c'est ce qui arrive la plupart du temps dans les incendies. Les gens meurent d'asphyxie, pas brûlés. Ils...

— Bon, d'accord, le coupa Bev en se tournant vers lui. Et il veut que quelqu'un reste dehors, c'est ça ? »

L'air d'un chien battu, Eddie acquiesça.

« Dans ce cas, pourquoi ce ne serait pas toi ? C'est toi qui as de l'asthme, pas moi. »

Eddie ne répondit rien. Elle se tourna à nouveau vers Bill. Les autres se tenaient un peu plus loin, regardant la pointe de leurs tennis.

« C'est parce que je suis une fille, hein ? c'est bien ça ?

— Be-Be-Be-Be...

— T'as pas besoin de parler, lança-t-elle sèchement. Hoche la tête si c'est oui. Ta tête ne bégaie pas, je suppose ? C'est parce que je suis une fille ? »

À contrecœur, Bill hocha la tête.

Elle le regarda quelques instants, lèvres tremblantes, et Richie eut l'impression qu'elle était sur le point de pleurer. Au lieu de cela, elle explosa.

« Eh bien, allez vous faire foutre ! » Elle se tourna brusquement vers les autres, et aucun n'osa soutenir son regard. « Allez tous vous faire foutre si vous pensez la même chose ! » Elle revint vers Bill et se mit à parler à toute vitesse : « C'est autre chose tout de même que les petits jeux de gosses comme chat perché, le gendarme et les voleurs ou les cow-boys ! Tu le sais très bien, Bill ! C'est quelque chose que nous devons faire, nous le devons ! La petite fumée en fait partie. Et tu ne vas pas me virer juste parce que je suis une fille, tu comprends ça ? T'as intérêt, parce que sinon, je me barre tout de suite. Et si je pars, c'est définitif. C'est pour de bon. Tu comprends ? »

Elle s'arrêta. Bill la regarda ; il avait l'air d'avoir retrouvé son calme, mais Richie eut peur. Il avait l'impression qu'ils étaient en train de perdre le peu de chances qu'ils avaient de gagner, de trouver un moyen d'en finir avec la chose qui avait tué Georgie Denbrough et les autres enfants, de trouver Ça et de le tuer. Il se dit : *Sept, c'est le nombre magique. Il faut que nous soyons sept. C'est comme ça que cela doit être.*

Quelque part un oiseau chanta, s'interrompit, recommença.

« T-Très b-bien, dit Bill, et Richie poussa un soupir. Mais il f-faut q-que quelqu'un r-reste dehors. Qui v-veut le f-faire ? »

Richie pensa que Stan ou Eddie allaient se porter volontaires, mais personne ne bougea. Eddie ne dit rien, Stan garda un silence songeur et Mike passa les pouces dans sa ceinture comme Steve McQueen dans *Wanted : Dead or Alive.* Ben n'avait même pas relevé la tête.

« A-Allons, les g-gars », dit Bill, et Richie prit conscience que tous les masques étaient tombés, maintenant ; le discours passionné de Bev et l'expression sérieuse et adulte de Bill ne permettaient plus de se faire d'illusions. La cérémonie de la petite fumée faisait partie intégrante des événements et présentait peut-être les mêmes dangers que ceux que Bill et lui-même avaient courus lors de l'expédition au 29, Neibolt Street. Ils le savaient... et personne ne reculait. Il fut soudain très fier d'eux, très fier d'être avec eux. Après tant d'années d'exclusion, il était enfin admis. Étaient-ils encore des ratés ou non ? Il l'ignorait, mais il savait en revanche qu'ils étaient ensemble, qu'ils étaient amis. De sacrés bons amis. Richie enleva ses lunettes et les essuya vigoureusement à un pan de sa chemise.

446

« Je sais comment faire », dit Beverly en sortant une boîte d'allumettes de sa poche. Elle prit une allumette, l'enflamma et l'éteignit aussitôt ; puis elle en prit six autres intactes, se détourna, et y ajouta l'allumette brûlée, tenant le tout dans son poing fermé. Quand elle leur fit de nouveau face, les sept allumettes, à l'envers, dépassaient de son poing. « Prends-en une, dit-elle en s'adressant tout d'abord à Bill. Celui qui aura l'allumette brûlée restera dehors et se chargera de sortir ceux qui s'évanouiraient. »

Bill la regarda droit dans les yeux. « T-Tu es sûre que c'est ce-ce que tu v-veux ? »

Elle lui sourit, et son visage rayonna. « Ouais, gros bêta, c'est ce que je veux. Et toi ?

— J-Je t'aime, B-Bev », dit-il, et les joues de Beverly s'empourprèrent vivement.

Bill ne parut pas s'en rendre compte. Il étudiait les extrémités des allumettes dépassant de son poing, et finit par en prendre une. Elle était intacte. Bev se tourna vers Ben et lui tendit les six qui restaient.

« Moi aussi je t'aime », déclara Ben, la voix enrouée. Il avait rougi jusqu'à la racine des cheveux et paraissait sur le point d'avoir une attaque. Mais personne ne rit. Un peu plus loin dans les Friches, l'oiseau chanta de nouveau. *Stan sait sûrement de quelle espèce il est*, pensa Richie sans savoir pourquoi.

« Merci », dit-elle avec un sourire, et Ben prit une allumette. Intacte.

Ce fut le tour d'Eddie. Il sourit, un sourire timide d'une extraordinaire douceur qui trahissait une vulnérabilité à fendre le cœur. « Je crois bien que je t'aime, moi aussi, Bev », dit-il en prenant une allumette au hasard. Intacte.

Elle se tourna vers Richie. « Ah, je vous aime, Miss Sca'lett ! » minauda Richie d'une voix suraiguë et avec un geste exagéré des lèvres comme un baiser. Puis il se sentit soudain tout honteux. « Je t'aime vraiment,

447

reprit-il en effleurant ses cheveux de la main. T'es une chouette fille.

— Merci. »

Il prit une allumette et l'examina, convaincu d'avoir tiré la mauvaise. Intacte aussi.

« Je t'aime », dit aussi Stan quand vint son tour; l'allumette qu'il tira était également intacte.

« C'est entre toi et moi, Mike », dit-elle en lui tendant les deux allumettes restantes.

Il fit un pas en avant. « Je ne te connais pas assez pour t'aimer, dit-il, mais je t'aime tout de même. Tu pourrais donner des leçons de gueulante à ma mère, je crois. »

Tous éclatèrent de rire, et Mike tira son allumette. Intacte.

« En f-fin de compte, ce se-sera toi », dit Bill.

L'air écœuré — toute cette comédie pour rien —, Beverly ouvrit la main.

La tête de la dernière allumette était également intacte.

« T-Tu les as tra-trafiquées ! l'accusa Bill.

— Non, je n'ai rien trafiqué du tout. » Elle avait parlé non pas sur un ton de colère et de protestation, ce qui aurait été suspect, mais sur celui de la plus grande surprise. « Je le jure devant Dieu, je n'ai pas triché. »

Elle leur montra alors sa paume; tous virent la légère trace noire laissée par le bout charbonneux.

« Bill, je te le jure sur la tête de ma mère ! »

Bill l'étudia quelques instants et acquiesça. Sans se concerter, ils tendirent tous leur allumette à Bill. Aucune des sept n'était brûlée. Stan et Eddie se mirent à examiner le sol de près, mais aucune allumette brûlée n'y traînait.

« Je n'ai pas triché, dit fermement Beverly, sans s'adresser à quiconque en particulier.

— Qu'est-ce que nous faisons, alors ? demanda Richie.

— Nous descendons t-t-tous de-dedans, répondit Bill. P-Parce que c'est ce que n-nous sommes censés f-faire.

— Et si on tombe tous dans les pommes ? » demanda Eddie.

Bill regarda Beverly. « S-Si B-Bev dit la vé-vérité, et elle la d-dit, ça n'a-arrivera p-pas.

— Comment tu le sais ? demanda Stan.

— Je l-le sais, c'est t-tout. »

Le chant de l'oiseau s'éleva de nouveau.

4

Ben et Richie descendirent les premiers, et les autres leur tendirent les galets un par un. Richie les passait à Ben, qui les disposa en cercle au milieu du sol en terre du Club souterrain. « Parfait, dit-il, ça suffit. »

Les autres le rejoignirent, chacun tenant une poignée de branchettes prises dans celles qui avaient été préparées. Bill descendit le dernier. Il ferma la trappe et ouvrit la petite fenêtre sur charnières. « V-Voilà, dit-il, ce sera n-notre trou de f-fumée. Est-ce qu'on a d-de quoi l'a-allumer ?

— On peut se servir de ça, dit Mike en tendant une BD toute froissée. Je l'ai déjà lue. »

Bill arracha les pages une à une, avec lenteur et gravité. Les autres étaient alignés le long du mur, épaule contre épaule, genou contre genou. Il régnait une tension à la fois lourde et tranquille.

Bill déposa des brindilles et des branches sur le papier et regarda Beverly. « C'est t-toi qui as les a-allumettes », dit-il.

Elle en enflamma une, petite lueur jaunâtre vacillante, dans la pénombre. « Cette fichue cochonnerie ne va sans doute pas prendre », dit-elle d'une voix qui manquait d'assurance en mettant le feu au papier à plusieurs endroits. Quand la flamme de l'allumette s'approcha trop de ses doigts, elle la jeta au milieu du foyer.

Les flammes s'élevèrent, jaunes, avec des craquements, accusant les reliefs de leurs visages, et dès cet instant-là, Richie n'eut aucun mal à admettre la véracité de la légende indienne ; il se dit qu'il en avait été ainsi en ces temps où l'idée d'un homme blanc n'était rien de plus qu'une rumeur, une histoire à dormir debout, pour ces Indiens qui suivaient des troupeaux de bisons tellement énormes que leur passage secouait la terre comme un séisme. Il se les représentait, Kiowas, Pawnees ou autres, accroupis dans la fosse de la petite fumée, genou contre genou et épaule contre épaule, les yeux sur le feu qui s'enfonçait avec des sifflements dans les plaies qu'il s'ouvrait dans le bois, à l'écoute du léger chuintement régulier de la sève bavant à l'extrémité des tiges humides. Attendant la vision.

Ouais. Assis ici, maintenant, Richie pouvait y croire... et à voir la sombre expression avec laquelle tous contemplaient les flammes en train de dévorer la BD de Mike, il comprenait que chacun le croyait aussi.

Les branches prenaient. Le Club souterrain commença à se remplir de fumée. Une partie de celle-ci, blanche comme des signaux d'Indiens dans un western de série B, s'échappa par l'ouverture. Mais au-dehors, il n'y avait pas le moindre souffle susceptible de créer l'appel d'air qui aurait assuré un minimum de tirage, si bien que presque toute la fumée resta à l'intérieur. Sa morsure âcre piquait les yeux et prenait à la gorge. Richie entendit Eddie tousser par deux fois — un son sec comme deux planches heurtées — puis le silence retomba. *Il n'aurait pas dû rester ici...*, pensa-t-il, mais quelque chose d'autre, apparemment, voyait le problème différemment.

Bill jeta une nouvelle poignée de branches vertes sur

le feu hésitant et demanda, d'une voix ténue, très inhabituelle chez lui : « Quelqu'un a-a-t-il une vi-vision ?

— La vision que je sors d'ici ! » dit Stan Uris, ce qui fit rire Beverly — mais son rire se transforma en quinte de toux.

Richie s'appuya de la nuque contre la paroi et leva les yeux sur le trou de fumée, mince rectangle de ciel gris. Il pensa à la statue de Paul Bunyan, en mars dernier... mais sans doute n'était-ce qu'un mirage, une hallucination, une

(*vision*)

« La fumée me tue, oh là là ! s'exclama Ben.

— Alors sors », murmura Richie sans quitter des yeux le trou de fumée. Il avait l'impression de maîtriser en partie ce qui se passait, d'avoir perdu cinq kilos. Et il aurait juré que le Club souterrain était devenu plus vaste. Là-dessus, il aurait été catégorique. Il était assis avec la grosse cuisse de Ben calée contre la sienne et l'épaule osseuse de Bill qui lui rentrait dans le bras ; or maintenant, il ne touchait aucun des deux. Il regarda paresseusement à sa droite et à sa gauche pour vérifier qu'il ne se trompait pas, et il avait raison : Ben était à trente centimètres de lui sur la gauche, environ. À sa droite, Bill paraissait encore plus éloigné.

« Nous avons plus de place, amis et voisins », dit-il. Il prit une profonde inspiration et se mit à tousser violemment. Cela lui faisait mal, très mal dans la poitrine, comme lorsqu'on a une bronchite ou la grippe ou un truc comme ça. Pendant un moment, il crut que jamais il ne s'arrêterait, et qu'il continuerait à tousser jusqu'à ce qu'on le tire de là. *S'ils en sont encore capables*, pensa-t-il ; mais l'idée lui parut tellement lointaine qu'elle en perdit tout ce qu'elle avait d'effrayant.

Bill lui tapa alors sur l'épaule et la toux passa.

« Tu ne sais pas que tu ne le fais pas toujours », dit

Richie. Il regardait toujours le trou de fumée, et non Bill. Comme l'ouverture lui paraissait éclatante ! Quand il fermait les yeux, il voyait toujours le rectangle de lumière, flottant dans le noir, mais d'un vert brillant et non plus gris-blanc.

« Qu'est-ce que t-tu veux di-dire ?

— Ton bégaiement. » Il se tut, conscient que quelqu'un toussait sans qu'il puisse dire qui. « C'est toi qui devrais imiter des voix, Bill, pas moi. Tu... »

La toux devint plus forte. La lumière du jour envahit soudain le Club, avec une telle force que Richie dut plisser les yeux. C'est à peine s'il distingua Stan Uris qui se précipitait à l'extérieur.

« Désolé, réussit à dire Stan au milieu des spasmes de sa toux. Désolé, j'peux pas...

— T'en fais pas, Richie s'entendit-il dire. T'as pas besoin de t'excuser. » Il avait l'impression que sa voix venait d'un autre corps que le sien.

La trappe se referma, mais suffisamment d'air frais avait pénétré pour lui éclaircir un peu les idées. Avant que Ben ne se fût déplacé pour profiter de la place libérée par Stan, Richie prit conscience de la pression de la cuisse du gros garçon contre la sienne ; comment avait-il pu éprouver l'impression que le Club s'était agrandi ?

Mike Hanlon jeta encore un peu de bois sur le feu. Richie recommença à respirer à petits coups, les yeux toujours tournés vers le trou de fumée. Il n'avait aucune idée du temps qui pouvait s'être écoulé, mais il se rendait compte que, en plus d'être enfumé, le Club devenait agréable et chaud.

Il regarda autour de lui, vers ses amis. On les devinait mal, dans les volutes de fumée et le peu de lumière terne qui tombait du trou de fumée. Bev avait la tête rejetée en arrière contre un étai, mains aux genoux, les yeux fermés, des larmes coulant sur ses joues jusqu'au lobe de ses oreilles. Bill était assis en tailleur, le menton sur la poitrine. Quant à Ben...

Mais soudain Ben sauta sur ses pieds et ouvrit de nouveau la trappe.

« L'ami Ben nous quitte », commenta Mike ; il était assis à l'indienne, directement en face de Richie, et avait les yeux aussi rouges que ceux d'une belette.

Une fraîcheur relative leur arriva une fois de plus, tandis que des volutes de fumée sortaient par l'ouverture. Ben toussait et éructait, et Stan dut l'aider à sortir. Avant qu'ils n'eussent eu le temps de refermer la trappe, Eddie s'était levé en chancelant, le visage d'une pâleur mortelle, sauf sous les yeux. Sa poitrine étroite se soulevait spasmodiquement, sur un rythme rapide. Il attrapa à tâtons le bord de la trappe et il serait retombé si Ben ne l'avait saisi d'une main et Stan de l'autre.

« Désolé », réussit à couiner faiblement Eddie, soudain aspiré à l'extérieur. La trappe se referma.

Il y eut une longue période tranquille. La fumée s'épaissit jusqu'à former un épais brouillard. *Une vraie purée de pois, mon cher Watson*, pensa Richie qui, pendant quelques instants, se prit pour Sherlock Holmes remontant d'un pas décidé Baker Street ; Moriarty n'était pas loin, un fiacre l'attendait et tout était en place.

Le tableau était d'une stupéfiante solidité. Il avait presque du poids et ne ressemblait en rien à ces petites rêveries qu'il s'octroyait souvent ; c'était quelque chose de presque réel.

Il lui restait encore assez de bon sens pour se dire que si tout ce qu'il tirait d'une vision était de se voir en Sherlock Holmes arpentant Baker Street, la notion de vision était rudement surfaite.

Sauf bien sûr que ce n'est pas Moriarty qui nous attend dehors. Ce qui nous attend, c'est Ça. Et c'est réel, Ça.

La trappe s'ouvrit alors et Beverly sortit, toussant sèchement, une main devant la bouche. Ben la prit par une main et Stan la souleva par-dessous le bras. Se poussant, tirée, elle disparut de son champ de vision.

« C'est p-p-plus g-grand », dit Bill.

Richie regarda autour de lui. Il vit le cercle de pierres à l'intérieur duquel le feu se consumait pauvrement, dégageant des volutes de fumée. En face de lui, Mike était assis, jambes croisées comme un totem taillé dans de l'acajou, et le regardait à travers le feu de ses yeux rougis. Sauf que Mike se trouvait à vingt mètres de lui, au bas mot, et que Bill était encore plus loin sur sa droite. Le Club souterrain avait maintenant les dimensions d'une salle de bal.

« Cela n'a pas d'importance, dit Mike. Ça va venir rapidement ; quelque chose va venir.

— Ou-Oui, dit Bill. Mais je... je... je... »

Il se mit à tousser. Il essaya de se contrôler, mais la toux empira, irrépressible, un vrai bruit de crécelle. Vaguement, Richie vit Bill se lever, repousser la trappe et l'ouvrir.

« Bo-Bonne ch-ch-ch... »

Puis il disparut, soulevé par les autres.

« On dirait bien que ça va se jouer entre toi et moi, mon vieux Mikey, dit Richie, qui se mit lui-même à tousser. J'étais sûr que ce serait Bill... »

La toux redoubla. Il se plia en deux, incapable de respirer, la tête bourdonnant d'élancements violents, les yeux pleins de larmes.

De loin, très loin, il entendit la voix de Mike : « Sors d'ici s'il le faut, Richie. Tu vas pas te laisser crever, tout de même. »

Il leva la main et adressa un signe de dénégation à Mike. Peu à peu, il réussit à reprendre le contrôle de sa toux. Mike avait raison ; quelque chose était sur le point de se passer. Il voulait être encore sur place à ce moment-là.

Il pencha la tête en arrière et regarda de nouveau le trou de fumée. La quinte de toux l'avait laissé la tête allégée et il avait maintenant l'impression de flotter sur un coussin d'air. Une impression agréable. Il respira à petites bouffées et se dit : *Je deviendrai un jour une star du rock and roll. Oui, c'est ça. Je serai célèbre. Je ferai des disques, des albums, des films. J'aurai une veste de sport noire, des chaussures blanches et une Cadillac jaune. Et quand je reviendrai à Derry, ils en crèveront tous de jalousie, Henry Bowers en particulier. Je porte des lunettes, mais qu'est-ce que j'en ai à foutre ? Buddy Holly aussi porte des lunettes. Je vais blueser jusqu'à ce que je devienne noir. Je serai la première étoile du rock à venir du Maine. Je...*

La rêverie s'effilocha. Peu importait. Il découvrit qu'il n'avait même plus besoin de respirer à petits coups. Ses poumons s'étaient adaptés. Il pouvait respirer autant de fumée qu'il voulait. Peut-être venait-il de Vénus.

Mike jeta d'autre bois dans le feu. Pour ne pas être en reste, Richie en fit autant.

« Comment tu te sens ? » demanda Mike.

Richie sourit. « Mieux. Presque bien. Et toi ? »

Mike lui rendit son sourire et acquiesça. « Je me sens bien. T'as pas eu des idées marrantes ?

— Si. Je me suis pris pour Sherlock Holmes pendant une minute. Puis pour une star du rock. Tes yeux sont tellement rouges que c'en est incroyable.

— Les tiens aussi. Un vrai couple de belettes dans un poulailler, c'est nous, ça.

— Ah oui ?

— Ouais.

— Tu veux dire que ça va bien ?

— Très bien. Tu veux dire que tu as le mot ?

— Je l'ai, Mikey.

— Ouais, OK. »

Ils échangèrent un sourire et Richie laissa sa tête

retomber en arrière, contre le mur, les yeux perdus sur le trou de fumée. Presque tout de suite, il se mit à dériver... Non, pas à dériver, à monter. Il dérivait vers le haut. Comme

(nous flottons tous là en bas)

un ballon.

« Di-dites, les g-gars, ça va, là en bas ? »

La voix de Bill leur parvenait par le trou de fumée. Leur arrivait de Vénus, inquiète. Richie se sentit retomber brusquement à l'intérieur de lui-même.

« Très bien, s'entendit-il dire de très loin, d'un ton irrité. Très bien, on te dit très bien, calme-toi, Bill, laisse-nous attraper le mot, on te dit qu'on va attraper le

(monde)

mot. »

Le Club souterrain était plus vaste que jamais, avec maintenant un plancher de bois poli. La fumée était redevenue une purée de pois, et c'est à peine si l'on voyait le feu. Ce plancher ! Seigneur Jésus ! On aurait dit qu'ils étaient dans la salle de bal d'une superproduction de la MGM. Mike le regardait depuis l'autre côté, silhouette qu'il distinguait à peine dans le brouillard.

On y va, mon vieux Mikey.

Quand tu voudras, Richie.

T'as toujours envie de dire que ça va bien ?

Ouais... mais prends ma main... est-ce que tu peux l'attraper ?

Je crois.

Richie tendit la main et bien que Mikey fût de l'autre côté de cette énorme salle de bal, il sentit ses solides doigts bruns se refermer sur son poignet. Et c'était un bon contact, c'était bon de trouver la consolation dans le désir et le désir dans la consolation, la substance dans la fumée et la fumée dans la substance...

Il pencha la tête en arrière et regarda le trou de

fumée, si blanc, si petit. Il était très loin, maintenant, à des kilomètres de hauteur. Un ciel vénusien.

Ça y était. Il commença à flotter. *Allons-y donc*, pensa-t-il ; et il se mit à s'élever de plus en plus vite dans la fumée, la brume, le brouillard — peu importait ce que c'était.

5

Ils ne se trouvaient plus à l'intérieur.

Ils se tenaient tous les deux au milieu des Friches, et le crépuscule tombait.

C'étaient bien les Friches, il le savait, mais tout paraissait différent. Le feuillage était plus luxuriant, plus profond et sauvagement parfumé. Il y poussait des plantes qu'il n'avait jamais vues et Richie se rendit compte que dans certains cas, ce qu'il avait pris pour des arbres était en fait des fougères géantes. On entendait un bruit d'eau courante, mais plus fort que ce qu'il aurait dû être ; ce n'était pas le babil paresseux de la Kenduskeag mais plutôt le rugissement du Colorado (tel qu'il se l'imaginait) s'ouvrant un chemin dans le Grand Canyon.

Il faisait aussi très chaud. Certes il pouvait faire chaud dans le Maine, pendant l'été ; une chaleur humide telle, parfois, que l'on gisait, moite, dans son lit, jusqu'au milieu de la nuit ; cependant, jamais de sa vie il n'avait ressenti une telle impression de chaleur et d'humidité. Des lambeaux d'une brume épaisse et fumeuse stagnaient dans les dépressions du relief et s'enroulaient autour de leurs jambes. Elle avait l'odeur âcre du bois vert qui brûle.

Mike et lui se dirigèrent en silence vers le grondement de l'eau, s'ouvrant un chemin dans l'étrange végétation. Des lianes comme des cordes pendaient entre certains arbres, semblables à des hamacs de toile d'araignée, et Richie entendit une fois un bruit de branche écrasée, dans les buissons, qui évoquait un animal plus gros qu'un daim.

Il s'arrêta, le temps de regarder autour de lui et de faire le tour de l'horizon. Le gros cylindre blanc du château d'eau ne se dressait pas à son emplacement. Le dépôt aux multiples voies de la gare avait également disparu, tout comme le lotissement d'Old Cape, remplacés par des monticules de grès rouge qui dépassaient au milieu des fougères géantes et des pins.

Il y eut un bruit de battements d'ailes au-dessus d'eux ; les deux garçons se tapirent au passage d'une escadrille de chauves-souris. Jamais Richie n'en avait vu d'aussi gigantesques et pendant un instant il fut encore plus terrifié que le jour où Bill bataillait pour faire prendre de la vitesse à Silver tandis que le loup-garou se lançait à leur poursuite. La tranquillité et la totale étrangeté de ce paysage étaient quelque chose de terrible, mais son abominable familiarité avait quelque chose de pire encore.

Pas besoin de paniquer, se dit-il à lui-même, *ce n'est qu'un rêve, une vision ou quelque chose comme ça. Le vieux Mike et moi, on se trouve en réalité dans le Club souterrain, en train de s'étrangler avec la fumée. Le Grand Bill ne va pas tarder à être pris de frousse de ne pas entendre de réponse et il va venir nous tirer de là avec Ben. Tout ça, comme dit l'autre, c'est juste pour faire semblant.*

N'empêche, l'une des chauves-souris avait une aile en lambeaux au point qu'il voyait le soleil brumeux briller à travers, et quand ils passèrent en dessous d'une des fougères géantes, ils aperçurent une chenille jaune bien grasse qui arpentait une large feuille verte, laissant son ombre derrière elle. Des bestioles minuscules grouillaient sur le corps de la chenille. Si ce n'était qu'un rêve, jamais il n'en avait fait d'aussi clair.

Ils continuèrent en direction du bruit de l'eau et le

tapis de brume qui recouvrait le terrain jusqu'à la hauteur des genoux était tellement épais qu'il ignorait si ses pieds touchaient ou non le sol. Ils arrivèrent à un endroit où il n'y avait plus ni brouillard ni sol. Richie n'en croyait pas ses yeux ; ce n'était pas la Kenduskeag, et pourtant c'était elle. Le torrent dévalait en bouillonnant une passe étroite ouverte dans cette même roche friable — sur l'autre rive, on voyait les strates de pierre érodée qui marquaient l'enfoncement du lit, rouge, orange, rouge encore. Pas question de traverser ce tumulte sur des rochers ; un pont suspendu en corde aurait été nécessaire. En cas de chute, on aurait été immédiatement entraîné. Le grondement de l'eau dénotait une sorte de rage folle et amère et tandis que Richie contemplait ce spectacle bouche bée, un poisson rose argenté bondit, faisant un saut d'une hauteur vertigineuse, pour engloutir les insectes qui tourbillonnaient en nuage au-dessus de l'eau. Jamais, non plus, il n'avait vu de poissons semblables de sa vie, même pas dans un livre.

Les oiseaux se mirent à pulluler dans le ciel en poussant des cris rauques, non pas par douzaines, mais par myriades, au point qu'à un moment donné, leur nuage noir cacha le soleil. Quelque chose d'autre produisit un bruit pesant d'écrasement dans les buissons, un bruit qui se prolongea, cette fois. Richie fit vivement demi-tour, le cœur battant à tout rompre, et vit un animal qui avait l'air d'une antilope passer en un éclair, en direction du sud-est.

Quelque chose va se produire. Les animaux le savent.

Les oiseaux passèrent, sans doute pour aller se poser en masse un peu plus loin au sud. D'autres bêtes bondirent à grand bruit près d'eux... puis il se fit un silence que ne troublait que le grondement régulier de la rivière. Mais c'était un silence d'attente, lourd de menaces, que Richie n'aimait pas. Il sentit se hérisser les cheveux de sa nuque et chercha de nouveau la main de Mike.

« *Sais-tu où nous sommes ?* cria-t-il à Mike. *Est-ce que tu as le mot ?*

— *Seigneur oui ! Je l'ai ! Nous sommes autrefois, Richie, autrefois !* » répondit Mike sur le même ton.

Richie acquiesça. Autrefois, comme dans « il était une fois » ; il y avait très, très longtemps, quand nous vivions tous dans la forêt et que personne ne vivait ailleurs. Ils se trouvaient dans les Friches, Dieu seul savait combien de milliers d'années avant Jésus-Christ ; dans quelque inimaginable passé, bien avant l'époque glaciaire, quand la Nouvelle-Angleterre connaissait un climat aussi tropical que l'Amazonie aujourd'hui... si aujourd'hui existait toujours. Il regarda encore autour de lui, nerveusement, s'attendant presque à voir un brontosaure redresser son cou immense contre le ciel et baisser son regard sur eux, la gueule pleine de boue et de plantes déracinées, ou un tigre à dents de sabre bondir du sous-bois.

Nous sommes autrefois, il y a un million d'années, peut-être, ou dix millions, mais nous y sommes bien et quelque chose va se produire, j'ignore quoi, mais quelque chose et j'ai très peur je veux que ça finisse je veux revenir je t'en prie, Bill, je t'en prie, tire-nous de là c'est comme si on était tombés dans une image je t'en supplie aide-nous...

La main de Mike se raidit dans la sienne et il se rendit compte que le silence venait d'être rompu. Il ressentait plus qu'il n'entendait une vibration grave et régulière qui triturait la peau tendue de son tympan et croissait régulièrement. Elle n'avait aucune tonalité ; elle était simplement là :

(au commencement était le verbe, au commencement le mot, le monde le)

un son sans âme. À tâtons, sa main alla toucher l'arbre auprès duquel ils se tenaient, et sa paume, incurvée sur l'arrondi de l'écorce, sentit la vibration prisonnière à l'intérieur du tronc. Il se rendit compte au même instant qu'il la ressentait par les pieds sous la forme d'un picotement régulier qui montait le long de ses chevilles, de ses mollets, de ses genoux et transformait ses tendons en diapasons excités.

La vibration augmentait, augmentait.

Elle venait du ciel. Incapable de s'en empêcher, Richie leva la tête. Le soleil était une pièce fondue, un cercle de feu dans les brumes basses, entouré d'un halo d'humidité. En dessous, la luxuriante et verdoyante étendue qu'étaient les Friches gardait un silence absolu. Richie crut comprendre ce que signifiait cette vision : ils étaient sur le point d'assister à l'arrivée de Ça.

La vibration se dota d'une voix — un grondement grave qui alla crescendo jusqu'à devenir insupportable. Richie se boucha vivement les oreilles et cria sans entendre son cri. A côté de lui Mike Hanlon faisait la même chose et Richie vit qu'il saignait un peu du nez.

À l'ouest, les nuages n'étaient plus qu'un rougeoiement d'incendie se dirigeant vers eux, un ruisseau de flammes qui devint rivière, puis fleuve à la couleur menaçante ; puis un objet en feu rompit dans sa chute la couche nuageuse et un vent s'éleva. Un vent brûlant, desséchant, âcre de fumée et suffocant. La chose dans le ciel était gigantesque, tête de chalumeau trop éclatante pour être regardée. Des arcs électriques en jaillissaient comme des coups de fouet au sillage de tonnerre.

« *Un vaisseau spatial !* s'écria Richie qui tomba à genoux et se cacha les yeux. *Ô mon Dieu, c'est un vaisseau spatial !* »

Il croyait cependant — ce qu'il tenterait d'expliquer aux autres, plus tard, le mieux possible — qu'en fait il ne s'agissait pas vraiment d'un vaisseau spatial, même s'il s'était déplacé à travers l'espace pour arriver là.

Quelle que fût la chose tombée du ciel en ce jour de temps si reculés, elle était venue d'un lieu bien plus loin qu'une autre étoile ou une autre galaxie, et si le terme « vaisseau spatial » était ce qui lui était tout d'abord venu à l'esprit, peut-être cela venait-il de ce que son esprit n'avait pas d'autre moyen de catégoriser ce que ses yeux voyaient.

Il y eut ensuite une explosion, un rugissement prolongé suivi d'une secousse séismique qui les jeta tous les deux à terre. Ce fut Mike, cette fois-ci, qui chercha à tâtons la main de Richie. À la deuxième explosion, Richie ouvrit les yeux et vit une boule flamboyante surmontée d'une colonne de fumée qui se perdait dans le ciel.

« *Ça !* » cria-t-il à Mike, pris d'une terreur extatique. Jamais dans sa vie, avant ou après, il n'éprouverait aussi profondément une émotion, jamais ne le submergerait autant un sentiment. « *C'est Ça ! Ça ! Ça !* »

Mike l'aida à se remettre debout et ils coururent le long de la rive surélevée de la jeune Kenduskeag sans une seule fois prendre garde à quel point ils étaient près du bord. Mike trébucha, à un moment donné, et glissa à genoux ; puis ce fut au tour de Richie de tomber ; il se pela le tibia et déchira son pantalon. Avec le vent, leur parvenait l'odeur de la forêt qui brûlait. La fumée alla s'épaississant et Richie prit conscience, vaguement, qu'ils n'étaient pas les deux seuls à courir. Les bêtes couraient aussi, fuyant la fumée, le feu et la mort dans le feu. Fuyaient aussi Ça, peut-être ; le nouvel arrivant dans leur monde.

Richie commença à tousser et entendit Mike, à côté de lui, qui en faisait autant. La fumée était plus dense et oblitérait les verts, les gris et les rouges du jour. Mike tomba une fois de plus, et Richie perdit sa main. Il la chercha à tâtons, sans pouvoir la trouver.

« *Mike !* cria-t-il, pris de panique, secoué par la toux. *Mike, où es-tu ? Mike ! MIKE !* »

Mais Mike avait disparu ; Mike n'était nulle part.
« Richie ! Richie ! Richie ! »
(!!SENSAS!!)
« Richie ! Richie, tu te

sens bien ? »

Ses yeux papillotèrent et il vit Beverly agenouillée à côté de lui qui lui essuyait la bouche avec un mouchoir. Les autres — Bill, Eddie, Stan et Ben — se tenaient derrière elle, l'expression grave et inquiète. Il avait très mal d'un côté de la figure ; il voulut parler mais ne put émettre qu'un croassement. Il essaya de s'éclaircir la gorge et crut qu'il allait vomir. Son gosier et ses poumons lui donnaient l'impression d'être tapissés de fumée.

Il réussit finalement à dire : « Tu m'as giflé, Beverly ?

— C'est la seule chose qui m'est venue à l'esprit, répondit-elle.

— Sensas, la sensation, murmura-t-il.

— J'ai cru que... que ça tournait mal pour toi, c'est tout », fit Beverly en éclatant soudain en larmes.

Richie lui tapota maladroitement l'épaule et Bill posa une main sur sa nuque. D'un geste vif elle la prit dans la sienne et la serra de toutes ses forces.

Richie se redressa péniblement sur son séant. Le monde se mit à être agité de vagues. Quand il s'immobilisa, Richie vit Mike adossé à un arbre, tout à côté, l'air sonné et le visage couleur de cendre.

« Est-ce que j'ai dégobillé ? » demanda Richie à Bev. Elle acquiesça entre deux sanglots.

« J' t'en ai foutu dessus, mignonne ? » fit-il avec sa voix de flic irlandais, une voix râpeuse et bafouillante.

Bev éclata de rire à travers ses larmes et secoua la

tête. « Je t'ai tourné la tête de côté. J'avais peur...
p-peur que tu-tu t'étouffes avec, expliqua-t-elle en
se remettant à sangloter de plus belle.

— C'est p-pas s-sympa, dit Bill, qui lui tenait
toujours la main. C'est m-moi qui bé-bégaye ici, p-
pas toi.

— Bien envoyé, Grand Bill », apprécia Richie. Il
essaya de se mettre debout mais retomba lourdement sur les fesses. Le monde s'était remis à
ondoyer. Il commença à tousser et détourna la
tête, se rendant compte qu'il allait vomir de nouveau d'un instant à l'autre. Cette fois-ci, ce ne fut
qu'un mélange d'écume verdâtre et de salive
épaisse qui sortit en filets de sa bouche. Il ferma
très fort les yeux et croassa : « Qui veut un casse-
croûte ?

— Oh merde, c'est pas vrai ! s'exclama Ben,
dégoûté, sans pouvoir s'empêcher de rire.

— Plutôt du dégueulis, à mon avis, riposta
Richie, les yeux cependant toujours fermés. La
merde sort en général par l'autre bout chez moi.
J' sais pas pour toi, Meule de Foin. »

Quand finalement il rouvrit les yeux, il vit qu'il
était à une vingtaine de mètres du Club souterrain
dont la trappe et la fenêtre étaient toutes les deux
grandes ouvertes. Il en montait encore un peu de
fumée.

Cette fois-ci, Richie fut capable de se lever. Il
eut un instant l'impression qu'il allait encore
vomir, ou s'évanouir, ou les deux. « Sensas », murmura-t-il en voyant le monde qui ondulait devant
ses yeux. Quand il se stabilisa, le garçon se rendit
comme il put auprès de Mike. Ce dernier avait
toujours ses yeux rouges de belette, et à ses ourlets de pantalon mouillé, Richie se dit que lui
aussi devait avoir eu des ennuis avec son estomac.

« Pour un Blanc, tu ne t'en es pas mal sorti »,

croassa Mike en lui donnant un faible coup de poing sur l'épaule.

Richie se trouva à court de mots — une situation d'une exquise rareté.

Bill les rejoignit, suivi des autres.

« C'est vous qui nous avez sortis ? demanda Richie.

— B-Ben et moi. Vouv v-vous êtes m-mis à-à crier, tous les deux. M-M-Mais... » Il leva les yeux sur Ben.

« C'était sans doute la fumée, Bill », fit le gros garçon avec un indéniable manque de conviction.

Froidement, Richie leur lança : « Est-ce que tu veux dire ce que je crois que tu veux dire ? »

Bill haussa les épaules. « Qu-Quoi ? »

C'est Mike qui répondit : « Nous n'y étions pas, hein ? Vous êtes descendus parce que vous nous avez entendus crier, mais il n'y avait personne.

— C'était vraiment très enfumé, objecta Ben. Rien que de vous entendre crier comme ça, qu'est-ce que ça nous a fichu la trouille ! Mais ces cris... ils avaient l'air... euh...

— De ve-venir de t-très loin », termina Bill. Bégayant abominablement, il leur dit que lorsqu'ils étaient descendus tous les deux, ils n'avaient vu ni Richie ni Mike. Ils s'étaient mis à les chercher frénétiquement, pris de panique et terrifiés à l'idée qu'ils risquaient de mourir étouffés par la fumée. Bill avait fini par agripper une main, celle de Richie. Il avait tiré de toutes ses forces et Richie était sorti en vol plané de la pénombre, à peine conscient. Quand Bill s'était tourné, il avait vu Ben qui étreignait Mike dans ses bras, chacun toussant à qui mieux mieux. Ben avait littéralement propulsé Mike par la trappe.

Ben hocha la tête et prit la parole :

« Je n'arrêtais pas de refermer mes mains sur le

vide, comme si je voulais serrer des mains dans tous les sens. C'est alors que tu m'as pris au poignet, Mike. Il était fichtrement temps que tu m'attrapes, mon vieux. Un peu plus, et tu étais dans les pommes.

— À vous entendre, tous les deux, remarqua Richie, on croirait que le Club était beaucoup plus grand ; vous dites que vous avez cherché dans tous les sens, hein ? Et pourtant, il ne fait qu'un mètre cinquante de côté. »

Il y eut un moment de silence pendant lequel tous regardèrent Bill, sourcils froncés de concentration.

« Il é-é-était p-plus grand, admit-il finalement. N'est-ce p-pas, B-Ben ? »

Ben haussa les épaules. « On aurait dit, c'est sûr. Mais c'était peut-être la fumée.

— Ce n'était pas la fumée, dit Richie. Juste avant que ça arrive — avant notre sortie —, je me souviens d'avoir pensé qu'il était au moins aussi grand qu'une salle de bal dans un film, comme dans ces comédies musicales à grand spectacle. C'est à peine si je pouvais voir Mike sur la paroi opposée.

— Avant votre sortie ? demanda Beverly.

— Euh... ce que je veux dire... c'est que... »

Elle saisit Richie par le bras. « C'est arrivé, hein ? C'est vraiment arrivé ! Vous avez eu une vision, comme dans le livre de Ben ? » Elle rayonnait. « C'est vraiment arrivé ! »

Richie s'examina, puis regarda Mike. L'une des jambes du pantalon de velours de Mike était déchirée au genou et la peau que l'on voyait par le trou était égratignée et saignait.

« Si c'était une vision, j'aime autant ne jamais en avoir d'autre, dit-il. J' veux pas parler pour le grand chef, là, mais je sais que quand je suis descendu dans ce truc, mes pantalons n'étaient pas troués. Ils sont pratiquement neufs, bon sang ! Qu'est-ce que ma mère va me passer !

— Qu'est-ce qui est arrivé ? » demandèrent ensemble Ben et Eddie.

Richie et Mike échangèrent un regard, mais Richie commença par demander une cigarette à Beverly. Il lui en restait deux, mais à la première bouffée Richie se mit à tousser avec une telle violence qu'il lui rendit celle qu'il venait d'allumer. « J' peux pas, dit-il, désolé.

— C'était le passé, dit Mike.

— Des clous, oui. Ce n'était pas juste le passé. C'était il y a très, très longtemps.

— Ouais, c'est vrai ; on se trouvait dans les Friches, mais la Kenduskeag coulait à cent à l'heure et était très profonde. C'était sauvage comme vous pouvez pas imaginer. Et il y avait du poisson dedans. Du saumon, je crois.

— Mon p-père dit que ça f-fait une paye qu'y a-a pas eu un s-seul poisson dans la K-Kenduskeag. À cause d-des égouts.

— Vous n'avez pas compris, c'était il y a vraiment très longtemps, fit Richie en les regardant tous, une expression d'incertitude sur le visage. Il y a au moins un million d'années, à mon avis. »

Un silence stupéfait suivit. C'est Beverly, au bout d'un moment, qui le rompit : « Mais qu'est-ce qui s'est passé ? »

Richie sentit les mots monter dans sa gorge, mais il eut de la peine à les faire sortir ; c'était comme s'il allait encore vomir. « Nous avons vu Ça venir, finit-il par dire. En tout cas je pense que c'était Ça.

— Mon Dieu, murmura Stan. Oh, mon Dieu. »

Il y eut un bref chuintement sifflé sonore ; Eddie venait de se servir de son inhalateur.

« C'est descendu du ciel, reprit Mike. J'espère bien ne plus jamais revoir un truc pareil de toute ma vie. Ça dégageait une telle chaleur qu'on ne pouvait même pas le regarder, et Ça lançait des éclairs, Ça faisait du tonnerre. Le bruit... » Il secoua la tête et regarda

Richie. « On aurait dit la fin du monde. Et quand Ça a
atterri, Ça a mis le feu à la forêt. On n'en a pas vu
davantage.

— Est-ce que c'était un vaisseau spatial ? demanda
Ben.

— Oui, dit Richie.

— Non », dit Mike.

Les deux garçons se regardèrent.

« Eh bien, je suppose qu'il s'agissait d'un vaisseau
spatial », dit Mike au moment où Richie admettait
que ce n'en était pas réellement un mais que...

Ils se turent tous les deux tandis que les autres les
regardaient, perplexes.

« Raconte, toi, dit Richie à Mike. Je crois qu'on veut
dire la même chose mais ils ne pigent pas. »

Mike toussa dans sa main puis leva les yeux sur ses
amis, presque comme s'il s'excusait. « Je ne sais pas
comment vous expliquer tout ça.

— Essaie, au-au m-moins, l'encouragea Bill.

— C'est bien arrivé du ciel, répéta Mike, mais ce
n'était pas un vaisseau spatial, pas exactement. Ce
n'était pas non plus un météore. C'était plutôt
comme... eh bien... comme l'Arche d'Alliance dans la
Bible... qui est censée contenir le Saint-Esprit de
Dieu... sauf que ce n'était pas Dieu. Juste le seul fait
de sentir Ça, de voir Ça arriver, on savait que Ça
n'avait que de mauvaises intentions, que c'était mauvais. »

Il les regarda tous.

Richie acquiesça. « Ça venait de... de l'extérieur.
C'est l'impression que j'ai eue : d'ailleurs, de l'extérieur.

— De l'extérieur de quoi, Richie ? demanda Eddie.

— De l'extérieur de tout. Et quand Ça a touché
terre..., Ça a fait le trou le plus énorme que tu aies
jamais vu de ta vie. La colline a été transformée en
beignet, tu sais, ceux avec un trou au milieu... Ça a

atterri exactement à l'endroit où se trouve maintenant le centre-ville de Derry. »

Il se tut, les regarda et ajouta : « Est-ce que vous pigez ? »

Beverly laissa tomber la cigarette à demi fumée et l'écrasa du talon.

Mike prit la parole : « Ça s'est toujours trouvé là, depuis le commencement des temps... avant même l'apparition des premiers hommes sur la Terre, ou peut-être il y en avait quelques-uns en Afrique qui bondissaient dans les arbres ou se cachaient dans des grottes. Le cratère a disparu, aujourd'hui. Ce sont sans doute les glaciers qui ont tout raboté. La vallée s'est creusée et le trou s'est bouché d'une manière ou d'une autre... mais il était toujours ici, endormi, peut-être, attendant la fonte des glaciers, attendant la venue des hommes.

— Voilà pourquoi Ça utilise les égouts et les canalisations, remarqua Richie. Pour Ça, ce doit être comme des autoroutes.

— Vous n'avez pas vu à quoi Ça ressemblait ? » demanda abruptement Stan, d'une voix un peu étranglée.

Ils secouèrent la tête.

« Peut-on tuer Ça ? demanda Eddie dans le silence qui se prolongeait. Un truc pareil ? »

Personne ne répondit.

CHAPITRE 16

Eddie passe un mauvais quart d'heure

1

Le temps que Richie finisse, tous acquiescent de la tête. Eddie fait comme les autres, se souvient comme les autres, quand soudain une douleur court le long de son bras gauche. Court ? Non : le déchire. On dirait que quelqu'un est en train d'essayer d'aiguiser une scie rouillée sur l'os. Il grimace et porte la main à la poche de sa veste, trie plusieurs fioles et flacons au toucher et sort l'Excedrine. Il en avale deux cachets à l'aide d'une gorgée de gin au jus de prune. Ce bras l'a fait souffrir de manière irrégulière pendant toute la journée. Il a tout d'abord attribué cela aux petites douleurs qui l'assaillent souvent par temps humide. Mais alors que Richie est au milieu de son récit, un nouveau souvenir se met en place et il comprend l'origine de la douleur. Ce n'est plus le chemin des souvenirs que nous arpentons, pense-t-il, ça ressemble de plus en plus à l'autoroute de Long Island.

Cinq ans auparavant, pendant une visite médicale de routine (comme toutes les six semaines), le médecin lui avait déclaré : « Dis donc, Ed, tu as une vieille fracture, là... N'es-tu pas tombé d'un arbre étant gosse ?

— Quelque chose comme ça, avait-il répondu, peu soucieux d'expliquer au Dr Robbins que sa mère aurait eu

un transport au cerveau à la seule idée que son fils monte aux arbres. Mais à la vérité, il ne s'était pas rappelé exactement dans quelles conditions il s'était cassé le bras. Cela ne lui avait pas paru important (même si, pense maintenant Eddie, ce manque d'intérêt était en lui-même tout à fait étrange de la part d'un homme qu'inquiète un éternuement ou le moindre changement de couleur de ses selles). Mais c'était une fracture ancienne, une irritation mineure, quelque chose qui s'était produit bien des années auparavant, au cours d'une enfance dont il ne se souvenait guère et dont il n'avait aucune envie de se souvenir. Cela le faisait un peu souffrir lorsqu'il devait conduire pendant de longues heures, les jours de pluie. Deux aspirines en venaient à bout. Pas de quoi fouetter un chat.

Mais maintenant ce n'est plus une irritation mineure ; il y a un fou qui veut absolument aiguiser cette scie, débiter ses os, et il se rappelle que c'est ce qu'il a ressenti à l'hôpital, tard dans la nuit, en particulier au cours des trois ou quatre premiers jours... allongé dans le lit, transpirant dans la chaleur de l'été, dans l'attente de l'infirmière et de calmants, tandis que des larmes silencieuses coulaient le long de ses joues et allaient s'accumuler dans le creux de ses oreilles. Et il se disait : On dirait un branquignole qui aiguise sa scie là-dedans.

Si c'est ça le chemin du Souvenir, je l'échange tout de suite pour un grand lavage de cerveau.

« C'est Henry Bowers qui m'a cassé le bras, dit-il soudain sans savoir qu'il allait parler. Est-ce que vous vous en souvenez ? »

Mike acquiesce. « Juste avant la disparition de Patrick Hockstetter. La date ne me revient pas.

— Moi si, dit sobrement Eddie. Le 20 juillet. La disparition du petit Hockstetter a été signalée... quand ?... le 23 ?

— Non, le 22 », intervient Beverly Rogan, qui n'explique pas comment elle est aussi sûre d'elle : c'est parce

472

qu'elle a vu Ça s'emparer de l'enfant. Elle ne leur dit pas non plus qu'elle croyait alors et qu'elle croit toujours que ce Patrick Hockstetter était cinglé, peut-être encore plus cinglé que Henry Bowers. Elle leur dira, mais c'est maintenant le tour d'Eddie. Elle parlera ensuite puis, suppose-t-elle, ce sera Ben qui racontera les moments paroxystiques des événements de juillet... la balle en argent, celle qu'ils n'auraient jamais imaginé fabriquer. Un calendrier cauchemardesque s'il en fut jamais un, se dit-elle, mais ce sentiment de folle jubilation persiste. Quand s'est-elle sentie aussi jeune pour la dernière fois ? Elle a du mal à rester assise sur sa chaise.

« Le 20 juillet, répète Eddie, songeur. Trois ou quatre jours après l'affaire de la petite fumée. J'ai passé le reste de l'été avec un plâtre, vous vous rappelez ? »

Richie se frappe le front d'un geste qui évoque pour tous l'ancien temps. « Mais bien sûr ! Tu l'avais quand nous avons été faire un tour sur Neibolt Street, non ? Et plus tard... dans le noir... » Richie, cependant, secoue la tête doucement, intrigué.

« Qu'y a-t-il, R-Richie ? demande Bill.

— Impossible de me souvenir de la suite, pour l'instant, admet Richie. Et toi ? » Bill secoue lentement la tête.

« Hockstetter était avec eux ce jour-là, dit Eddie. C'est la dernière fois que je l'ai vu vivant. Peut-être était-il là pour remplacer Peter Gordon. Je crois que Henry n'en voulait plus depuis le jour où il s'était enfui, pendant la bataille de cailloux.

— Ils sont tous morts, non ? demande tranquillement Beverly. Après Jimmy Cullum, tous ceux qui sont morts étaient des amis... ou d'anciens amis de Bowers.

— Tous sauf Bowers, confirme Mike en jetant un coup d'œil aux ballons accrochés au lecteur de microfilms. Quant à lui, il se trouve à Juniper Hill. Un asile d'aliénés privé d'Augusta. »

Bill intervient : « Co-Comment ç-ça s'est p-p-passé quand i-ils t'ont c-cassé le b-bras, E-E-Eddie ?

— Ton bégaiement empire, Grand Bill, dit Eddie le plus sérieusement du monde avant de finir son verre d'une seule lampée.

— T'occupe pas de ç-ça. Raconte-n-nous.

— Raconte-nous », répète Beverly en posant une main légère sur son bras. Un élancement douloureux le traverse.

« Très bien », dit Eddie. Il se verse un autre verre, l'étudie et reprend : « Deux jours après ma sortie de l'hôpital, vous êtes venus chez moi pour me montrer vos espèces de billes en argent. Tu t'en souviens, Bill ? »

Bill acquiesce.

Eddie regarde Beverly. « Bill t'a demandé si tu les tirerais, s'il fallait en arriver là... parce que tu avais le meilleur coup d'œil. Il me semble que tu as refusé, en disant que tu aurais trop peur. Mais tu as ajouté autre chose, dont je n'arrive pas à me souvenir. C'est... » Eddie tire la langue et se la pince entre deux doigts, comme s'il y avait eu quelque chose de collé dessus. « Est-ce que ça ne concernait pas Hockstetter ?

— Oui, répond Beverly. J'en parlerai quand tu auras fini. Continue.

— C'est après votre départ ce jour-là que ma mère est arrivée et que nous avons eu une sacrée bagarre. Elle ne voulait plus me voir traîner avec aucun de vous. Et elle aurait pu finir par me faire accepter — elle avait une manière de présenter les choses, vous savez... »

Bill acquiesce encore. Il se rappelle Mrs. Kaspbrak, une femme énorme avec un étrange visage de schizophrène : capable d'avoir l'air de marbre et furieux, et pitoyable et effrayé en même temps.

« Ouais, elle aurait pu me forcer à accepter, reprend Eddie. Mais quelque chose s'était passé le jour même où Henry Bowers m'avait cassé le bras. Quelque chose qui m'avait rudement secoué. »

Il émet un petit rire et songe en lui-même : Tu parles si

ça m'a secoué... C'est tout ce que tu trouves à dire ? À quoi sert de parler si tu n'es pas capable de dire ce que tu as réellement ressenti ? Dans un livre ou dans un film, cette découverte aurait transformé ma vie pour toujours et rien ne se serait passé de la même manière... Dans un livre ou un film, j'aurais été libéré, je ne me serais pas trimbalé une pleine valise de médicaments, je n'aurais pas épousé Myra et ce foutu inhalateur ne me déformerait pas les poches. Car...

Soudain, sous leurs yeux, l'inhalateur d'Eddie se met à rouler de lui-même sur la table où il était posé ; il produit un petit crépitement sec, comme des maracas ou des osselets... sorte de rire sardonique. Lorsqu'il atteint le bout, entre Richie et Ben, l'objet saute en l'air tout seul et retombe sur le sol. Richie a un geste pour le rattraper mais Bill lui crie vivement : « Ne l-le t-touche pas !

— Les ballons ! » s'exclame Ben. Tous tournent la tête.

Sur les ballons accrochés au lecteur de microfilms, on lit maintenant : LES MÉDICAMENTS POUR L'ASTHME DONNENT LE CANCER ! *Des crânes grimacent en dessous du slogan. Les ballons explosent simultanément.*

Eddie, la bouche sèche, sent monter en lui la sensation familière de suffocation, comme si un étau se refermait sur sa gorge et sa poitrine.

Bill se tourne vers lui. « Qui t-t-t'a parlé et q-qu'est-ce qu'on t'a d-dit ? »

Eddie se passe la langue sur les lèvres, désirant, sans oser le faire, récupérer son inhalateur. Qui sait ce qu'il peut y avoir à l'intérieur, maintenant ?

Il repense à ce 20 juillet, à la chaleur qu'il faisait, à sa mère qui lui avait donné un chèque signé sans inscrire le montant et un dollar, son argent de poche.

« Mr. Keene, *dit-il d'une voix qui paraît lointaine à sa propre oreille, dépourvue de puissance.* C'était Mr. Keene.

— *Pas vraiment l'homme le plus sympathique de Derry* », *remarque Mike. Perdu dans ses pensées, Eddie l'entend à peine.*

Oui, il faisait très chaud ce jour-là, mais agréablement frais dans la pharmacie de Center Street, dont les ventilateurs de bois tournaient paresseusement, brassant les odeurs rassurantes de pommades et d'orviétan. C'était le lieu où l'on vendait la santé — telle était la conviction jamais formulée mais clairement communiquée de sa mère ; avec une horloge interne marquant onze ans et demi, Eddie ne soupçonnait pas que sa mère pût se tromper en ceci comme en tout le reste.

Eh bien, Mr. Keene a mis un terme à tout ça, pour sûr, *se dit-il maintenant avec une sorte de douce colère.*

Il se souvient s'être arrêté devant le rayon BD du magasin, pour voir s'il n'y avait pas quelque nouveau numéro de Batman *ou de* Superboy *ou encore de son préféré,* Plastic Man. *Il avait ensuite donné la liste de sa mère (qui l'envoyait à la phamarcie comme d'autres envoient leurs enfants à l'épicerie) et le chèque à Mr. Keene, qui apposait l'ordre et le montant et lui rendait un reçu — tout cela était pure routine pour Eddie. Trois ordonnances différentes pour sa mère plus une bouteille de Geritol, car, lui avait-elle dit mystérieusement : « C'est plein de fer, Eddie, et les femmes ont besoin de davantage de fer que les hommes. » La liste comprenait également des vitamines et l'élixir du Dr Swett pour les enfants, ainsi, bien entendu, qu'une recharge pour son inhalateur.*

Les choses se passaient toujours de la même façon. Il s'arrêterait ensuite au Costello Avenue Market, achèterait des confiseries et un Pepsi. Il mangerait les uns, boirait l'autre et repartirait en tripotant la monnaie au fond de sa poche. Mais cette journée était différente ; elle allait se terminer pour lui à l'hôpital, ce qui était indiscutablement inhabituel, mais elle commença aussi inhabituellement, quand Mr. Keene l'appela. Car au lieu de lui tendre le sac blanc imposant plein de médicaments et les ordonnances (en lui intimant de mettre ces dernières dans sa poche pour ne pas les perdre), Mr. Keene le regarda pensivement et lui dit : « Viens donc une minute dans mon bureau, Eddie. Il faut que je te parle. »

Eddie resta quelques instants à le regarder, clignant des yeux, un peu effrayé. L'idée l'effleura brièvement que le pharmacien le soupçonnait peut-être de vol à l'étalage. Près de l'entrée, un panneau qu'il lisait chaque fois disait (en caractères si gros que même Richie Tozier, était-il prêt à parier, les aurait déchiffrés sans lunettes) : LE VOL À L'ÉTALAGE N'EST PAS UN JEU, MAIS UN DÉLIT. LES CONTREVENANTS SERONT POURSUIVIS !

Eddie n'avait jamais rien volé de sa vie dans un magasin, mais cet avertissement avait le don de le faire se sentir coupable — comme si Mr. Keene savait sur lui des choses que lui-même ignorait.

Puis Mr. Keene ne fit qu'accroître sa confusion en ajoutant : « Qu'est-ce que tu dirais d'un soda à la crème glacée ?

— Euh...

— Oh, c'est sur le compte de la maison. J'en prends toujours un au bureau à ce moment de la journée. C'est riche en énergie, sauf si l'on doit surveiller son poids, ce qui n'est ni ton cas ni le mien. Ma femme dit que j'ai l'air d'une ficelle engraissée. Ce serait plutôt ton ami Hanscom qui devrait faire attention à son poids. Quel parfum, Eddie ?

— Euh, ma mère m'a dit de revenir tout de suite à la maison et...

— Tu as une tête à aimer le chocolat. Au chocolat, ça te va ? » Mr. Keene cligna de l'œil, mais c'était un clignement sec, comme un reflet de mica sous le soleil du désert. C'est du moins ainsi que l'interpréta Eddie, grand amateur de la littérature de Max Brand et Archie Jocelyn.

« Bien sûr », dit Eddie en renonçant à discuter. La

façon dont Mr. Keene remonta ses lunettes cerclées d'or sous son nez le rendit nerveux ; et la façon dont le pharmacien avait lui-même l'air nerveux mais aussi satisfait ne lui plut pas. Il n'avait aucune envie de se rendre dans le bureau de Mr. Keene. La glace, ce n'était qu'un prétexte. Pour quelle affaire ? — ce ne devait pas être très réjouissant.

Il va peut-être me dire que j'ai un cancer ou un truc comme ça, pensa Eddie, affolé. *Le cancer des enfants, la leucémie. Seigneur !*

Oh, tu es vraiment trop bête, se répondit-il lui-même en esprit, s'efforçant de trouver le ton autoritaire de Bill le Bègue. En tant que héros aux yeux d'Eddie, Bill avait remplacé Jock Mahoney, le ranger d'un feuilleton télévisé. Même s'il n'arrivait pas à s'exprimer correctement, le Grand Bill paraissait toujours tout contrôler. *Ce type est un pharmacien, pas un médecin, bon Dieu.* Mais Eddie restait nerveux.

Mr. Keene avait soulevé le rabat du comptoir et lui faisait signe de passer, d'un doigt osseux. Eddie s'avança à contrecœur.

Ruby, la vendeuse, installée derrière la caisse, lisait une revue de cinéma. « Pouvez-vous nous en préparer deux, Ruby ? Un au chocolat, l'autre au café ?

— Bien sûr », répondit la jeune femme, qui marqua la page de sa revue avec un emballage de chewing-gum.

« Apportez-les au bureau.

— D'accord.

— Suis-moi, fiston. Je ne vais pas te mordre. » Sur quoi Mr. Keene cligna vraiment de l'œil, ce qui laissa Eddie estomaqué.

Il n'était jamais passé derrière le comptoir, et il étudiait bouteilles, flacons et pots avec intérêt. S'il l'avait pu, il se serait attardé pour examiner le mortier et son pilon, la balance et ses poids, le bocal à poissons plein de capsules. Mais Mr. Keene le poussa jusque dans le bureau et ferma la porte derrière eux. Au claquement de la serrure, Eddie ressentit la raideur annonciatrice dans sa poitrine et la combattit. Il y avait une nouvelle recharge pour son inhalateur dans la commande, et il pourrait s'envoyer une longue et satisfaisante pulvérisation en sortant d'ici.

Un flacon plein de bandes de réglisse se trouvait sur le coin du bureau de Mr. Keene, qui en offrit à Eddie.

« Non, merci », refusa-t-il poliment.

Mr. Keene s'installa dans la chaise pivotante, derrière le meuble, et en prit une. Puis il ouvrit l'un des tiroirs du bureau et en sortit un objet qui déclencha l'alarme chez Eddie : un inhalateur. Mr. Keene s'inclina dans sa chaise pivotante, au point que sa tête touchait presque le calendrier, sur le mur derrière lui. Et...

... et pendant un cauchemardesque instant, pendant que Mr. Keene ouvrait la bouche pour parler, Eddie se souvint de ce qui était arrivé dans le magasin de chaussures quand il était petit et que sa mère avait crié parce qu'il avait posé le pied sur la machine à rayons X. Pendant cet instant de cauchemar, il crut que Mr. Keene allait lui dire : « Eddie, sur dix médecins, neuf admettent que ce médicament pour l'asthme provoque le cancer, comme la machine à rayons X du magasin de chaussures. Tu dois déjà l'avoir essayé. Je me suis dit que tu devais être mis au courant. »

Mais ce que Mr. Keene lui dit, en fait, fut si étrange qu'Eddie resta sans réaction, assis comme un nigaud sur sa chaise à dossier droit, de l'autre côté du bureau.

« La comédie a duré assez longtemps. »

Eddie ouvrit la bouche et la referma.

« Quel âge as-tu, Eddie ? Onze ans, n'est-ce pas ?

— Oui, monsieur », dit faiblement Eddie. Sa respiration devenait réellement plus courte. Il ne sifflait pas encore comme une bouilloire (plaisanterie favorite de Richie : *Vite, sortez la bouilloire du feu ! Eddie bout !*), mais cela pouvait arriver n'importe quand. Il eut un regard d'envie pour l'inhalateur posé sur le bureau, et comme il lui semblait qu'il devait ajouter autre chose, il précisa : « J'aurai douze ans en novembre. »

Mr. Keene acquiesça puis se pencha en avant comme un pharmacien dans une pub à la télé, mains serrées. Ses lunettes brillaient dans la forte lumière des tubes fluo du plafonnier.

« Est-ce que tu sais ce qu'est un placebo, Eddie ? »

Nerveusement, Eddie répondit ce qui lui parut le plus probable : « C'est pas ce qu'on met en place sur les vaches pour les traire ? »

Mr. Keene partit d'un petit rire et se renversa dans sa chaise. « Non », dit-il. Eddie se sentit rougir jusqu'à la racine des cheveux. Il avait l'impression de sentir le sifflement se glisser dans sa respiration. « Un placebo, c'est... »

Deux coups rapides frappés à la porte interrompirent Mr. Keene. Sans attendre la réponse, Ruby entra avec un verre de soda-crème glacée à l'ancienne mode dans chaque main. « Celui au chocolat est sans doute pour toi », dit-elle à Eddie avec un sourire. Il le lui rendit du mieux qu'il put, mais jamais, dans toute son histoire personnelle, son intérêt pour les crèmes glacées n'avait été aussi faible. Il se sentait effrayé d'une manière à la fois vague et précise : comme lorsqu'il était assis sur la table d'examen du Dr Handor, en sous-vêtements, attendant l'arrivée du médecin et sachant que sa mère était installée dans la pièce à côté, occupant l'essentiel du canapé, un livre (sur les pouvoirs de la pensée ou la médecine traditionnelle) à la main, tenu solidement comme un psautier. Dévêtu, sans défense, il se sentait pris entre les deux.

Il avala un peu de crème glacée au moment où Ruby sortait, mais en sentit à peine le goût.

Mr. Keene attendit que la porte fût refermée, et eut

de nouveau ce sourire reflet-de-mica. « Détends-toi, Eddie ; je ne vais ni te mordre ni te faire mal. »

Eddie acquiesça, car Mr. Keene était un adulte et parce qu'il fallait à tout prix toujours être d'accord avec les adultes (sa mère le lui avait appris), mais en son for intérieur, il pensait : *J'ai déjà entendu ce genre de baratin.* Le médecin disait à peu près la même chose au moment où il ouvrait le stérilisateur et où lui parvenait l'odeur entêtante et redoutée de l'alcool, piquant ses narines. C'était l'odeur des piqûres et c'était l'odeur du baratin et ça revenait au même. Quand on vous disait : « Rien qu'une petite égratignure », on était sûr que cela allait faire effroyablement mal.

Il aspira sans conviction un peu de soda avec la paille, mais ça ne lui fit aucun bien ; il avait besoin de toute la place qui restait dans son gosier pour respirer. Il jeta un coup d'œil à l'inhalateur posé au milieu du sous-main de Mr. Keene, songea à le lui demander, mais n'osa pas. Une idée bizarre lui passa par la tête : Mr. Keene savait peut-être qu'il le voulait et n'osait pas le lui dire, et peut-être Mr. Keene était-il en train de le

(*torturer*)

taquiner. Sauf que c'était là une idée stupide, n'est-ce pas ? Un adulte — en particulier un adulte qui soignait les gens — ne se serait pas amusé à taquiner un petit garçon de cette manière. Sûrement pas. Ce n'était même pas envisageable, car envisager une telle hypothèse aurait pu l'obliger à une terrifiante réévaluation du monde tel qu'Eddie se le figurait.

Mais il était posé là, juste là, à la fois tout proche et très loin, comme l'eau que ne peut atteindre un homme mourant de soif dans le désert. Posé là, sur le bureau, sous les yeux au sourire de mica de Mr. Keene.

Plus que tout au monde, Eddie aurait voulu se trouver au milieu de ses amis, dans les Friches. L'idée d'un monstre, d'un monstre gigantesque rôdant sous la ville où il était né et avait grandi, rôdant par les collecteurs et les égouts — une telle idée était terrifiante, et encore plus terrifiante celle de le combattre et de l'affronter... mais ceci était d'une certaine façon encore pire. Comment combattre un adulte qui disait qu'il n'allait pas vous faire mal alors qu'on était sûr du contraire ? Comment combattre un adulte qui vous posait des questions bizarres et disait des choses vaguement menaçantes comme : *La comédie a duré assez longtemps* ?

Et presque par hasard, comme une simple idée secondaire, Eddie découvrit l'une des grandes vérités de son enfance. *Ce sont les adultes les véritables monstres.* Cette pensée ne lui fit pas l'effet d'une flamboyante révélation, annoncée à grand renfort de trompettes et de carillons. Elle lui vint à l'esprit et s'évanouit, presque complètement submergée par une autre, bien plus forte : *Je veux mon inhalateur et je veux partir d'ici.*

« Détends-toi, reprit Mr. Keene. La plupart de tes ennuis, Eddie, viennent de ce que tu es si tendu et si raide, tout le temps. Tiens, ton asthme, par exemple. Regarde. »

Mr. Keene ouvrit le tiroir de son bureau, fouilla à l'intérieur et en retira un ballon. Gonflant autant qu'il le pouvait son buste étroit, Mr. Keene souffla dedans. Puis il le pinça au col et le tint devant lui. « Imagine un instant que ceci est un poumon, reprit-il, ton poumon. Évidemment, je devrais normalement en gonfler deux, mais étant donné que c'est le dernier qui me reste...

— Est-ce que je peux avoir mon inhalateur, Mr. Keene ? » le coupa Eddie. Ça commençait à cogner dans sa tête ; sa trachée-artère se refermait. Son cœur battait à toute vitesse et de la sueur perlait à son front. Le soda à la crème glacée restait sur le coin du bureau, tandis que la cerise s'enfonçait lentement dans la crème fouettée.

« Dans un instant, répondit Mr. Keene. Écoute-moi bien, Eddie. Je veux t'aider. Il est temps que quelqu'un le fasse. Si Russ Handor n'a pas le courage de le faire, alors ce sera moi. Ton poumon est comme ce ballon, sauf qu'il est entouré par un ensemble de muscles ; ces muscles sont comme les bras de quelqu'un qui fait fonctionner un soufflet, vois-tu ? Chez une personne en bonne santé, les muscles n'ont aucune peine à aider les poumons à se dilater et se contracter. Mais si le propriétaire de ces poumons, pourtant sains, est constamment raide et contracté, les muscles se mettent à travailler contre les poumons au lieu de cela. Regarde ! »

Mr. Keene entoura le ballon d'une main osseuse et serra. Le ballon se bossela sous la pression et Eddie grimaça, s'attendant à le voir éclater. Simultanément, il sentit sa respiration s'arrêter complètement. Il se pencha sur le bureau et s'empara de l'inhalateur. Son épaule heurta le lourd verre de soda à la crème glacée qui tomba sur le sol, où il explosa comme une bombe.

C'est à peine si Eddie entendit quelque chose. Il étreignait l'appareil dont il fourra l'embout dans sa bouche. Il appuya sur la détente et inspira de toutes ses forces, ses pensées saisies de la même panique qu'un rat pris au piège, comme c'était toujours le cas dans ces moments-là : *Je t'en supplie Maman je suffoque je peux pas RESPIRER ô mon Dieu ô Seigneur Jésus je vous en prie je ne veux pas mourir je ne veux pas mourir je vous en prie...*

Puis la brume de l'inhalateur se condensa sur les parois gonflées de sa gorge et il put de nouveau respirer.

« Je vous demande pardon, dit-il, les larmes aux yeux. Je vous demande pardon pour le verre... je nettoierai et je paierai pour les dégâts... mais je vous en prie, ne dites rien à ma mère, d'accord ? Je suis désolé, Mr. Keene, mais je n'arrivais plus à respirer... »

Sa respiration recommençait à siffler dans sa gorge. Il prit une autre inhalation et repartit dans ses excuses maladroites. Il ne se tut que lorsqu'il vit que Mr. Keene lui souriait de ce sourire si particulier. Mr. Keene avait les mains croisées sur lui. Le ballon, dégonflé, était posé sur le bureau. Une idée vint à l'esprit d'Eddie ; une idée qu'il aurait voulu chasser, sans y parvenir. À voir Mr. Keene, on avait l'impression qu'il appréciait davantage la crise d'asthme d'Eddie que sa crème glacée au café à demi finie.

« Ne t'inquiète pas, dit-il finalement. Ruby nettoiera tout ça plus tard ; et pour te dire la vérité, je suis plutôt content que tu aies brisé ce verre. Car je te promets de ne rien dire à ta mère si toi tu me promets de ne pas lui raconter notre petit entretien.

— Oh, je vous le promets, fit vivement Eddie.

— Très bien. Nous nous sommes compris. Et tu te sens bien mieux maintenant, non ? »

Eddie acquiesça.

« Pourquoi ?

— Pourquoi ? Eh bien... à cause de mon médicament. » Il regarda Mr. Keene de la même manière qu'il regardait Mrs. Casey, à l'école, quand il donnait une réponse dont il n'était pas sûr.

« Mais tu n'as pris aucun médicament, dit Mr. Keene. Ce que tu as pris, c'est un placebo. Un placebo, Eddie, est quelque chose qui ressemble à un médicament, qui a le goût d'un médicament mais qui n'en est pas un. Un placebo ne contient aucun élément actif. Ou alors, si c'est un médicament, il est d'un type très particulier : c'est un médicament psychologique. » Mr. Keene souriait. « Comprends-tu ça, Eddie ? Psychologique. »

Eddie comprenait très bien; Mr. Keene lui disait qu'il était cinglé. Pouvant à peine articuler, il répondit : « Non, je ne vous suis pas.

— Laisse-moi te raconter une petite histoire. En 1954, on a effectué une série d'expériences médicales sur des malades atteints d'ulcère à l'estomac, à l'université DePaul. On a donné à cent d'entre eux des pilules en leur disant qu'elles soigneraient leur ulcère, mais cinquante d'entre eux, en réalité, avaient reçu des placebos... autrement dit de la mie de pain sous un glaçage de sucre. Sur les cent malades, quatre-vingt-treize ont déclaré éprouver une amélioration certaine de leur état, et quatre-vingt-un se portaient réellement mieux. Alors, qu'est-ce que tu en penses? Quelles conclusions peut-on tirer d'une telle expérience, Eddie?

— Je sais pas », fit Eddie d'une toute petite voix.

D'un geste solennel, Mr. Keene se tapota le front. « La plupart des maladies commencent ici, voilà ce que je pense. Cela fait bien longtemps que je suis pharmacien et j'en connaissais un sacré bout sur les placebos avant cette expérience des médecins de DePaul. En général, ce sont les gens âgés qui fonctionnent aux placebos; ils vont voir leur médecin, convaincus qu'ils souffrent de diabète ou qu'ils ont un cancer. Mais dans la plupart des cas, ils n'ont rien. Ils ne se sentent pas bien parce qu'ils sont vieux, c'est tout. Cependant, qu'est-ce que le médecin doit faire? Leur dire qu'ils sont comme des montres dont le ressort est au bout du rouleau? Sûrement pas. Les médecins ont besoin de leurs honoraires. » Le sourire de Mr. Keene, maintenant, tenait davantage du ricanement muet.

Eddie restait pétrifié sur sa chaise, attendant que ça finisse, que ça finisse, que ça finisse. *Mais tu n'as pris aucun médicament :* les mots résonnaient encore dans sa tête.

« Les médecins ne leur disent pas, et je ne le leur dis

pas moi non plus. Pourquoi se mettre martel en tête ? Parfois, je vois arriver des vieux avec une ordonnance sur laquelle il y a carrément écrit : *Placebo*, ou : *25 cachets de Ciel bleu*, comme disait le vieux docteur Pearson. »

Mr. Keene eut un rire bref et caquetant, puis prit un peu de crème glacée.

« Eh bien, qu'est-ce qu'il y a de mal à ça ? » demanda-t-il à Eddie, qui resta muet comme une carpe, si bien qu'il répondit à sa propre question : « Rien, rien du tout ! Du moins, normalement. Les placebos sont une bénédiction pour les personnes âgées. Mais il y a les autres. Les gens avec un cancer, avec une maladie cardiaque dégénérative, des gens avec des choses épouvantables que nous ne comprenons pas encore, des enfants comme toi, parfois, Eddie ! Dans ces cas-là, si un placebo permet au malade de se sentir mieux, où est le mal ? Vois-tu le mal, Eddie ?

— Non, monsieur », dit Eddie en baissant les yeux sur le gâchis de crème glacée au chocolat, de crème fouettée, de soda et de débris de verre sur le plancher. Au milieu, accusatrice comme une tache de sang sur les lieux du crime, se tenait la cerise au marasquin. Ce spectacle le fit de nouveau se sentir bloqué.

« Alors on est parfaitement d'accord. Il y a cinq ans, lorsque Vernon Maitland a eu son cancer de l'œsophage — une forme de cancer particulièrement douloureuse — et que les médecins se sont trouvés à bout de ressources en matière d'analgésiques, les produits contre la douleur, je suis allé lui rendre visite à l'hôpital avec une bouteille de pilules au sucre. C'était un ami, comprends-tu. Et je lui ai dit : " Vern, ce sont des pilules expérimentales spéciales. Tes médecins ne savent pas que je te les ai apportées, alors pour l'amour du ciel, pas de blague : ne va pas me trahir. Elles ne marcheront peut-être pas, mais moi j'ai bon espoir.

486

N'en prends pas plus d'une par jour, et seulement si la douleur est trop insupportable. " Il m'a remercié avec des larmes dans les yeux. Des larmes, Eddie ! Et elles ont marché pour lui, oui ! Ce n'était que de la mie de pain sucrée, mais elles faisaient disparaître une bonne partie de la douleur.... parce que la douleur, c'est là. »

Du même geste solennel, Mr. Keene se tapota le front.

Eddie remarqua : « Mon médicament aussi fait de l'effet.

— Je le sais, répondit Mr. Keene avec un irritant sourire condescendant d'adulte. Il fait de l'effet sur ta poitrine parce qu'il fait de l'effet sur ta tête. Ton HydrOx, Eddie, c'est de l'eau avec une pointe de camphre pour lui donner un goût de médicament.

— Non », dit Eddie, dont la respiration sifflait de nouveau.

Mr. Keene but un peu de soda, prit quelques cuillerées de crème en train de fondre et se tamponna méticuleusement les lèvres avec son mouchoir pendant qu'Eddie prenait une inhalation de plus.

« Je veux partir, maintenant, reprit Eddie.

— Laisse-moi finir, s'il te plaît.

— Non ! Je veux partir, vous avez votre argent et je veux partir !

— Laisse-moi finir ! » répéta Mr. Keene d'un ton si autoritaire qu'Eddie retomba sur sa chaise. Les adultes pouvaient être tellement détestables avec leurs abus de pouvoir, par moments. Tellement détestables.

« Une partie de ton problème tient à ce que ton médecin, le Dr Russ Handor, est un faible. Une autre partie tient à ce que ta mère est bien déterminée à ce que tu sois malade. Tu es pris entre deux feux, Eddie.

— Je ne suis pas cinglé ! » murmura Eddie d'une voix voilée.

La chaise de Mr. Keene grinça comme un grillon monstrueux. « Quoi ?

— Je dis que je ne suis pas cinglé ! » cria Eddie. Il se mit aussitôt à rougir, honteux.

Mr. Keene sourit. Pense ce que tu veux, disait ce sourire ; moi aussi je pense ce que je veux.

« Tout ce que je te dis, Eddie, c'est que tu n'es pas malade physiquement. Ce ne sont pas tes poumons qui ont de l'asthme, c'est ta tête.

— Vous voulez dire que je suis cinglé. »

Mr. Keene se pencha en avant, le regardant attentivement par-dessus ses mains croisées.

« Je ne sais pas, dit-il doucement. Le crois-tu ?

— Tout ça c'est des mensonges ! » cria Eddie, surpris que les mots puissent sortir avec une telle force de sa poitrine comprimée. Il pensait à Bill, comment Bill réagirait devant des accusations aussi stupéfiantes. Bill saurait que répondre, bégaiement ou non. Bill saurait se montrer courageux. « Rien que de gros mensonges ! J'ai de l'asthme, j'ai de l'asthme !

— Oui, admit Mr. Keene, dont le sourire sec avait maintenant quelque chose de la grimace d'une tête de mort, mais qui te l'a donné, Eddie ? »

Dans la tête d'Eddie, ça cognait et tourbillonnait. Il se sentait pris de nausées, il se sentait très malade.

« Il y a quatre ans, en 1954 — la même année que l'expérience de DePaul, par une curieuse coïncidence —, le Dr Handor t'a fait ta première ordonnance d'HydrOx. HydrOx, c'est pour hydrogène et oxygène, les deux composants de l'eau. J'ai toléré cette tromperie depuis lors, mais je ne la tolérerai plus. Ton médicament pour l'asthme fait de l'effet au niveau de ta tête et non à celui de ton corps. Ton asthme n'est que le résultat d'une contraction nerveuse de ton diaphragme qui a son origine dans ta tête... ou dans celle de ta mère. Tu n'es pas malade. »

Il se fit un silence terrible.

Eddie ne bougeait pas de sa chaise, l'esprit chaotique. Il envisagea un instant cette possibilité : que

Mr. Keene disait la vérité. Mais cela entraînait tellement de conséquences qu'il ne pouvait que refuser une telle idée. Et cependant, pourquoi Mr. Keene mentirait-il, en particulier à propos de quelque chose d'aussi sérieux ?

Mr. Keene ne bougeait pas davantage, arborant toujours son sourire sec venu du désert, dépourvu de cordialité.

J'ai de l'asthme. J'ai vraiment de l'asthme. Le jour où Henry Bowers m'a donné un coup de poing sur le nez, le jour où Bill et moi nous avons essayé de faire un barrage sur la rivière, j'ai failli mourir. Comment croire que c'est mon esprit qui... simulait tout cela ?

Mais pourquoi mentirait-il ? (Ce ne fut que plus tard, à la bibliothèque, qu'Eddie se posa la question la plus angoissante : *Pourquoi me dirait-il la vérité ?*)

Vaguement, il entendit Mr. Keene qui disait : « Je n'ai jamais cessé de t'observer, Eddie. Je t'ai expliqué tout cela parce que tu es maintenant assez grand pour comprendre, mais aussi parce que j'ai remarqué que tu t'étais fait des amis, finalement. Et ce sont de bons amis, non ?

— Oui.

— Et je parie que ta mère ne les aime pas beaucoup, n'est-ce pas ? fit Mr. Keene en inclinant sa chaise en arrière.

— Elle les aime beaucoup. » (En répondant, Eddie pensa aux propos qu'elle avait tenus sur Richie Tozier : « cet insolent qui doit fumer, j'ai senti son haleine », sur Stan Uris à qui il ne fallait pas prêter d'argent « parce qu'il était juif », et à son mépris manifeste pour Bill Denbrough et « ce gros ».)

« Elle les aime beaucoup, répéta-t-il.

— Vraiment ? » Mr. Keene ne cessait de sourire. « Peut-être a-t-elle raison, peut-être a-t-elle tort, mais au moins, tu as des amis. Pourquoi ne leur parlerais-tu pas de ton problème..., de cette faiblesse mentale ? Pour voir ce qu'ils en pensent. »

Eddie ne répondit pas. Ça lui paraissait plus sûr. Il en avait sa claque de parler avec Mr. Keene. Il craignait de se mettre à pleurer s'il ne s'en allait pas rapidement.

« Bon, dit Mr. Keene en se levant. Je pense qu'il n'y a plus rien à ajouter, Eddie. Si je t'ai bouleversé, j'en suis désolé. Je ne faisais que mon devoir tel que je le conçois. Je... »

Mais avant qu'il ait pu ajouter un mot de plus, Eddie s'était emparé de l'inhalateur, du sac plein de pilules et autres panacées et s'enfuyait. L'un de ses pieds glissa dans la flaque de crème, sur le sol, et il faillit tomber. Il courut, s'éloignant de la pharmacie comme un boulet de canon en dépit de sa respiration sifflante. Ruby lui jeta un regard effaré par-dessus sa revue de cinéma et resta bouche bée.

Il avait l'impression que Mr. Keene, derrière lui, était debout dans l'entrée de son arrière-boutique et suivait des yeux, par-dessus le comptoir, sa pitoyable retraite. Mr. Keene, très maigre, impeccable, songeur, souriant. De ce sourire sec de mica dans le désert.

Il ne s'arrêta qu'une fois rendu au triple carrefour de Main, Center et Kansas Streets. Il prit une nouvelle grande bouffée de son inhalateur, assis sur le mur bas près de l'arrêt du bus ; il avait maintenant la gorge poisseuse et le goût du médicament

(rien que de l'eau avec une pointe de camphre)

était tellement écœurant qu'il se dit qu'il allait vomir tripes et boyaux s'il devait y avoir recours encore une fois.

Il glissa l'appareil dans sa poche et regarda la circulation. Le soleil lui tapait sur la tête, brûlant. Chaque voiture qui passait lui envoyait un éclair aveuglant dans les yeux, et la migraine commença à

490

battre à ses tempes. Il n'arrivait pas à trouver un moyen de se mettre en colère contre Mr. Keene, mais n'avait aucune peine à se sentir désolé pour Eddie Kaspbrak. Il se dit que Bill Denbrough ne perdait sans doute jamais de temps à se plaindre sur soi, mais Eddie ne voyait pas comment s'en empêcher.

Plus que tout, il aurait voulu faire ce que lui avait suggéré le pharmacien : se rendre dans les Friches et tout raconter à ses amis, voir comment ils réagiraient, les réponses qu'ils lui fourniraient. Mais c'était pour le moment impossible ; sa mère l'attendait avec les médicaments

(dans ta tête... ou dans celle de ta mère)

et s'il ne rentrait pas

(ta mère est bien déterminée à ce que tu sois malade)

les ennuis ne tarderaient pas. Elle supposerait qu'il était allé retrouver Bill, Richie ou « ce petit juif », comme elle appelait Stan (en faisant bien remarquer que ce n'était pas par préjugé qu'elle le désignait ainsi, qu'elle ne faisait que jouer « cartes sur table » — son expression favorite quand il s'agissait de dire la vérité dans des situations difficiles). Tout seul à ce carrefour, multipliant les efforts désespérés pour mettre de l'ordre dans ses pensées, Eddie se douta de ce qu'elle dirait si elle apprenait qu'un autre de ses amis était un nègre et un autre une fille — une fille assez grande pour avoir des nénés.

Il partit lentement en direction de Up-Mile Hill, angoissé à l'avance à l'idée de grimper le raidillon par une chaleur telle qu'on aurait pu faire cuire un œuf sur le trottoir. Pour la première fois, il en vint à souhaiter la reprise des classes et la fin de cet épouvantable été.

Il s'arrêta à mi-chemin dans la montée, à peu de distance de l'endroit où Bill retrouverait Silver vingt-sept ans plus tard, et tira l'inhalateur de sa poche. *Brumisateur HydrOx. Utiliser selon les besoins*, lisait-on sur l'étiquette.

Un nouvel élément se mit en place. *Utiliser selon les besoins.* Il n'était encore qu'un gamin et du lait lui sortait du nez quand on le pressait (comme le lui disait parfois sa mère dans les séances où elle jouait « cartes sur table »), mais même à onze ans on peut comprendre qu'un médicament dont on peut user à volonté n'est pas un vrai médicament. Avec un vrai médicament, on pourrait se tuer en cas d'abus ; cela pouvait même arriver, soupçonnait-il, avec la bonne vieille aspirine.

Il regarda fixement l'inhalateur, sans prêter attention aux coups d'œil que lui jeta une vieille dame qui passait, son sac à provisions sous le bras. Il se sentait trahi. Il fut un instant sur le point de jeter le flacon de plastique dans le caniveau — mieux encore, dans la bouche d'égout qui s'ouvrait un peu plus loin. Et pourquoi pas, en effet ? Il n'avait qu'à le lui filer, à Ça, le balancer dans ses boyaux et ses tunnels. Tape-toi ce placebo, hé, ordure aux cent têtes ! Il éclata d'un rire de forcené et fut à deux doigts de le faire. Mais en fin de compte, l'habitude fut la plus forte. Il remit l'inhalateur dans la poche droite de son pantalon et reprit sa marche, sans prêter attention aux coups d'avertisseur occasionnels ou au ronronnement du bus de Bassey Park quand il le croisa. Il n'avait pas la moindre idée qu'il était sur le point de découvrir ce que voulait dire avoir mal — avoir vraiment mal.

3

Quand il sortit du Costello Avenue Market, vingt-cinq minutes plus tard, avec deux barres de confiserie et un Pepsi, Eddie eut la désagréable surprise de voir Henry Bowers, Victor Criss, Moose Sadler et Patrick Hockstetter agenouillés sur les gravillons, à la droite de la boutique, en train de mettre leurs fonds en commun sur la chemise de Victor. Les livres des cours d'été étaient empilés en désordre à côté d'eux.

En temps ordinaire, Eddie aurait subrepticement battu en retraite dans le magasin et demandé à Mr. Gedreau de passer par l'arrière-boutique. Mais on n'était pas en temps ordinaire. Eddie se pétrifia sur place, une main sur la porte à moustiquaire avec ses réclames de cigarettes, l'autre tenant le sac blanc de la pharmacie et le sac brun de l'épicerie.

Victor Criss le vit et donna du coude à Henry, qui leva les yeux, ainsi que Patrick Hockstetter. Moose, dont les rouages fonctionnaient au ralenti, continua de compter les piécettes pendant quelques secondes avant de remarquer le silence et de redresser à son tour la tête.

Henry se leva en chassant de la main les gravillons restés pris aux genoux de sa salopette. Il arborait un gros pansement sur le nez et sa voix avait une tonalité nasillarde de corne de brume. « Hé ! Que j' sois pendu si ça n'est pas l'un de nos lanceurs de cailloux ! Où sont tes potes, trou-du-cul ? Dedans ? »

Eddie secoua la tête négativement, hébété, avant de se rendre compte qu'il venait de commettre une deuxième erreur.

Le sourire de Henry s'élargit. « Eh bien, c'est parfait. Ça m'est égal de vous prendre un par un. Viens donc un peu par ici, trou-du-cul. »

Victor se tenait à côté de Henry ; Patrick était un peu en arrière, avec ce même air porcin et abruti qu'Eddie connaissait bien depuis l'école. Moose n'avait pas fini de se relever.

« Allez, viens, trouduc, dit Henry. Si on parlait un peu de lancer des cailloux, hein ? Si on en parlait ? »

Maintenant qu'il était trop tard, Eddie décida qu'il serait sage de retourner à l'intérieur du magasin. Là où se trouvait un adulte. Mais au premier geste qu'il fit, Henry fonça et l'attrapa. Il tira sur le bras d'Eddie, violemment, et son sourire se transforma en ricanement. La main du gamin fut arrachée au montant de la porte. Il serait allé s'étaler la tête la première sur les gravillons si Victor ne l'avait saisi brutalement sous les bras. Eddie réussit à rester sur ses pieds, mais en tournant par deux fois sur lui-même. Les quatre garçons l'entouraient maintenant, le plus près de lui étant Henry, sourire aux lèvres. Un épi de cheveux se dressait sur sa tête.

Un peu en arrière, sur sa gauche, se tenait Patrick Hockstetter, un gosse authentiquement sinistre. Eddie, jusqu'à ce jour, ne l'avait jamais vu avec personne. Gros, il avait l'estomac qui débordait de sa ceinture à grosse boucle et un visage parfaitement rond, aussi pâle, d'ordinaire, que du fromage blanc. Un coup de soleil lui avait cependant donné des couleurs, et son nez pelait. À l'école, Patrick aimait à tuer les mouches à coups de règle ; il les plaçait ensuite dans son plumier. Il montrait parfois sa collection de cadavres à un nouveau, dans un coin de la cour de récré, un sourire étirant ses lèvres épaisses, une expression songeuse et tranquille dans son regard gris-vert. Jamais il ne parlait dans ces cas-là, quoi que l'autre gosse lui dise. C'était cette expression qu'il avait maintenant.

« Comment ça va, le mec aux cailloux ? demanda Henry en faisant un pas en avant. T'as pas de cailloux sur toi ?

— Laisse-moi tranquille, fit Eddie d'une voix tremblante.

— Laisse-moi tranquille ! » reprit Henry d'un ton moqueur, agitant les mains pour feindre la peur. Victor rit. « Et qu'est-ce que tu vas faire, sinon, l'homme aux cailloux, hein ? » Sa main s'envola, vive comme l'éclair, et vint atterrir sur la joue d'Eddie avec un bruit de détonation ; sa tête partit en arrière, et des larmes commencèrent à couler de son œil gauche.

« Mes amis sont dedans, dit Eddie.

— Mes amis sont dedans ! cria Patrick d'une voix de fausset. Ooooh ! Ooooh ! Ooooh ! » Puis il contourna Eddie par la droite.

Eddie voulut partir dans cette direction ; mais la main de Henry s'abattit de nouveau et c'est son autre joue, cette fois-ci, qui se mit à le brûler.

Ne pleure pas, c'est ce qu'ils veulent, mais il ne faut pas, Bill ne pleurerait pas, lui, Bill ne pleurerait pas, ne pleu...

Victor avança d'un pas et lui donna une bourrade du plat de la main, au milieu de la poitrine. Eddie partit en arrière, trébuchant, et s'effondra par-dessus Patrick qui s'était accroupi juste derrière lui. Il heurta sèchement les gravillons et s'écorcha les bras. Il en eut le souffle coupé.

L'instant suivant, Henry Bowers était à califourchon sur lui, les fesses pesant sur son estomac, les genoux clouant ses bras au sol.

« T'as pas de munitions, l'homme aux cailloux ? » lui cracha Henry à la figure. Eddie éprouva plus de peur à voir la lueur de folie dans les yeux de Henry qu'aux difficultés qu'il avait à retrouver sa respiration ou à la douleur dans ses bras. Henry était cinglé. Quelque part tout près, Patrick gloussa.

« T'as envie de lancer des cailloux, hein ? Je vais t'en donner, moi, des cailloux ! Tiens ! Voilà des cailloux ! »

Henry ramassa une poignée de gravillons et les jeta au visage d'Eddie. Puis il les frotta sur sa peau, lui entaillant les joues, les paupières, les lèvres. Eddie ouvrit la bouche et hurla.

« Tu veux des cailloux ? Je vais t'en donner, moi ! Tiens, l'homme aux cailloux ! Tiens, bouffe ! Bouffe ! »

Projetés dans sa bouche, les gravillons écorchèrent ses gencives, frottèrent sur ses dents, crissèrent sur ses plombages. Il hurla encore et recracha les graviers.

« Comment, t'en as pas assez ? T'en veux encore ? Qu'est-ce que tu dirais de...

— Arrête ! Arrête ça tout de suite ! Tu m'entends ! Sale gosse ! Laisse-le tout de suite ! Laisse-le tranquille ! »

À travers les larmes qui brouillaient sa vue, Eddie vit une grosse main descendre et saisir Henry par le col de sa chemise et la bretelle droite de sa salopette. La main tira et Henry fut soulevé ; à peine avait-il atterri sur le sol qu'il se relevait. Eddie se remit plus lentement sur pied. Il voulait aller vite, mais l'accélérateur était temporairement hors d'usage. La respiration entrecoupée de hoquets, il recracha des gravillons ensanglantés.

C'était Mr. Gedreau, avec son grand tablier blanc, et il avait l'air furieux. Il n'y avait pas la moindre trace de peur sur son visage, alors que Henry faisait bien huit centimètres et probablement vingt kilos de plus que lui. Aucune trace de peur parce qu'il était un adulte et que Henry était un enfant. Sauf que, pensa Eddie, ça ne signifiait peut-être rien. Mr. Gedreau ne comprenait pas ; il ne comprenait pas que Henry était cinglé.

« Fichez-moi le camp d'ici, fit Mr. Gedreau en avançant jusqu'à se trouver face à face avec le garçon à la mine boudeuse et au gros pansement sur le nez. Fichez le camp d'ici et que je ne vous revoie plus. J'ai les brimades en horreur. J'ai en horreur qu'on se mette à quatre contre un. Qu'est-ce que penseraient vos mères ? »

Il les regarda tour à tour, la colère toujours dans les yeux. Moose et Victor se mirent à étudier le bout de leurs chaussures. Seul Patrick soutint le regard de Mr. Gedreau, avec toujours cette même expression vacante. Mr. Gedreau revint à Henry et put encore dire : « Prenez vos bicyclettes et... »

À ce moment-là, Henry lui donna une puissante bourrade. Une expression de surprise, qui aurait pu être comique en d'autres circonstances, se peignit sur le visage de Mr. Gedreau, tandis qu'il trébuchait à reculons en faisant jaillir des gravillons sous ses semelles. Il heurta du talon la première marche qui conduisait au magasin et s'assit rudement dessus.

« Comment oses-tu... ? »

L'ombre de Henry vint le recouvrir. « Rentrez, dit-il.

— Tu... », commença Mr. Gedreau, qui cette fois s'arrêta spontanément. Il l'avait finalement vue, se dit Eddie, la petite lueur dans les yeux de Henry. Il se leva rapidement, tablier au vent, grimpa les marches aussi rapidement qu'il le put, trébuchant sur la deuxième et retombant brièvement sur un genou. Il se releva aussitôt, mais ce faux pas, aussi court qu'il eût été, parut le dépouiller de ce qui lui restait de son autorité de grande personne.

Il fit demi-tour avant d'entrer et cria : « J'appelle les flics ! »

Henry fit comme s'il s'apprêtait à lui bondir dessus, et Mr. Gedreau recula. Cette fois-ci, c'était bel et bien fichu, se rendit compte Eddie. Aussi incroyable et impensable que cela pût paraître, il était ici sans la moindre protection. Il était temps de filer.

Pendant que Henry se tenait au pied des marches en train de fusiller l'épicier des yeux et que les autres, pétrifiés, contemplaient cette scène qui les horrifiait — Patrick excepté — plus ou moins, Eddie comprit qu'il fallait saisir sa chance. Il fit demi-tour et prit ses jambes à son cou.

Il avait déjà parcouru la moitié de la distance jusqu'au prochain coin de rue lorsque Henry se retourna, les yeux jetant des éclairs. « Chopez-le ! » beugla-t-il.

Asthme ou non, Eddie fit un sacré parcours ce jour-là. Il ne savait plus très bien, par moments, si les semelles de ses tennis touchaient encore terre. Il crut même à un moment donné, chose inouïe, qu'il arriverait à les distancer.

Au moment où il allait s'engager dans Kansas Street et peut-être trouver la sécurité, un petit, monté sur un tricycle, déboucha d'une allée privée droit dans les jambes d'Eddie. Celui-ci essaya de l'éviter, mais à la vitesse à laquelle il était lancé, il aurait été mieux inspiré de sauter par-dessus le bambin (dont le nom était Richard Cowan ; il allait grandir, se marier et avoir un fils du nom de Frederick qui finirait noyé dans des toilettes, à demi dévoré par une chose montée de la porcelaine comme une fumée noire avant de prendre une forme abominable), ou du moins d'essayer.

L'un des pieds d'Eddie se prit dans l'arrière du tricycle ; grâce aux roulettes latérales, le jeune Cowan oscilla à peine, alors qu'Eddie partait en vol plané. Il atterrit sur l'épaule, rebondit sur le trottoir, retomba et glissa sur trois mètres en se pelant la peau des coudes et des genoux. Il essayait de se relever au moment où Henry lui rentra dedans comme une charge de bazooka et l'étendit à nouveau par terre. Le nez d'Eddie vint heurter sèchement le trottoir. Du sang jaillit.

Henry fit un roulé-boulé de parachutiste et se remit debout. Il saisit Eddie à la nuque et par le poignet droit. Sa respiration, qui passait difficilement, bruyante, à travers les épaisseurs du pansement, était chaude et humide.

« Tu veux des cailloux, mec ? Merde ! » fit-il en tordant le bras d'Eddie derrière son dos. Eddie cria. « Des cailloux pour l'homme aux cailloux, hein ? » Il remonta encore d'un cran le bras du garçon. Eddie hurla, cette fois. Il entendit vaguement, derrière lui, les autres qui approchaient et le gamin, sur son tricycle, qui se mettait à brailler. *Bienvenue au club, morveux !* pensa-t-il ; et en dépit de la douleur, en dépit des larmes et de la peur, il ne put retenir un rire comme un braiment d'âne.

« Tu trouves ça marrant ? s'exclama Henry, l'air encore plus étonné que furieux. Tu trouves ça marrant ? » Mais n'y avait-il pas une note de peur dans la voix de Henry ? Des années plus tard, Eddie répondrait à cette question : *Oui, il y avait une note de peur dans sa voix.*

Eddie essaya d'arracher son poignet à la prise de Henry ; la transpiration l'avait rendu glissant, et il y arriva presque. C'est peut-être à cause de cela que Henry lui tordit un peu plus le bras ; il y eut un craquement, comme celui d'une branche qui se brise sous le poids de la neige. Une onde de douleur, grise et puissante, remonta du membre cassé. Il poussa un hurlement, mais le son lui parut lointain. Le monde se décolorait sous ses yeux et quand Henry le lâcha d'une bourrade, il eut l'impression de flotter jusqu'au trottoir, que sa chute n'en finissait pas. Il distingua toutes les craquelures du revêtement, il eut le temps d'admirer la façon qu'avait le soleil de juillet de se refléter sur les particules de mica prises dans les vieilles dalles. Il eut même celui de relever la présence, presque complètement effacée, d'une ancienne marelle tracée à la craie rose. Celle-ci, pendant un bref instant, se mit à ondoyer, prenant la forme de quelque chose d'autre. La forme, aurait-on dit, d'une tortue.

Il se serait sans doute évanoui s'il n'était retombé sur son bras cassé ; un nouvel élancement, aigu, éclatant, brûlant, terrible, le parcourut. Il sentit les esquilles des deux parties de la fracture frotter les unes contre les autres et se mordit la langue. Un goût salé lui emplit la bouche. Il roula sur le dos et vit Henry, Victor, Moose et Patrick qui le dominaient de toute leur hauteur. Ils lui paraissaient incroyablement grands, incroyablement hauts, comme des croque-morts contemplant le fond d'une tombe.

« Ça te plaît, l'homme aux cailloux ? demanda Henry dont la voix lui parvint de loin, flottant à travers la masse cotonneuse de la douleur. Le numéro t'a plu, l'homme aux cailloux ? C'est pas du boulot, ça ? »

Patrick Hockstetter gloussa.

« Ton père est complètement cinglé, s'entendit dire Eddie. Et toi aussi. »

Sur le visage de Henry le sourire disparut aussi vite que s'il venait de recevoir une gifle. Il leva un pied pour frapper... et l'appel d'une sirène retentit dans le calme et la chaleur de l'après-midi. Henry arrêta son mouvement. Victor et Moose regardèrent autour d'eux, mal à l'aise.

« Je crois qu'on ferait mieux de se barrer, Henry, dit Moose.

— Je sais très bien que je vais me barrer, moi », déclara Victor à son tour. Comme ces voix lui paraissaient lointaines ! Semblables aux ballons du clown, elles avaient l'air de flotter. Victor partit en direction de la bibliothèque, en coupant par le McCarron Park pour ne pas rester dans la rue.

Henry hésita encore un instant, espérant peut-être que les flics étaient appelés ailleurs et qu'il pourrait continuer tranquillement. Mais la sirène s'éleva de nouveau, plus insistante. « T'as de la chance, tête de nœud », dit-il avant de prendre avec Moose la même direction que Victor.

Patrick attendit encore un peu. « Tiens, fit-il de sa voix basse et râpeuse, un petit supplément pour toi. » Il se racla la gorge et cracha un énorme mollard verdâtre sur le visage ensanglanté et couvert de sueur d'Eddie, tourné vers le ciel. « T'es pas obligé de tout bouffer tout de suite, reprit Patrick, son sourire de zombie aux lèvres. Tu peux en garder pour le dessert. »

Puis il se détourna lentement et partit.

Eddie essaya de se débarrasser du crachat avec son bras valide, mais même ce simple mouvement suffit à faire flamboyer une nouvelle onde de douleur.

Dis donc, quand tu es parti pour la pharmacie, tu

n'aurais jamais imaginé te retrouver sur le trottoir de Costello Avenue avec un bras cassé et la morve de Patrick Hockstetter sur la figure, hein ? Tu n'as même pas eu le temps de boire ton Pepsi. La vie est pleine de surprises, non ?

L'incroyable est qu'il trouva la force de rire de nouveau. Un son bien faible, qui se transmit doulou- reusement à son bras, mais qui lui fut agréable. Et il y avait quelque chose d'autre : pas trace d'asthme. Il respirait librement, au moins pour l'instant. Une bonne chose. Il aurait été incapable d'atteindre son inhalateur. Totalement incapable.

La sirène était maintenant très proche, un hurle- ment lancinant. Eddie ferma les yeux, et ne vit plus que du rouge derrière ses paupières. Puis le rouge devint noir, et une ombre vint le recouvrir. C'était le petit garçon au tricycle.

« T'es pas bien ?

— Est-ce que j'ai l'air bien ?

— Non, t'as pas l'air bien », répondit le bambin en s'éloignant d'un coup de pédale, une comptine à la bouche.

Eddie se mit à pouffer. La voiture des flics arrivait : il entendit le grincement des freins. Il se prit à espérer vaguement que Mr. Nell serait du nombre, alors qu'il savait bien que Mr. Nell patrouillait à pied.

Au nom du ciel, qu'est-ce qui peut bien te faire rire ?

Il l'ignorait, tout comme il ignorait pour quelles raisons, en dépit de la douleur, il éprouvait une aussi intense impression de soulagement. Peut-être était-ce parce qu'il était encore en vie et qu'il ne s'en tirait qu'avec un bras cassé, qu'on pouvait encore le raccom- moder ? Il ne chercha pas plus loin, mais des années plus tard, alors qu'assis dans la bibliothèque, un verre de gin au jus de prune à la main, son inhalateur posé devant lui, il décrivait la scène aux autres, il leur dit qu'il y avait eu quelque chose de plus, qu'il avait été assez âgé pour ressentir mais non pour comprendre ou exprimer.

Je crois que c'était la première fois de ma vie que j'avais réellement mal, leur dirait-il. *Ce n'était pas du tout ce que j'aurais cru. Cela ne me détruisait pas en tant que personne... Il me semble que... cette expérience m'a donné une base de comparaison : j'ai découvert que l'on pouvait continuer à exister à l'intérieur de la douleur, en dépit de la douleur.*

Eddie tourna lentement la tête sur sa droite et vit de gros pneus Firestone, des enjoliveurs aveuglants et des lumières bleues qui clignotaient. Puis il entendit la voix de Mr. Nell, une voix à l'accent irlandais épais, on ne peut plus irlandais, plus proche de la parodie de Richie que de la voix véritable de Mr. Nell... mais peut-être était-ce la distance.

« Seigneur Jésus ! Mais c'est le petit Kaspbrak ! »

C'est à cet instant-là qu'Eddie perdit connaissance.

4

À une exception près, il demeura longtemps dans cet état.

Il reprit en effet brièvement conscience dans l'ambulance. Il aperçut Mr. Nell assis à côté de lui, qui prenait une rasade à sa petite bouteille brune et feuilletait un livre de poche avec, sur la couverture, une fille avec des seins énormes comme Eddie n'en avait jamais vu. Ses yeux se portèrent sur le chauffeur, qui se tourna à ce moment-là et lui adressa un grand sourire grimaçant ; il avait la peau livide, fardée de blanc et de talc, les yeux aussi brillants que des pièces neuves. C'était Grippe-Sou.

« Mr. Nell... », grogna Eddie.

Le flic leva les yeux et sourit. « Comment te sens-tu, mon bonhomme ? »

— ... le conducteur... le conducteur...

— T'en fais pas, on arrive dans une minute, dit Mr. Nell en lui tendant la petite bouteille brune. Prends-en un coup. Tu te sentiras encore mieux après. »

Eddie eut l'impression d'avaler un feu liquide. Il toussa, ce qui lui fit mal au bras. Il regarda vers l'avant et revit le chauffeur. Un type ordinaire aux cheveux taillés en brosse. Pas un clown.

Il plongea de nouveau.

Beaucoup plus tard, il se retrouva en salle d'urgence, tandis qu'une infirmière le débarrassait du sang, de la terre, de la morve et des gravillons avec un linge frais. Cela le piquait, mais la sensation était en même temps merveilleuse. Il entendit sa mère qui mugissait, trompettait et tempêtait à l'extérieur, et il voulut dire à l'infirmière de ne pas la laisser entrer ; mais, en dépit de tous ses efforts, les mots refusaient de franchir ses lèvres.

« ... s'il est mourant, je veux le savoir ! rugissait Mrs. Kaspbrak. Vous m'entendez ? J'ai le droit de savoir, comme j'ai le droit de le voir ! Je peux vous poursuivre, figurez-vous ! Je connais des avocats, des tas d'avocats ! Certains de mes meilleurs amis sont avocats !

— N'essaie pas de parler », dit l'infirmière à Eddie. Elle était jeune, et il sentait ses seins peser contre son bras valide. Pendant un instant, il s'imagina, stupidement, que cette infirmière était en réalité Beverly Marsh, puis il plongea de nouveau dans l'inconscience.

Lorsqu'il revint à lui, sa mère était dans la pièce et parlait à deux cents à l'heure au Dr Handor. Sonia Kaspbrak était une montagne de femme. Ses jambes, gainées de solides bas de maintien, étaient de vrais troncs d'arbre, mais bizarrement lisses. Deux taches rouges à ses pommettes faisaient d'autant plus ressortir la pâleur générale de ses traits.

« M'man, réussit à proférer Eddie,... suis bien... suis très bien...

— Non, tu vas mal, très mal ! » gémit Mrs. Kaspbrak en se tordant les mains. Eddie entendit ses articulations qui craquaient et grinçaient. Il commença à sentir sa respiration qui se raccourcissait à la voir — à voir dans quel état elle se trouvait, à quel point elle était atteinte par son accident. Il aurait voulu lui dire de ne pas s'en faire, qu'elle allait avoir une attaque cardiaque, mais il en fut incapable. Il avait la gorge trop sèche. « Tu n'es pas bien du tout, tu viens d'avoir un accident sérieux, un accident TRÈS sérieux, mais tout ira TRÈS bien, même s'il faut faire venir tous les spécialistes de l'annuaire, oh, Eddie, ton bras... Eddie, ton pauvre bras... »

Elle éclata en sanglots sonores, trompettants. Eddie remarqua que l'infirmière qui s'était occupée de lui la regardait sans aménité.

Tout au long de son numéro, le Dr Handor n'avait cessé de bafouiller : « Sonia... je vous en prie... Sonia... Sonia... » C'était un homme maigre à l'air fragile doté d'une petite moustache étique et de plus mal taillée, plus longue d'un côté que de l'autre. Il avait l'air nerveux. Eddie se souvint de ce que Mr. Keene lui avait dit ce matin même et fut peiné pour le Dr Handor.

Finalement, rassemblant toute son énergie, il finit par lâcher : « Si vous n'arrivez pas à vous contrôler, vous allez devoir sortir, Sonia ! »

Elle se tourna brusquement vers lui. « Jamais de la vie, vous m'entendez ! Comment osez-vous ? C'est mon fils qui est ici à l'agonie ! MON FILS QUI GÎT SUR SON LIT DE DOULEUR ! »

Eddie prit tout le monde par surprise en retrouvant sa voix : « Je veux que tu sortes, M'man. S'ils me font quelque chose qui me fait crier, et ça va sûrement arriver, ce sera mieux si tu n'es pas là. »

Elle se tourna vers lui, à la fois stupéfaite et blessée.

À voir cette expression de chagrin sur son visage, il sentit sa poitrine se contracter inexorablement. « Il n'en est pas question ! s'écria-t-elle. C'est odieux de ta part de dire une chose pareille, Eddie ! Tu délires ! Tu ne comprends pas ce que tu dis, c'est la seule explication possible !

— Je ne sais pas quelle est la bonne explication et je m'en moque, intervint l'infirmière. Tout ce que je sais, c'est que nous restons là à ne rien faire alors que nous devrions être en train de remettre le bras de votre fils en place.

— Insinueriez-vous..., commença Sonia, dont la voix monta à des hauteurs stratosphériques, comme à chaque fois qu'elle était au comble de l'énervement.

— Je vous en prie, Sonia, dit le Dr Handor. Ne nous disputons pas ici. Il faut aider Eddie. »

Sonia se retint, mais son regard meurtrier — les yeux d'une lionne qui voit son petit en danger — promettait toutes sortes d'ennuis à l'infirmière, pour l'avenir. Voire même un procès. Puis ses yeux s'embrumèrent, noyant ou cachant la colère. Elle prit la bonne main d'Eddie et l'écrasa si rudement qu'il grimaça.

« Tu vas mal, mais tu iras bien très vite, dit-elle. Très vite, je te le promets.

— Bien sûr, M'man, fit Eddie, la voix sifflante. Est-ce que je peux avoir mon inhalateur ?

— Évidemment. » Sonia Kaspbrak adressa un regard de triomphe à l'infirmière, comme si elle venait d'être lavée d'une accusation criminelle ridicule. « Mon fils a de l'asthme. C'est très sérieux, mais il réagit magnifiquement.

— Parfait », répondit sèchement l'infirmière.

Sa maman lui tint l'inhalateur pour qu'il puisse aspirer. Un moment plus tard, le Dr Handor entreprenait d'explorer le bras cassé ; il faisait aussi doucement que possible, mais la douleur était encore terrible. Pour s'empêcher de crier, Eddie grinçait des dents ; il avait peur que sa mère ne se mette à hurler si lui-même criait. De grosses gouttes de sueur se formaient sur son front.

« Vous lui faites mal, intervint Mrs. Kaspbrak. Je sais que vous lui faites mal ! Arrêtez ! C'est inutile ! C'est inutile de lui faire mal ! Il est très délicat ! Il est incapable de supporter de telles souffrances ! »

Eddie vit l'infirmière, furieuse, croiser les yeux inquiets et fatigués du Dr Handor. Il déchiffra la conversation silencieuse qui prit place : *Virez-moi cette bonne femme d'ici, docteur. — Je ne peux pas, je n'ose pas.*

Il y avait une grande clarté au milieu de toute cette douleur (même si c'était une clarté, en vérité, dont Eddie ne souhaitait pas faire l'expérience trop souvent, car le prix à payer était trop élevé), et pendant cette conversation silencieuse, il accepta tout ce que Mr. Keene avait dit. Son inhalateur d'HydrOx ne contenait que de l'eau parfumée. Son asthme n'était pas dans sa gorge ou sa poitrine, mais dans sa tête. D'une façon ou d'une autre, c'était une vérité qu'il allait devoir affronter.

Il regarda sa mère, et la vit avec la plus grande précision dans sa douleur : chaque fleur de sa robe à ramages, les taches de transpiration à ses aisselles, chaque éraflure de ses chaussures. Il vit combien ses yeux étaient rétrécis dans leurs poches de chair et une pensée terrible lui vint à l'esprit : ces yeux étaient presque ceux d'un prédateur, comme les yeux du lépreux qui avait rampé d'en dessous du porche, au 29, Neibolt Street. *J'arrive, j'arrive... ça ne te servira à rien de courir ; Eddie...*

Le Dr Handor plaça ses mains délicatement autour du bras d'Eddie et appuya. Explosion de douleur.

Eddie sombra.

5

On lui donna quelque chose à boire et le Dr Handor réduisit la fracture. Eddie l'entendit déclarer à sa mère que c'était une fracture tout à fait bénigne, comme s'en font les gosses qui montent aux arbres. « Eddie ne grimpe jamais aux arbres ! protesta-t-elle avec fureur. Je veux savoir la vérité ! Comment va-t-il vraiment ? »

Puis l'infirmière lui donna une pilule. Il sentit de nouveau ses seins contre son épaule et goûta leur pression rassurante. Même dans la brume dans laquelle il se trouvait, il se rendait compte que l'infirmière était en colère et il crut lui dire : *Elle n'est pas le lépreux, je vous en supplie, ne pensez pas cela, elle me dévore simplement parce qu'elle m'aime,* mais peut-être qu'aucun son ne sortit de sa bouche parce que l'expression de colère, sur son visage, ne changea pas.

Il eut vaguement conscience d'être poussé le long d'un corridor, dans une chaise roulante, tandis que la voix de sa mère, derrière lui, s'estompait : « Qu'est-ce que ça veut dire, les heures de visite ? Vous n'allez tout de même pas m'imposer des heures de visite, non ? C'est mon FILS ! »

S'estompait..., il était content qu'elle s'estompât, que lui-même s'estompât. La douleur avait disparu, et avec elle la clarté. Il ne voulait pas penser ; il voulait flotter. Il se rendait compte que son bras droit était très lourd et il se demanda si on avait déjà posé le plâtre. Il n'arrivait pas à s'en assurer. On le glissa ensuite entre deux draps frais et raides. Une voix lui dit qu'il aurait sans doute mal dans la nuit, mais de ne sonner que si cela devenait vraiment insupportable. Eddie demanda s'il pouvait avoir de l'eau. On lui en donna à l'aide d'une paille avec un coude en accordéon, ce qui permettait de la plier ; l'eau était fraîche et bonne, il but tout.

Il souffrit au cours de la nuit, il souffrit même beaucoup. Il resta réveillé dans son lit, la main gauche sur le bouton d'appel qu'il ne pressa pas. Le temps était à l'orage, et au premier éclair bleu il détourna le visage des fenêtres de crainte de voir apparaître, gravée au feu électrique contre le ciel, une tête monstrueuse et grimaçante.

Il finit par s'endormir et par faire un rêve dans lequel il vit Bill, Ben, Richie, Stan, Mike et Bev — ses amis — arriver à l'hôpital à bicyclette (Richie sur le porte-bagages de Silver). Ils venaient dans son rêve pour la visite de deux heures, et sa mère, qui attendait patiemment depuis onze heures, criait tellement fort que tout le monde se tournait pour la regarder.

Si vous vous imaginez que vous allez entrer, vous vous faites des illusions ! hurlait-elle ; et le clown, resté jusqu'ici tranquillement assis dans la salle d'attente (mais loin dans un coin, la figure cachée par un magazine), bondit sur ses pieds et mima des applaudissements de ses mains gantées de blanc. Il dansait et cabriolait, poussant un chariot ici, exécutant un saut périlleux là, pendant que Mrs. Kaspbrak vitupérait les compagnons-Ratés d'Eddie, lesquels, l'un après l'autre, s'étaient réfugiés derrière Bill. Bill ne bougeait pas ; il était pâle mais d'un calme absolu, les mains profondément enfoncées dans les poches de son jean (afin peut-être que personne, même pas Bill lui-même, ne voie si elles tremblaient ou non). Personne ne voyait le clown sauf Eddie... cependant un bébé, qui dormait paisiblement dans les bras de sa mère, s'éveilla et se mit à piailler à gorge déployée.

Vous avez fait suffisamment de dégâts comme ça ! hurlait la mère d'Eddie. *Je sais qui sont ces garçons ! Ils ont eu des problèmes à l'école, ils ont eu des problèmes avec la police! Et ce n'est pas une raison parce que ces voyous ont quelque chose contre vous pour qu'ils s'en prennent à LUI. C'est ce que je lui ai dit, et il est d'accord avec moi. Il vous fait dire qu'il ne veut plus vous voir, qu'il en a fini avec vous. Il ne veut plus de votre soi-disant amitié! D'aucun de vous! Je savais que ça se terminerait mal, et regardez ce qui est arrivé! Mon Eddie est à l'hôpital! Un garçon si délicat...*

Le clown bondissait et cabriolait, marchait sur les mains. Son sourire était bien réel maintenant et Eddie comprit, dans son rêve, que c'était bien entendu ce que voulait le clown : semer la zizanie entre eux, les disperser et détruire toute possibilité d'action concertée. Dans une sorte d'ignoble extase, il exécuta une double cabriole et alla embrasser sa mère sur la joue de façon burlesque.

C-Ces g-garçons qui ont f-fait..., commença Bill.

Je t'interdis de me répondre! s'égosilla Mrs. Kasp-brak. *Comment oses-tu? C'est terminé avec vous, j'ai dit! TERMINÉ!*

Un interne arriva à cet instant au pas de course dans la salle d'attente et intima à la mère d'Eddie soit de se taire, soit de quitter l'hôpital. Le clown commença à s'estomper, à se délaver et ce faisant, il se transforma. Eddie vit le lépreux, la momie, l'oiseau; il vit le loup-garou et un vampire dont les dents étaient des lames de rasoir Gillette, plantées selon des angles aberrants comme les miroirs dans un labyrinthe de glaces; il vit la créature de Frankenstein, et quelque chose de charnu faisant penser à un coquillage, qui s'ouvrait et se fermait comme une bouche; il vit une douzaine d'autres choses épouvantables, il en vit une centaine. Mais juste avant la disparition définitive du clown, il vit la plus terrible de toutes : le visage de sa mère.

Non! voulut-il crier. *Non! Non! Pas elle! Pas ma maman!*

Mais personne ne détourna la tête, personne n'entendit. Et dans ces instants où le rêve s'effaçait, il comprit, saisi d'une horreur froide et grouillante, qu'on ne pouvait pas l'entendre. Il était mort. Ça l'avait tué, et il était mort. Un fantôme.

FIN DU DEUXIÈME VOLUME

Épouvante

Depuis Edgar Poe, il a toujours existé un genre littéraire qui cherche à susciter la peur, sinon la terreur, chez le lecteur. Il a suscité de nombreux films.

ALMQUIST Gregg	*L'éveil de la Bête* 2574/**4** Inédit
ANDREWS Virginia C.	*Ma douce Audrina* 1578/**4**
BARKER Clive	*Livre de sang* 2452/**3**
	Cabale 3051/**4**
BLATTY William P.	*L'exorciste* 630/**4**
BRANDNER Gary	*Carrion* 2705/**4** Inédit
BYRNE John	*Le Livre de la Peur* 2633/**4** Inédit
CAMPBELL Ramsey	*La poupée qui dévora sa mère* 1998/**3**
	Le Parasite 2058/**4** Inédit
	La lune affamée 2390/**5**
	Images anciennes 2919/**5** Inédit
CLEGG Douglas	*La danse du bouc* 3093/**6**
COLLINS Nancy A.	*La volupté du sang* 3025/**4** Inédit
DEVON Gary	*L'enfant du mal* 3128/**5**
FARRIS John	*La forêt sauvage* 2407/**5** Inédit
GALLAGHER Stephen	*La vallée des lumières* 2800/**3** Inédit
HERBERT James	*Le Sombre* 2056/**4** Inédit
	Pierre de lune 2470/**4**
HOWARD Joseph	*Damien (la malediction)* 992/**3**
JAMES Peter	*Possession* 2720/**5** Inédit
	Rêves mortels 3020/**6** Inédit
JETER K.W.	*Les âmes dévorées* 2136/**4** Inédit
	Le ténébreux 2356/**4** Inédit
KAYE et GODWIN	*Lumière froide* 1964/**3**
KOONTZ Dean R.	*Spectres* 1963/**6** Inédit
	Le rideau de ténèbres 2057/**4** Inédit
	Le visage de la peur 2166/**4** Inédit
	Chasse à mort 2877/**5**
	Les étrangers 3005/**8**
	Les yeux foudroyés 3072/**7**
LANSDALE Joe. R.	*Le drive-in* 2951/**2** Inédit
LAWS Stephen	*La nuit des spectres* 2670/**4** Inédit
	Le Veur 2762/**4** Inédit
LEVIN Ira	*Un bébé pour Rosemary* 342/**3**
MAXIM John R.	*Les possédés de Riverside* 2654/**4** Inédit
MICHAELS Philip	*Graal* 2977/**5** Inédit
MONTELEONE Thomas	*L'horreur du métro* 2152/**4** Inédit
	Fantasma 2937/**4** Inédit
MORRELL David	*Totem* 2737/**3**
NICHOLS Leigh	*L'antre du tonnerre* 1966/**3** Inédit
	L'heure des chauves-souris 2263/**5** Inédit
	Feux d'ombre 2537/**6** Inédit
PIERCE Dale	*Le sang du matador* 2554/**3** Inédit
REEVES-STEVENS Garfield	*Dreamland* 2906/**6** Inédit
RHODES Daniel	*L'ombre de Lucifer* 2485/**3** Inédit

2893

Impression Brodard et Taupin
à La Flèche (Sarthe) le 20 décembre 1991
1098F-5 Dépôt légal décembre 1991
ISBN 2-277-22893-1
1er dépôt légal dans la collection : octobre
Imprimé en France
Editions J'ai lu
27, rue Cassette, 75006 Paris
diffusion France et étranger : Flammarion